Das Europäische Parlament als Parlament

Europäische Hochschulschriften

European University Studies

Publications Universitaires Européennes

Reihe II **Rechtswissenschaft**

Series II Law

Série II Droit

Band/Volume **5807**

Jens Ott

Das Europäische Parlament als Parlament

PL ACADEMIC RESEARCH

Bibliografische Information der Deutschen Nationalbibliothek
Die Deutsche Nationalbibliothek verzeichnet diese Publikation in der Deutschen Nationalbibliografie; detaillierte bibliografische Daten sind im Internet über http://dnb.d-nb.de abrufbar.

Zugl.: Erlangen-Nürnberg, Univ., Diss., 2015

Die Rechts- und Wirtschaftswissenschaftliche Fakultät
– Fachbereich Rechtswissenschaft –
der Friedrich-Alexander-Universität Erlangen-Nürnberg
hat diese Arbeit im Jahre 2015 als Dissertation angenommen.

ISSN 0531-7312
ISBN 978-3-631-67087-3 (Print)
E-ISBN 978-3-653-06339-4 (E-Book)
DOI 10.3726/978-3-653-06339-4

PL Academic Research ist ein Imprint der Peter Lang GmbH.
Peter Lang – Frankfurt am Main · Bern · Bruxelles · New York · Oxford · Warszawa · Wien

Diese Publikation wurde begutachtet.

www.peterlang.com

Für Adrian, Julian und Kilian

Vorwort

Mit der Gründung der „Europäischen Gemeinschaft für Kohle und Stahl" (EGKS) im Jahre 1952 trat deren „Gemeinsame Versammlung" erstmalig in Erscheinung. Als „Versammlung" wirkte sie für 40 Jahre im Gefüge der weiteren Organe der Europäischen Gemeinschaften neben Rat, Kommission und Gerichtshof. Erst seit dem Vertrag von Maastricht bezeichnen die Primärverträge die vormalige Versammlung der „Vertreter der Völker" als „Europäisches Parlament". Mit dem Reformvertrag von Lissabon im Jahre 2009 ist das Europäische Parlament laut Artikel 10 Absatz 2 Unterabschnitt 1 des Vertrags über die Europäische Union (EUV) der Ort, an dem „die Bürgerinnen und Bürger ... auf Unionsebene unmittelbar ... vertreten" werden.

Die republikanische Zwecksetzung eines wahren Parlaments ist die Verwirklichung des Rechts durch die Bürger für die Bürger. Es muss – soll es republikwidrige Herrschaft nicht geben – allgemeine Gesetze beschließen, die verbindlich sind, weil sie der Wille der Bürger sind, also die volonté générale. Ein Parlament ist damit zentrales Verfassungsorgan eines freiheitlichen Gemeinwesens, für das mein Doktorvater Karl Albrecht Schachtschneider in den zahlreichen Verfahren vor dem Bundesverfassungsgericht nicht müde wird zu streiten.

Für die Freiheit als einziges aber entscheidendes mit jedem Menschen geborenes Recht lohnt dieser Einsatz allemal. Vorliegende Arbeit möchte einen Beitrag dazu leisten, dass auch in unserer gemeinsamen Zukunft in einem einigen Europa die Maximen der Aufklärung Grundlage der Stärke dieses Kontinents bleiben. Die Freiheitslehre trägt zutiefst europäische Züge. Der Franzose Rousseau und der Deutsche Kant sind wesentliche Quellen dieser über 200 Jahre alten verfassungsstaatlichen Entwicklung. Der Brite Bagehot schließlich hat im 19. Jahrhundert grundlegend die Befugnisse eines Parlaments systematisiert: Gesetzgebung, Kontrolle, Kreation, Willensbildung und Artikulation.

Mein Dank gilt zuvorderst meinem Doktorvater Karl Albrecht Schachtschneider für die hervorragende Betreuung dieser Arbeit. Er hat bereits mit seinen universitären Vorlesungen zum Europarecht mein Interesse an dieser für unsere Zukunft so wichtigen rechtlichen Materie geweckt. Meinem persönlichen Umfeld und meiner Familie danke ich für das Verständnis während der Entstehungszeit dieser Dissertation. Meine Söhne, denen ich diese Arbeit widme, sind in dieser Phase zu stattlichen Schülern herangewachsen. Mögen sie als Bürger, als „Citoyens", Zeugen der Bewahrung einer freiheitlichen Grundordnung unseres Kontinents werden.

Roth, im November 2015 *Jens Ott*

Inhaltsverzeichnis

Einleitung: Annäherung an den Parlamentsbegriff 15

A. Das Europäische Parlament in seiner Entwicklung: Grundlagen 23

I. Europäisches Parlament und nationale Institutionen – Annäherung an den Sachverhalt 23

II. Das Europäische Parlament im Wandel der Zeit – Entwicklungsschritte im Überblick 25

1. Einrichtung einer Versammlung als Vorstufe des späteren Europäischen Parlaments 25

a) Montanunion 25

b) EGKS, EWG, Euratom 27

c) Einheitliche Europäische Akte 28

2. Die Entwicklung des Europäischen Parlaments ab 1979 30

a) Direktwahlakt 31

b) Vertrag über die Europäische Union 33

c) Amsterdam 35

d) Von Nizza nach Lissabon 37

3. Zusammensetzung und Organisation des Europäischen Parlaments in der Gegenwart (Vertrag von Lissabon) 40

a) Grundlegendes 40

b) Einfluss des Europäischen Parlaments nur im ordentlichen Gesetzgebungsverfahren 42

c) Enquête-Recht, Petitionsrecht, Bürgerbeauftragter 44

d) Beschlussfassung 46

e) Abgeordnete 48

f) Organe des Parlaments 52

a.a Präsident und Konferenz der Präsidenten (Art. 19, 23 GO EP) 52

b.b Das Präsidium (Art. 21, 22 GO EP) 53

c.c Quästoren (Art. 25 GO EP) 53
d.d Konferenz der Ausschussvorsitzenden (Art. 26 GO EP) 53
e.e Konferenz der Delegationsvorsitzenden (Art. 27 GO EP) 54
g) Sonstiges Organisatorisches 54

B. Das Europäische Parlament in seinem Wirken 57
I. Grundsätzliches zur Rolle des Europäischen Parlaments in den Bestimmungen des EUV/AEUV 57
1. Die primärrechtlichen Verträge 57
2. Entwicklung der Rahmenbedingungen seit dem Verfassungskonvent 58
3. Heutiger rechtlicher Rahmen 60
a) Wesentlichkeitslehre 60
b) Kompetenz-Kompetenz und Demokratieprinzip 62
c) Implied powers und effet utile 63
4. Parlament und Bürger 65
II. Beteiligung des Europäischen Parlaments an der Unionsgesetzgebung 69
1. Arbeitsweise der Europäischen Union 69
a) Überblick über das System 71
b) Weitere an der Gesetzgebung beteiligte Organe 73
a.a Der Europäische Rat 73
b.b Die Kommission 74
c.c Der Gerichtshof (EuGH) 75
2. Verfahrensweisen der Rechtsetzung 78
a) Allgemeines 78
b) Ordentliches Gesetzgebungsverfahren Art. 289 AEUV 80
c) Besonderes Gesetzgebungsverfahren: Anhörungs-/ Konsultationsverfahren 83
3. Art der Beteiligung des Parlaments an der Gesetzgebung nach ihm zugewiesenen Politikfeldern 83
a) Beteiligung im Anhörungs-/Konsultationsverfahren 84
a.a Bereich Wirtschaft 84

(a) Wettbewerbsregeln/ Vorschriften für Unternehmen 84
(b) Staatliche Beihilfen 85
(c) Steuerliche Vorschriften aus den Bereichen Umsatzsteuer, Verbrauchsabgaben und sonstige indirekte Steuern 86
(d) Gewerblicher Rechtschutz 87
b.b Bereich Binnenorganisation 88
(a) Mitglieder des Rechnungshofes 88
(b) Europäischen Investitionsbank 88
(c) Änderung der Verträge 89
c.c Gemeinsame Außen- und Sicherheitspolitik 90
(a) Allgemeines 90
(b) Restriktive Maßnahmen 91
(c) Katastrophenschutz 91
b) Beteiligung im ordentlichen Gesetzgebungsverfahren 92
a.a Bereich Wirtschaft 92
(a) Gemeinwirtschaftliche Dienstleistungen 92
(b) Landwirtschaft 93
(c) Binnenmarkt 95
(d) Verkehrspolitik 103
(e) Wirtschafts- und Währungspolitik 104
(f) Beschäftigungspolitik 112
(g) Verbraucherschutz 115
(h) Handelspolitik 117
(i) Industriepolitik 118
(j) Transeuropäische Netze 118
(k) Wirtschaftlicher und sozialer Zusammenhalt 119
(l) Forschung und technologische Entwicklung 121
(m) Umweltschutz 124
(n) Energie 126
(o) Tourismus 127
b.b Bereich Recht 127

(a) Verfahren bei Verstößen gegen Grundrechte und Grundfreiheiten ... 127
(b) Polizeiliche und justizielle Zusammenarbeit (PJZ) ... 129
(c) Nichtdiskriminierung und Unionsbürgerschaft ... 136
(d) Freizügigkeit, Diplomatischer Schutz, Unionsbürgerschaft ... 139
(e) Wahlrecht ... 140
(f) Freiheit, Sicherheit, Recht ... 141
(g) Humanitäre Hilfe ... 144
c.c Soziokulturelles ... 144
(a) Sozialpolitik, allgemeine und berufliche Bildung und Jugend ... 144
(b) Kultur ... 150
(c) Gesundheitswesen ... 152
d.d Binnenorganisation ... 153
(a) Verwaltungszusammenarbeit ... 153
(b) Satzungsänderungen des Europäischen Gerichtshofs ... 154
(c) Budgetkontrolle ... 155
(d) Finanzierung der Union ... 155
(e) Kompetenzergänzung ... 160
e.e Außenbeziehungen ... 164
(a) Aufnahme neuer Mitgliedstaaten ... 164
(b) Visa, Asyl, Einwanderung und andere Politiken betreffend den freien Personenverkehr ... 166
(c) Assoziierungsabkommen mit Drittländern ... 168
(d) Entwicklungszusammenarbeit ... 168
(e) Wirtschaftliche, finanzielle und technische Zusammenarbeit mit Drittländern ... 169
(f) Internationale Übereinkünfte ... 169
(g) Abkommen zwischen der Gemeinschaft und Staaten oder internationalen Organisationen ... 171

III. Einstweilige Bewertung des Europäischen Parlaments im Verhältnis zu anderen Organen der Europäischen Union ... 171

C. Das Europäische Parlament und seine Qualität als Parlament ... 175

I. Die Stellung eines Parlaments nach der neuzeitlichen Staatstheorie und ihre mangelhafte Ausfüllung durch das Europäische Parlament ... 175

1. Das Ideal ... 175

a) Rechtliche Voraussetzung für die Existenz eines Parlaments: Freiheit und Gleichheit der Bürger ... 175

b) Zwecksetzung für das Parlament: Recht durch die Bürger für die Bürger ... 178

c) Rechtfertigung der Existenz eines Parlaments: Identität und Repräsentation der Bürger ... 183

a.a Identität der Bürgerschaft ... 183

b.b Repräsentation und Vertretung der Bürger ... 186

d) Prinzip der Willensbildung ... 193

a.a. Mehrheitsregel als Entscheidungsfindungspinzip ... 193

b.b Bürgerschaftliches Kollegialorgan ... 197

e) Ergebnis der Parlamentstätigkeit: Verwirklichung von Republik und Demokratie ... 205

2. Die Realität des Europäischen Parlaments ... 211

a) Defizite des Parlaments bei der Volksvertretung ... 211

a.a Defizite nach demokratischem Staatsprinzip ... 211

b.b Defizite nach republikanischem Staatsprinzip ... 219

c.c Paternalismus statt Demokratie, Gleichheit und Freiheit ... 235

b) Mitwirken des Parlaments am Ausbau existenzieller Staatlichkeit der Europäischen Union ... 240

II. Das Europäische Parlament gemessen an klassischen Parlamentsfunktionen ... 248

1. Mängel bei der Wahrnehmung der Artikulations- und Willensbildungsfunktion ... 248

2. Defizite bei der Gesetzgebungsfunktion ... 252

3. Mängel bei der Wahrnehmung der Kreations- und Legitimationsfunktion ... 263

4. Defizite bei der Kontrollfunktion ... 271

a) Unzureichende Kontrollbefugnisse 271
b) Mangelnde Gewaltenteilung 279

III. Zusammenfassung: Nichterfüllen des im Namen Parlament zum Ausdruck gebrachten Anspruchs 284

Literaturverzeichnis 293

Einleitung: Annäherung an den Parlamentsbegriff

„Das Europäische Parlament ist auch nach der Neuformulierung in Art. 14 Abs. 2 EUV und entgegen dem Anspruch, den Art. 10 Abs. 1 EUV nach seinem Wortlaut zu erheben scheint, kein Repräsentationsorgan eines souveränen europäischen Volkes", so das Bundesverfassungsgericht in seinem Lissabon-Urteil vom 30.6.2009. Es „bleibt ... in der Sache ... eine Vertretung der Völker der Mitgliedstaaten".[1] Der nach diesem Urteil des Bundesverfassungsgerichts zum 1.12.2009 in Kraft getretene Vertrag über die Europäische Union in der Fassung von Lissabon (EUV) spricht hingegen in Art. 10 Abs. 2 EUV ausdrücklich davon, dass die Bürgerinnen und Bürger auf Unionsebene unmittelbar im Europäischen Parlament vertreten sind. Diesen Widerspruch zwischen der Beurteilung des Europäischen Parlaments durch das Bundesverfassungsgericht und seiner Beschreibung im genannten Primärvertrag der Europäischen Union gilt es im Folgenden aufzuklären und zu beurteilen.

Ist das Europäische Parlament ein Parlament? Auf diese Frage läuft der Titel dieser Arbeit „Das Europäische Parlament als Parlament" letztlich zu. Seit der ersten Verwendung des Namens im Jahre 1958[2] ist diese Frage in weiten Teilen der Forschung und Lehre so nämlich noch nicht gestellt, geschweige denn umfassend beantwortet worden. Die Kommentarliteratur zitiert das entsprechende Organ der Gemeinschaften Europäische Wirtschaftsgemeinschaft (EWG), Europäische Atomgemeinschaft (EAG) und Montanunion – teils mit einer Andeutung von Kritik in Anführungszeichen – zumeist unreflektiert als „Europäisches Parlament"[3]. Die genannte Frage zu klären gilt es nach oben referierter Qualifizierung durch das Bundesverfassungsgericht („... bleibt ... Vertretung der Völker ...") umso mehr, als das Europäische Parlament mit Inkrafttreten des gerichtlich beurteilten Vertrages von Lissabon ein Organ der mit Rechtspersönlichkeit ausgestatteten Europäischen Union wurde. Dieser Reformvertrag von Lissabon löste nämlich das bisherige

---

1 BVerfGE 123, 267 (373); i.d.S. auch *K. A. Schachtschneider*, Der Vertrag über die EU und das Grundgesetz, in: Freiheit – Recht – Staat, S. 396, 406.

2 ABl. 1958, S. 6f; *G. Ziegler*, Die Stellung des Europäischen Parlaments, in: I. v. Münch, (Hrsg.) Staatsrecht – Europarecht – Völkerrecht (Festschrift für H. J. Schlochauer), 1981, S. 947 ff. (952); *M. Schweitzer*, Europarat, WEU, NATO, Europäisches Parlament, in: Parlamentsrecht und Parlamentspraxis, hrsg. H.-P. Schneider, W. Zeh, S. 1675.

3 *R. Geiger*, EUV/ EGV, Kommentar, 4. Aufl. 2004, Art. 189 EGV, Rdn. 1.

„Drei-Säulen-Konzept“ der Europäischen Union (Art. 1 Abs. 3 S. 1 EUV) auf, demzufolge eine Europäischen Union ohne Rechtspersönlichkeit aus den supranational organisierten Europäischen Gemeinschaften (EG, EGKS, Euratom) sowie den intergouvernementalen Politiken Gemeinsame Sicherheits- und Außenpolitik (GASP) und Polizeiliche und Justizielle Zusammenarbeit in Strafsachen bestand.[4]

Die Bezeichnung Parlament wird weltweit für eine Vielzahl staatlicher Einrichtungen mit Versammlungscharakter verwendet, wie auch das von ihr abgeleitete Adjektiv zahlreiche Institutionen begrifflich präzisiert. Die Bundesrepublik Deutschland z.B. wird eine parlamentarische Demokratie genannt.[5] Der Begriff meint im Geltungsbereich des deutschen Grundgesetzes, dass das Volk Staatsgewalt durch ein „besonderes Organ“ ausübt (Art. 20 Abs. 2 S. 2 GG), nämlich durch die parlamentarische Volksvertretung namens Deutscher Bundestag.[6] Die Europäische Union reklamiert – und das ist Untersuchungsobjekt dieser Arbeit – für sich ebenfalls ein „Parlament“, für das sie alle fünf Jahre in den Mitgliedstaaten nach nationalem und damit unterschiedlichem Wahlrecht Wahlen abhält. Allein die Verwendung des Begriffs vermag den tatsächlichen Charakter des Europäischen Parlaments also nicht zu beschreiben, wie die oben zitierte Rechtsprechung des Bundesverfassungsgerichts zeigt.

Dass Untersuchungen zur Verwendung staatsrechtlicher Begriffe stets angebracht sind, zeigt schon Aristoteles´ Satz über den Bürger: „Nicht alle bezeichnen denselben als Staatsbürger, und wer in der Demokratie ein solcher ist, ist es oft in der Oligarchie keineswegs.“[7] Auch das moderne Zivilrecht mit seinem Grundsatz „falsa demonstratio non nocet“ bestätigt die Relativität verwendeter Begriffe: Die falsche Bezeichnung ändere nichts am tatsächlich Gemeinten. Zudem – und wegen der Nähe zum Untersuchungsgegenstand besonders gewichtig – hat eine Untersuchung der Eigenart des Europäischen Gerichtshofs ergeben, dieser sei trotz seiner Benennung „kein Gericht im demokratischen Sinne“.[8]

---

4 BVerfGE 123, 267 (293 ff.).

5 *R. Herzog*, in: Maunz/Dürig, Komm. z. GG, Art. 20, II. Abschn., II, Rdn. 82; *H. Dreier*, in: Dreier (Hrsg.), Grundgesetz-Kommentar, Bd. 2, 2. Aufl. 2006, Art. 20 Rdn. 19; *K. Kröger*, Verfassungsgeschichte, S. 23; *F. K. Fromme*, Der Demokratiebegriff des Grundgesetzes, DÖV 1970, 518 (518).

6 *P. Badura*, Parlament und Demokratie, in: HStR, Band I, 2. Aufl. 1995, § 23, S. 955.

7 *Aristoteles*, Politik, S. 103, 1274b 39 ff.; siehe auch *K. A. Schachtschneider*, Res publica res populi, S. 210.

8 *K. A. Schachtschneider*, Verfassungsrecht in der Europäischen Union, Teil 2, S. 72; siehe auch *T. Mähner*, Der Europäische Gerichtshof als Gericht, S. 11, 239.

Im Begriff Parlament steckt das französische Verb „parler". Es meint das unbehinderte, freie Gespräch – ein Wesensmerkmal der Freiheit. Das unbehinderte Zustandekommen von Meinungen in Gespräch und Diskussion bildet einen offenen politischen Prozess, ist somit Voraussetzung für eine politische Willensbildung und konstituierend für die freiheitliche, demokratische Grundordnung.[9] „Wer den Diskurs behindert, verrät die Republik."[10] Republikanische Gesetzgebung beruht auf öffentlichem Diskurs, dem allseitigen Gespräch über das Richtige für das gute Leben aller in allgemeiner Freiheit auf Grundlage der Wahrheit. Dieser Diskurs, der in Vertretung des ganzen Volkes in Form des Parlamentarismus erfolgen kann, reduziert – so schon Rousseau[11] – die Irrtumsgefahr. Ergebnis ist ein allgemeines Gesetz im Namen aller, das als eindeutige Entscheidung auch alle bindet.[12]

Die Republik, in der jeder Bürger „sein eigener Herr"[13], „selbst Politiker"[14], ja sogar „Mitgesetzgeber"[15] ist, benötigt nur ein Parlament, wenn das Staatsvolk größerer Staaten schon aus organisatorischen Gründen nicht mehr selbst die Politik gestalten kann, sondern von Vertretern ausüben lassen muss. „Eigentlich müsste das Volk in seiner wirklichen Gesamtheit entscheiden, wie das ursprünglich der Fall war, als sich noch alle Gemeindemitglieder unter der Dorflinde versammeln konnten; aber aus praktischen Gründen ist es heute unmöglich, dass alle zu gleicher Zeit an einem Platze zusammenkommen; auch ist es unmöglich, alle wegen jeder Einzelheit zu befragen; deshalb hilft man sich vernünftigerweise mit einem gewählten Ausschuss von Vertrauensleuten, und das ist eben das Parlament."[16] Das Staatsvolk muss gleichwohl Subjekt der demokratischen Legitimation bleiben, das das Objekt der demokratischen Legitimation, die Staatsgewalt[17], über ein Organ des Volkes ausübt. Das Volk kann nur Subjekt der demokratischen Legitimation bleiben, wenn es herrschaftsfrei, also freiheitlich sich selbst mit allgemeinen Gesetzen regiert. Diese Gesetze des Volkes werden

9 *F. E. Schnapp*, in: von Münch/Kunig, GG Komm. II, 5. Aufl. 2001, Art. 20, Rdn. 17.

10 *K. A. Schachtschneider*, Res publica res populi, S. 586.

11 *Rousseau*, Vom Gesellschaftsvertrag, S. 28, 73.

12 *Kant*, Zum ewigen Frieden, S. 244 ff.; *K. A. Schachtschneider*, Res publica res populi, S. 669.

13 *Kant*, Über den Gemeinspruch, ed. Weischedel, S.151; i.d.S. auch *ders.*, Zum ewigen Frieden, ed. Weischedel, S. 204 ff; *ders.*, Metaphysik der Sitten, S. 432 ff.

14 *K. A. Schachtschneider*, Res publica res populi, S. 219.

15 *Kant*, Über den Gemeinspruch, ed. Weischedel, S. 150.

16 *C. Schmitt*, Die geistesgeschichtliche Lage des heutigen Parlamentarismus, S. 42.

17 *F. E. Schnapp*, in: von Münch/Kunig, GG Kommentar II, Art. 20 Rdn. 20, 23.

im Diskurs gefunden, der letztlich anhand der Mehrheitsregel einen Konsens[18] herbeiführt, der im Ergebnis der Wille aller ist und damit auch alle bindet. Die Einigkeit der Willen findet im Gesetz ihren Ausdruck, was entsprechend der Legalität im Sinne einer Rechtlichkeit alles Handeln durch Gesetze des Rechts bestimmt.[19] „Die ratio des Parlaments liegt ... im <Dynamisch-Dialektischen>, d. h. in einem Prozeß der Auseinandersetzung von Gegenständen und Meinungen, aus dem sich der richtige staatliche Wille als Resultat ergibt."[20] Ort der Tagung und Organ des ganzen Volkes (vgl. Art. 38 Abs. 1 S. 2 GG) aber ist das Parlament. Weil allgemeine Gesetze solche des ganzen Volkes sind und diese vom Parlament erlassen werden, ist das Parlament eine Einrichtung der Freiheit[21]: Es ermöglicht „in seiner Gesamtheit als Verfassungsorgan die Vertretung des ganzen Volkes".[22] Diese Grundfunktion wiederum legitimiert nach Maßgabe des Verfassungsrahmens die Ausübung der Kreationsfunktion der Regierung[23], denn durch die so geknüpfte ununterbrochene Legitimationskette wird in gewissem Sinne die „Identität von Regierung und Regierten" sichergestellt.[24]

Die Frage nach der Einstufung des Europäischen Parlaments als Parlament kann also erst beantwortet werden, wenn zunächst der Gehalt des Organs als Parlament durch Ermittlung seiner bisherigen primärvertraglichen Befugnisse geklärt wird. Bei dieser Beurteilung ist bedeutsam, dass das Parlament als eine Einrichtung der Freiheit begriffen wird, letztlich also als eine Einrichtung der Demokratie, weil die Freiheit nur durch Demokratie Verwirklichung findet.

Die Festlegung dieser Rahmenbedingung ist deshalb wichtig, weil es bereits vor der Demokratie als Parlamente bezeichnete Einrichtungen der Monarchie, der Aristokratie oder der Oligarchie gab. „Das parlamentarische System ist keine Folgerung, keine Anwendung des demokratischen Prinzips ... Es beruht auf einer Verwertung und Mischung verschiedener und sogar entgegengesetzter politischer Elemente. Es benutzt monarchische Konstruktionen, um die Exekutive, d. h. die Regierung zu stärken und gegen das Parlament auszubalancieren; es verwendet den aristokratischen Gedanken einer repräsentativen Körperschaft

18 *K. A. Schachtschneider*, Res publica res populi, S. 145; *F. Scharpf*, Demokratietheorie zwischen Utopie und Anpassung, S. 25 ff., 54 ff.

19 *K. A. Schachtschneider*, Freiheit in der Repubilk, S. 333

20 *C. Schmitt*, Die geistesgeschichtliche Lage des heutigen Parlamentarismus, S. 43.

21 *K. A. Schachtschneider*, Res publica res populi, S. 638.

22 *K. A. Schachtschneider*, Res publica res populi, S. 647.

23 *H. Meyer*, Die Stellung der Parlamente in der Verfassungsordnung des Grundgesetzes, in: H.-P. Schneider, W. Zeh (Hrsg.), Parlamentsrecht und Parlamentspraxis, S. 121 ff.

24 *C. Schmitt*, Verfassungslehre, S. 234 ff.

… es benutzt demokratische Vorstellungen von der Entscheidungsgewalt des nicht repräsentierten, sondern unmittelbar abstimmenden Volkes…".[25]

Ohne die Prämisse, dass ein Parlament eine Einrichtung der Freiheit sein muss, verlöre sich eine Einordnung des Europäischen Parlaments in der Beliebigkeit der Verwendung dieses Begriffs. Eine republikanische Vertretung des ganzen Volkes beugt dem Mangel vor, den Carl Schmitt im System des bürgerlichen Rechtsstaats sieht, dass es nämlich die letzte, unabwendbare politische Entscheidung und Konsequenz der politischen Formprinzipien umgehen will.[26] Staatlichkeit ist allgemeine Gesetzlichkeit (Rechtsprinzip). Diese Gesetzlichkeit verwirklicht die Freiheit.[27] Die Gesetze müssen von einem Organ des Volkes hervorgebracht werden, weshalb zum Beispiel auch das Grundgesetz in Art. 38 Abs. 1 S. 2 Abgeordnete des Deutschen Bundestages als „Vertreter des ganzen Volkes" bezeichnet. Dieser Zwang zur Vertretung gibt die Chance, in einem Erkenntnis- und Entscheidungsverfahren mittels Diskussion eine Entscheidung zu finden, die der „Tatsache Rechnung (trägt), dass die freie Entfaltung der Persönlichkeit eines jeden von der Realisierung der Freiheit aller Personen abhängt"[28], also der moralischen Kompetenz die größtmögliche Chance gegeben wird.[29] Parlamentarier müssen sich der dialektischen Spannung zwischen Interessenrepräsentation und volonté générale bewusst sein. Soll eine Parlamentsentscheidung eine von allen akzeptierte sein, so muss sie in einer freien und offenen Auseinandersetzung einen Ausgleich zwischen diesen Prinzipien hergestellt haben.[30] Diese schwierige Aufgabe des republikanischen Interessenausgleichs durch allgemeines Gesetz, welches die Freiheit aller verwirklicht[31], stellt hohe Anforderungen an die Volksvertreter, die im Rahmen einer Bestenauslese (Art. 33 GG) ermittelt werden sollten: Die Parlamentarier müssen „citoyens" sein, Patrioten, so Kant[32], keinesfalls „in die Belange ihrer Partikularität verfangene(n) politische(n) Nullitäten"– so Hegel[33] – denn als citoyens sind sie Staatsbürger und Mitinhaber hoheitlicher

25 *C. Schmitt*, Verfassungslehre, S. 304 f.
26 *C. Schmitt*, Verfassungslehre, S. 305.
27 *K. A. Schachtschneider*, Res publica res populi, S. 637.
28 *J. Habermas*, Treffen Hegels Einwände gegen Kant auch auf die Diskursethik zu?, S. 25.
29 *K. A. Schachtschneider*, Res publica res populi, S. 645.
30 *E. Fraenkel*, Deutschland und die westlichen Demokratien, S. 40.
31 *K. A. Schachtschneider*, Res publica res populi, S. 662.
32 *Kant*, Über den Gemeinspruch, S. 146, 151.
33 Vgl. *W. Kersting*, Wohlgeordnete Freiheit, S. 308 f.

Gewalt.[34] Diesem gegenüber steht bei Hegel und allen, die ihm folgen, der Privatbürger als bourgeois, als Rechteinhaber von privaten Individualrechten.[35]

Republikanisch betrachtet „soll das Parlament, der Regierung übergeordnet, die ganze Nation repräsentieren und in öffentlicher Diskussion zu Gesetzen finden, die vernünftige und generelle Normen zur Regelung des gesamten staatlichen Lebens enthalten".[36] Hier wird im Zusammenhang mit dem Begriff Parlament der Begriff Nation gebraucht. Auf europäischer Ebene aber ist dem Bundesverfassungsgericht zufolge „ein auf Staatsgründung zielender Wille nicht feststellbar." Damit fehlt es „gemessen an den verfassungsstaatlichen Erfordernissen … der Europäischen Union auch nach dem Inkrafttreten des Vertrages von Lissabon an einem durch gleiche Wahl aller Unionsbürger zustande gekommenen politischen Entscheidungsorgan mit der Fähigkeit zur einheitlichen Repräsentation".[37] Den hier hergestellten Zusammenhang zwischen dem Volk und seinem Repräsentationsorgan namens Parlament brachte Freiherr vom Stein mit seiner prägnanten Formulierung bereits in seinem Abschiedsschreiben vom 24.2.1809 auf den Punkt: Das Parlament ist eine „allgemeine Nationalrepräsentation".[38]

Weil das Bundesverfassungsgericht von dieser Warte aus Art. 10 Abs. 2 EUV mit dessen Postulat, die „Bürgerinnen und Bürger auf Unionsebene (seien) unmittelbar im Europäischen Parlament vertreten", zurückweist[39], wird zu untersuchen sein, ob die Europäische Union doch von einem Volk getragen wird, das bereits vorläufig so politisch organisiert ist, dass es legitime Staatsgewalt hervorbringen kann[40]. Gibt es also auf Unionsebene ein Volk, das als Unionsvolk als pouvoir constituant ein wahres Europäisches Parlament einrichten kann? Weiterhin ist zu fragen, ob es sich bei diesen Anforderungen um notwendige Merkmale der Parlamentseigenschaft handelt.[41]

---

34 *H. H. Rupp*, Die Unterscheidung von Staat und Gesellschaft, in: HStR, Bd. II, 3. Aufl. 2004, § 31, Rdn. 18.

35 *Hegel*, Rechtsphilosophie, § 190, S. 199.

36 *E. Hübner/H. Oberreuter*, Parlament und Regierung, Ein Vergleich dreier Regierungssysteme, S. 9.

37 BVerfGE 123, 267 (371 f.).

38 *C. Schmitt*, Verfassungslehre, S. 311.

39 BVerfGE 123, 267 (371); *K. A. Schachtschneider*, Die Aushöhlung der Demokratie durch Europäische Union und Währungsunion, S. 106.

40 *D. Grimm*, Ursprung und Wandel der Verfassung, in: HStR, Bd. I, 3. Aufl. 2003, § 1 Rdn. 41, S. 19.

41 So *K. A. Schachtschneider*, Die Aushöhlung der Demokratie durch Europäische Union und Währungsunion, S. 103; *ders.*, Verfassungsbeschwerde Lissabon-Vertrag, 3. Teil J I.

Grundlegend hat W. Bagehot[42] bereits 1867 die Funktionen eines Parlaments beschrieben: Dieses spielt eine wichtige Rolle bei der Regierungsbildung (Kreationsfunktion) und kontrolliert in Folge die Regierung sowie die Verwaltung (Kontrollfunktion). Weiterhin ist das Parlament entscheidend an der Gesetzgebung einschließlich der Haushaltsbestimmungen (Gesetzgebungsfunktion) beteiligt. Im Parlament sollen alle relevanten politischen Fragen behandelt (Willensbildungs- und Willensmobilisierungsfunktion) und letztlich in der Öffentlichkeit verbreitete Meinungen und Interessen zugespitzt formuliert werden (Artikulationsfunktion). So wichtig die einzelnen Funktionen auch sind, erst im Zusammenklang ergeben sie einen aus dem Freiheitsprinzip erwachsenden Maßstab der Parlamentsarbeit.[43] „Die Freiheit als Autonomie des Willens liegt (nämlich) allem objektiven Recht und allen subjektiven Rechten zugrunde.“[44]

Das Parlament nach dem von Abbé Sieyès in die republikanischen Verfassungen der Neuzeit eingebrachten republikanischen Prinzip[45] besteht aus Vertretern, weil ein höchstpersönlicher Vertragsschluss aller Bürger mit allen Bürgern in allen Angelegenheiten irreal ist.[46] Abgeordnete haben, sollen sie Vertreter des Volkes sein, also ein freies Mandat, geben wie Vertreter nach bürgerlichem Recht eine eigene Willenserklärung in fremdem Namen ab (§ 164 Abs. 1 S. 1 BGB). Die Rechtsfolgen dieser unmittelbaren Vertretung[47] in Form der verabschiedeten Gesetze wirken dann unmittelbar gegen den Vertretenen, das Volk als Gesamtheit der Bürger.

Die sich bereits nach dem Bisherigen andeutende Vielfalt der Interpretationen der Institution Parlament würde in ihrer Komplexität noch dadurch erhöht, dass die Eigenschaft des Europäischen Parlaments im Europa der 28 jeweils vor dem Hintergrund der jeweils eigenen verfassungsrechtlichen Lehre zu würdigen wäre.

Eine Betrachtung aus 28 nationalen Blickwinkeln mit jeweils wieder heterogenen staatsrechtlichen Meinungen würde den Rahmen dieser Arbeit freilich sprengen. Die Beurteilung der Themenfrage wird daher auf Basis der deutschen

---

42 *W. Bagehot*, The English Constitution, S. 136–167.

43 *E. Hübner/H. Oberreuter*, Parlament und Regierung, Ein Vergleich dreier Regierungssysteme, S. 12.

44 *K. A. Schachtschneider*, Res publica res populi, S. 332.

45 *E. J. Sieyès*, Politische Schriften, 1788 bis 1790, ed. E. Schmitt/R. Reichardt, 2. Aufl. 1981, S. 225 ff.; *K. A. Schachtschneider*, Res publica res populi, S. 645.

46 *E.-W. Böckenförde*, Demokratie und Repräsentation, S. 6 ff., 8 ff.; *ders.*, Demokratische Willensbildung und Repräsentation, in: HStR, Bd. II, S. 30 ff., 46; *M. Kriele*, Einführung in die Staatslehre, S. 244 ff.

47 *H. Heinrichs*, in: Palandt/Heinrichs, BGB, Kommentar, Einf. v § 164, Rdn. 1.

Staatslehre erfolgen. Dieser Blickwinkel ist arbeitsökonomisch notwendig, für eine in Deutschland erstellte Untersuchung aber auch sachlich nach deutscher Staatslehre/bundesdeutscher Verfassungsnorm geboten, weil die Fundamentalnorm des Art. 20 Abs. 2 GG – die wirkungsvolle Vertretung der Bürger im Parlament – von Art. 79 Abs. 3 GG unter den Schutz der Unabänderlichkeit gestellt ist. Die Beurteilung des Europäischen Parlaments wird insbesondere auf der Grundlage der Rechtsordnung der Bundesrepublik Deutschland sowie der veröffentlichten deutschen Literatur zu Parlament und Parlamentarismus vorgenommen werden. Um nicht von der Masse des vorhandenen Schrifttums erdrückt zu werden, ist zudem eine Auswahl namhafter Repräsentanten vielfach vertretener Meinungen erforderlich. Freilich werden auch beachtenswerte weitere Ansichten in die Beurteilung des Europäischen Parlaments einbezogen werden.

A. Das Europäische Parlament in seiner Entwicklung: Grundlagen

I. Europäisches Parlament und nationale Institutionen - Annäherung an den Sachverhalt

Das Europäische Parlament hat sich den Primärverträgen der Europäischen Union zufolge (Vertrag über die Europäische Union - EUV und Vertrag über die Arbeitsweise der Europäischen Union - AEUV) von einer Einrichtung „der Vertreter der Völker der in der Gemeinschaft zusammengeschlossenen Staaten“[48] zu einer solchen entwickelt, die der Ort ist, an dem „die Bürgerinnen und Bürger ... auf Unionsebene unmittelbar ... vertreten“ werden[49].

Die Beurteilung des Europäischen Parlaments ist für sich betrachtet daher ein Thema von großem Gewicht, das einer nationalen Betrachtung aus mitgliedstaatlich-deutscher Sicht durchaus zugänglich ist. Weit verbreitet sind das Bild der „Verzahnung von Gemeinschaftsrecht und nationalem Recht“ sowie die Erkenntnis vom gegenseitigen Sich-Durchdringen der Gemeinschaftsrechtsordnung und der nationalen Rechtsordnung.[50] Diese Abgrenzung des mitgliedstaatlichen vom europäischen Rechtsraum trifft inzwischen nicht mehr die Rechtswirklichkeit, weil Gemeinschaftsrecht Rechtsgrundlage öffentlich-rechtlicher Maßnahmen ist, die als „Akte der deutschen öffentlichen Gewalt“[51] einzustufen sind. Unter dem Begriff Staat wird im Sinne einer zusammenfassenden Bezeichnung die Gesamtheit der Institutionen der Staatlichkeit in Bund, Ländern, Gemeinden, Körperschaften und Anstalten und sonstigen juristischen Personen des öffentlichen Rechts[52] bis hin zu den Organen der Europäischen Union[53] verstanden, „die auch deutsche

48 So die Formulierung in Art. 189 Abs. 1 EGV (in der Fassung Nizza), ABl. EG C325/33.

49 So die Formulierung in Art. 10 Abs. 2 UA 1 EUV.

50 *R. Streinz*, Europarecht, S. 69, Rdn. 171 ff.

51 *K. A. Schachtschneider*, Die existentielle Staatlichkeit der Völker Europas und die staatliche Integration der Europäischen Union, S. 100; siehe auch *K. A. Schachtschneider*, Res publica res populi, S. 720; *W. Hankel/W. Nölling/K. A. Schachtschneider/J. Starbatty*, Die Euro-Klage, S. 250.

52 *K. A. Schachtschneider*, Staatsunternehmen und Privatrecht, S. 175 ff; *ders.*, Res publica res populi, S. 161 f.; *J. Isensee*, Staat und Verfassung, in: HStR I, 1. Aufl. 1987, S. 653 ; *K. Hesse*, Grundzüge des Verfassungsrecht, S. 8, Rdn. 10.

53 BVerfGE 89, 155 (190).

Staatsgewalt ausüben".[54] Nach erfolgter Übertragung von Hoheitsrechten auf zwischenstaatliche Einrichtungen nach Art. 24 Abs. 1 GG üben nun diese gleichermaßen deutsche Staatsgewalt aus, wie es nationale Organe vor der Übertragung getan haben. Dies ergibt sich aus dem Grundsatz des Art. 20 Abs. 2 S. 1 GG, der innerhalb des Geltungsbereichs des Grundgesetzes nur Staatsgewalt zulässt, die sich auf das deutsche Volk („Alle Staatsgewalt geht vom Volke aus") zurückführen lässt. „Diese Hoheitsrechte sind Befugnisse der Ausübung der Staatsgewalt in Vertretung des Volkes. Die Gemeinschaftsorgane üben somit deutsche Staatsgewalt i. S. d. Art. 20 Abs. 2 GG aus."[55] „Solange … in Deutschland alle Staatsgewalt vom … Deutschen Volke ausgeht, kann es rechtens in Deutschland keine Gesetzgebung geben, welche ihre … Verbindlichkeit nicht vom Deutschen Volk, sondern von einem europäischen Unionsvolk herleitet."[56] Das Bundesverfassungsgericht formuliert es so: „Auch Akte einer besonderen, von der Staatsgewalt der Mitgliedstaaten geschiedenen öffentlichen Gewalt einer supranationalen Organisation betreffen die Grundrechtsberechtigten in Deutschland."[57]

Im Gegensatz zum Völkerrecht, das den Frieden zwischen den Staaten gewährleisten soll[58], entfaltet Gemeinschaftsrecht also Wirkung nicht nur gegenüber Staaten, sondern gegenüber Grundrechtsberechtigten selbst. Nach der Rechtsprechung des Europäischen Gerichtshofs findet das Recht der Union unmittelbare Anwendung in den Mitgliedstaaten, wenn und weil es unbedingt und bestimmt genug ist.[59] „Ist das Unionsrecht anwendbar, kann sich der Einzelne auch vor den mitgliedstaatlichen (nationalen) Gerichten darauf berufen."[60]

---

54 *K. A. Schachtschneider*, Res publica res populi, S. 162.

55 *P. Kirchhof*, Europäische Einigung und Verfassungsstaat, S. 100 f.; i.d.S. auch *ders.*, Der deutsche Staat im Prozess der Europäischen Integration, HStR, Bd. VII, §183 Rdn. 46; *K. A. Schachtschneider*, Res publica res populi, S. 720; *ders.*, Prinzipien des Rechtsstaates, S. 71, 80; *ders.*, Die existentielle Staatlichkeit der Völker Europas, S. 76 ff.; *ders.*, Verfassungsbeschwerde Lissabon-Vertrag, 3. Teil, A, II.

56 *K. A. Schachtschneider*, Die Aushöhlung der Demokratie durch Europäische Union und Währungsunion, S. 105.

57 BVerfGE 89, 155 (175).

58 *Kant*, Zum ewigen Frieden, S. 208 ff.; *A. Verdross*, Völkerrecht, 5. Aufl. 1964, S. 25 ff.; *K. Ipsen*, Regelungsbereich und Geltungsgrund des Völkerrechts, in: ders., Völkerrecht, 4. Aufl. 1999, §1 Rdn. 15, S. 6 f.; *K. A. Schachtschneider*, Verfassungsrecht der Europäischen Union, Teil 2, S. 626.

59 EuGH Rs. 26/62, Slg. 1963, 1 („van Gend & Loos"); Rs. 57/65, Slg. 1966, 257 („Lütticke"); Rs. 41/74, Slg. 1974, 1337 („van Duyn"); Rs. 43/75, Slg. 1976, 455 („Defrenne II").

60 *V. Hellmann*, Der Vertrag von Lissabon, S. 64; i.d.S. *W. Schroeder*, in: Streinz, EUV/EGV, Art. 249 EGV, Rdn. 40.

Demnach ist in Art. 10 Abs. 2 UA 1 EUV nunmehr bezüglich des Europäischen Parlaments davon die Rede, dass es sich aus Vertretern der Bürgerinnen und Bürger zusammensetze. Im Vertrag von Lissabon lautet diese Formulierung: „Die Bürgerinnen und Bürger sind auf Unionsebene unmittelbar im Parlament vertreten." Dabei ist nach Art. 9 S. 2 EUV „Unionsbürger … wer die Staatsangehörigkeit eines Mitgliedstaates besitzt."

Legislativakte, die unter Beteiligung des Europäischen Parlaments zustande gekommen sind, haben durch den Anwendungsvorrang von Unionsrecht im Kollisionsfall erhebliche Auswirkungen auf den Unionsbürger. Für die Beurteilung des Parlamentscharakters ist es daher von Interesse, in welchen Zuständigkeitsbereichen welche Mitwirkungsrechte dem Europäischen Parlament zustehen und auf welchen Gebieten es im Vergleich zum nationalen Parlament Deutscher Bundestag zurückbleibt. Bei der Beurteilung der strukturellen Verfassung des Organs, das heute Europäisches Parlament genannt wird, hilft vorbereitend die Betrachtung der Historie dieser Einrichtung.

II. Das Europäische Parlament im Wandel der Zeit – Entwicklungsschritte im Überblick

1. Einrichtung einer Versammlung als Vorstufe des späteren Europäischen Parlaments

a) Montanunion

Die Gründung der Bundesrepublik Deutschland am 23.5.1949 wurde von den Westalliierten nur zugelassen, weil diese von Anfang an in ein System „indirekter Kontrolle mittels gemeinsamer Organisationen" eingebunden war.[61]

Weil wegen des Kalten Krieges Deutschland (West) als Verbündeter der westlichen Siegermächte gebraucht wurde, konnten diese Beschränkungen der deutschen Souveränität nicht den Charakter einseitiger Kontrollen annehmen. Eine freie Hand wollte aber Frankreich den Deutschen über die potenziell kriegswichtige Montanindustrie nicht zubilligen. „Der einzige Ausweg aus diesem Dilemma bestand darin, Deutschland politisch und wirtschaftlich in eine festgefügte Gemeinschaft Europas einzubinden."[62] Daher stellte der französische Außenminister Robert Schuman in seiner historischen Rede vom 9.5.1950[63] seinen zusammen mit Jean Monnet entwickelten Plan vor, die

61 *D. Willoweit*, Deutsche Verfassungsgeschichte, 3. Aufl. 1997, S. 361.

62 *K.-D. Borchardt*, Die rechtlichen Grundlagen der Europäichen Union, S. 5, Rdn. 12.

63 Schuman-Rede abgedruckt in: EA 1950, S. 3091 f.

deutsch-französische Produktion von Kohle und Stahl unter eine gemeinsame oberste Autorität zu stellen. Sowohl das Datum als auch der Mitwirkende Monnet spielen bis heute eine Rolle. Der schon bisher am 9.5. abgehaltene Europatag sollte in Art. I-8 Abs. 5 des Entwurfs eines Europäischen Verfassungsvertrages (EVV) kodifiziert werden, taucht aber im Reformvertrag von Lissabon nicht mehr expressis verbis auf. Jean Monnet ist Namensgeber zahlreicher Lehrstühle für Europäisches Recht auch an deutschen Universitäten und war vor seiner Zeit als Leiter des französischen Planungsamtes seit 1940 in den USA tätig, um die dortige Industrie erfolgreich auf Kriegswirtschaft umzustellen.[64]

Ebenso erfolgreich kam es in Folge der Schuman-Rede am 23. Juli 1952 zur Aufrichtung der einen Säule der späteren Europäischen Union, der „Europäischen Gemeinschaft für Kohle und Stahl" (EGKS)[65], die strukturell aus der „Ruhrbehörde" hervorging – einer Besatzungsbehörde. Ihre Mitglieder – Belgien, Frankreich, Italien, Luxemburg, die Niederlande und die Bundesrepublik Deutschland – kontrollierten die EGKS unter anderem über eine „parlamentarische Versammlung", die Vorläuferin des Europäischen Parlaments, so eine offizielle Verlautbarung der Generaldirektion Information und Öffentlichkeitsarbeit.[66] Dem Fundament der heutigen Europäischen Union haftet damit weniger der Gründungsgedanke einer europaweiten Rechtsgemeinschaft republikanischer Prägung an als vielmehr die Intention, „Deutschland die Verfügung über die kriegswichtigen Bereiche der Kohle- und Stahlindustrie" zu entziehen.[67] Dieser „Gemeinschaft" wollten außer Frankreich, Italien und dem Benelux-Staaten keine weiteren europäischen Länder beitreten, weil sie den Verlust ihrer Souveränitätsrechte befürchtet hatten.[68] Interessanterweise hatten die vier Organe der EGKS die Namen „Gemeinsame Versammlung", „Hohe Behörde", „Rat" und „Gerichtshof".[69] Unschwer sind hier die bis heute zentralen Organe der Europäischen Union zu erkennen – hier von

64 *J. Pipkorn*, in: Beutler/Bieber/Pipkorn/Streil, Die Europäische Union, 4. Aufl. 1993, S. 33.
65 *J. Pipkorn*, in: Beutler/Bieber/Pipkorn/Streil, Die Europäische Union, 4. Aufl. 1993, S. 33; *Y. Chen*, Europäische Verfassung und Europäische Identität, S. 11.
66 Broschüre der Generaldirektion Information und Öffentlichkeitsarbeit: Das Europäische Parlament und die Erweiterung der Europäischen Union. Berlin 2001, S. 7.
67 *J. Pipkorn*, in: Beutler/Bieber/Pipkorn/Streil, Die Europäische Union, 5. Aufl., S. 40, Rdn. 6.
68 *J. Pipkorn*, in: Beutler/Bieber/Pipkorn/Streil, Die Europäische Union, 5. Aufl., S. 41, Rdn. 8.
69 *M. Schweitzer*, Das Parlament in seinen staatlichen Außenbeziehungen, in: H.-P. Schneider, W. Zeh, Parlamentsrecht und Parlamentspraxis, S. 1675.

Interesse ist vor allem der Begriff „Gemeinsame Versammlung", der Vorläuferin des Europäischen Parlaments.

Diese Versammlung setzte sich aus Abgeordneten der nationalen Parlamente zusammen und hatte im Gefüge der EGKS keinerlei legislative Funktion. Sie sollte vielmehr die politische Kontrolle des Hauptentscheidungsorgans der späteren Europäischen Wirtschaftsgemeinschaft (EWG), der Hohen Behörde (später: Kommission), gewährleisten.[70]

b) EGKS, EWG, Euratom

Dem Geist von „Hohen Behörden" entsprechend wurde der Weg hin zu den Römischen Verträgen von den Regierungen, nicht von einer öffentlichen Unterstützung, getragen. Die Säule Europäische Union für Kohle und Stahl (EGKS) wurde von zwei weiteren namens Europäische Wirtschaftsgemeinschaft und Europäische Atomgemeinschaft eingerahmt. „Schon in der Geburtsstunde Europas" – die strenggenommen schon Jahre zuvor mit der Besatzungs-/ Ruhrbehörde geschlagen hatte, „wurde die Kluft zwischen politisch-gouvernementaler Zweckrationalität und demokratischer Partizipation und Legitimität sichtbar, die als Dauerproblem die Akzeptanz der europäischen Integration bis heute belastet."[71]

Mit den Römischen Verträgen vom 25.3.1957 – benannt nach der Stadt, in der sie geschlossen wurden – wurden zusätzlich zur „Europäischen Gemeinschaft für Kohle und Stahl" (EGKS) namentlich die „Europäische Wirtschaftsgemeinschaft" (EWG) sowie die „Europäische Atomgemeinschaft" (Euratom) gegründet.[72] Diese drei Europäischen Gemeinschaften hatten eine gemeinsame „Versammlung", in der 142 Vertreter der damals sechs Mitgliedstaaten (Bundesrepublik Deutschland, Frankreich, Italien, Benelux-Staaten) saßen. Allesamt waren sie Angehörige der nationalen Parlamente und von diesen in die Versammlung delegiert worden.[73]

Die parlamentarische Komponente der Europäischen Gemeinschaften war von Anfang an schwach entwickelt, hatte nur beratenden Charakter und musste die legislative Tätigkeit dem aus Vertretern der nationalen Regierungen zusammengesetztem Rat überlassen.[74] Dieser Strukturentscheidung war ein

---

70 *M. Schweitzer*, Das Parlament in seinen staatlichen Außenbeziehungen, in: H.-P. Schneider, W. Zeh, Parlamentsrecht und Parlamentspraxis, S. 1675.

71 *J. Pipkorn*, in: Beutler/Bieber/Pipkorn/Streil, Die Europäische Union, 4. Aufl. 1993, S. 34; siehe auch *Y. Chen*, Europäische Verfassung und Europäische Identität, S. 15.

72 *Y. Chen*, Europäische Verfassung und Europäische Identität, S. 12.

73 *H. H. v. Arnim*, Das Europa-Komplott, S. 230.

74 *D. Willoweit*, Deutsche Verfassungsgeschichte. 3. Aufl. 1997, S. 362 f.; *Y. Chen*, Europäische Verfassung und Europäische Identität, S. 12.

Ringen der sechs Mitglieder der Gemeinschaft vorausgegangen, dessen Ergebnis die politischen Machtverhältnisse dieser Zeit repräsentiert. Frankreich hatte eine starke Stellung des Ministerrates erreichen wollen, in dem Mehrheitsentscheidungen die Regel sein sollten, die Niederlande bevorzugten eine starke Kommission aus „Persönlichkeiten, ausgewählt" auf Grund „ihres Einsatzes für Europa (Art. 17 Abs. 3 UA 2 EUV-Lissabon), wohingegen Deutschland und Italien eine starke parlamentarische Versammlung wünschten, die an rechtsetzenden Akten der Kommission und des Rates beteiligt werden und auch über den Haushalt der Gemeinschaft entscheiden sollte. Im Ergebnis wurde, wie von Frankreich gewünscht, der Rat als eigentlicher Gesetzgeber der Gemeinschaft eingerichtet. Entgegen Deutschlands Wunsch blieben die Rechte der Versammlung sehr beschränkt.[75] Strukturell wirken diese Grundsatzentscheidungen bis heute fort.

Im Abkommen über gemeinsame Organe für die Europäischen Gemeinschaften vom 25. März 1957[76] wurden die durch die drei Gründungsverträge jeweils gegebenen Befugnisse auf eine einzige Versammlung und einen einzigen Gerichtshof übertragen. Mit dem Vertrag zur Einsetzung eines gemeinsamen Rates und einer gemeinsamen Kommission der Europäischen Gemeinschaften, dem sogenannten Fusionsvertrag (FusV)[77], der am 8. April 1965 geschlossen wurde, wurden – wirksam ab 1. Juli 1967 – ein gemeinsamer Rat und eine gemeinsame Kommission für die drei Gemeinschaften geschaffen. Wie Art. 32 Abs. 1 FusV belegt, hat diese Fusionierung der Organe rechtlich nicht zur Zusammenfassung der drei (später mit Auslaufen des EGKSV zwei) Gemeinschaften geführt, sondern zu gemeinsamen Institutionen des gemeinschaftlichen Handelns[78]. Eine Union ohne eigenständige Gemeinschaften – in Richtung existenzieller Staatlichkeit strebend – konzipiert nun der Reformvertrag von Lissabon.

c) Einheitliche Europäische Akte

Für die – im Rahmen dieser Arbeit interessierende – Versammlung, die diesen Namen in Anlehnung an die Bezeichnung des französischen Parlaments „assemblée", zu Deutsch „Versammlung", erhielt[79], taucht der Begriff „Europäisches

---

75 *Y. Chen*, Europäische Verfassung und Europäische Identität, S. 14.

76 BGBl II, 1957, 1679 ff.

77 BGBl II, 1965, 1454 ff.

78 *A. Bleckmann*, Europarecht, Rdn. 13 ff., S. 13 f.; *ders.*, Die Einheit der Europäischen Gemeinschaftsrechtsordnung. Einheit oder Mehrheit der Europäischen Gemeinschaften, Europarecht, 1978, S. 95 ff.; *B. Beutler*, in: Beutler/Bieber/Pipkorn/Streil, Die Europäische Union, 4. Aufl. 1993, S. 40; *R. Streinz*, Europarecht, S. 32, Rdn. 66.

79 *W. Kluth*, in: Calliess/Ruffert (Hrsg.), Komm. zu EUV/EGV, 3. Aufl. 2007, Art. 189, Rdn. 1.

Parlament“ in einem Rechtstext erstmalig in Art. 3 der Einheitlichen Europäischen Akte (EEA) vom 17. bzw. 28. Februar 1986 auf[80], die die drei Gemeinschaften verklammerte. Im EGV kodifiziert ist er gar erst im Vertrag über die Europäische Union vom 7.2.1992, dem Vertrag von Maastricht.[81]

Gebräuchlich sind die Bezeichnung und das Prädikat „Europäisches Parlament“ aber bereits seit 1958. In einem „einmaligen Akt der Anmaßung“[82] hatte sich die Versammlung in ihrer zweiten Sitzung am 20. März 1958 ohne jede rechtliche Grundlage selbst diese Bezeichnung gegeben – vierunddreißig Jahre vor der primärvertraglichen Umbenennung. Zu diesem frühen Zeitpunkt geschehen, ist es angesichts der damaligen Befugnisse nicht verfehlt, dieses Verhalten als „Usurpation“[83], also als „widerrechtliche Aneignung der Macht“[84] zu bezeichnen. In jedem Fall hat sich die Versammlung die Bezeichnung „Europäisches Parlament“ selbst zugelegt.[85] In einer „ENTSCHLIESSUNG betreffend den Namen der Versammlung“ heißt es: „Die Versammlung ... beschließt, sich den Namen <Europäische Parlamentarische Versammlung> zu geben.“[86] Am darauffolgenden Tag, dem 21. März, wird präzisiert: „Die Versammlung beschließt, dass der Name <Assemblée Parlamentaire Européenne> ... übersetzt werden soll ... in deutscher Sprache mit <Europäisches Parlament>.“[87]

Der teils in der Literatur genannte Geburtstag der Bezeichnung „Europäisches Parlament“, der 30. März 1962, basiert auf einer Entschließung der Versammlung[88], in der festgestellt wurde, dass „die Bezeichnung in den vier Amtssprachen der Gemeinschaft nicht identisch“ sei. Nachdem auf Deutsch und Niederländisch bereits seit 1958 von „Europäischem Parlament“ bzw. „Europees Parlement“ gesprochen wurde, sah sich die Versammlung 1962 veranlasst, den französischen Namen mit „Parlement européen“ und den italienischen auf „Parlamento europeo“ festzulegen.[89]

---

80 BullEG, Beilage 2/1986, ABl. 1987, Nr. L 169, S. 1 ff.: Art. 3 EEA Das Europäische Parlament besteht aus Vertretern der Völker der in der Gemeinschaft zusammengeschlossenen Staaten; es übt Befugnisse aus, die ihm nach diesem Vertrag zustehen; *W. Kluth*, in: Calliess/ Ruffert (Hrsg.), Komm. zu EUV/EGV, 3. Aufl. 2007, Art. 189 EGV, Rdn. 1.

81 *K.-D. Borchardt*, Die rechtlichen Grundlagen der Europäichen Union, S. 102, Rdn. 242.

82 *H. H. v. Arnim*, Das Europa-Komplott, S. 231.

83 *H. H. v. Arnim*, Das Europa-Komplott, S. 260.

84 Der Neue Brockhaus, Fünfter Band, 5. Aufl. 1975, S. 368.

85 *G. Nicolaysen*, Europarecht I, 2. Aufl. 2002, S. 214.

86 ABl. 1958, S. 6

87 ABl. 1958, S. 7.

88 *W. Kluth*, Calliess/Ruffert (Hrsg.), Komm. zu EUV/EGV, 3. Aufl. 2007, Art. 189, Rdn. 1.

89 ABl. 1962, 1045.

Entsprechend formuliert die Fachliteratur: Diese Genealogie der Bezeichnung „Europäisches Parlament" mahnt schon zu besonderer Wachsamkeit hinsichtlich des Wesensgehalts dieses Organs. „Das Europäische Parlament [ist] kein Parlament im republikanischen Sinn ... solange dessen Abgeordnete nicht gleichheitlich gewählt werden."[90]: „Es wird nur so genannt, zum einen, um der Öffentlichkeit Demokratie vorzutäuschen, zum anderen, um den Status der Abgeordneten, insbesondere deren übermäßige Diäten"[91], zu rechtfertigen. Das Parlament hatte – wie schon gesagt – nicht einmal eine wirkliche Gesetzgebungsbefugnis, sondern war bis zum Vertrag von Lissabon lediglich am Rechtsetzungsverfahren beteiligt, vornehmlich mit Rechten zu Anhörung und Stellungnahme, bestenfalls mit einem engbegrenzten Vetorecht in bestimmten Politiken, wenn Vermittlungsverfahren mit Kommission und Rat gescheitert waren.[92] Erst der Vertrag von Lissabon bezeichnet das Europäische Parlament neben dem Rat als Gesetzgeber (Art. 289 Abs. 1, 294 AEUV). Ein großer Teil der Rechtsakte erfordert seither die Zustimmung des Europäischen Parlaments (Art. 294 AEUV).

Eine erste Betrachtung mahnt also schon zur Vorsicht beim Gebrauch des Begriffs Europäisches Parlament. Sie erweckt den Argwohn, dass es ein „Scheinparlament"[93] ist, eine Einbildung des Publikums wie in Andersens Märchen. Nicht ausgeschlossen ist, dass es seine „neuen demokratischen Kleider [zeigt], obwohl es in Wahrheit nackt dasteht", dass es den Namen „Parlament" ebenso wenig verdient wie das Prädikat „Volksvertretung".[94]

Die Messlatte Kants muss vom Europäischen Parlament noch übersprungen werden: „Alle wahre Republik ist und kann nichts anderes sein, als ein repräsentatives System des Volkes, um im Namen desselben, durch alle Staatsbürger vereinigt, vermittelst ihrer Abgeordneten (Deputierten) ihre Rechte zu besorgen."[95]

2. Die Entwicklung des Europäischen Parlaments ab 1979

Die erste unmittelbare Wahl der Abgeordneten des Europäischen Parlaments fand 1979 statt. Zwischen 1958 und 1979 hatte es dort lediglich von den

---

90 *K. A. Schachtschneider*, Freiheit in der Republik, S. 221.

91 *H. H. v. Arnim*, Diätenwildwuchs im Europäischen Parlament – Verschleierte Einkommen und Doppelversorgungen: unangemessen und rechtswidrig, NJW 2004, 1422 ff.

92 *K. A. Schachtschneider*, Prinzipien des Rechtsstaates, S. 195.

93 *M. Borchmann*, Das Europäische Parlament – „Scheinparlament" ohne ausreichende demokratische Legitimation?, Europäische Zeitschrift für Wirtschaftsrecht 1992, S. 97.

94 *H. H. v. Arnim*, Das Europa-Komplott, S. 260.

95 *Kant*, Metaphysik der Sitten, S. 464.

Mitgliedstaaten entsandte Abgeordnete gegeben, obwohl bereits in den Europäischen Primärverträgen[96] vorgesehen war:

„Die Versammlung arbeitet Entwürfe für allgemeine unmittelbare Wahlen nach einem einheitlichen Verfahren in allen Mitgliedstaaten aus. Der Rat erlässt einstimmig die entsprechenden Bestimmungen und empfiehlt sie den Mitgliedstaaten zur Annahme gemäß ihrer verfassungsrechtlichen Vorschriften."

Der demzufolge 1960 von der Versammlung bereits erstellte Entwurf für ein entsprechendes Wahlgesetz war dann insbesondere an der Abneigung de Gaulles gescheitert. Erst auf dem Pariser Gipfel des Europäischen Rats von 1974 hatten darauf die Staats- und Regierungschefs unter Leitung des neuen französischen Staatspräsidenten Giscard d'Estaing[97] ihre Absicht erklärt, auf Vorschlag des „Parlaments" bis 1976 ein Verfahren für allgemeine Wahlen zu beschließen.[98] Für 1978 geplant, wurden sie schließlich im Folgejahr abgehalten.

a) Direktwahlakt

Die grundlegenden Regeln über die Zusammensetzung des Parlaments, die Wahlen der Parlamentarier und deren Amt beschloss der Rat in dem „Akt zur Einführung allgemeiner unmittelbarer Wahlen der Abgeordneten der Versammlung", kurz „Direktwahlakt (DWA)[99], vom 20. September 1976.[100] Er wurde zuletzt geändert durch Beschluss des Rates vom 25. Juni 2002 und vom 23. September 2002.[101] Nach Art. 190 Abs. 1 EGV wurden „die Abgeordneten der Völker der in der Gemeinschaft vereinigten Staaten in der Versammlung in allgemeiner, unmittelbarer Wahl gewählt". Der Grundsatz des gleichen Zählwerts der vom Wähler abgegebenen Stimme findet sich hier nicht.[102] Auch nach der aktuellen Nachfolgeregelung in Form des Art. 14 Abs. 3 EUV werden „die Mitglieder des Europäischen Parlaments ... in allgemeiner, unmittelbarer, freier und geheimer Wahl für eine Amtszeit von fünf Jahren gewählt" – jedoch gerade nicht gleichheitlich.

---

96 Art. 138 EWGV, Art. 21 EGKS, Art. 108 EAGV.

97 Der Name Giscard d'Estaing taucht wieder auf im Zusammenhang mit dem Vorsitz im im Primärrecht der Europäischen Union nicht vorgesehenen sogenannten „Konvent", der den Entwurf einer „Verfassung für Europa" ausgearbeitet hat.

98 *A. Haratsch, Ch. Koenig, M. Pechstein*; Europarecht, 5. Aufl. 2006, S. 7, Rdn. 14 f.

99 *H. H. v. Arnim*, Das Europa-Komplott, S. 230 f.

100 BGBl. II 1977, S. 734 ff.

101 BGBl. II 2003, S. 811 f.

102 *K. A. Schachtschneider*, Die Aushöhlung der Demokratie durch die Europäische Union und Währungsunion, in: H. H. v. Arnim (Hrsg.), Systemmängel in Demokratie und Marktwirtschaft, S. 103.

Um politische Widerstände klein zu halten, legte dieser Akt noch kein einheitliches Wahlverfahren fest, verpflichtete aber gemäß Art. 7 DWA die Versammlung, „den Entwurf eines einheitlichen Wahlverfahrens" auszuarbeiten.[103] Hierzu ist es bis heute nicht gekommen, wohl aber zur Europawahl nach nationalen Europawahlgesetzen (in Deutschland: EuWG), erstmalig vom 7. bis zum 10. Juni 1979, eine Wahl, die seitdem alle fünf Jahre stattfindet.[104]

Die Mitgliedschaft im Europäischen Parlament ist seit der Wahl zum Europäischen Parlament im Jahr 2004 mit der im Parlament eines Mitgliedstaates unvereinbar (Art. 6 Abs. 2 des Aktes in der Neufassung). Die Unabhängigkeit der Abgeordneten, die ausschließlich ihrem Gewissen unterworfen sind, wie es Art. 38 Abs. 1 S. 2 GG normiert[105], sieht auch Art. 4 des Parlamentswahlakts vor: „Die Abgeordneten geben ihre Stimmen einzeln und persönlich ab. Sie sind weder an Aufträge noch an Weisungen gebunden."

Die Vertiefung der Europäischen Gemeinschaften beabsichtigte die Genscher-Colombo-Initiative über eine „Europäische Akte" vom 4.11.1981 (EEA). Über die bisherige wirtschaftliche Zusammenarbeit hinaus sollte die Europäische Politische Zusammenarbeit (EPZ) um Außen-, Sicherheits- und Kulturpolitik erweitert und mit den bestehenden Europäischen Gemeinschaften verklammert werden. Der Europäische Rat sollte mit dem Europäischen Parlament den Aufbau einer Europäischen Union betreiben.[106] Die Einheitliche Europäische Akte (EEA) trat zum 1.7.1987 in Kraft. Unter anderem wurden die Befugnisse des Europäischen Parlaments ausgebaut.[107] Dieses wurde nun in ausdrücklich genannten Politikfeldern in einem neu geschaffenen Verfahren der Zusammenarbeit mit dem Rat (Art. 7 EEA, siehe unten B II 2 c) an Legislativakten stärker beteiligt. In einer zweiten Lesung konnte das Europäische Parlament durch erneute Stellungnahme eine weitere Befassung von Kommission und Rat mit dem Entwurf veranlassen – freilich ohne das Gesetz letztlich verhindern zu können. Nur in besonderen Fällen wie dem Beitritt neuer Mitgliedstaaten, der Assoziierung von Drittstaaten mit der Gemeinschaft und dem Erwerb einer Mitgliedschaft der Gemeinschaft in internationalen Organisationen (Art. 8, 9 EEA) bedurfte es fortan sogar der Zustimmung des Europäischen Parlaments.

---

103 *H. H. v. Arnim*, Das Europa-Komplott, S. 231.

104 *K.-D. Borchardt*, Die rechtlichen Grundlagen der Europäichen Union, S. 103, Rdn. 243.

105 *K. A. Schachtschneider*, Res publica res populi, S. 637 ff., 707 ff., 772 ff.

106 *A. Haratsch, Ch. Koenig, M. Pechstein*, Europarecht, 5. Aufl. 2006, S. 7, Rdn. 16.

107 *H.-W. Arndt*, Europarecht, 5. Aufl. 2001, S. 14.

b) Vertrag über die Europäische Union

Am 7.2.1992 wurde von allen Mitgliedstaaten der drei Europäischen Gemeinschaften der Vertrag über die Europäische Union unterzeichnet. Trotz Zustimmung des Deutschen Bundestages am 2.12.1992 und des Bundesrates am 18.12.1992 (einstimmig) verhinderte das Bundesverfassungsgericht wegen einer Verfassungsbeschwerde Manfred Brunners, ehemals Kabinettschef Binnenmarkt der Europäischen Kommission, prozessual vertreten von Professor K. A. Schachtschneider, die Fortführung des Ratifizierungsprozesses um zehn Monate. Gründe dafür waren Zweifel an der Beachtung der Schranken des Art. 23 GG und des Art. 38 Abs. 1 GG im Rahmen der im Maastricht-Vertrag vereinbarten umfangreichen Übertragung von Hoheitsrechten auf die Unionsebene, die nicht ein solches „Übermaß" annehmen darf, dass der deutsche Gesetzgeber sich seiner Gesetzgebungsbefugnisse in dem Maße begibt, dass das „demokratische Prinzip" leerläuft.[108] Das Urteil verhinderte zwar das Inkrafttreten des Vertrages nicht, gab jedoch in seiner ausführlichen Begründung[109] einige wichtige Maßstäbe für die Prüfung zeitlich später folgender Integrationsschritte.[110]

Im schließlich am 1.11.1993 in Kraft getretenen Vertrag von Maastricht über die Europäische Union wurde erstmalig ein Mitentscheidungsrecht des Europäischen Parlaments (EP) bei Legislativakten eingeführt. Der Rat teilte sich fortan in bestimmten Politikbereichen, in denen das Mitentscheidungsverfahren ausdrücklich für anwendbar erklärt wurde, die Gesetzgebungsbefugnis mit dem Europäischen Parlament.

Der Vertrag von Maastricht dehnte die Tätigkeit der Gemeinschaft nach Art. 2, 3 und 4 EGV auf nahezu alle Politikfelder aus.[111] So strebt die Gemeinschaft nach

---

108 *K. A. Schachtschneider,* Das Maastricht-Urteil – Die neue Verfassungslage in der Europäischen Gemeinschaft, in: Freiheit – Recht – Staat, S. 409; auch: *J.-V. Louis*, Die Rechtsordnung der Europäischen Gemeinschaften, 3. Aufl. 1993, S. 3; *M. Pechstein/ Ch. Koenig,* Die Europäische Union, 3. Aufl. 2000, S. 23, Rdn. 48.

109 BVerfGE 89, 155 (188 ff.).

110 *K. A. Schachtschneider*, Die Existentielle Staatlichkeit der Völker Europas und die staatliche Integration der Europäischen Union, in: K. A. Schachtschneider/W. Blomeyer (Hrsg.), Die Europäische Union als Rechtsgemeinschaft, S. 75 ff.

111 *K. A. Schachtchneider*, Die Existentielle Staatlichkeit der Völker Europas und die staatliche Integration der Europäischen Union, in: K. A. Schachtschneider/W. Blomeyer (Hrsg.), Die Europäische Union als Rechtsgemeinschaft, S. 75 ff.; *ders./ A. Emmerich-Fritsche/T. C. W. Beyer*, Der Vertrag über die Europäische Union und das Grundgesetz, JZ 1993, S. 751 ff.

der Wirtschafts- und Währungsunion auch eine Sozialunion an.[112] Die allgemeine Aufgabenbestimmung des Art. 2 EGV, der inhaltlich die Zielsetzung der Gemeinschaft formulierte, reihte die Wirtschafts- und Währungsunion als eine unter vielen Gemeinschaftspolitiken neben Beschäftigungs-, Stabilitäts- und Wachstums-, Wohlstands-, Sozial-, Struktur- und Regional- sowie Umweltpolitik ein. Der ursprüngliche Tätigkeitskatalog in Art. 3 des EWG-Vertrags wurde mit dem Vertrag von Maastricht um neue Tätigkeitsfelder erweitert. Zu nennen sind insbesondere die Industriepolitik (Art. 3 lit. m EGV i.V.m. Art. 157 EGV), der Auf- und Ausbau sog. „transeuropäischer Netze" in den Bereichen Verkehrs-, Telekommunikations- und Energieinfrastruktur (Art. 3 lit. o a.F. i.V.m. Art. 154 ff. EGV), der Verbraucherschutz (Art. 3 lit. t EGV i.V.m. Art. 153 EGV) oder Maßnahmen in den Bereichen Energie, Katastrophenschutz und Fremdenverkehr (Art. 3 lit. u EGV).

Maßnahmen zur Sicherung des freien Personenverkehrs (bislang nach Art. 8 a EWGV/Art. 7 a EGV) sind nicht mehr auf Belange der Wirtschaftsunion beschränkt. Art. 18 Abs. 1 EGV ordnet vielmehr nun der „Unionsbürgerschaft" das Recht der allgemeinen Freizügigkeit im Hoheitsgebiet der Mitgliedstaaten zu.[113]

Der Maastricht-Vertrag hat die Aufgabenstellung der Gemeinschaft nicht nur deutlich erweitert, sondern „Unionspolitik … in … fast unbegrenzte Integrationspolitik" substantiell umgeändert.[114] Diese zeigt sich in der Namensänderung in „Europäische Gemeinschaft", womit die Beschränkung auf die Wirtschaft aufgegeben wird. Auf dieser Grundlage erfolgten später die weiteren Befugniszuwächse der Europäischen Union vor allem im Vertrag von Lissabon. Die schmale Legitimationsbasis der eben geschaffenen Union als Nachfolger der Europäischen Gemeinschaft wurde jedoch nicht entsprechend verbreitert.[115]

---

112 *K. A. Schachtschneider*, Die Europäische Union und die Verfassung der Deutschen, Aus Politik und Zeitgeschichte, B 28/93, S. 3, 6; vgl. auch *J. Ringler*, Die Europäische Sozialunion, S. 30 ff.; *Th. Oppermann*, Europarecht, 2. Aufl. 1999, S. 693 ff., Rdn. 1629 ff.; S. 717 f., Rdn. 1672 f.

113 *K. A. Schachtschneider*, Verfassungsrecht der Europäichen Union, Teil 2, S. 198; *Th. Oppermann*, Europarecht, S. 658 ff., Rdn. 1567 ff.

114 *K. A. Schachtschneider*, Die Aushöhlung der Demokratie durch Europäische Union und Währungsunion, S. 114 f.; auch: *P. Häberle*, Verfassungsrechtliche Fragen im Prozeß der europäischen Einigung, EuGRZ 1992, 429, 431; *R. Scholz*, Grundgesetz und europäische Einigung. Zu den reformpolitischen Empfehlungen der Gemeinsamen Verfassungskommission, NJW 1992, 2593, 2594; *H. H. Rupp*, Maastricht eine neue Verfassung?, ZRP 1993, 211, 212 f.

115 *Th. Oppermann/C. D. Classen*, Die EG vor der Europäischen Union, NJW 1993, S. 7 f.; *Y. Chen*, Europäische Verfassung und Europäische Identität, S. 17.

c) *Amsterdam*

Die Staats- und Regierungschefs schlossen am 2.10.1997[116] in Amsterdam den nach dieser Stadt benannten Vertrag, der zum 1.5.1999 in Kraft trat. Er weitete das Mitentscheidungsverfahren aus und erklärte es in folgenden Rechtsgebieten für anwendbar:[117]

- Verbot jeder Diskriminierung aus Gründen der Staatsangehörigkeit (Art. 12 EGV)
- Freizügigkeit und Aufenthaltsrecht der Unionsbürger im Hoheitsgebiet der Europäischen Union (Art. 18 Abs. 2 EGV)
- Soziale Sicherheit für Wanderarbeitnehmer (Art. 42 EGV)
- Niederlassungsrecht für Ausländer (Art. 46 Abs. 2 EGV)
- Berufsordnung (Art. 47 Abs. 2 EGV)
- Verkehrspolitik (Art. 71 und 80 EGV)
- Maßnahmen zur Förderung der Beschäftigung (Art. 129 EGV)
- Sich aus der Übernahme des Abkommens über die Sozialpolitik in den Vertrag von Amsterdam ergebende Artikel
- Zusammenarbeit im Zollwesen (Art. 135 EGV)
- Maßnahmen zur Bekämpfung der sozialen Ausgrenzung (Art. 137 Abs. 2 EGV)
- Chancengleichheit und Gleichbehandlung (Art. 141 EGV)
- Durchführungsbeschlüsse betreffend den Europäischen Sozialfonds (Art. 148 EGV)
- Berufliche Bildung (Art. 150 Abs. 4 EGV)
- Gesundheitswesen (Art. 152 EGV)
- Transeuropäischen Netze (TEN) betreffende Bestimmungen (Art. 156 EGV)
- Europäischer Fonds für regionale Entwicklung (EFRE) (Art. 162 EGV)
- Forschung (Art. 172 EGV)
- Umwelt (Art. 175 Abs. 1 EGV)
- Entwicklungszusammenarbeit (Art. 179 EGV)
- Transparenz (Art. 255 EGV)
- Betrugsbekämpfung (Art. 280 EGV)
- Statistik (Art. 285 EGV)
- Schaffung einer beratenden Behörde für den Datenschutz (Art. 286 EGV).

---

116 *M. Pechstein/Ch. Koenig*, Die Europäische Union, 3. Aufl. 2000, S. 24, Rdn. 49; *R. Streinz*, Europarecht, 7. Aufl. 2005, S. 18, Rdn. 49.

117 http://europa.eu/legislation_summaries/institutional_affairs/treaties/amsterdam_treaty/a21000_de.htm.

Im Wesentlichen heißt das, dass bei im Primärrecht explizit zu erklärender Anwendbarkeit dieses Gesetzgebungsverfahrens Rat und Europäisches Parlament in engen Grenzen bei Zustimmungssachen gleichwertig mitwirken können.

Die im Europäischen Recht bis zum Reformvertrag von Lissabon vorgesehenen drei unterschiedlichen Verfahren zum Erlass verbindlicher Rechtsakte gibt es so in dieser Form seit dem Vertrag von Amsterdam vom 2.10.1997. Dieses Vertragswerk hatte nämlich aus vormals 20 verschiedenen Beteiligungsformen des Europäischen Parlaments nur noch die drei Verfahren der Anhörung, der Zustimmung und der Mitentscheidung herausgebildet:[118]

- Anhörungs- oder Konsultationsverfahren („Nach Anhörung des Europäischen Parlaments…")
- Verfahren der Zusammenarbeit (auch Kooperationsverfahren genannt, Art. 252 EGV)
- Verfahren der Mitentscheidung (Art. 251 EGV).

Das Anhörungs- oder Konsultationsverfahren billigte dem Europäischen Parlament keine nennenswerte Mitbestimmung zu, denn der Rat war an die Stellungnahme des Europäischen Parlaments nicht gebunden.[119] Dennoch war dieses Verfahren vorhanden und beim ausgabenstarken Bereich der Landwirtschaft (Art. 37 Abs. 2 EGV), im wichtigen Bereich des Wettbewerbs (Art. 83 und 89 EGV) und der Steuern (Art. 93 EGV) und beispielsweise im Bereich Sozialschutz und Beschäftigung immerhin anzuwenden. Dem Wortlaut der jeweiligen Verweisungsvorschrift konnte entnommen werden, ob die Anhörung obligatorisch oder fakultativ wäre.[120] Dieses Element im Gesetzgebungsverfahren findet auch mit Inkrafttreten des Vertrags von Lissabon weite Verbreitung im Vertrag über die Arbeitsweise der Union (AEUV).

Das 1987 durch die Einheitliche Europäische Akte (EEA) in Art. 252 EGV eingeführte Verfahren der Zusammenarbeit[121] ermöglichte einen gewissen Einfluss des Europäischen Parlaments in der Form, dass nach Ablehnung des gemeinsamen Standpunktes des Rates im Europäischen Parlament dieser den legislativen Akt nur noch einstimmig annehmen konnte. Mit Inkrafttreten des Vertrags über die Arbeitsweise der Union ist das Verfahren der Zusammenarbeit übrigens entfallen.

---

118 *Y. Chen*, Europäische Verfassung und Europäische Identität, S. 18.

119 *M. Ahlt*, Europarecht, S. 43.

120 *K.-D. Borchardt*, Die rechtlichen Grundlagen der Europäichen Union, S. 107, Rdn. 249.

121 *K.-D. Borchardt*, Die rechtlichen Grundlagen der Europäichen Union, S. 106, Rdn. 248.

Im 1993 durch den Vertrag von Maastricht mit Art. 251 EGV eingeführten Verfahren der Mitentscheidung kann das Europäische Parlament den im Verhältnis zu den anderen beiden genannten Gesetzgebungsverfahren verhältnismäßig größten Einfluss geltend machen, jedoch mangels Initiativrecht[122] keinen Rechtsakt gegen den Willen des Rates und der Kommission erlassen. Die Verhinderung selbst eines einstimmig verabschiedeten Aktes des Rates ist aber möglich. Das Parlament hat bei den Entscheidungen, die im Rat mit qualifizierter Mehrheit (Art. 148 Abs. 2 EGV – Maastricht) – also nicht notwendigerweise einstimmig – getroffen werden[123], bei Nichterreichen der Mehrheit der abgegebenen Stimmen in der Dritten Lesung (jetzt: Art. 294 Abs. 13 AEUV) eine Art „Vetorecht".[124]

Das Problem der Ungleichheit der Wahl wurde durch den Vertrag von Amsterdam mit der Begrenzung der Anzahl der Abgeordneten nach oben auf 700 (Art. 189 Abs. 2 EGV a.F.) noch verschärft[125], weil wegen der Aufnahme weiterer Länder eine Anpassung z.B. der deutschen Abgeordnetenzahl in Richtung einer proportionalen Repräsentation nicht stattfindet, ja sogar einen stärker degressiv-proportionalen Charakter annimmt. Weiter verschärft wurde die Entwicklung durch den Umstand, dass der Vertrag von Amsterdam der Europäischen Union weitere Befugnisse übertrug. So wurde durch „Vergemeinschaftung" wesentlicher Teile von Justiz und Innerem (Asyl, Visa) in Art. 29 Abs. 1 EUV der „Raum der Freiheit, der Sicherheit und des Rechts" ausgebaut.[126]

d) Von Nizza nach Lissabon

Mit Inkrafttreten des Vertrags von Nizza zum 1.2.2003, in Teilen erst zum 16.4.2003, wurde die Zahl der Abgeordneten im Europäischen Parlament auf 732 angehoben (Art. 189 Abs. 2 EGV) und, wie schon im Vertrag von Amsterdam, die Ungleichheit der Wahl nur minimal entschärft. Deutschland behielt trotz Hinzunahme weiterer Mitgliedstaaten vorerst 99 Abgeordnete. Die kleinen Mitgliedstaaten der Europäischen Union bleiben im Verhältnis zu ihrer Einwohnerzahl deutlich überrepräsentiert.[127] Art. 14 Abs. 2 UA 1 A. 2 EUV

---

122 *R. Bieber*, in: Beutler/Bieber/Pipkorn/Streil, Die Europäische Union, 4. Aufl. 1993, S. 117.

123 *M. Ahlt*, Europarecht. S. 42.

124 *M. Ahlt*, Europarecht. S. 43; *B. Beutler*, in: Beutler/Bieber/Pipkorn/Streil, Die Europäische Union, 4. Aufl. 1993, S. 107.

125 *R. Streinz*, Europarecht, 7. Aufl. 2005, S. 18, Rdn. 50.

126 *R. Streinz*, Europarecht, 7. Aufl. 2005, S. 18, Rdn. 52.

127 *H.-W. Arndt*, Europarecht, 5. Aufl. 2001, S. 27.

definiert inzwischen als neue Maximalzahl der Abgeordneten des Europäischen Parlaments 750 sowie davon eine Abgeordnetenzahl von 96 für Deutschland.

Im Vertrag von Amsterdam waren die Fälle, in denen das Mitentscheidungsverfahren zur Anwendung kommt, von 15 auf 23 erhöht worden.[128] Seit Inkrafttreten des Vertrags von Nizza ist dieses Verfahren auf 45 Fälle erweitert worden. Durch den Vertrag von Lissabon sind inzwischen weitere 40 Rechtsgrundlagen hinzugekommen, insbesondere in den Bereichen Freiheit, Sicherheit und Recht sowie Landwirtschaft, womit nun mit 85 Anwendungsfällen des ordentlichen Gesetzgebungsverfahrens[129] ein Höhepunkt erreicht ist. Dessen Bewertung muss freilich daran bemessen werden, welches Gewicht diese Anwendungsfälle im Vergleich zu denen mit einer schwächeren Beteiligung des Europäischen Parlaments haben, wie sie etwa das Anhörungsverfahren darstellt.

Entscheidend für die Beurteilung der Rechte des Europäischen Parlaments ist nun, wie oben bereits skizziert, in welchen Politiken das ordentliche Gesetzgebungsverfahren zur Anwendung kommt.

Nach Eigendarstellung des Europäischen Parlaments besitzt es – wie typischerweise nationale Parlamente – drei zentrale Befugnisse: Gesetzgebungs-, Haushalts- und Kontrollbefugnisse sowie Kreationsbefugnisse, jedenfalls bei der Wahl der Kommission. Es teilt allerdings die Legislativbefugnis mit dem Rat der Europäischen Union.[130] Im gleichen Kontext wird präzisiert, dass es „für sogenannte sensible Fragen (Steuerpolitik, Industriepolitik, Agrarpolitik usw.) … nur eine beratende Stellungnahme abgibt." Da es sich dabei um zentrale Politikfelder handelt, kommen Zweifel auf, ob – wie in der Selbstdarstellung behauptet – „das normale Gesetzgebungsverfahren … das der Mitentscheidung" ist, wenn bei der Fülle von Zuständigkeiten nach dem Vertrag von Amsterdam lediglich in 23 Fällen[131] der nach Art. 251 Abs. 1 EGV erforderliche ausdrückliche Verweis auf diese Vorschrift ausgesprochen wurde.

Mit Inkrafttreten des Vertrags von Lissabon zum 1.12.2009 erklärte Art. 289 Abs. 1 AEUV das nun ordentliches Gesetzgebungsverfahren genannte Mitentscheidungsverfahren zum Regelfall. Gleichzeitig wurde dieses Gesetzgebungsverfahren dabei in drei Lesungen gegliedert und die Möglichkeit eingeführt, dass der Rat den Standpunkt des Europäischen Parlaments sogleich annimmt (Art. 294 Abs. 4 AEUV). Benötigte das Europäische Parlament in Art. 189b EGV in der

128 *Y. Chen*, Europäische Verfassung und Europäische Identität, S. 18.

129 http://www.europarl.europa.eu/ftu/pdf/de/FTU_1.4.1.pdf.

130 Homepage des Europäischen Parlaments, www.europarl.europa.eu, dort „Das Parlament/ Präsentation/Befugnisse".

131 *Y. Chen*, Europäische Verfassung und Europäische Identität, S. 18.

Fassung von Maastricht noch die absolute Mehrheit der Stimmen seiner Mitglieder (Abs. 6) zur Ablehnung eines Rechtsaktes, so genügt nach Art. 294 Abs. 13 AEUV schon das Nichterreichen der Mehrheit der abgegebenen Stimmen, um einen von der Kommission vorgeschlagenen Rechtsakt nicht zu erlassen.

Anhand des inzwischen AEUV genannten EG-Vertrags werden im Folgenden die dort geregelten Befugnissen des Europäischen Parlaments dargestellt werden.

Obwohl das Recht zur Mitentscheidung eine wesentliche parlamentarische Befugnis darstellt, weil es allein dem Europäischen Parlament ermöglicht, Gesetze zu verhindern, war es ihm vom EG-Vertrag nur im qualitativ und quantitativ beschränkten Umfang zugestanden – zum Beispiel in den Bereichen Freizügigkeit von Arbeitnehmern, Vollendung des Binnenmarktes, Forschung und technologische Entwicklung, Umwelt, Verbraucherschutz, Bildung, Kultur und Gesundheit. Hieran hat übrigens auch der Reformvertrag von Lissabon nichts geändert, der das ausdrückliche Verweisungserfordernis auf dieses Verfahren nach Art. 294 Abs. 1 AEUV unangetastet lässt, freilich nicht ohne das Mitentscheidungsverfahren in „ordentliches Gesetzgebungsverfahren" umzubenennen.

Erst der Amsterdamer Vertrag von 2.10.1997 hat die Mitentscheidungsbefugnis des Europäischen Parlaments kodifiziert.[132] Ein Initiativrecht als weitere zentrale Befugnis eines Parlaments, damit es nicht auf Initiativen und Gesetzesvorlagen eines anderen Organes, hier der Kommission, warten muss, findet sich bis heute nirgends.[133] Das Parlament hat lediglich die Möglichkeit, die Kommission zum Handeln aufzufordern.[134] Ein klassisches Initiativrecht im Sinne der Möglichkeit, Gesetze einzubringen, ist das freilich nicht.

Eine detaillierte Beurteilung der wahren Befugnisse des Europäischen Parlaments ermöglicht die im späteren Verlauf dieser Arbeit folgende Untersuchung der Vorschriften des AEUV, in denen sowohl das ordentliche Gesetzgebungsverfahren nach Art. 294 AEUV als auch das Anhörungs- oder Konsultationsverfahren für anwendbar erklärt wird.

---

132 *K.-D. Borchardt*, Die rechtlichen Grundlagen der Europäichen Union, S. 106, Rdn. 248.

133 *R. Bieber*, in: Beutler/Bieber/Pipkorn/Streil, Die Europäische Union, 4. Aufl. 1993, S. 117.

134 *R. Bieber*, daselbst.

3. Zusammensetzung und Organisation des Europäischen Parlaments in der Gegenwart (Vertrag von Lissabon)

a) Grundlegendes

Bis zum Inkrafttreten des Vertrags von Lissabon (Reformvertrag) hatte Art. 189 Abs. 1 EGV festgelegt, dass das Europäische Parlament aus Vertretern der Völker der in der Gemeinschaft zusammengeschlossenen Staaten bestehe. Mit dem Reformvertrag wurde Art. 189 EGV aufgehoben (Art. 2 Nr. 178 Reformvertrag). Nachfolgevorschriften sind die Art. 10 Abs. 2 UA 1 und Art. 14 Abs. 2 UA 1 EUV, die von einer unmittelbaren Vertretung der Bürgerinnen und Bürger im Europäischen Parlament sprechen. „Diese Repräsentation ist umso mehr erforderlich, als die Rechtsetzung der Gemeinschaft weite Politikbereiche erfasst und wegen des Vorrangs des Gemeinschaftsrechts vor dem staatlichen Recht die Gesetzgebungsbereiche der nationalen Parlamente zurückdrängt."[135]

Das Europäische Parlament ist, so legt es Art. 14 Abs. 1 EUV nahe, in zweifacher Funktion gedacht: Zum einen soll es zusammen mit dem Rat als einer von zwei Legitimationssträngen[136] Gesetzgeber sein. Zum anderen soll es – glaubt man der „propagandistischen Desinformation der Parteienoligarchie"[137] – das Handeln der europäischen Organe rückkoppeln zu den Parlamenten der Mitgliedstaaten. Letztgenannte Funktion reicht vom Vertreter eines jeden Mitgliedstaates im Rat, der an Weisungen seiner Regierung gebunden ist, über das nationale Parlament als Träger der Regierung bis zum Volk des Mitgliedsstaates, das das Parlament gewählt hat. Diese Legitimationskette ist allerdings schwach, weil im Rat die nationalen Exekutiven Recht setzen, Recht, das unmittelbar im Mitgliedsland gelten kann. Bei dem begrenzten Einfluss des Europäischen Parlaments ist die Rechtsetzung in der Union im Wesentlichen exekutiv. Das ist ein Verstoß gegen die Prinzipien der Gewaltenteilung.[138] Im Übrigen verfügt die mitgliedstaatliche Regierung im Rat über nur eine Stimme (Art. 16 Abs. 2 EUV), kann bei Mehrheitsentscheidungen also leicht überstimmt werden. Die Mehrheit im Rat kann dann aber vom Staatsvolk nicht zur Rechenschaft gezogen werden[139], weil es sich um nicht von diesem wählbare Regierungsmitglieder anderer Mitgliedstaaten handelt. Zwar ist mitunter Einstimmigkeit erforderlich, jedoch gerade nicht im

---

135 *R. Geiger*, EUV/EGV Komm., 4. Aufl. 2004, Art. 189 EGV, Rdn. 3.

136 *B. Suski*, Das Europäische Parlament – Volksvertretung ohne Macht und Volk?, S. 171.

137 *K. A. Schachtschneider*, Die Aushöhlung der Demokratie durch Europäische Union und Währungsunion, S. 108.

138 Dazu *K. A. Schachtschneider*, Prinzipien des Rechtsstaates, S. 167 ff.

139 *R. Geiger*, EUV/EGV Komm., 4. Aufl. 2004, Art. 189 EGV, Rdn. 5 f.

neuerdings seit Lissabon verstärkt zum Einsatz kommenden ordentlichen Gesetzgebungsverfahren (Art. 294 AEUV).

Das Bundesverfassungsgericht erkennt im Maastricht-Urteil, wiederholt im Lissabon-Urteil, dem Europäischen Parlament lediglich eine „stützende Funktion" neben dem Rat zu, mehr nicht.[140] Einen Geburtsfehler hat dieses Parlament in jeder Legislaturperiode allerdings schon vor seiner konstituierenden Sitzung: Es wird nicht gleichheitlich und auch nicht nach einem einheitlichen Wahlrecht gewählt. Wegen dieser strukturellen Schwäche kann „dem vielzitierten Demokratiedefizit mit der stereotypen Forderung nach einer Gewichtsverschiebung zugunsten des EP" nicht entgegengetreten werden. „Denn hinter jeder Verschiebung des institutionellen Gleichgewichts zulasten des Rates steht zugleich eine Schwächung der nationalen Parlamente und der durch sie vermittelten Legitimation."[141]

Diese Schwächung der nationalen Parlamente könnte kompensiert werden durch einen lebendigen Parlamentarismus auf Gemeinschaftsebene. Diesen gibt es allerdings mit einem nicht gleichheitlich gewählten Parlament nicht, sondern nur im Rahmen einer „Parlamentarisierung des unionalen Regierungssystems".[142] Hierzu sind freilich zwei wesentliche Entwicklungen erforderlich. Erstens müsste sich ein Unionsvolk konstituieren, damit das Europäische Parlament ein Organ dieses Volkes sein kann, und die Wahl der Abgeordneten durch dieses Unionsvolk müsste egalitär erfolgen, soll das Parlament seinen Namen nicht nur deshalb führen, „um der Öffentlichkeit Demokratie vorzutäuschen".[143]

Nichts desgleichen ist derzeit umgesetzt, wie sich schon daran zeigt, dass keine europaweiten Parteien zu den Wahlen zum Europäischen Parlament antreten. Es haben sich lediglich Verbünde von mitgliedstaatlichen Parteien gegründet (SPE, EVP, ELDR, Europäische Föderation der Grünen Parteien). Sie alle beschränken sich darauf, Abgeordnete der nationalen Parteien zusammenzufassen, die vorher als Vertreter dieser nationalen Partei in dem jeweiligen Mitgliedstaat kandidiert haben.[144] Es fehlt an gemeinschaftsweit um Wählerschaft kämpfende

---

140 BVerfGE 89, 155 (186); 123, 267 ff., 276 ff., 280 ff., 289 ff.; *K. A. Schachtschneider*, Die Aushöhlung der Demokratie durch Europäische Union und Währungsunion, S. 103.

141 *P. M. Huber*, in: Streinz, Komm. z. EUV/EGV, 2003, Art. 189 EGV, Rdn. 39.

142 Daselbst, Rdn. 40.

143 *K. A. Schachtschneider*, Die Aushöhlung der Demokratie durch Europäische Union und Währungsunion, S. 103; i.d.S. *H.H. von Arnim*, Diätenwildwuchs im Europäischen Parlament – Verschleierte Einkommen und Doppelversorgungen: unangemessen und rechtswidrig. NJW 2004, S. 1422 ff.

144 *P. M. Huber*, daselbst, Art. 191 EGV, Rdn. 6.

Spitzenkandidaten mit einem europapolitischen Programm, und damit fehlt es an Transparenz[145] und erkennbaren Alternativen, wie sie für eine demokratische Wahl unabdingbar sind. „Zur Demokratie gehört gelebte Öffentlichkeit."[146] „Der für die Demokratie unverzichtbare politische Diskurs erfordert eine einheitliche Sprache. Diese Sprache muss die Sprache des Volkes sein", weil die politische Kommunikation in fremden Sprachen das Volk vom politischen Diskurs ausschließt.[147] Schon 1926 bedauerte Carl Schmitt, dass „ganz elementare Wahrheiten ... in Vergessenheit geraten" seien... „Volk ist ein Begriff des öffentlichen Rechts. Volk existiert nur in der Sphäre der Publizität... Je stärker die Kraft des demokratischen Gefühls, umso sicherer die Erkenntnis, daß Demokratie etwas anderes ist als ein Regierungssystem geheimer Abstimmungen."[148] All dies lässt den heutigen Staatsrechtler Schachtschneider kritisieren: „Das Demokratiedefizit der Europäischen Union ist nicht behebbar."[149] Denn „Demokratie setzt die kleine Einheit voraus."[150]

b) Einfluss des Europäischen Parlaments nur im ordentlichen Gesetzgebungsverfahren

Weil sich im Gegensatz zu den auf Grundlage des Prinzips der Repräsentation des Volkes im Rahmen eines weitgehenden Parlamentsvorbehalts tätigen nationalen Parlamenten die Aufgaben und Befugnisse des Europäischen Parlaments aus den Gemeinschaftsverträgen ergeben, ist es – wie oben bereits festgestellt – keinesfalls an allen gesetzgeberischen Aktivitäten beteiligt. Dieses für ein Parlament konstitutive und für die allgemeine Freiheit unverzichtbare

---

145 *R. Geiger*, EUV/EGV Komm., 4. Aufl. 2004, Art. 189 EGV, Rdn. 3.

146 *K. A. Schachtschneider*, Die Aushöhlung der Demokratie durch Europäische Union und Währungsunion, S. 128; i.d.S. *ders.*, Res publica res populi, S. 584 ff., 602 ff., 1073 f., 1141 ff.; *Kant*, Zum ewigen Frieden, ed. Weischedel, Bd. 9, S. 244 ff.; *K. Jaspers*, Wohin treibt die Bundesrepublik? Tatsachen und Gefahren, Chancen., 10. Aufl. 1988, S. 194 f.

147 *K. A. Schachtschneider*, Die Aushöhlung der Demokratie durch Europäische Union und Währungsunion, S. 128.

148 *C. Schmitt*, Die geistesgeschichtliche Lage des heutigen Parlamentarismus, S. 22.

149 *K. A. Schachtschneider*, Die Aushöhlung der Demokratie durch Europäische Union und Währungsunion, S. 128; i.d.S. *ders.*, Demokratiedefizite der Europäischen Union, S. 119 ff.; *ders.*, Verfassungsbeschwerde Lissabon-Vertrag, 3. Teil, A, B, C, D, F, H, K.

150 *K. A. Schachtschneider*, Die Aushöhlung der Demokratie durch Europäische Union und Währungsunion, S. 128; i.d. S. *ders.*, Republik der Völker Europas, ARSP Beiheft 71 (1997), S. 173; *ders.*, Prinzipien des Rechtsstaates, S. 45, 58, 171, 229; *Rousseau*, Vom Gesellschaftsvertrag, Reclam, 1977, III, 4 (S. 77), III, 15 (S. 103, 105).

Prinzip (Art. 20 Abs. 2 S. 2 GG) erfüllt das Europäische Parlament nicht.[151] Art. 14 Abs. 1 S. 2 EUV grenzt die Beteiligung des Europäischen Parlaments bei der Erfüllung seiner Aufgaben auf Regelungen „nach Maßgabe der Verträge" (EUV, AEUV) ein. Entsprechend sah der EGV – je nach Zählung – zwischen 5 und 15, teils gar 20, unterschiedliche Beteiligungsarten des Europäischen Parlaments vor.[152] Dennoch ist es bestenfalls gemeinsam mit dem Rat als Gesetzgeber tätig, da das stärkste Maß seiner Beteiligung das im AEUV ordentliches Gesetzgebungsverfahren genannte Mitentscheidungsverfahren ist (Art. 14 Abs. 1 EUV), bei dessen Ausübung es ja auch nur zusammen mit dem Rat tätig sein darf. So ist das Europäische Parlament selbst bei der Festlegung seiner Geschäftsordnung auf die qualifizierte Zustimmung des Rates angewiesen (Art. 223 Abs. 2 AEUV).

Ein klassisches Initiativrecht im Rahmen der Gesetzgebung hat das Europäische Parlament nach wie vor nicht. Es kann – wie schon gesagt – nur die Kommission zur Vorlage eines Gesetzentwurfs auffordern (Art. 225 AEUV).[153] Allein in einem – allerdings zentralen – Punkt hat das Parlament bereits seit den Römischen Verträgen von 1957 (Art. 138 Abs. 3 EWGV a.F.) die Kompetenz, Initiative zu ergreifen: Nach Art. 223 Abs. 1 AEUV kann es einen Entwurf für allgemeine und unmittelbare Wahlen nach einem europaweit einheitlichen Wahlverfahren in allen Mitgliedstaaten ausarbeiten. Trotz mehrerer Anläufe in den Jahren 1982[154], 1985[155], 1993[156] und 1998[157] ist diese Ermächtigung seit über 50 Jahren freilich immer noch eine „unerfüllte Vertragsvorschrift".[158] Weil Art. 223 Abs. 1 AEUV den Weg zur Änderung des Primärrechts im vereinfachten Abänderungsverfahren öffnet, handelt es sich um eine Evolutivklausel. Das Parlament erarbeitet einen Entwurf, den der Rat dann einstimmig annimmt (Art. 223 Abs. 1 UA 2 AEUV). Letztlich in Kraft treten kann ein auf diese Vorschrift gestützter Rechtsakt erst nach Ratifizierung durch alle Mitgliedstaaten

151 *K. A. Schachtschneider*, Die Aushöhlung der Demokratie durch Europäische Union und Währungsunion, S. 103.

152 *P. M. Huber*, in: Streinz, Komm. z. EUV/EGV, Art. 192 EGV, Rdn. 4.

153 *W. Kluth*, in: Calliess/Ruffert (Hrsg.), 4. Aufl. 2011, Art. 225 AEUV, Rdn. 1 ff.; *P. M. Huber*, in: Streinz, Komm. z. EUV/EGV, Art. 189 EGV, Rdn. 25.

154 Bericht Seitlinger, Dok.EP A-988/81/B.

155 Bericht Bocklet, Dok.EP A-2-1/85.

156 Bericht De Gucht, Dok.EP A 3-0381/92, ABl. 1993 C 115/121.

157 Bericht Anastassopoulos, Dok.EP A-0212/98.

158 *P. M. Huber*, daselbst, Art. 190 EGV, Rdn. 23; siehe auch: *W. Kluth*, daselbst, Art. 223 AEUV, Rdn. 1 ff.

„gemäß ihren verfassungsrechtlichen Vorschriften" (UA 2). Auf Grundlage dieser Vorschrift kann eine gleichheitliche Wahl auf Unionsebene nicht mit der nötigen Gewissheit etabliert werden – der Wortlaut spricht ja auch nur von der Schaffung einer „allgemeinen unmittelbaren Wahl".

Die Ermächtigung der Union in Art. 352 Abs. 1 AEUV (sogenannte Flexibilisierungsklausel), nun nicht mehr auf die Zieleverwirklichung im Gemeinsamen Markt beschränkte neue Befugnisse zu begründen, wenn diese erforderlich erscheinen, um eines der ohnehin umfassenden Ziele der Union zu verwirklichen, lockert mangels näherer Bestimmtheit das Prinzip der begrenzten Ermächtigung[159] und sieht keine nennenswerte Beteiligung der nationalen Parlamente vor. Daher hat das Bundesverfassungsgericht in seinem Lissabon-Urteil diese Zuständigkeitserweiterungen unter den Vorbehalt der Zustimmung des Deutschen Bundestages und des Bundesrates gestellt. „Soweit nicht das Volk unmittelbar zur Entscheidung berufen ist, ist demokratisch legitimiert nur, was parlamentarisch verantwortet werden kann."[160]

Auf Grundlage des Art. 223 Abs. 2 EGV wurde zur Definition der Rechtsstellung der Abgeordneten beispielsweise der Direktwahlakt oder die Geschäftsordnung des Europäischen Parlaments erlassen. Im „patchworkartigen Regelungsgeflecht"[161] ist vor allem das freie Mandat beschrieben (Art. 4 Abs. 1 S. 2 DWA). Seit dem Vertrag von Nizza besteht nach Art. 224 AEUV die Möglichkeit, ein Parteienstatut im Wege des ordentlichen Gesetzgebungs-/ Mitentscheidungsverfahrens nach Art. 289 AEUV zu erlassen.

c) Enquête-Recht, Petitionsrecht, Bürgerbeauftragter

Das Enquête-Recht, das zu den wichtigsten politischen Instrumenten eines Parlaments gehört, kann das Europäische Parlament in beschränktem Umfang durch Einberufung eines Untersuchungsausschusses nach Art. 226 AEUV wahrnehmen. Als Kehrseite der nicht vorhandenen Allzuständigkeit kann es auch nur „bei Erfüllung seiner Aufgaben" (Art. 226 S. 1 AEUV), also im Rahmen seiner zugewiesenen Befugnisse, im Einvernehmen mit Rat und Kommission tätig werden, wenn kein Gerichtsverfahren wegen des Untersuchungsgegenstandes läuft.

---

159 BVerfGE 123, 267 (394).

160 BVerfGE 123, 267 (351); i.d.S. auch *K. A. Schachtschneider*, Die Aushöhlung der Demokratie durch Europäische Union und Währungsunion, S. 115; *ders.*, Die Souveränität Deutschlands, S. 222; *ders.*, Verfassungsbeschwerde Lissabon-Vertrag, 3. Teil, H I, II.

161 *P. M. Huber*, in: Streinz, Komm. z. EUV/EGV, Art. 190 EGV, Rdn. 33 f.; i.d.S. auch *W. Kluth*, in: Calliess/Ruffert (Hrsg.), EUV/AEUV, 4. Aufl. 2011, Art. 224 AEUV, Rdn. 1.

Den Bürgern der Union, aber auch juristischen Personen, steht nach Art. 227 AEUV ein Petitionsrecht zum Europäischen Parlament zu. Wie im nationalen Bereich erfüllt das Petitionsrecht mehrere Funktionen, als da wären die Rechtschutzfunktion für den Bürger, die parlamentarische Kontrollfunktion gegenüber Kommission und Rat und schließlich die „Demokratie-, Partizipations- oder Legitimationsfunktion".[162] Träger dieses Grundrechts sind sämtliche Bürger der Union. Angehörige von Drittstaaten besitzen das Petitionsrecht dann, wenn sie in einem Mitgliedstaat ihren Wohnsitz haben – ein Erfordernis, das auch für juristische Personen gilt.[163] Um dies neben inhaltlichen Anforderungen nachprüfen zu können, schreibt Art. 174 GeschO-EP vor, dass Petitionen Namen, Beruf, Staatsangehörigkeit und Wohnsitz jedes Petenten enthalten müssen.

Die unmittelbare Wirksamkeit dieses Rechts ist freilich nur so weit gegeben, wie die Kompetenzen des Europäischen Parlaments reichen. Dennoch kann Gegenstand einer Petition sein, was zum Tätigkeitsbereich der Europäischen Union (EU) gehört. In jedem Fall hat der Petent einen Anspruch auf eine Antwort, die Auskunft darüber gibt, was aus seiner Petition geworden ist.[164]

Im Vertrag von Maastricht wurde die in Art. 228 AEUV genannte Institution des Bürgerbeauftragten geschaffen, der vom Europäischen Parlament für die Dauer einer Wahlperiode (fünf Jahre)[165] gewählt wird (Abs. 1 S. 1). An ihn kann sich der Berechtigtenkreis wenden, der auch zu einer Petition befugt ist. Weil das Europäische Parlament mit seinem Petitionsausschuss an sich bereits eine Einrichtung für Petitionen vorhält, war es anfangs gegenüber dieser neuen, als redundant empfundenen Institution skeptisch, doch geht es nunmehr von einer Stärkung seiner Kontrollkompetenz durch diesen Bürgerbeauftragten aus. Dessen Bindung an das Europäische Parlament erschöpft sich aber in einem jährlichen Bericht!

Beschwerdegegenstände sind alle in Anwendungsbereich von EUV und AEUV liegenden Handlungen, nicht jedoch die materielle Rechtsprechungstätigkeit des Europäischen Gerichtshofs (EuGH) einschließlich des Gerichts erster Instanz (EuG).[166]

---

162 *J. M. Meese*, Das Petitionsrecht beim Europäischen Parlament, S. 48 ff.

163 *W. Kluth*, daselbst, Art. 227 AEUV Rdn. 3; *P. M. Huber*, daselbst, Art. 194 EGV, Rdn. 6 ff.

164 *W. Kaufmann-Bühler*, in: Lenz (Hrsg.), EG-Vertrag Komm., 2. Aufl. 1999, Art. 194, Rdn. 6, 10.

165 *W. Kluth*, in: Calliess/Ruffert (Hrsg.), 4. Aufl. 2011, Art. 228 AEUV, Rdn. 1 ff., *P. M. Huber*, in: Streinz, Komm. z. EUV/EGV, Art. 195 EGV, Rdn. 17.

166 *W. Kluth*, in: Calliess/Ruffert (Hrsg.), 4. Aufl. 2011, Art. 228 AEUV, Rdn. 6; *P. M. Huber*, in: Streinz, Komm. z. EUV/EGV, Art. 195 EGV, Rdn. 3 ff.

Die Kontrollfunktion, eine klassische parlamentarische Kernkompetenz, steht dem Europäischen Parlament nur bedingt zu. Nach Art. 230 UA 2 AEUV kann es oder können seine Mitglieder Fragen an die Kommission stellen. Sollte die Antwort nicht zufriedenstellend sein, so verbleibt die Möglichkeit eines Misstrauensantrags nach Art. 231 AEUV.

Kontrollrechte des Europäischen Parlaments gegenüber dem Rat sind nicht vorgesehen, weil die Kontrolle der Regierungsvertreter im Rat Sache der nationalen Parlamente ist. Nach dem Grundsatz des institutionellen Gleichgewichts und der Pflicht zur loyalen Zusammenarbeit wird der Rat vom Europäischen Parlament gehört (Art. 230 Abs. 3 AEUV) und das Europäische Parlament wird umfassend vom Rat unterrichtet.[167]

d) Beschlussfassung

Beschlüsse des Europäischen Parlaments unterliegen der demokratischen Mehrheitsregel und benötigen für ihre Annahme, vorbehaltlich einer anderen Regelung, die Mehrheit der abgegebenen Stimmen (Art. 231 AEUV), etwa bei der Ablehnung eines gemeinsamen Entwurfs des Vermittlungsausschusses im ordentlichen Gesetzgebungsverfahren (Art. 294 Abs. 8 lit. b und Abs. 10–14 AEUV).[168] Primärrechtlich geregelt sind weiterhin „qualifizierte Mehrheiten" wie die „Mehrheit der Mitglieder" (z.B. Beitritt neuer Mitglieder, Art. 49 EUV, Ablehnung eines Standpunktes des Rates im ordentlichen Gesetzgebungsverfahren Art. 294 Abs. 7 lit. b AEUV). In besonders wichtigen Fällen[169] ist gar eine besonders qualifizierte Mehrheit (2/3 der abgegebenen Stimmen und Mehrheit der Mitglieder des Europäischen Parlaments) erforderlich, wie beispielsweise bei einem Misstrauensantrag gegen die Kommission (Art. 234 UA 2 AEUV). Dem Europäischen Parlament fällt es also grundsätzlich schwerer, Beschlüsse zu fassen, als dem Bundestag, der gemäß Art. 42 Abs. 2 S. 1 GG bereits mit der Mehrheit der abgegebenen Stimmen eine Vorlage beschlossen hat. Verschärfend kommt hinzu, dass das Parlament nicht alleine entscheiden kann, sondern nur zusammen mit dem Rat als Mitgesetzgeber. Dieser aber kann nach Art. 293 Abs. 1 und

---

167 *W. Kluth*, in: Calliess/Ruffert (Hrsg.), 4. Aufl. 2011, Art. 230 AEUV, Rdn. 2; *P. M. Huber*, in: Streinz, Komm. z. EUV/EGV, 2003, Art. 197 EGV, Rdn. 13 f.

168 *K. A. Schachtschneider*, Die Aushöhlung der Demokratie durch Europäische Union und Währungsunion, S. 103 f.

169 *W. Kluth*, in: Calliess/Ruffert (Hrsg.), EUV/AEUV, 4. Aufl. 2011, Art. 231 AEUV, Rdn. 3; *P. M. Huber*, in: Streinz, Komm. z. EUV/EGV, Art. 198 EGV, Rdn. 4.

Art. 294 Abs. 9 AEUV Vorschläge der Kommission, von Ausnahmefällen abgesehen, nur einstimmig ändern.[170]

Ein Misstrauensantrag gegen die Kommission ist die schärfste Waffe, die die Verträge dem Europäischen Parlament zur Kontrolle der Kommission an die Hand geben. Ein solcher hat sich bei 2/3-Mehrheit gegen die Kommission als Ganzes zu richten. Die Abstimmung darf erst drei Tage nach der Antragseinbringung erfolgen, wie auch die Abstimmung selbst offen durchgeführt werden muss (Art. 234 UA 2 AEUV). Das hohe Maß an erforderlicher Zustimmung zum Misstrauensantrag hat dazu geführt, dass von sieben Misstrauensanträgen, über die abgestimmt worden ist, kein einziger erfolgreich war. Auch der Rücktritt der Santer-Kommission im Jahre 1999 erfolgte nicht auf Grund eines erfolgreichen Misstrauensvotums, sondern war politisch und nicht rechtlich indiziert, weil ein Misstrauensantrag drohte.[171] Die wegen der Rolle der Kommission als „treibende Kraft in der Europäischen Union" eigentlich dringend nötige demokratische Kontrolle bleibt damit unzureichend.[172]

Die Kommission der Europäischen Union hat sich umgekehrt nach ihrer Bestimmung durch den Rat als Kollegium – nicht einzeln – dem Europäischen Parlament zu stellen. Der Präsident und die übrigen Mitglieder der Kommission, die auf diese Weise benannt worden sind, stellen sich als Kollegium einem Zustimmungsvotum des Europäischen Parlaments.[173] Nach dessen Zustimmung werden der Präsident und die übrigen Mitglieder der Kommission vom Rat mit qualifizierter Mehrheit ernannt (Art. 17 Abs. 7 UA 3 EUV), wodurch ein Element demokratischer Legitimation in das Verfahren eingebracht werden soll.[174] Die Zusammensetzung der Kommission ist in weiten Teilen primärvertraglich festgelegt. Jeder Mitgliedstaat stellt zurzeit einen Kommissar (Art. 17 Abs. 4 EUV). Der Präsident der Kommission wird vom Europäischen Rat mit qualifizierter Mehrheit dem Europäischen Parlament vorgeschlagen, das diesen Vorschlag annehmen kann. Auf die Auswahl aller übrigen 26 Mitglieder der Kommission

---

170 *K. A. Schachtschneider*, Die Aushöhlung der Demokratie durch Europäische Union und Währungsunion, S. 108 f.

171 *W. Kluth*, in: Calliess/Ruffert (Hrsg.), EUV/AEUV, 4. Aufl. 2011, Art. 234 AEUV, Rdn. 6; *P. M. Huber*, in: Streinz, Komm. z. EUV/EGV, Art. 201 EGV, Rdn. 3.

172 *K. A. Schachtschneider*, Die Aushöhlung der Demokratie durch Europäische Union und Währungsunion, S. 103 f.

173 *K. A. Schachtschneider*, Die Aushöhlung der Demokratie durch Europäische Union und Währungsunion, S. 109.

174 *M. Ruffert*, in: Calliess/Ruffert (Hrsg.), EUV/AEUV, 4. Aufl. 2011, Art. 17 EUV, Rdn. 44 ff.; *P. M. Huber*, in: Streinz, Komm. z. EUV/EGV, Art. 214 EGV, Rdn. 2.

hat das Parlament keinen unmittelbaren Einfluss, weil die Liste mit diesen Personen im Einvernehmen zwischen dem Präsidenten der Kommission und dem Rat (Art. 16 Abs. 3 EUV) festgelegt wird. Ab 1. November 2014 wird die Zahl der Mitglieder der Kommission auf 2/3 der Zahl der Mitgliedstaaten reduziert. Die Besetzung der Kommission erfolgt dann nach einem System „der strikt gleichberechtigten Rotation zwischen den Mitgliedstaaten" (Art. 17 Abs. 5 EUV). „Eine tragfähige demokratische Legitimation der Kommission ... ist im Besetzungsverfahren nicht zu erkennen... Die Kommissare sind ... den Völkern meist fremd. Sie haben keine Legitimation durch demokratische Wahl, weil das Parlament sie mangels egalitärer Wahl nicht legitimieren kann ... schon gar nicht die [Legitimation] der Völker, die wegen des Rotationsverfahrens nicht repräsentiert sind."[175]

e) *Abgeordnete*

„Das Parlament und damit alle Abgeordneten haben die Aufgabe zu erkennen, welche Gesetze für das gute Leben aller in allgemeiner Freiheit auf der Grundlage der Wahrheit richtig sind."[176] Das Europäische Parlament muss folglich so organisiert sein, dass die Abgeordneten durch Diskussion und Öffentlichkeit die richtigen Gesetze erkennen.[177] „Diese Einrichtungen werden unverständlich, wenn das Prinzip der öffentlichen Diskussion keinen Glauben mehr findet."[178]

Den Regelungsgehalt ihrer Vorgängervorschriften führen die Art. 10 Abs. 2 UA 1 und Art. 14 Abs. 2 UA 1 EUV fort, aber mit entscheidend veränderter Formulierung. Die Regierungskonferenz von Nizza[179] hatte noch festgelegt, dass in der Europäischen Union mit 27 Mitgliedern die Höchstzahl der Abgeordneten des Parlaments von vormals 700 auf 732 erhöht (Art. 189 Abs. 2 EGV) werden sollte, wobei die Zahl der den derzeitigen Mitgliedstaaten zustehenden Sitze um 91 verringert (von derzeit 626 auf 532 Sitze) werden sollte.[180] Nur Deutschland

175 *K. A. Schachtschneider*, Die Aushöhlung der Demokratie durch Europäische Union und Währungsunion, S. 109 f.

176 *K. A. Schachtschneider*, Prinzipien des Rechtsstaates, S. 316; i.d.S. *ders.*, Res publica res populi, S. 644 ff., 666 ff., 707 ff.

177 *K. A. Schachtschneider*, Prinzipien des Rechtsstaates, S. 317; *ders.*, Res publica res populi, S. 560 ff., 584 ff., vgl. *C. Schmitt*, Die geistesgeschichtliche Lage des heutigen Parlamentarismus, S. 7 ff., 41 ff., 61 ff.; *ders.*, Legalität unf Legitimität, S. 7ff., 20 ff., 88 ff.; *ders.*, Verfassungslehre, S. 315

178 *C. Schmitt*, Die geistesgeschichtliche Lage des heutigen Parlamentarismus, S. 7.

179 ABl. 2001/C80/01.

180 *W. Kluth*, in: Calliess/Ruffert (Hrsg.), EUV/AEUV, 4. Aufl. 2011, Art. 14 EUV, Rdn. 23.

und Luxemburg behielten die gleiche Abgeordnetenzahl wie bisher, nämlich 99 bzw. 6. Allerdings galt die Verringerung vollständig erst für das im Jahr 2009 gewählte Parlament.

Weil die neuen Mitgliedstaaten Bulgarien, Slowenien und Rumänien der Union zum 1.1.2007 beitraten, also im Laufe der Wahlperiode 2004 bis 2009, wurde die Höchstzahl von 732 Sitzen im Europäischen Parlament vorübergehend überschritten. Bis zum Inkrafttreten des EUV in der Version von Lissabon zum 1.12.2009 waren 785 Abgeordnete noch „als Vertreter der Völker" (so Art. 189 Abs. 1 EGV) im Parlament vertreten.[181]

Im Vertrag von Lissabon hingegen werden die Abgeordneten nicht mehr Vertreter der Völker genannt. Art. 189 S. 1 EGV hatte sie noch so bezeichnet, um deutlich zu machen, dass es sich bei der Europäischen Union nicht um einen Bundesstaat handelt, sondern um einen Zusammenschluss von Staaten.[182] Konsequenterweise hatte das Maastricht-Urteil des Bundesverfassungsgerichts vom 12.10.1993 daher noch von einem Staatenverbund gesprochen. „Im Staatenverbund der Europäischen Union erfolgt mithin demokratische Legitimation notwendig durch die Rückkoppelung des Handelns europäischer Organe an die Parlamente der Mitgliedstaaten ... Entscheidend ist, daß die demokratischen Grundlagen der Union schritthaltend mit der Integration ausgebaut werden und auch im Fortgang der Integration in den Mitgliedstaaten eine lebendige Demokratie erhalten bleibt."[183] Fünfzehn Jahre später wird nun im Reformvertrag Art. 10 Abs. 2 UA 1 und Art. 14 Abs. 2 UA 1 EUV, wie schon zuvor im Europäischen Verfassungsvertrag I-20 EVV, von einer unmittelbaren Vertretung der Bürgerinnen und Bürger auf Unionsebene im Europäischen Parlament gesprochen. Hierbei sind nicht etwa die Bürgerinnen und Bürger der Mitgliedstaaten gemeint, sondern die nach Art. 17 EGV/ Art. I-10 EVV/ Art. 9 EUV etablierte Unionsbürgerschaft, die zur nationalen Staatsangehörigkeit hinzutritt (Satz 3). Dieses deutliche Signal für die Verwirklichung der ersten Aussage der Präambel des EU-Vertrags „ENTSCHLOSSEN, den Prozess der Schaffung einer immer engeren Union der europäischen Völker weiterzuführen..." sowie des Art. 1 Abs. 2 EUV – „Dieser Vertrag stellt eine neue Stufe bei der Verwirklichung einer immer engeren Union der Völker Europas dar" – zeigt, dass die Entwicklung von den

181 *R. Streinz*, Europarecht, 7. Aufl. 2005, S. 123, Rdn. 354.
182 *J. Schoo*, in: Schwarze, EU-Kommentar, 1. Aufl. 2000, Art. 189 EGV, Rdn. 8.
183 BVerfGE 89, 155 (185 f.); *J. Schoo*, in: Schwarze, daselbst, Art. 189 EGV, Rdn. 8.

Herren der Verträge über ein statisches Bild einer Vielvölkergemeinschaft hinaus in Richtung eines gemeinsamen europäischen Volks entwickelt werden soll.[184]

Die im Vertrag von Maastricht geschaffene Unionsbürgerschaft (Art. 17–22 EGV/Art. 9 EUV) hatte zum Zeitpunkt des Maastricht-Urteils des Bundesverfassungsgerichts im Jahre 1993 noch nicht auf die Formulierung in Art. 189 UA 1 EGV durchgeschlagen. Trotz der Unionsbürgerschaft waren im Europäischen Parlament nach wie vor Vertreter der Völker vertreten. Mit dem Verfassungs- (I-10 EVV) und dem Lissabon-Vertrag (Art. 10 Abs. 2 UA 1 und Art. 14 Abs. 2 UA 1 EUV) allerdings sollen die Unionsbürger im Europäischen Parlament seit 1.12.2009 unmittelbar vertreten werden. Das in der Kommentarliteratur[185] verwendete Argument, dass es kein europäisches Volk gäbe, weil trotz der Unionsbürgerschaft im Parlament „Vertreter der Völker" säßen, verkehrt sich nun ins Gegenteil: Eine Auslegung des Wortlautes des primärrechtlichen Vertrags zur Gründung der Europäischen Gemeinschaft (EGV) kann nicht daran vorbeigehen, dass die im Art. 14 Abs. 1 UA 2 EUV vorgenommene Formulierungsänderung ein deutliches Signal zur Ausbildung bundesstaatlicher Strukturen darstellt. „Das Parlament soll somit nicht mehr Versammlung der Vertreter der Völker, sondern Gesetzgebungsorgan der Bürger der Europäischen Union, der Unionsbürgerschaft, sein, welche dadurch gewissermaßen zum Unionsvolk konstituiert wird. Damit soll dem Europäischen Parlament und dessen Gesetzgebungsakten eine unmittelbare demokratische Legitimation zugesprochen werden. Das wirft etwa in Deutschland unüberwindliche demokratierechtliche Verfassungsprobleme auf, solange der demokratische Fundamentalsatz des Art. 20 Abs. 2 S. 1 GG: <Alle Staatsgewalt geht vom Volke aus> geachtet wird"[186], denn das Volk in diesem Satz ist das deutsche Volk.[187]

„Das Europäische Parlament [kann] … als Vertretungsorgan der Völker in einer … von begrenztem Einheitswillen geprägten Gemeinschaft … in seiner Zusammensetzung nicht den Anforderungen entsprechen, die sich auf der staatlichen Ebene aus dem gleichen politischen Wahlrecht aller Bürger ergeben".[188]

184 *Ch. Calliess*, in: Calliess/Ruffert (Hrsg.), EUV/AEUV, 4. Aufl. 2011, Art. 1 EUV, Rdn. 24; *J. Schoo*, in: Schwarze, EU-Kommentar, 1. Aufl. 2000, Art. 189 EGV, Rdn. 9.

185 *J. Schoo*, daselbst, Art. 190 EGV, Rdn. 3; auch: *Ch. Calliess*, in: Calliess/Ruffert (Hrsg.), 4. Aufl. 2011, Art. 1 EUV, Rdn. 24.

186 *K. A. Schachtschneider*, Die Aushöhlung der Demokratie durch die Europäische Union und Währungsunion, S. 105.

187 BVerfGE 83, 37 (50 ff.); 83, 60 (71 f.); vgl. auch BVerfGE 89, 155 (184 ff.); i.d.S. auch BVerfGE 123, 267 ff.; *K. A. Schachtschneider*, daselbst S. 105

188 BVerfGE 123, 267 (368).

Vertreter der Völker können kein europäisches Gemeinwohl vertreten. „Gemessen an verfassungsrechtlichen Erfordernissen fehlt es der Europäischen Union auch nach Inkrafttreten des Vertrags von Lissabon an einem durch gleiche Wahl aller Unionsbürger zustande gekommenen politischen Entscheidungsorgan mit der Fähigkeit zur einheitlichen Repräsentation des Volkswillens".[189] Die stark unterschiedliche Zahl der Unionsbürger, die die Abgeordneten der jeweiligen Mitgliedstaaten vertreten, wird „in föderalen Staaten regelmäßig nur für die zweite Kammer neben dem Parlament ... toleriert".[190] Daher stößt etwa die Anwendung der Flexibilitätsklausel des Art. 352 AEUV „im Hinblick auf das Verbot zur Übertragung von Blankettermächtigungen oder zur Übertragung der Kompetenz-Kompetenz auf verfassungsrechtliche Bedenken". Auch wenn das Europäische Parlament zugestimmt hat (Art. 352 Abs. 1 S. 1 AEUV), darf der deutsche Vertreter im Rat seine „förmliche Zustimmung ... nicht erklären, solange die verfassungsrechtlich gebotenen Voraussetzungen nicht erfüllt sind."[191]

Integrationisten meinten zu erkennen, dass schon in der bisherigen Formulierung „Vertreter der Völker" die Europaabgeordneten nicht ihren jeweiligen Völkern, sondern der Gemeinschaft insgesamt verantwortlich seien.[192] „Subjekt des politischen Willens, das die Verbindlichkeit der Rechtsakte begründet, kann aber nur ein bestimmtes Volk sein, nicht ... das jeweilige nationale Volk zum einen und das Unionsvolk zum anderen."[193] Die Ausgestaltung der Rolle der Abgeordneten des Europäischen Parlaments muss auf Grundlage der ständigen Rechtsprechung des Bundesverfassungsgerichts erfolgen, derzufolge die Völker Herren der Verträge seien.[194] Neben dem oben dargestellten grundsätzlichen Zurückbleiben des Europäischen Parlaments hinter der Legitimationshöhe „volldemokratischer" mitgliedstaatlicher Parlamente, rundet ein Blick auf dessen Geschäftsordnung und Eigenorganisation die Beurteilung des Europäischen Parlaments als Parlament ab.

---

189 BVerfGE 123, 267 (371 f.).

190 BVerfGE 123, 267 (374 f.).

191 BVerfGE 123, 267 (395).

192 *J. Schoo*, in: Schwarze, EU-Kommentar, 1. Aufl. 2000, Art. 190 EGV, Rdn. 4; auch : *M. Ruffert*, in: Calliess/Ruffert (Hrsg.), 4. Aufl. 2011, Art. 10 EUV, Rdn. 6.

193 *K. A. Schachtschneider*, Die Souveränität Deutschlands, S. 219.

194 BVerfGE 89, 155 (190); BVerfGE 123, 267 (371); *K. A. Schachtschneider*, Die Aushöhlung der Demokratie durch die Europäische Union und Währungsunion, S. 107.

f) Organe des Parlaments

Das Europäische Parlament hat sich auf der Grundlage des Art. 232 AEUV im Juli 2010 eine Geschäftsordnung gegeben und damit seinem Selbstorganisationsrecht Ausdruck verliehen.[195] Es verfügt über in den Artikeln 19 bis 28 der Geschäftsordnung des Europäischen Parlaments (GO EP) festgelegte politische Organe, nämlich:

- Präsident (Art. 19 GO EP) und 14 Vizepräsidenten (Art. 21 GO EP)
- Konferenz der Präsidenten (Art. 23 GO EP)
- Präsidium (Art. 21, 22 GO EP)
- Quästoren (Art. 25 GO EP)
- Konferenz der Ausschussvorsitzenden (Art. 26 GO EP)
- Konferenz der Delegationsvorsitzenden (Art. 27 GO EP)

a.a Präsident und Konferenz der Präsidenten (Art. 19, 23 GO EP)

Der Präsident leitet auf Grundlage der Geschäftsordnung sämtliche Arbeiten des Parlaments und seiner Organe. Bei Beratungen des Parlaments führt er den Vorsitz und gewährleistet deren ordnungsgemäßen Ablauf.[196] Er vertritt das Parlament im internationalen Bereich, bei offiziellen Anlässen sowie in Verwaltungs-, Gerichts- und Finanzangelegenheiten.

Die Konferenz der Präsidenten besteht aus dem Präsidenten des Parlaments und den Vorsitzenden der darin vertreten Fraktionen, nach denen es seine Abgeordneten gliedert.[197] Der Konferenz gehören ferner zwei Vertreter der fraktionslosen Mitglieder an, die jedoch über kein Stimmrecht verfügen (Art. 23 Nr. 2 GO EP). Die Konferenz der Präsidenten fasst ihre Beschlüsse durch einen Konsens oder durch eine nach Maßgabe der Anzahl der Abgeordneten einer jeden Fraktion gewichtete Abstimmung (Art. 23 Nr. 3 GO EP).

Die Konferenz der Präsidenten ist nach Art. 24 GO EP für folgende Bereiche zuständig:

- Organisation der Arbeiten des Europäischen Parlaments und Legislativplanung (Nr. 2),

---

195 *R. Bieber*, in: Beutler/Bieber/Pipkorn/Streil, Die Europäische Union, 4. Aufl. 1993, S. 122; *W. Kluth*, in: Calliess/Ruffert (Hrsg.), EUV/AEUV, 4. Aufl. 2011, Art. 232 AEUV, Rdn. 1 ff.

196 *H.-W. Arndt*, Europarecht, 5. Aufl. 2001, S. 46.

197 *K.-D. Borchardt*, Die rechtlichen Grundlagen der Europäischen Union, 2. Aufl. 2002, S. 108, Rdn. 255.

- Zuweisung der Zuständigkeiten der Ausschüsse und der Delegationen sowie deren Zusammensetzung (Nr. 6),
- Beziehungen zu den übrigen Organen der Europäischen Union, den nationalen Parlamenten und Drittländern (Nr. 3 und 4),
- Festlegung der Tagesordnung der Plenartagungen (Nr. 5) und der Sitzordnung der Abgeordneten im Plenarsaal (Nr. 7).

b.b Das Präsidium (Art. 21, 22 GO EP)

Das Präsidium besteht aus dem Präsidenten und den vierzehn Vizepräsidenten des Parlaments sowie den Quästoren, letztere allerdings nur mit beratender Stimme (Art. 21 Abs. 2 GO EP). Es ist das statutarische Lenkungsorgan des Europäischen Parlaments, seine Aufgaben regelt Art. 22 GO EP in dessen zwölf Absätzen. So ist es zuständig für die Aufstellung des Vorentwurfs des Haushaltsvoranschlags des Europäischen Parlaments und für die Behandlung aller Fragen zu Verwaltung, Personal und Organisation.

c.c Quästoren (Art. 25 GO EP)

Die Quästoren sind innerhalb der vom Präsidium erlassenen Leitlinien für Verwaltungs- und Finanzaufgaben zuständig, sofern diese die Mitglieder direkt betreffen. Die Quästoren sind mit Verwaltungs- und Finanzaufgaben betraut, die die Abgeordneten und ihre Arbeitsbedingungen unmittelbar betreffen. Beispielsweise achten sie darauf, dass die Mitglieder des Europäischen Parlaments über die zur Ausübung ihres Mandats erforderlichen Infrastrukturen verfügen.[198]

d.d Konferenz der Ausschussvorsitzenden (Art. 26 GO EP)

Mitglieder der Konferenz sind die Vorsitzenden aller 17 ständigen[199] und nichtständigen Ausschüsse des Parlaments (Abs. 1). Diese Konferenz kann derjenigen der Präsidenten Vorschläge für die Arbeit der Ausschüsse und für die Aufstellung der Tagesordnung der Plenartagung unterbreiten (Abs. 2).[200]

---

198 http://www.europarl.de/view//Aktuell/pr-2009/Aktuell-2009-Juli/Aktuell-2009-Juli-8.html.

199 *K.-D. Borchardt*, Die rechtlichen Grundlagen der Europäischen Union, 2. Aufl. 2002, S. 109, Rdn. 255.

200 *R. Bieber*, in: Beutler/Bieber/Pipkorn/Streil, Die Europäische Union, 4. Aufl. 1993, S. 124.

e.e Konferenz der Delegationsvorsitzenden (Art. 27 GO EP)

Die Vorsitzenden aller ständigen interparlamentarischen Delegationen (Abs. 1) bilden die entsprechende Versammlung. Sie kann der Konferenz der Präsidenten Vorschläge für die Arbeit der Delegationen unterbreiten.

g) Sonstiges Organisatorisches

Das Europäische Parlament hat sich einen organisatorischen Rahmen gegeben, dessen Einrichtungen an die Ausgestaltung nationaler Parlamente erinnern. Seine entsprechende Ausgestaltung in Art. 223 ff. AEUV erweist das Delta zwischen politischem Anspruch und staatsrechtlicher Wirklichkeit. Es gilt jedoch für die Begriffe: Der Einband eines Buchs lässt noch keinen Schluss auf die Qualität des Inhalts zu.[201]

Das Europäische Parlament hat drei Arbeitsorte: Straßburg, Brüssel und Luxemburg. Das hat vor allem historische Gründe: Als Symbol der deutsch-französischen Aussöhnung wurde Straßburg zunächst Sitz des Europarates, später dann auch Ort der Plenartagungen des Europäischen Parlaments.

Ein Protokoll im Anhang zum Amsterdamer Vertrag von 1997 regelt die gegenwärtige Rechtslage:

„Das Europäische Parlament hat seinen Sitz in Straßburg; dort finden die 12 monatlichen Plenartagungen einschließlich der Haushaltstagung statt. Weitere Plenartagungen finden in Brüssel statt. Die Ausschüsse des Europäischen Parlaments treten in Brüssel zusammen. Das Generalsekretariat des Europäischen Parlaments und dessen Dienststellen verbleiben in Luxemburg."

Dem Sitz der Europäischen Kommission folgend sind indes die Mitarbeiter der Fraktionen und ein Großteil der beim Europäischen Parlament arbeitenden Beamten (insbesondere Dienste, die den Parlamentsorganen zuarbeiten) in Brüssel angesiedelt.

„Das Europäische Parlament hält jährlich eine Sitzungsperiode ab" (Art. 229 AEUV). Ausdrücklich terminiert ist eine Sitzung am zweiten Dienstag des Monats März. Hier kommt das Parlament auch ohne Einberufung zusammen. Ansonsten können Ausschüsse, Fraktionen und Organe des Europäischen Parlaments nach Bedarf tagen. Zusätzliche Plenarsitzungen finden dagegen wie auch die Ausschusssitzungen in Brüssel statt.[202]

---

201 So auch *T. Mähner*, Der Europäische Gerichtshof als Gericht, S. 11.

202 *W. Kluth*, in: Calliess/Ruffert (Hrsg.), EUV/AEUV, 4. Aufl. 2011, Art. 229 AEUV, Rdn. 1 f.; *P. M. Huber*, in: Streinz, Komm. z. EUV/EGV, Art. 189 EGV, Rdn. 6.

Im Vergleich zur regen Sitzungstätigkeit des „Arbeitsparlaments" Bundestag ist diese Regelung seltener Sitzungen auffällig. Diese Regelung stammt aus einer Zeit, in der das Europäische Parlament noch mit Parlamentariern der nationalen Parlamente beschickt worden ist und nur über geringe Zustimmungsbefugnisse zu Rechtsakten verfügte. Die Vorschrift entspricht nur bedingt der Konzeption eines „Vollzeit-Parlaments" und spiegelt deshalb schon lange nicht mehr die Sitzungsrealitäten wider, die in der Unionspraxis zu einer das ganze Jahr ausfüllenden Sitzungsperiode geführt haben.[203] Dennoch blieb sie auch mit Inkrafttreten des Vertrags über die Europäische Union unangetastet. Entgegen der „propagandistischen Desinformation … der Parteienoligarchie"[204] wird hier deutlich: „In existenziellen Politikbereichen, wie insbesondere der Bestimmung der Grundzüge der Wirtschaftspolitik der Mitgliedstaaten … und im Haushaltsdisziplinierungsverfahren soll das Parlament lediglich … unterrichtet werden … In die gemeinsame Außen- und Sicherheitspolitik ist es nur marginal eingebunden."[205]

Die große Mehrheit der Abgeordneten gehört einer der Fraktionen an. Eine solche muss multinational sein und eine bestimmte Mindestzahl von Mitgliedern aus mehreren Mitgliedsländern umfassen. Nur wenige Abgeordnete bleiben fraktionslos. Zurzeit sind im Europäischen Parlament sieben Fraktionen vertreten, nämlich die Europäische Volkspartei (EVP), die Progressive Allianz der Sozialisten und Demokraten (S&D), die Allianz der Liberalen und Demokraten für Europa (ALDE), Die Grünen/Europäische Allianz (Grüne/EFA), Europäische Konservative und Reformisten (ECR), Vereinte Europäische Linke/Nordische Grüne Linke (GUE/NGL), Europa der Freiheit und Demokratie (EFD). Die meisten Fraktionen sind an politische Parteien gebunden, die auf europäischer Ebene organisiert und in Art. 10 Abs. 4 EUV anerkannt sind:

„Politische Parteien auf europäischer Ebene tragen zur Herausbildung eines europäischen politischen Bewusstseins und zum Ausdruck des Willens der Bürgerinnen und Bürger der Union bei."

Die konkrete Wahrnehmung der Aufgaben des Europäischen Parlaments und seiner Mitglieder regelt das Europäische Parlament Art. 223 Abs. 2 AEUV zufolge durch im besonderen Gesetzgebungsverfahren zusammen mit dem Rat erlassene Verordnung, wobei der Vertragstext ausdrücklich betont, dass es hier – ausnahmsweise – „aus eigener Initiative" tätig wird. Weil die Abgeordneten im

203 *W. Kluth*, in: Calliess/Ruffert (Hrsg.), EUV/AEUV, 4. Aufl. 2011, Art. 229 AEUV, Rdn. 2; *P. M. Huber*, in: Streinz, Komm. z. EUV/EGV, Art. 196 EGV, Rdn. 4.

204 *K. A. Schachtschneider*, Die Aushöhlung der Demokratie durch Europäische Union und Währungsunion, S. 108.

205 *K. A. Schachtschneider*, daselbst, S. 104.

Europäischen Parlament grundsätzlich kein echtes Initiativrecht haben, bleiben die Rechte der Abgeordneten des Europäischen Parlaments hinter den Standards zurück, die „in Demokratien üblich“ sind.[206] Die treibende Kraft in der Europäischen Union ist nämlich die Kommission, der prinzipiell das Vorschlagsrecht für Gesetzgebungsakte der Union zukommt (Art. 17 Abs. 2 S. 1 EUV, Art. 294 Abs. 2 AEUV).[207] Im Detail werden die Gestaltungsbefugnisse des Europäischen Parlaments anhand der Analyse der Primärverträge in Teil B dieser Arbeit erfolgen.

Ebenfalls weit hinter dem gemeinsamen Bestand des Verfassungs- und Parlamentsrechts aller Mitgliedstaaten zurück blieb bis zum Maastrichter Unionsvertrag die Kontrollbefugnis der Abgeordneten des Europäischen Parlaments anderen Gemeinschaftsorganen gegenüber.[208] Zwar hat dieses Parlament nun nach Art. 226 Abs. 3 AEUV das Recht, „aus eigener Initiative“[209] die Arbeit von Untersuchungsausschüssen durch Verordnung zu regeln. Zum Erlass dieser Verordnung ist allerdings die Zustimmung des Rates und der Kommission erforderlich. Der Eigenorganisation des Parlaments bei seiner ureigenen Aufgabe – der Kontrolle der Exekutive – sind also deutliche Schranken gesetzt. Auch die Ausgestaltung der Kontrollbefugnisse im Primärrecht wird in Teil B dieser Arbeit betrachtet werden.

---

206 *V. Epping*, in: Vedder/Heintschel von Heinegg (Hrsg.), EVV, Art. III-332, Rdn. 1 f.

207 *K. A. Schachtschneider*, Die Aushöhlung der Demokratie durch Europäische Union und Währungsunion, S. 109.

208 *W. Kluth*, in: Calliess/Ruffert (Hrsg.), EUV/EGV, 3. Aufl. 2007, Art. 194, Rdn. 1 ff.

209 *V. Epping*, in: Vedder/Heintschel von Heinegg (Hrsg.), EVV, Art. III-333, Rdn. 5; *W. Kluth*, in: Calliess/Ruffert (Hrsg.), EUV/AEUV, 4. Aufl. 2011, Art. 226 AEUV, Rdn. 7.

B. Das Europäische Parlament in seinem Wirken

I. Grundsätzliches zur Rolle des Europäischen Parlaments in den Bestimmungen des EUV/AEUV

1. Die primärrechtlichen Verträge

Vorläufer des Vertrags über die Europäische Union (EUV) nach Fassung Lissabon ist der Maastrichter Unionsvertrag (EUV), der zum 1.11.1993 in Kraft getreten ist. Er hat die Kategorie des „Unionsrechts" geschaffen, das zu der des Rechts der Europäischen Gemeinschaften (EGV, EAGV) hinzugekommen ist. Weil nach Art. 1–6 EUV der EUV einen Dachvertrag über den drei Säulen der Union (EG/EAG, Gemeinsame Außen- und Sicherheitspolitik/GASP und Polizeiliche und Justizielle Zusammenarbeit/PJZ) darstellte, war er „eine Art Gesamtverfassung der Union"[210]. Damit war die vor Inkrafttreten des Vertrags von Lissabon im allgemeinen Sprachgebrauch oft willkürliche Verwendung der Begriffe EG- und EU-Recht dergestalt richtigzustellen, dass EG-Recht auch EU-Recht ist, EU-Recht jedoch nicht zwingend EG-Recht, da es sich auch auf GASP oder PJZ beziehen konnte. „Die EU ist damit [lediglich] zu einem guten Teil Europäische Gemeinschaft."[211] Im EUV fanden sich weitere Regelungen zum Tätigkeitsfeld des Europäischen Parlaments. Nach Art. 5 EUV übte dieses, wie auch die weiteren Hauptorgane der EG[212], seine Befugnisse im Sinne der Verträge zur Gründung der Europäischen Gemeinschaften sowie der nachfolgenden Verträge und Akte weiterhin aus. Hinzu traten die Bestimmungen des EUV, die das Europäische Parlament zu einem gemeinsamen Organ aller drei Säulen der EU (EG/EAG, GASP, PJZ) machten.[213] Nach Art. 1 UA 3 EUV ist die Union nun Rechtsnachfolgerin der Europäischen Gemeinschaft, womit die Abgrenzung beider der Vergangenheit angehört. Mithin gründet sich die Union auf den Vertrag über die Europäische Union (EU) und den – entsprechend – Vertrag über die Arbeitsweise der Europäischen Union (AEUV) genannten ehemaligen EG-Vertrag. Die frühere „Tempelkonstruktion" mit den drei Säulen in Form der

---

210 *Th. Oppermann*, Europarecht, 3. Aufl. 2005, S. 138, Rdn. 1.

211 *Th. Oppermann*, daselbst, S. 139, Rdn. 3.

212 *R. Geiger*, Komm. z. EUV/EGV, 4. Aufl. 2004, Art. 5 EUV, Rdn. 2; *Ch. Calliess*, in: Calliess/Ruffert (Hrsg.), EUV/AEUV, 4. Aufl. 2011, Art. 5 EUV, Rdn. 6.

213 *R. Geiger*, Komm. z. EUV/EGV, 4. Aufl. 2004, Art. 5 EUV, Rdn. 6.

Europäischen Gemeinschaft (EG), der Gemeinsamen Sicherheits- und Außenpolitik (GASP) sowie der Polizeilichen und Justiziellen Zusammenarbeit (PJZ) wurde „zugunsten einer einheitlichen Organisation überwunden".[214]

2. Entwicklung der Rahmenbedingungen seit dem Verfassungskonvent

Das gegenwärtig gültige Primärvertragswerk, auf dem die Europäische Union seit 1.12.2009 rechtlich ruht, ist das Ergebnis eines Prozesses, der in Fortsetzung der expansionistischen implied-powers-Lehre noch vor der Jahrtausendwende mit dem Verfassungsprozess begann. Für das Verständnis der Stellung des Europäischen Parlaments im aktuellen Vertragswerk ist es daher erhellend, Material für die historische Auslegung durch Vergegenwärtigung der Entstehungsgeschichte von EUV und AEUV zu sammeln.

Die „Verfassung im formellen Sinn beinhaltet all jene Rechtsnormen, die in einem förmlichen Verfahren der Verfassungsgebung ordnungsgemäß zustande gekommen sind und den Inhalt der geschriebenen Verfassungsurkunde bilden ... Der Begriff der Verfassung im materiellen Sinn ... umfasst die Gesamtheit der geschriebenen und ungeschriebenen Rechtsnormen über Grundlagen, Organisation und Tätigkeit des Staates sowie die Stellung seiner Bürger im Staat"[215]. „Die angeborene ... Unabhängigkeit", also die Verfassung, ist mit dem Menschen geboren.[216] Die apriorische Verfassung wird vom Volk mittels seiner Verfassungshoheit (pouvoir constituant) durch das Verfassungsgesetz verwirklicht und materialisiert. Die Verfassung ist, ohne dass es einer Kodifikation bedarf, mit dem Menschen geboren.[217] Sie steht, weil mit dem Menschen geboren, nicht zur Disposition der Politik.

Als Sache des Volkes begründet die im Verfassungsgesetz materialisierte Verfassung den Staat, das Gemeinwesen verwirklicht im Verfassungsgesetz die Verfassung.[218] „Nach Maßgabe der Integrationsermächtigung des Art. 23 Abs. 1 GG in Verbindung mit der Präambel, Art. 20, Art. 79 Abs. 3 und Art. 146 GG kann es für die europäische Unionsgewalt kein eigenständiges Legitimationssubjekt

214 *Ch. Calliess*, daselbst, Art. 1 EUV, Rdn. 6.

215 *A. Katz*, Staatsrecht, 10. Aufl. 1991, S. 43 f., Rdn. 98.

216 *Kant*, Metaphysik der Sitten, S. 345 f., i.d.S. auch daselbst, S. 365 f., 374 ff.; *K. A. Schachtschneider*, Prinzipien des Rehtsstaates, S. 86 ff.; *ders., (O. Gast)*, Sozialistische Schulden nach der Revolution, S. 29 ff.

217 *Kant*, Metaphysik der Sitten, S. 345 f., 365 f., 374 ff., *K. A. Schachtschneider (O. Gast)*, Sozialistische Schulden nach der Revolution, S. 29 ff.

218 *K. A. Schachtschneider*, Prinzipien des Rechtsstaates, S. 86 ff.

geben, das sich unabgeleitet von fremdem Willen und damit aus eigenem Recht gleichsam auf höherer Ebene verfassen könnte."[219]

Aus alledem folgt: „Nur ein neues Verfassungsgesetz Deutschlands kann das Verfassungsprinzip der deutschen Staatlichkeit (im existenziellen Sinne) einschränken ... Die Hoheit über das Verfassungsgesetz hat nur das Volk selbst ... Ein von den Regierungen und Parlamenten eingesetzter Verfassungskonvent der Europäischen Union ist ein verfassungswidriger Versuch eines Umsturzes."[220] Initiiert wurde der Reformprozess, der eine weitere Stufe der Entwicklung im Vertrag von Lissabon erreicht hat, hingegen nicht mit der Einladung des pouvoir constituant, sondern mit Einrichtung eines nicht im Primärvertragsrecht vorgesehenen Konvents, der aus Vertretern der Regierungen der Mitgliedstaaten und dreier damaliger Anwärter auf Mitgliedschaft (Bulgarien, Rumänien, Türkei[221]) bestand. Vom Europäischen Rat in Laeken Ende 2001 wurde nach dem Vorbild des Grundrechte-Konvents 1999/2000 ein weiterer parlamentarisch-gouvernemental gemischt besetzter Konvent unter Führung des früheren französischen Präsidenten Giscard d'Estaing mit einem „begrenzten Mandat" zur Vorbereitung eines Entwurfs einer einheitlichen europäischen Vertragsverfassung beauftragt.[222] Dieser Entwurf wurde im Juli 2003 fertiggestellt[223], im Europäischen Rat von Thessaloniki am 20.6.2003 als Grundlage für eine Regierungskonferenz angenommen und am 29.10.2004 in Rom von den Staats- und Regierungschefs als „Zweiter Römischer Vertrag" unterzeichnet.

Seine legitimatorischen Geburtsfehler in Form des nicht vorhandenen pouvoir constituant holten den Verfassungsvertrag in den Mitgliedstaaten ein, die ihren Souverän, das Volk, über dessen Annahme abstimmen ließen. Die Gemeinschaftsverträge sind nach Art. 48 EUV von den Mitgliedstaaten, vertreten durch ihre Regierungen, weiterzuentwickeln und nicht – wie tatsächlich erfolgt – über einen Konvent. Dies entspricht dem Verfahren, wie es bei völkerrechtlichen Verträgen üblich ist. Als Einrichtung, die im Primärrecht nicht vorgesehen ist, müsste der Konvent eine verfassungsgebende Versammlung[224] sein, die aus einem pouvoir constituant hervorgegangen ist, was nicht der Fall war. Die Verfassungshoheit hat nur ein Volk. Ein solches hat sich mangels freier Konstituierung eines

---

219 BVerfGE 123, 267 (349).

220 *K. A. Schachtschneider*, daselbst, S. 89.

221 *R. Streinz*, Europarecht, 7. Aufl. 2005, § 2, S. 22, Rdn. 58.

222 *Th. Oppermann*, Europarecht, 3. Aufl. 2005, S. 18 f., Rdn. 45 ff.

223 ABl. 2003, C 169/1.

224 *Th. Oppermann*, Europarecht, 2. Aufl. 1999, S. 193, Rdn. 504.

Unionsvolkes freilich noch gar nicht gebildet.[225] Letztlich führte die Ablehnung des Verfassungsentwurfs in den EWG-Gründungsmitgliedsstaaten Frankreich und Niederlande allerdings dazu, dass die von der Europäischen Union sich daraufhin selbst verordnete „Zeit der Reflexion"[226] genutzt wurde, das Ziel der deutschen Bundesregierung, „den vorläufig gescheiterten Prozess einer Europäischen Verfassung zu einem Erfolg zu bringen", dennoch weitgehend zu realisieren.[227] Formell ist dies durch eine Überarbeitung der beiden Primärverträge EGV (jetzt AEUV) und EUV (jetzt EUV) geschehen.

3. Heutiger rechtlicher Rahmen

a) Wesentlichkeitslehre

Im Geltungsbereich des Grundgesetzes ist der Gesetzgeber verpflichtet, in allen Politikbereichen alle wesentlichen Entscheidungen selbst zu treffen.[228] „Die Wesentlichkeitslehre unterwirft sie [die Entscheidungen] durchgehend dem Gesetzesvorbehalt im Grundsätzlichen."[229] In ständiger Rechtsprechung urteilt das Bundesverfassungsgericht, dass die Grundzüge aller wichtigen Lebensbereiche durch die Legislative zu ordnen sind.[230] Der Vorbehalt des Gesetzes ist Voraussetzung der Gesetzmäßigkeit der Verwaltung.[231] Zum Prinzip der Gesetzmäßigkeit gehört auch das Prinzip des Vorbehalts des Gesetzes, weil der Vorrang eines solchen leerlaufen würde, gäbe es dieses Institut nicht. „Richtigerweise ist

---

225 *K. A. Schachtschneider*, Prinzipien des Rechtsstaates, S. 89; *ders.*, Die Aushöhlung der Demokratie durch Europäische Union und Währungsunion, S. 114.

226 Erklärung der Staats- und Regierungschefs der Mitgliedstaaten der Europäischen Union zur Ratifizierung des Vertrags über eine Verfassung für Europa, EU-Nachrichten, Dokumentation Nr. 2/2005, S. 28; *R. Streinz*, Europarecht, 7. Aufl. 2005, S. 23, Rdn. 60.

227 Pressemitteilung des Deutschen Bundestages vom 15.2.2006, www.bundestag.de/presse.

228 BVerfGE 49, 89 (126 f.) Kalkar I; BVerfGE 53, 30 (56) Mühlheim-Kärlich; *R. Sannwalt*, in: Schmidt-Bleibtreu/Hofmann/Hopfauf, GG Komm., 11. Aufl. 2008, Vorbem. Art. 70, Rdn. 3.

229 *K. A. Schachtschneider*, Prinzipien des Rechtsstaates, S. 114, 116 f.

230 BVerfGE 33, 1 (10 f.); 33, 303 (337); 34, 165 (192 f.); 40, 237 (248 f.); 41, 251 (259 f.); 45, 400 (417); 47, 46 (78 f.); 48, 210 (291); 49, 89 (126 f.); 58, 257 (268 f.); 89, 155 (191 f.); 98, 218 (251 ff.); auch BVerwGE 47, 194 (197 ff.).

231 *H. Hofmann*, in: Schmidt-Bleibtreu/Hofmann/Hopfauf, GG Komm., Art. 20, Rdn. 70; *M. Sachs*, Grundgesetz, 6. Aufl. 2011, Art. 20 GG, Rdn. 113 ff.

die allgemeine Gesetzlichkeit allen Grundrechten immanent."[232] Der Gesetzgeber Parlament ist also für die wesentlichen Angelegenheiten immer verpflichtet, ein Gesetz zu erlassen. Wegen der Vielgestaltigkeit der Lebenssituationen gibt es hier keinen numerus clausus, sondern eine Allzuständigkeit. Das Volk ist Träger der Staatsgewalt.[233] „Ohne die allgemeine Gesetzgeberschaft kann die Entfaltung der Persönlichkeit nicht frei sein."[234] Wie bereits oben dargestellt, genießt der Deutsche Bundestag aufgrund seiner direkten Legitimation durch das Staatsvolk eine herausgehobene Stellung unter den vom Grundgesetz geschaffenen Organen des Volkes. Im Maastricht-Urteil erkannte das Bundesverfassungsgericht, dass Deutschland seine Staatlichkeit verlöre, wenn die Europäische Union in die Lage versetzt werden würde, selbst über ihre Kompetenzen zu entscheiden.[235] Eine solche Ausdehnung der Befugnisnormen würde für Deutschland keine Bindungswirkung entfalten. So lange das Grundgesetz Gültigkeit besitzt, geht alle „Staatsgewalt ... vom Volke aus" (Art. 20 Abs. 2 S. 1 GG), auch die Staatsgewalt, die auf Grund der übertragenen Hoheitsrechte von den Unionsorganen gemeinschaftlich ausgeübt wird.[236] Das Volk des Grundgesetzes ist das deutsche Volk. „Die Ermächtigungen der Union müssen demnach um der Demokratie willen begrenzt sein."[237]

Hierin liegt der entscheidende Unterschied zwischen der Gesetzgebungsbefugnis des Deutschen Bundestages und der des Europäischen Parlaments als Organ der Europäischen Union. Anders als die Legislativorgane eines Staates, die auf Grund dessen umfassender Verbandskompetenz und ihrer Organkompetenz grundsätzlich jede Materie gesetzlich regeln können, bedürfen die Rechtsetzungsorgane der Gemeinschaften einer ausdrücklichen Kompetenzzuweisung in den Primärverträgen.[238] Dieses Prinzip der begrenzten Ermächtigung findet

---

232 *K. A. Schachtschneider*, Prinzipien des Rechtsstaates, S. 110 ff.

233 BVerfGE 1, 14 (33); 83, 37; *Th. Maunz/R. Zippelius*, Staatsrecht, § 11, III, 1; *H. Hofmann*, in: Schmidt-Bleibtreu/Hofmann/Hopfauf, GG Komm., Art. 20, Rdn. 41.

234 *K. A. Schachtschneider*, Res publica res populi, S. 305.

235 BVerfGE 89, 155; *H. Hofmann*, in: Schmidt-Bleibtreu/Hofmann/Hopfauf, GG Komm., Art. 20, Rdn. 52.

236 BVerfGE 89, 155 (188 f.); *K. A. Schachtschneider*, Verfassungsbeschwerde gegen das Zustimmungsgesetz vom 7.2.1992 zum Vertrag über die Europäische Union vom 18.12.1993, in: I. Winkelmann (Hrsg.): Das Maastricht-Urteil des Bundesverfassungsgerichts vom 12.10.1993, 1994, S. 115 ff., 129 ff., 142 ff.; *ders.*, Die existentielle Staatlichkeit der Völker Europas, S. 163 ff., *ders.*, Prinzipien des Rechtsstaates, S. 74 ff.

237 *K. A. Schachtschneider*, Die Aushöhlung der Demokratie durch Europäische Union und Währungsunion, S. 113.

238 *R. Streinz*, Europarecht, 7. Aufl. 2005, S. 183, Rdn. 498.

sich in Art. 5 EUV. Bedenklich ist, dass dieses dem Bundesverfassungsgericht so wichtige Prinzip nur im deutschen Text (Art. 5 Abs. 1 EUV, Art. 7 AEUV) zu finden ist und durch Art. 5 Abs. 2 EUV aufgeweicht wird, der die Union ermächtigt, zur Verwirklichung der primärvertraglichen Ziele tätig zu werden, wenn die Mitgliedstaaten entsprechende Rechte übertragen haben.[239]

b) *Kompetenz-Kompetenz und Demokratieprinzip*

Eine Kompetenz-Kompetenz birgt durch ihre ständige inhaltliche Erweiterung die Gefahr der schleichenden Ausweitung der Zuständigkeiten der Europäischen Union[240] zu Lasten der zunehmend nur noch pro forma mit umfassender Organkompetenz ausgestatteten mitgliedstaatlichen Parlamente. Von diesem Prozess profitiert das Europäische Parlament auf Grund der exekutivistischen Rechtssetzung innerhalb der Europäischen Union aber nicht automatisch – davon im Folgenden mehr.

Nicht nur im ständigen Zuwachs von Befugnissen, wie bei den Entwicklungsschritten des Primärvertragsrechts oben dargestellt, liegt die Gefahr, dass das demokratische Prinzip des Grundgesetzes durch den Anwendungsvorrang des Unionsrechts auch in wesentlichen und grundrechtsrelevanten Bereichen leerläuft. Die vom Bundesverfassungsgericht im Maastricht-Urteil angesprochene Kompetenz-Kompetenz der Europäischen Union deutet sich in deren Ermächtigung zur Vertragslückenschließung (Art. 352 AEUV) an. Nicht nur mehr wie früher lediglich in Fragen des Gemeinsamen Marktes, sondern in allen durch die Verträge festgelegten Politikbereichen kann die Union nach Zustimmung des Europäischen Parlaments „die hierfür erforderlichen Befugnisse“ schaffen. Entgegen dem Prinzip der begrenzten Ermächtigung liegt hierin, insbesondere weil nicht mehr auf das Zuständigkeitsfeld Gemeinsamer Markt begrenzt, eine „Generalermächtigung zur Rechtsetzung“[241], eine „demokratiewidrig entgrenzte Ermächtigung“.[242] Die Ermächtigung durch Art. 352 Abs. 1 EUV, neue Befugnisse zu begründen, wenn diese erforderlich erscheinen, „um eines der (grenzenlosen) Ziele der Union zu verwirklichen (sog. Flexibilisierungsklausel)“, ohne auf die unterschiedlichen Verfahren der Ermächtigung einzugehen, zeigt, dass

239 *K. A. Schachtschneider*, daselbst, S. 113.

240 *H. Hofmann*, in: Schmidt-Bleibtreu/Hofmann/Hopfauf, GG Komm., Art. 20, Rdn. 52.

241 *S. Schreiber*, in: Schwarze (Hrsg.), EU-Kommentar, 1. Aufl. 2000, Art. 308 EGV, Rdn. 3.

242 *K. A. Schachtschneider*, Die Aushöhlung der Demokratie durch Europäische Union und Währungsunion, S. 112.

eine weitgehende Entmachtung der nationalen Parlamente beabsichtigt ist.[243] Der „Grundsatz der begrenzten Einzelermächtigung“ ist demokratierechtlich zwingend, wie das Bundesverfassungsgericht sowohl im Maastricht- als auch im Lissabon-Urteil festhält.[244] Der Lockerung des Prinzips der begrenzten Einzelermächtigung setzt das Bundesverfassungsgericht das Erfordernis einer verfassungsrechtlich gebotenen Ratifikation entgegen, womit der Deutsche Bundestag und der Bundesrat auf Grundlage des Art. 23 Abs. 1 S. 2 und S. 3 GG zustimmen müssen.[245]

Dennoch sieht das Bundesverfassungsgericht in dieser Vorschrift des Unionsrechts lediglich eine Kompetenzerweiterungsvorschrift[246], andere sprechen von Kompetenzergänzung[247], und wieder andere formulieren plastisch Vertragsergänzungsklausel.[248] Inwieweit ein Weg „autonomer Intensivierung oder Vervollständigung der Vertragszielverwirklichung“[249] zwar eine kompetenzbegründende Vorschrift, nicht jedoch eine Kompetenz zur Lückenfüllung darstellen soll, ist strittig. Der Grenzbereich, in dem auch das Bundesverfassungsgericht diese Vorschrift sieht, wurde durch die Ausweitung der Kompetenzerweiterungsvorschrift auf alle Kompetenzbereiche der Union im Vertrag von Lissabon (Art. 352 Abs. 1 AEUV) verlassen und die „fragile demokratische Legitimation der EU“[250] weiter beschädigt. Hinzu kommt, dass die noch im Verfassungsvertragsentwurf vorgesehene Verwerfungskompetenz der nationalen Parlamente (Art. IV-444 EVV) von einer bloßen Information der nationalen Parlamente ohne Verhinderungsmöglichkeit (Art. 352 Abs. 2 AEUV) abgelöst wurde.

c) Implied powers und effet utile

Verschärft wird diese explizite Möglichkeit zur Ausweitung der Ermächtigungen der Union durch die „implied powers“-Lehre des EuGH. Ihr zufolge stehen dem europäischen Gesetzgeber neben den kodifizierten Befugnissen auch

243 *K. A. Schachtschneider*, daselbst, S. 116.

244 BVerfGE 89, 155 (181 ff., 191 ff.), BVerfGE 123, 267 (351); *K. A. Schachtschneider*, daselbst, S. 113.

245 BVerfGE 123, 267 (395).

246 BVerfGE 89, S. 155 (196).

247 *W. Geiger*, Komm. z. EGV, 3. Aufl. 2000, Art. 235 EGV, Rdn. 19.

248 *Ch. Tomuschat*, Die Rechtsetzungsbefugnisse der EWG in Generalermächtigungen, insbesondere in Art. 235 EWGV, in: Europarecht, Sonderheft 1976, S. 45 (46).

249 *H.-J. Ipsen*, Europäisches Gemeinschaftsrecht, S. 103.

250 *H. Hofmann*, in: Schmidt-Bleibtreu/Hofmann/Hopfauf, GG Komm., 11. Aufl. 2008, Art. 20 GG, Rdn. 52.

„ungeschriebene“ oder „stillschweigende“ Befugnisse zu, und zwar im Zusammenhang mit der Erfüllung der in den Verträgen gestellten Aufgaben.[251] Diese „Selbstermächtigung … ultra vires“[252] „stößt im Hinblick auf das Verbot von Blankettermächtigungen oder zur Übertragung von Kompetenz-Kompetenz auf verfassungsrechtliche Bedenken“.[253] Im Sinne der eigenen Machterweiterung hat der Europäische Gerichtshof die Auslegungsregel des „effet utile“ geschaffen. Darunter wird die maximale Nutzung der Ermächtigungen verstanden. Die „nützliche Wirksamkeit“ soll dazu dienen, die allfällig denkbaren Gemeinschaftsbefugnisse wirklich voll auszuschöpfen.[254] In der Rechtssache Ratti rechtfertigte der EuGH mit dieser „instrumentalen Auslegungsmaxime“[255] entgegen dem Wortlaut der Verträge die unmittelbare Geltung einer Richtlinie auf nationaler Ebene und setzt obrigkeitlich „mit aller Härte die Integrationspolitik“ durch[256]. Wenn bereits 1966 diese extensive Rechtsprechung des Europäischen Gerichtshofs als „gouvernement des juges“[257] bezeichnet worden ist, müssen beim heutigen Umfang der beanspruchten Befugnisse der Union sehr viel deutlichere Worte gefunden werden. Oppermann verharmlost, wenn er meint, dass mit Art. 352 AEUV, der „implied powers“-Lehre sowie der Interpretationsmethode des „effet utile“ der Union damit „hinreichende Rechtsinstrumente … zur Verfügung stehen, die dem Regelprinzip der begrenzten Einzelzuständigkeit der Gemeinschaft bei der Setzung sekundären Gemeinschaftsrechts diejenige Geschmeidigkeit“ verleihe, welche zur angemessenen Aufgabenerfüllung nötig sei.[258]

Schachtschneider hat in der von ihm erstrittenen Maastricht-Entscheidung des Bundesverfassungsgerichts letzterem die Feststellung entlockt, dass eine auf „implied powers“ und „effet utile“ gestützte Vertragsausweitung keine Gültigkeit für Deutschland entfalte.[259] Freilich zeigt die vom Europäischen Gerichtshof seit dem Urteil in Sachen AETR (Accord Européen sur les Transports Routiers)

251 *Th. Oppermann*, Europarecht, 2. Aufl. 1999, S. 202 ff.

252 *K. A. Schachtschneider*, Verfassungsrecht der Europäischen Union, Teil 2, S. 467.

253 BVerfGE 123, 267 (395); i.d.S. auch *K. A. Schachtschneider*, Verfassungsrecht der Europäischen Union, Teil 2, S. 467.

254 EuGHE 1960, 708 – RS 20/59; *Th. Oppermann*, Europarecht, 2. Aufl. 1999, S. 202 ff., Rdn. 527 ff.; *K. A. Schachtschneider*, Verfassungsrecht der Europäischen Union, Teil 2, S. 126, 473 f.

255 *Th. Oppermann*, Europarecht, 2. Aufl. 1999, S. 203, Rdn. 529.

256 *K. A. Schachtschneider*, Die Aushöhlung der Demokratie durch Europäische Union und Währungsunion, S. 122.

257 *J.-P. Colin*, Le gouvernement des juges dans les Communautés Européennes, Paris, 1966.

258 *Th. Oppermann*, Europarecht, 2. Aufl. 1999, S. 203, Rdn. 530.

259 *K. A. Schachtschneider*, Verfassungsrecht der Europäischen Union, Teil 2, S. 473 f.

vertretene AETR-Doktrin, also die Befugnis der Europäischen Union zum Abschluss völkerrechtlicher Verträge auch ohne ausdrückliche gesetzliche Grundlage in den europäischen Verträgen, dass er in dubio pro communitate sogar eine ausschließliche Befugnis der Gemeinschaft zur Handelspolitik, freilich ultra vires, annimmt.[260] Der Grundsatz des effet utile darf aber allenfalls die Wirksamkeit des Gemeinschaftsrechts sichern, nicht jedoch zu Machtverschiebungen führen."[261] Diesem Grundsatz zuwider steht allerdings die Veränderung der Vertragstexte, die sich vom Prinzip der begrenzten Ermächtigung durch Neuformulierung des Art. 5 Abs. 2 EUV verabschieden. Nicht eine abschließende Aufzählung der einzelnen Zuständigkeiten der Union definiert ihr Tätigkeitsfeld, sondern postuliert wird global, die Union werde „innerhalb der Grenzen der Zuständigkeiten tätig, die die Mitgliedstaaten ihr in den Verträgen zur Verwirklichung der darin niedergelegten Ziele übertragen haben" (Art. 5 Abs. 2 EUV). Bereits in den Gemeinschaftsverträgen, erst recht im Vertrag von Lissabon, sind die Ermächtigungen, die Übertragungen von Hoheitsrechten durch die nationalen Gesetzgeber also, „weit und offen".[262] „Von demokratierechtlicher Bestimmtheit und damit von einer von den nationalen Parlamenten verantwortbaren Unionspolitik (bleibt) nichts übrig. ... Der Lissabon-Vertrag ist unverbesserlich demokratiewidrig."[263]

4. Parlament und Bürger

Einem Entwurf der Präambel[264] des Verfassungsentwurfs war ein Zitat von Thukydides, II, 37 (griech. Geschichtsschreiber, * Athen um 460 v.Chr., gab unvollendet gebliebene Beschreibung des Peloponnesischen Krieges) vorausgestellt. Das Zitat lautet:

„Die Verfassung, die wir haben ... heißt Demokratie, weil der Staat nicht auf wenige Bürger, sondern auf die Mehrheit ausgerichtet ist."[265]

Dieses Motto ist für die Beurteilung der Stellung des Europäischen Parlaments grundlegend, formuliert es doch eine Ausrichtung des Staats auf die Bürger in der

---

260 *K. A. Schachtschneider,* Verfassungsrecht der Europäischen Union, Teil 2, S. 467.

261 *K. A. Schachtschneider*, daselbst, S. 126.

262 *K. A. Schachtschneider*, Die Aushöhlung der Demokratie durch Europäische Union und Währungsunion, S. 114 f.; *ders.*, Verfasungsbeschwerde Lissabon Vertrag, 3. Teil, B, C, D, H.

263 *K. A. Schachtschneider*, Die Aushöhlung der Demokratie durch Europäische Union und Währungsunion, S. 115.

264 Entwurf CONV 850/03 vom 18.7.2003.

265 *Thukydides,* Geschichte des Peloponnesischen Krieges, hrsg. und übersetzt von G. P. Landmann, 2002, V, 89.

Form, dass die Staatsorgane Herrschaft ausüben, also nicht, wie republikanisch gefordert, das Volk als Gesamtheit der Bürger selbst durch den Staat Gewalt ausübt. „Die Vertreter des Volkes in den Organen, den Parlamenten, Ämtern oder Gerichten bilden den verbindlichen Willen des Volkes in seinem Namen in Gesetzen, Verwaltungsakten und Richtersprüchen. Sie und das vertretene Volk bilden dabei eine Willens-, Erkenntnis- und Entscheidungseinheit.“[266] Diesem freiheitlichen Einheitsgedanken, der das herrschaftliche Mehrheitsprinzip in Form der Überstimmung der Minderheit zu einer Mehrheitsregel macht, die allerdings zugleich auch die Beachtung der Minderheitenrechte vorschreibt, um überhaupt erst eine Entscheidung aller zu erhalten, läuft die im Zitat deutlich werdende herrschaftliche Haltung zuwider. Außerdem: „Grundvoraussetzung der Geltung des Mehrheitsprinzips [ist] … die Gleichheit der Abstimmungsberechtigten bei der Ermittlung der Mehrheit unter Beachtung eines geordneten Verfahrens auf Grund freier und offener Meinungs- und Willensbildung.“[267]

Weiterhin wird im europäischen Primärvertragsrecht das Mehrheitsprinzip als Mehrheitsherrschaft verstanden, was republikwidrig ist.[268] Eine „Verfassung“, die gouvernemental von oben nach unten geschaffen wird, hat Merkmale eines Oktrois, denn der existentielle Staat ist die als Staat verfaßte Bürgerschaft in ihrer Gesamtheit, das Volk, welches die nicht übertragbare Hoheit hat, „das Volk [also], von dem nach Art. 20 Abs. 2 S. 1 GG alle Staatsgewalt ausgeht“, der Staat im weiteren Sinne.[269]

Dem Einwand, der Verfassungsentwurf sei auch nicht für ein europäisches Volk gedacht, weshalb die strengen Maßstäbe des deutschen Staatsrechts nicht anzuwenden seien, muss entgegnet werden, dass ein Rechtstext, der sich bewusst mit allen Insignien einer veritablen staatlichen Verfassung schmückt, auch daran zu messen ist – unabhängig davon, ob nicht wegen ihrer Zuständigkeitsfülle die Europäische Union ohnehin existenzielle Staatlichkeit erreicht hat.

Im Rahmen der historischen Auslegung der Primärverträge sind die Motive von Interesse, die zur zeitweisen Aufnahme dieses Thukydides-Zitats in das Vertragswerk geführt haben. Warum wurde von den Verfassungsgebern aus

266 *K. A. Schachtschneider*, Res publica res populi, S. 720, i.d.S. auch *ders.*, Freiheit in der Republik, S. 209 f.

267 *K. Stern*, Staatsrecht I, S. 459.

268 *K. A. Schachtschneider*, Res publica res populi, S. 109.

269 *K. A. Schachtschneider*, Prinzipien des Rechtsstaates, S. 58 ff; i.d.S. auch *ders.*, Res publica res populi, S. 14 ff., 519 ff., 637 ff.; *ders.*, Die existentielle Staatlichkeit der Völker Europas, S. 76 ff., 93, 103, 115 f.; *ders.*, Die Republik der Völker Europas, S. 162; *ders.*, Verfassungsbeschwerde vom 25.5.2008, S. 40.

dem reichen Schatz von europäischen Philosophen, Geschichtsschreibern und Staatslehrern gerade dieser Autor einer unvollendet gebliebenen Beschreibung des Peloponnesischen Krieges ausgewählt? Das einer frühen Version des Europäischen Verfassungsentwurfs vorausgestellte Thukydides-Zitat ist einem Text entnommen, in dem weiterhin der „Melier-Dialog“ enthalten ist. Dort heißt es: „Die Athener [sagen, dass] ... ihr so gut wisst wie wir, dass im menschlichen Verhältnis Recht gilt bei Gleichheit der Kräfte, doch das Mögliche der Überlegene durchsetzt, der Schwache hinnimmt.“[270] Nun weist eine solche Beschreibung in zweierlei Richtung. Einerseits kann ein verurteilenswerter Umstand beschrieben werden, um ihn anzuprangern. Andererseits liegt in dieser an sich wertungsfreien Beschreibung eines Historikers auch eine Blaupause für eine Staatsarchitektur, die auch heute ihre Vertreter hat. Diejenigen, die die Beschreibung von Thukydides als Vorbild von Staatlichkeit nehmen, setzen eine Vorstellung einer natürlichen Hierarchie unter den Menschen um, nach der es Herrscher und Beherrschte gibt. In der Natur dieser Position liegt es, dass nur eine – meist selbst ernannte – Elite aufgrund ihrer höheren Einsicht die politisch notwendigen Entscheidungen treffen kann. Wegen des prinzipiellen Charakters von Präambeln für den gesamten Vertragstext ist dieses vor Art. I-1 EVV platzierte Zitat von grundlegendem Interesse, weil es als Leitgedanke die Europäische Verfassung charakterisiert. Sie bejaht Herrschaft in allen ihren Vorschriften, die bis zum weit hinten im Text stehenden Art. IV-448 EVV nahezu alle Lebensbereiche regeln. Interessanterweise steht dieses zum Verständnis des Geistes der Verfassung so wichtige Zitat nicht mehr in der Präambel der Fassung des Verfassungsvertrages vom 29.10.2004.[271]

Später fand sich jedoch folgender Absatz:

(Die Staats- und Regierungschefs sind) „IN WÜRDIGUNG der Leistung der Mitglieder des Europäischen Konvents, die den Entwurf dieser Verfassung *im Namen der Bürgerinnen und Bürger* (Hervorhebung des Verfassers) und der Staaten Europas erarbeitet haben ... nach Austausch ihrer in guter und gehöriger Form befundenen Vollmachten wie folgt ÜBEREINGEKOMMEN...“[272]

Statt des Thukydides-Mottos steht in der Präambel bereits die Umsetzung seiner herrschaftsbejahenden Aussagen: Einem nicht in den europäischen Primärverträgen vorgesehenen Gremium, dem „Europäischen Konvent“, wird für seine verfassungsgebende Tätigkeit Dank ausgesprochen, weil er die Verfassung

270 *Thukydides,* Geschichte des Peloponnesischen Krieges (Hrsg. G. P. Landmann), V, 89

271 Drucksache CIG 87/2/04 vom 28.10.2004.

272 *W. Heintschel v. Heinegg,* in: Vedder/Heintschel von Heinegg, EVV, Kommentar, Präambel, S. 41.

„im Namen der Bürgerinnen und Bürger" ausgearbeitet habe. Dies steht im Widerspruch zum aus Art. 20 GG hervorgehenden Gedanken, dass allein das Volk die Hoheit über das Verfassungsgesetz hat und nicht vertreten werden kann. Daher hat weder die Legislative noch gar die Exekutive das Recht, eine neue Verfassung vorzuschlagen oder an ihr mitzuarbeiten. Nur das Volk hat das Recht, eine Verfassungsversammlung einzuberufen, die ein neues Verfassungsgesetz ausarbeitet, welches vom Volk dann in einem Verfassungsreferendum angenommen wird.[273]

Ein demokratischer Legitimierungsprozess der Mitglieder des Europäischen Konvents hat nie stattgefunden, vielmehr war dieser ein gouvernemental-parlamentarisches[274] Konglomerat aus Vertretern der Europäischen Kommission, der einzelstaatlichen Parlamente, Vertretern des Europäischen Parlaments, Vertretern mitgliedstaatlicher Regierungen und Vertretern der beitrittswilligen Länder. Im Einzelnen waren dies Präsident Valéry Giscard d'Estaing, die Vize-Präsidenten Jean-Luc Dehaene und Guiliano Amato, 16 Europaabgeordnete, 30 nationale Abgeordnete, 15 Vertreterinnen und Vertreter der Staats- und Regierungschefs der Mitgliedstaaten, 2 Mitglieder der Europäischen Kommission und, als Beobachter, 39 Vertreter der 13 Beitrittsländer.

Die Formulierungen in der Präambel sind nicht etwa nur feierliche, letztlich aber allgemeine und unverbindliche Programmsätze oder politische Absichtsbekundungen, sondern vielmehr integraler Bestandteil des Vertrags.[275] Vor dem Hintergrund dieses expliziten – zumal Eigenlob darstellenden – Danks an einen Konvent, der im Namen der Bürgerinnen und Bürger, dokumentiert im europäischen Primärrecht, tätig gewesen sein will, muss festgestellt werden, dass die Bürger bestenfalls vermittelt über die mitgliedstaatliche Regierung einen Auftrag zum Entwurf einer Verfassung für Europa gegeben haben. „Die Politik muss Sache der verbundenen Völker … sein … Wenn die verbundenen Staaten in solchen Bundesstaaten zugunsten des Bundes entmachtet werden, sind sie entdemokratisiert und die Völker büßen ihre politische Freiheit ein."[276]

---

273 *K. A. Schachtschneider*, Prinzipien des Rechtsstaates, S. 89 f.; *ders.*, Das Recht und die Pflicht zum Ausstieg aus der Währungsunion, in: W. Hankel u.a., Die Euro-Illusion, S. 340 ff., dazu auch: *J. Isensee*, Schlussbestimmungen des Grundgesetzes, Art. 146, HStR, Bd. VII, 1992, § 166, Rdn. 19 ff., 62 ff.

274 *Th. Oppermann*, Euoparecht, 3. Aufl. 2005, S. 17, Rdn. 43.

275 *W. Heintschel v. Heinegg*, in: Vedder/Heintschel von Heinegg, EVV, Kommentar, Präambel, S. 41.

276 *K. A. Schachtschneider*, Verfassungsbeschwerde vom 25.5.2008, S. 42.

Die Tragweite dieses Bürgerverständnisses der seinerzeit geplanten Europäischen Verfassung für die Beurteilung des Europäischen Parlaments ist groß, weil im Parlament die „Bürgerinnen und Bürger … vertreten“ sind (Art. 14 Abs. 1 UA 2 S. 3 EUV). Die Verfassung spricht nicht mehr die Sprache des Völkerrechts, sondern die des Staatsrechts. Damit beansprucht die Verfassung – und sei es nun im Gewand der Primärverträge EUV und AEUV – unmittelbare Wirkung auch in Deutschland und für den Deutschen Staatsbürger (so schon Art. I-6 EVV). Die Mitgliedstaaten haben die Verpflichtung, das Unionsrecht anzuwenden.[277] Gemeinschaftsrecht beansprucht Anwendungsvorrang und führt so dazu, dass gemeinschaftsrechtswidriges nationales Recht „ohne weiteres unanwendbar“ ist.[278] Die Tatsache, dass das Bundesverfassungsgericht im Maastricht-Urteil diesem Anspruch fünf wesentliche Grenzen setzt (unabdingbarer Grundrechtsstandard, Strukturprinzipien der deutschen Verfassung, Prinzip der begrenzten und bestimmbaren Ermächtigung, Subsidiaritätsprinzip, elementare Interessen Deutschlands) zeigt[279], dass die Europäische Union eine stetige Bedrohung für die Integrität des deutschen Grundgesetzes darstellt. Nach Interpretation des Europäischen Gerichtshofs darf ein einzelstaatliches Gericht nämlich gemeinschaftsrechtswidrige Gesetze des Bundes oder eines Landes wegen des Vorranges des Gemeinschaftsrechts nicht anwenden[280], obwohl damit – am Beispiel Deutschlands – gegen das Prinzip des Art. 100 Abs. 1 GG verstoßen wird, demzufolge die Verwerfung von formellen und nachkonstitutionellen Gesetzen dem Bundesverfassungsgericht und den Landesverfassungsgerichten vorbehalten ist. „Nur den gerichtlichen Verfassungsorganen ist in der verfassungsstaatlichen Funktionenordnung die Befugnis zugestanden, die Rechtserkenntnisse der legislativen Verfassungsorgane … zu verwerfen.“[281]

II. Beteiligung des Europäischen Parlaments an der Unionsgesetzgebung

1. Arbeitsweise der Europäischen Union

Die Rolle des Europäischen Parlaments beim Handeln der Europäischen Union wird in einer Unzahl von Vorschriften – verteilt über das gesamte Primärrecht

277 *K. A. Schachtschneider*, daselbst, S. 43.
278 *Th. Oppermann*, Euoparecht, 3. Aufl. 2005, S. 186, Rdn. 12.
279 *K. A. Schachtschneider*, Prinzipien des Rechtsstaates, S. 82 ff.
280 EuGH v. 9.3.1978, Rs. 106/77, Slg. 1978, 629 (630); *K. A. Schachtschneider*, Prinzipien des Rechtsstaates, S. 255.
281 *K. A. Schachtschneider*, Prinzipien des Rechtsstaates, S. 255.

der Union – geregelt. Die vorliegende Arbeit erläutert zunächst die Grundzüge des Gesetzgebungsverfahrens der Europäischen Union, um dann die Rolle des Europäischen Parlaments bei diesem Verfahren aufzuzeigen.

Bevor das Europäische Parlament seine Tätigkeit aufnehmen kann, müssen die Parlamentarier, die gemeinsam dieses Organ bilden, durch Wahl bestimmt werden. Nach wie vor gilt für das Wahlverfahren zum Europäischen Parlament im Unionsgebiet kein einheitliches Verfahren, obwohl die Ausgestaltung des Wahlrechts von grundlegender Bedeutung für die demokratische Legitimation des Europäischen Parlaments und für die Legitimationsvermittlung der gesamten Europäischen Union ist.[282] Lediglich die Rahmenvorgaben für die Wahl zum Europäischen Parlament legt der Akt zur Einführung unmittelbarer Wahlen der Abgeordneten der Versammlung (Direktwahlakt – DWA) fest.[283] Mit dem Vertrag von Amsterdam wurde Art. 190 Abs. 4 EGV eingefügt, der das Europäische Parlament nach einstimmigem Ratsbeschluss ermächtigte, die Regelungen für allgemeine unmittelbare Wahlen nach einheitlichem Verfahren zu formulieren. Aus politischen Gründen wurde von diesem Verfahren bislang kein Gebrauch gemacht, was als Verstoß gegen die Rechtsetzungsverpflichtung angesehen wird.[284] Art. 223 AEUV übernimmt inhaltlich den Auftrag des Art. 190 Abs. 4, 5 EGV und versäumt es damit – wie schon einmal vermerkt – in die Primärverträge den Grundsatz der Gleichheit der Wahl einzuführen.[285]

Die Wahl zum Europäischen Parlament wird dem Reformvertrag zufolge im Wege eines besonderen Gesetzgebungsverfahrens in ihrer allgemeinen und unmittelbaren, jedoch nicht gleichen Form normiert (Art. 223 Abs. 1 UA 2 AEUV). Ausnahmsweise beschließt der Rat hier nicht nur nach Anhörung, sondern gar nach Zustimmung des Europäischen Parlaments.[286] In einer Geschäftsordnung werden die Rechte und Pflichten der Mitglieder des Europäischen Parlaments geregelt (Art. 223 Abs. 2 AEUV), die das Europäische Parlament ausnahmsweise aus eigener Initiative in einer Verordnung beschließen kann, jedenfalls soweit

282 *W. Kluth*, in: Calliess/Ruffert (Hrsg.), EUV/AEUV, 4. Aufl. 2011, Art. 223 AEUV, Rdn. 1 f.; *M. Huber*, in: R. Streinz, EUV/AEUV, Art. 223 AEUV, Rdn. 2 ff.

283 ABl. 1976 Nr. L278/1 = BGBl. II 1977, S. 733.

284 *W. Kluth*, in: Calliess/Ruffert (Hrsg.), EUV/EGV, 3. Aufl. 2007, Art. 190 EGV, Rdn. 5; siehe auch *Ch. Lenz*, Ein einheitliches Verfahren für die Wahl des Europäischen Parlaments,1995, S. 108 ff.

285 *V. Epping*, in: Vedder/Heintschel von Heinegg, Europäisches Unionsrecht, Art. 223 AEUV, Rdn. 1 f.

286 Daselbst, Art. 223 AEUV, Rdn. 1 f.

der Rat einstimmig zustimmt und auch die Mitgliedstaaten allesamt den Vorschlag nach deren jeweiligen verfassungsmäßigen Regeln ratifiziert haben.

a) *Überblick über das System*

Das mit einem – wegen Unverbindlichkeit – den Namen nicht verdienenden „indirekten Initiativrecht" (Art. 225 AEUV) ausgestattete Europäische Parlament („kann ... Kommission auffordern") benötigt auch für die Regelung der Einzelheiten der Ausübung des Untersuchungsrechts die Zustimmung des Rates und der Kommission (Art. 226 UA 3 AEUV).[287] Bei der so beschränkten Kontrollbefugnis des Europäischen Parlaments ist die Schärfe des Schwerts „Petition zum Europäischen Parlament", zu der jede im Unionsgebiet sitzende natürliche und juristische Person ein Recht hat, nicht zu hoch zu bewerten (Art. 227 AEUV), weil auch das Petitionsrecht Teil der Kontrollbefugnis des Europäischen Parlaments ist.[288] Dieses Recht gewährt schon der EGV in bisheriger Version (Art. 194 EGV), dessen Inhalt der Reformvertrag unverändert fortführt. „Das Gesetzesvorschlagsmonopol hat abgesehen von einigen Ausnahmen die Kommission (Art. 17 Abs. 2 EUV, Art. 289 Abs. 4, Art. 293 AEUV)."[289]

Zur Förderung der Transparenz und Bürgernähe haben es die Herren der Verträge für nötig erachtet, zusätzlich das Amt eines „Europäischen Bürgerbeauftragten" zu schaffen. Dieser kann die zuständigen Organe der Europäischen Union um Stellungnahme bitten und berichtet dem Europäischen Parlament sowie dem Beschwerdeführer. Über seine Arbeit legt er dem Europäischen Parlament zusätzlich einen Jahresbericht vor. Das Europäische Parlament ist für die Wahl dieses Bürgerbeauftragten zuständig (Art. 228 Abs. 1 AEUV), und es übt damit die ihm bereits in Art. 195 Abs. 1 EGV zustehende Befugnis aus.[290] Auch für die gesetzliche Ausgestaltung seiner Aufgaben ist das Parlament neben dem Rat und der Kommission zuständig, wenngleich hier das Parlament ausnahmsweise aus eigener Initiative mit dem Rat zusammen entscheidet.

---

287 *V. Epping*, in: Vedder/Heintschel von Heinegg, Europäisches Unionsrecht, Art. 225 AEUV, Rdn. 1 f.; *W. Kluth*, in: Calliess/Ruffert (Hrsg.), EUV/AEUV, 4. Aufl. 2011, Art. 225 AEUV, Rdn. 2 ff.

288 *V. Epping*, in: Vedder/Heintschel von Heinegg, Europäisches Unionsrecht, Art. 227 AEUV, Rdn. 2.

289 *K. A. Schachtschneider*, Die Aushöhlung der Demokratie durch Europäische Union und Währungsunion, S. 103.

290 *V. Epping*, in: Vedder/Heintschel von Heinegg, Europäisches Unionsrecht, Art. 228 AEUV, Rdn. 1; *M. Huber*, in: R. Streinz, EUV/AEUV, Art. 228 AEUV, Rdn. 1.

Als Mindestaktivität verordnet der Vertrag über die Arbeitsweise der Europäischen Union dem Europäischen Parlament unverändert eine Sitzungsperiode jährlich, die auch ohne Einberufung am zweiten Dienstag des Monats März beginnt. Außerordentliche Sitzungen können auch vom Rat und von der Kommission veranlasst werden (Art. 229 AEUV). Diese historisch gewachsene Regelung spiegelt die strukturelle Schwäche des Europäischen Parlaments im Gefüge der Organe der Union wider und wurde trotz einer in der Parlamentspraxis inzwischen das ganze Jahr umfassenden Sitzungsperiode nicht angepasst.[291]

Die entgegen dem Grundsatz des institutionellen Gleichgewichts und der Pflicht zur loyalen Zusammenarbeit[292] nach wie vor asymmetrische Machtverteilung zwischen dem Europäischen Parlament einerseits und den Organen Kommission und Rat andererseits spiegelt sich in Art. 230 AEUV wider. Die Kommission wird vom Europäischen Parlament jederzeit gehört (Anwesenheits- und Rederecht), wohingegen die Kommission auch lediglich schriftlich auf Fragen des Europäischen Parlaments reagieren kann (Interpellationsrecht). Auch Rat und Europäischer Rat werden nach deren Geschäftsordnung vom Europäischen Parlament gehört (UA 3). Trotz der gemeinsamen Zuständigkeit von Parlament und Rat im ordentlichen Gesetzgebungsverfahren (Art. 16 EUV, Art. 237 ff. AEUV) „ist die wesentliche Rechtsetzung in der Europäischen Union Sache der Exekutive geworden, zu der der Rat fraglos gehört."[293] „Das EP hat gegenüber Rat und Europäischem Rat grundsätzlich keine politischen Kontrollrechte."[294]

Der parlamentarischen Üblichkeit entspricht es, dass das Europäische Parlament grundsätzlich mit der Mehrheit der abgegebenen Stimmen entscheidet sowie seine Beschlussfähigkeit in einer Geschäftsordnung regelt (Art. 231 AEUV). Der im EGV noch vorhandene Zusatz „absolut" ändert an diesem Grundsatz nichts[295] und wurde konsequenterweise mit den Überarbeitungen des Vertragstextes im Reformvertrag gestrichen.

---

291 *V. Epping*, in: Vedder/Heintschel von Heinegg, Europäisches Unionsrecht, Art. 229 AEUV, Rdn. 2.

292 *W. Kluth*, in: Calliess/Ruffert (Hrsg.), EUV/AEUV, 4. Aufl. 2011, Art. 230 AEUV, Rdn. 12; *V. Epping*, daselbst, Art. 230 AEUV, Rdn. 1.

293 *K. A. Schachtschneider*, Die Aushöhlung der Demokratie durch Europäische Union und Währungsunion, S. 111.

294 *M. Huber*, in: R. Streinz, EUV/AEUV, Art. 230 AEUV, Rdn. 8.

295 *V. Epping*, daselbst, Art. 231 AEUV, Rdn. 1; *M. Huber*, in: R. Streinz, EUV/AEUV, Art. 231 AEUV, Rdn. 1.

Den relativ weitestreichenden Einfluss[296] auf andere Organe der Union hat das Europäische Parlament im Verhältnis zur Kommission, deren Gesamtrücktritt es letztlich erreichen kann. Als Basis für ein solches Misstrauensvotum kann beispielsweise der Gesamtbericht dienen, den die Kommission dem Parlament jährlich vorlegt (Art. 233 AEUV). Die Verträge haben allerdings hohe Hürden aufgebaut, die vor einem Sturz der Kommission stehen. So kann nur die Kommission aus inzwischen 28 Mitgliedern (ein Kommissar je Mitgliedstaat) als Ganze zum Rücktritt aufgefordert werden, was die einzelnen Kommissionsmitglieder schützt, weil das Handeln einzelner Kommissionsmitglieder hinter dem des Kollegialorgans zurücksteht. Die Abstimmung muss öffentlich und namentlich erfolgen[297], was wegen partei- und machtpolitischer Verflechtungen der Mitglieder des Europäischen Parlaments ein im Gegensatz zum geheimen Abstimmverhalten abweichendes Verhaltensmuster hervorrufen kann. Eine doppelte Mehrheit ist zudem erforderlich – zwei Drittel der abgegebenen Stimmen und die Mehrheit der Mitglieder des Europäischen Parlaments (Art. 234 UA 2 AEUV). Bei solchen Rahmenbedingungen gilt: „Die demokratische Kontrolle der Kommission ist unzureichend."[298]

b) Weitere an der Gesetzgebung beteiligte Organe

a.a Der Europäische Rat

Der Europäische Rat ist das primäre gemeinschaftspolitische Steuerungsorgan der Europäischen Union. Seit seiner Gründung 1974 bildet er so etwas wie die „Regierung" der Union. Er verfügt über die abschließende Entscheidungsgewalt im Sinne der Gesetzessanktionen beim Erlass von Verordnungen, Richtlinien und Entscheidungen sowie beim Budgetrecht.[299]

In ihm treffen die Regierungschefs der Mitgliedstaaten als dessen Mitglieder die maßgeblichen Grundsatzentscheidungen. Der Präsident des Europäischen Parlaments kann vom Europäischen Rat gehört werden (Art. 235 Abs. 2 AEUV). Obwohl dieser Rat der Staats- und Regierungschefs seit 1975 mehrfach jährlich (derzeit viermal) zusammen mit dem Präsidenten der Kommission tagt und das Führungs- und Inspirationsorgan der Union darstellt, sich das institutionelle

---

296 *V. Epping*, daselbst, Art. 234 AEUV, Rdn. 1.

297 *V. Epping*, daselbst, Art. 234 AEUV, Rdn. 6; *M. Huber*, in: R. Steinz, Art. 234 AEUV, Rdn. 8.

298 *K. A. Schachtschneider*, Die Aushöhlung der Demokratie durch Europäische Union und Währungsunion, S. 109.

299 *Th. Oppermann*, Europarecht, 3. Aufl. 2005, § 5 Rdn. 66 ff., S. 97 f.

Gefüge der Union mithin als „Ratsherrschaft“[300] präsentiert, war der Europäische Rat (ER) bislang im Primärvertragsrecht nur rudimentär geregelt.[301] Art. 235, 236 AEUV ändern dies und grenzen den Europäischen Rat vom Rat (Art. 237 AEUV) ab, der nicht aus den Regierungschefs, sondern aus je einem Vertreter jedes Mitgliedstaats auf Ministerebene besteht (Art. 16 Abs. 2 AEUV). Nunmehr ist klargestellt, dass der Europäische Rat (Art. 235 Abs. 3 AEUV) – wie auch der Rat – mit einfacher Mehrheit über Fragen seiner Geschäftsordnung entscheidet.[302]

b.b Die Kommission

Die Wahl des Kommissionspräsidenten erfolgt auf Vorschlag des Europäischen Rats durch Mehrheitsbeschluss des Europäischen Parlaments. Unterabschnitt III des einschlägigen Art. 17 Abs. 7 EUV legt fest, dass das Zustimmungsvotum nur einheitlich zu Gunsten des kompletten Kollegiums der Kommission ausgeübt werden kann. Die Kommission als – so Walter Hallstein einst – „Motor, Wächter und ehrlicher Makler der Gemeinschaft“[303] liefert einen Gesamtbericht über die Tätigkeit der Union, der dem Europäischen Parlament als Grundinformation vorgelegt wird (Art. 233 AEUV). Zusätzlich dazu produziert die Union ein monatliches Bulletin und eine „Unzahl weiterer Schriften“[304], was die demokratische Kontrolle erschwert, da eine eingehende Prüfung der zu beschließenden Rechtsakte Voraussetzung einer wirksamen Kontrolle ist und durch diese Papierflut gefährdet wird.

Entgegen der positiven Einschätzung Walter Hallsteins – geschuldet wohl vor allem dem damals in den 1960er Jahren viel geringeren Integrationsgrad – drängt sich vielmehr auf: „Die Kommission übt zentralistisch und bürokratisch große Macht in der Europäischen Union aus. Ihre demokratische Legitimation und die demokratische Kontrolle sind unzureichend“.[305] „Die Kommissare sind

---

300 *Th. Oppermann*, Europarecht, 3. Aufl. 2005, § 5 Rdn. 74, S. 100.

301 *V. Epping*, in: Calliess/Ruffert (Hrsg.), EUV/AEUV, 4. Aufl. 2011, Art. 235 AEUV, Rdn. 1.

302 *M. Ruffert*, in: Calliess/Ruffert (Hrsg.), EUV/AEUV, 4. Aufl. 2011, Art. 240 Abs. 3 AEUV, Rdn. 12.

303 *W. Hallstein*, zitiert in: Th. Oppermann, Europarecht, 3. Aufl. 2005, § 5 Rdn. 74, S. 100.

304 *M. Ruffert*, in: Calliess/Ruffert (Hrsg.), EUV/EGV, 3. Aufl. 2007, Art. 213 EGV, Rdn. 2.

305 *K. A. Schachtschneider*, Verfassungsbeschwerde gegen das Zustimmungsgesetz des Dt. Bundestages zum Vertrag von Lissabon, 25.5.2008, S. 295 f.; i.d.S. auch *ders.*, Die Aushöhlung der Demokratie durch Europäische Union und Währungsunion, S. 109 f.

eine Art Europaminister … sie haben keine Legitimation durch demokratische Wahl, weil das Parlament sie mangels egalitärer Wahl nicht legitimieren kann."[306]

c.c Der Gerichtshof (EuGH)

Dem Europäischen Gerichtshof obliegt die Wahrung des Rechts bei der Auslegung und Anwendung der Verträge (Art. 19 Abs. 1 EUV). Darüber hinaus hat sich der mit je einem Richter je Mitgliedstaat besetzte Europäische Gerichtshof (Art. 19 Abs. 2 EUV) selbst die Aufgabe gegeben, die Geltung des nach wie vor in Entwicklung befindlichen europäischen Rechts „durch gelegentlich kühn vorwärtsweisenden Judical Activism" zu sichern.[307] Rechtlich formuliert: „Der Europäische Gerichtshof respektiert keinerlei Grenzen des Vorrangs des Gemeinschaftsrechts."[308] „Für die große politische Verantwortung, insbesondere die Grundrechteverantwortung, fehlt es dem Gerichtshof der Europäischen Union an der (notwendig starken) demokratischen Legitimation."[309] „Das Legitimationsdefizit schließt das letzte Wort des Europäischen Gerichtshofs in Sachen des Rechts aus."[310]

Der mit seiner Rechtsprechung die Rechtsordnungen der Mitgliedstaaten also massiv beeinflussende Europäische Gerichtshof wird von den im Europäischen Rat repräsentierten Vertretern der Mitgliedstaaten auf intergouvernementaler Ebene personell besetzt.[311] Diese Entscheidung wird von einem bislang nicht vorgesehenem[312] Eignungsprüfungsausschuss aus sieben Persönlichkeiten mit juristischem Hintergrund vorbereitet, die in Mitgliedstaaten oder auf europäischer Ebene tätig sind oder waren. Eines dieser Mitglieder wird vom Europäischen Parlament vorgeschlagen – eine lediglich „erheblich vermittelte Beteiligung".[313] Die Modalitäten der Ausschussbesetzung werden ohne Beteiligung des Europäischen Parlaments durch Beschluss des Rats normiert (Art. 253–255 AEUV).

---

306 *K. A. Schachtschneider*, Die Aushöhlung der Demokratie durch Europäische Union und Währungsunion, S. 110.

307 *Th. Oppermann*, Europarecht, 3. Aufl. 2005, § 5 Rdn. 116, S. 114.

308 *K. A. Schachtschneider*, Verfassungsbeschwerde gegen das Zustimmungsgesetz des Dt. Bundestages zum Vertrag von Lissabon, 25.5.2008, S. 225.

309 Daselbst, S. 250.

310 Daselbst, S. 240.

311 *E. Pache*, in: Vedder/Heintschel von Heinegg, Komm. EVV, Art. III-355 EVV, Rdn. 4; *ders.*, Europarecht, Art. 253 AEUV, Rdn. 4.

312 *E. Pache*, in: Vedder/Heintschel von Heinegg, Eurpoparecht, Art. 253 AEUV, Rdn. 1.

313 *N. Huber*, in: Sreinz, EUV/AEUV, Art. 253 AEUV, Rdn. 5.

Die zentrale Rolle des Europäischen Gerichtshofs als „Supreme Court“ und damit oberstes Verwaltungs- und Verfassungsgericht der Gemeinschaft[314] wird auch in der das Europäische Parlament betreffenden Norm, Art. 265 AEUV, deutlich. Neben anderen Unionsorganen kann auch das Europäische Parlament von Mitgliedstaaten oder Unionsorganen vor dem Gerichtshof bei „Untätigkeit“ im Rahmen einer Feststellungsklage wegen Vertragsverletzung verklagt werden. Die Untätigkeitsklage ist gegenüber der Nichtigkeitsklage subsidiär, wie generell Feststellungsklagen gegenüber Gestaltungsklagen nachrangig sind. In der Gesamtschau ist diese „Untätigkeitsklage“ gegenüber einem mit geringen Initiativrechten ausgestatteten Parlament ungewöhnlich und spricht gegen die Rechtsnatur Parlament. Dem deutschen Verfassungsrecht ist nämlich eine gesetzgeberische Einschätzungsprärogative[315] bekannt, die sich nicht mit einer Verpflichtung zum Handeln wegen einer vertragswidrigen Untätigkeit[316] verträgt, insbesondere dann, wenn unter bestimmten Voraussetzungen auch natürliche und juristische Personen das Europäische Parlament zum Erlass eines Aktes verpflichten können (Art. 265 UA 3 AEUV).

Diese Möglichkeit der Verpflichtung des Europäischen Parlaments zum Handeln wiegt besonders schwer, weil das Europäische Primärrecht durch seine sehr weit auslegbaren Ermächtigungen dem Europäischen Gerichtshof als „Motor der Integration“ breiten Spielraum zur Auslegung einräumt. Damit ist die Stellung des Europäischen Gerichtshofs stärker als die des deutschen Bundesverfassungsgerichts einzustufen.[317] Platz für eine Kooperation mit mitgliedstaatlichen Gerichten ist allenfalls noch beim Vorabentscheidungsverfahren vorhanden, ansonsten sind innerstaatliche Gerichte von jeder Rechtsprechungstätigkeit, insbesondere die Gültigkeitskontolle europäischen Rechts, ausgenommen. „Die Vorabentscheidungsbefugnis des Gerichtshofs aus … Art. 267 AEUV … hat dem Gerichtshof zusätzlich weite politische Möglichkeiten verschafft, die ihn zu einem außerordentlich mächtigen Akteur der europäischen Integration hat werden lassen. Die Befugnis(Macht)Erweiterung der Gerichtshofs (ist) … eine Usurpation …“[318]

In der Spruchpraxis hat der Europäische Gerichtshof allgemeine Rechtsgrundsätze geprägt. Er wurde „funktional rechtsetzend tätig. Er ist damit faktisch in

---

314 *Th. Oppermann*, Europarecht, 3. Aufl. 2005, § 9 Rdn. 4, S. 221.

315 *R. Sannwalt*, in: Schmidt-Bleibtreu/Hofmann/Hopfauf, Komm. z. GG, Art. 35, Rdn. 54.

316 *Th. Oppermann*, Europarecht, 3. Aufl. 2005, § 9 Rdn. 43, S. 231.

317 *H.-H. v. Arnim*, Das Europa-Komplott, S. 212.

318 *K. A. Schachtschneider*, Die Aushöhlung der Demokratie durch Europäische Union und Währungsunion, S. 117.

die Rolle eines Gesetzgebers auf Gemeinschafts- und daraus resultierend auch auf nationaler Ebene hineingewachsen."[319] „Der Europäische Gerichtshof hat sich zu einer geradezu obrigkeitlichen Ordnungsmacht entwickelt. Er pflegt mit aller Härte die Integrationspolitik der Kommission durchzusetzen."[320]

Diese Aufweichung des Gewaltenteilungsprinzips führt dazu, dass der Europäische Gerichtshof „als das mächtigste Organ innerhalb der ... Europäischen Union einschließlich der Mitgliedstaaten einzustufen ist."[321] Rein machtpolitisch ist damit erklärt, warum der Europäische Gerichtshof den nach dem Republikprinzip wichtigsten Gesetzgebungsorgan Parlament[322] den Rang abläuft. „Die Legislativen und die Judikativen der Mitgliedstaaten sind an der Auswahl der Richter ... meist nicht beteiligt, nicht einmal das Europäische Parlament."[323]

Dem Republikprinzip wird ein solches staatsrechtliches Gebilde in keiner Weise gerecht – bereits 1789 äußerte sich der Anspruch an einen Verfassungsstaat in Art. 16 der Erklärung der Rechte des Menschen und des Bürgers: „Jede Gesellschaft, in der weder die Gewährleistung der Rechte zugesichert ist noch die Trennung der Gewalten festgelegt ist, hat keine Verfassung."[324] „Mit Art. 23 Abs. 2 GG schwerlich (zu) vereinbaren ist, dass die EU diese Entscheidung ganz in die Hände der Mitgliedsstaaten legt."[325]

Ein Parlament im eigentlichen Sinne ist Organ des Volkes und in größeren Gemeinschaften nach dem Prinzip der republikanischen Stellvertretung des Volkes in der Gesetzgebung erforderlich, um ein funktionierendes Gemeinwesen sicherzustellen. So organisiert ist Staatlichkeit allgemeine Gesetzlichkeit, und eine Gesetzlichkeit des Volkes verwirklicht die Freiheit. Wenn nun das Europäische Parlament vom Europäischem Gerichtshof zum Handeln aufgefordert werden kann und wenn im ordentlichen Gesetzgebungsverfahren erlassene Rechtsakte des Europäischen Parlaments vom Europäischen Gerichtshof ausgelegt werden und dieser Europäische Gerichtshof „kein Gericht im demokratischen Sinn" darstellt[326], so ist dies neben den eigenen republikwidrigen Strukturmerkmalen

319 *T. Mähner*, Der Europäische Gerichtshof als Gericht, S. 236.

320 *K. A. Schachtschneider*, Die Aushöhlung der Demokratie durch Europäische Union und Währungsunion, S. 122.

321 *T. Mähner*, daselbst, S. 236.

322 *K. A. Schachtschneider*, Res publica res populi, S. 638.

323 *Ders.*, Die Aushöhlung der Demokratie durch Europäische Union und Währungsunion, S. 119.

324 *Ders.*, Res publica res populi, S. 560.

325 *M. Huber*, in: R. Steinz, EUV/AEUV, Art. 253 AEUV, Rdn. 2 ff.

326 *T. Mähner*, Der Europäische Gerichtshof als Gericht, S. 239.

des Europäischen Parlaments ein weiteres negatives Beurteilungsmerkmal des Europäischen Parlaments als Parlament, wie im Folgenden noch zusammenfassend beurteilt werden wird. Der Europäische Gerichtshof mit seinen Spruchkörpern Gerichtshof und Gericht sind „nicht Gerichte des Volkes".[327]

2. Verfahrensweisen der Rechtsetzung

a) Allgemeines

„Europäische Rechtsetzung ist der Erlass von verbindlichen Rechtsakten abstrakt-genereller und konkret-individueller Art durch Organe der EG."[328] Auch wenn sich im Vertrag über die Arbeitsweise der Europäischen Union kein einheitlicher Abschnitt findet, der die Rechtsetzung in der Union vollständig regelt, so ist doch der Kern der Rechtsetzungsvorschriften in den Art. 288–292 AEUV zu finden.[329] Art. 288 AEUV gilt mit der Auflösung der Säulenstruktur und der Zusammenführung von EU und EG zu einer Union für alle Bereiche des Unionsrechts[330] und für alle Rechtsetzungsverfahren, die auf Vorschlag der Kommission in Gang gesetzt worden sind. „Da Art. 288 AEUV keinen abschließenden Charakter besitzt, existieren weitere Handlungen der Union, die als Entschließungen, Mitteilungen, Leitlinien, Erklärungen, Rahmen, Programm oder Memorandum firmieren."[331] Art. 289 AEUV regelt in seinen sieben Absätzen das ordentliche Gesetzgebungsverfahren. Das bislang in Art. 252 EGV geregelte Verfahren der Zusammenarbeit ist entfallen. Im Gegensatz zum Grundgesetz ist im Artikel, der das Gesetzgebungsverfahren regelt, nicht gesagt, wann es einschlägig ist, vielmehr bedarf es jeweils eines ausdrücklichen Verweises auf das zur Anwendung kommende Verfahren, das auch außerhalb dieses Abschnitts geregelt sein kann. Wie die bisherige Untersuchung des EG-Vertrags gezeigt hat, folgen die Anwendungsbereiche der Gesetzgebungsverfahren keiner zwingenden Logik[332] und stellen keine „organische Entfaltung

327 *K. A. Schachtschneider*, Die Aushöhlung der Demokratie durch Europäische Union und Währungsunion, S. 120.

328 *M. Krajewski/U. Rösslein*, in: Grabitz/Hilf, Das Recht der Europäischen Union, EL 32, 4/2007, vor Art. 250–252 EGV, Rdn. 1; i.d.S. auch *M. Ruffert*, in: Calliess/Ruffert, EUV/AEUV, 4. Aufl. 2011, Art. 288 AEUV, Rdn. 16.

329 *M. Ruffert*, in: Calliess/Ruffert, EUV/AEUV, 4. Aufl. 2011, Art. 288 AEUV, Rdn. 1.

330 *W. Schroeder*, in: Streinz, EUV/AEUV, Art. 288 AEUV, Rdn. 3.

331 Daselbst, Art. 288 AEUV, Rdn. 2.

332 *M. Krajewski/U. Rösslein*, in: Grabitz/Hilf, Das Recht der Europäischen Union, EL 32, 4/2007, vor Art. 250–252 EGV, Rdn. 3.

eines Prinzips dar". Es wird gar von „organisierter Verantwortungslosigkeit" gesprochen.[333] Terminologisch ist mit dem AEUV eine Zweiteilung in ordentliches und besonderes Gesetzgebungsverfahren eingetreten.[334]

Ein erkennbares Strukturelement der europäischen Rechtsetzung ist das Prinzip der Kooperation zwischen den Organen, auch „Verantwortungsverbund" genannt. Soweit Rat und Parlament gemeinsam legislativ tätig werden, wird in der Lehre teils von einer „bipolaren demokratischen Legitimation" gesprochen[335], die freilich die erforderliche Transparenz als Voraussetzung einer demokratischen Kontrolle durch den Souverän erschwert. Das Bundesverfassungsgericht spricht bescheidener von einer „stützenden Funktion" des Europäischen Parlaments bei der Legitimation von unionalen Rechtsakten[336], Schachtschneider gar davon, dass „eine eigenständige demokratische Legitimation auch das Europäische Parlament nicht" habe.[337]

Wie oben grundsätzlich dargestellt, ist bereits vor den Entscheidungen des vom Bürger zu kontrollierenden Organs im Sinne einer mitwirkenden Kontrolle durch permanenten Meinungs- und Informationsaustausch[338] mit einer Öffentlichkeit die in den meisten Fällen stärkere Kontrolle möglich. In parlamentarischen Systemen ist es daher wichtig, dass Rechenschaft verlangt werden kann.[339] Dies aber wird durch eine Verantwortlichkeit „zur gesamten Hand"[340] in Form dieses „Verantwortungsverbundes"[341] erschwert, weil die Bürgerschaft damit niemanden gezielt in Haftung nehmen kann.

Dieses komplexe Beteiligungsgeflecht des Europäischen Parlaments ist Ergebnis der bisherigen historischen Entwicklung. Im Vertrag zur Gründung der EGKS war die Gemeinsame Versammlung lediglich zur Kontrolle der Hohen Behörde vorgesehen, an der Rechtsetzung war sie gänzlich unbeteiligt. Erst mit Gründung der Europäischen Wirtschaftsgemeinschaft und der Europäischen

---

333 *A. von Bogdandy*, Europäische Prinzipienlehre, in: Europäisches Verfassungsrecht, 2003, S. 199 f.

334 *Ch. Vedder*, in: Vedder/Heintschel von Heinegg, Eurpoparecht, Art. 288 AEUV, Rdn. 4.

335 *M. Krajewski/U. Rösslein*, in: Grabitz/Hilf, Das Recht der Europäischen Union, EL 32, 4/2007, vor Art. 250–252 EGV, Rdn. 5.

336 BVerfGE 89, 155 (186).

337 *K. A. Schachtschneider*, Prinzipien des Rechtsstaates, S. 196.

338 *H. H. Klein*, Aufgaben des Bundestages, in: HStR, Bd. II, § 40, Rdn. 31 f.

339 *H. Meyer*, Stellung der Parlamente in der Verfassungsordnung des Grundgesetzes, in: Schneider/Zeh (Hrsg.), Parlamentsrecht und Parlamentspraxis, § 4 II 5, S. 144.

340 *M. Krajewski/U. Rösslein*, in: Grabitz/Hilf, Das Recht der Europäischen Union, EL 32, 4/2007, vor Art. 250–252 EGV, Rdn. 4.

341 Daselbst.

Atomgemeinschaft wurde das Anhörungs-/Konsultationsverfahren bei einigen Legislativakten eingeführt. Am Prinzip der drei Elemente der Rechtsetzung der Europäischen Wirtschaftsgemeinschaft und der Europäischen Atomgemeinschaft wurde nichts geändert, womit idealtypisch die Kommission ihr Vorschlagsrecht ausübt, der Rat entscheidet und das Parlament angehört wird. Damit war das Parlament formal in das Gesetzgebungsverfahren einbezogen, ohne dass ihm inhaltliche Gestaltungsrechte zukamen.[342]

Primärrechtlich blieb es bei dieser Gestaltung bis zur Einheitlichen Europäischen Akte (EEA) 1986; mit ihr wurde erstmalig neben dem Anhörungsverfahren das Verfahren der Zusammenarbeit eingeführt – noch beschränkt auf Rechtsakte zur Vollendung des Binnenmarktes. Mit dem Vertrag von Maastricht kam das Verfahren der Mitentscheidung hinzu, das in den Verträgen von Amsterdam und Nizza nicht um weitere Verfahren ergänzt worden ist, wenngleich diese beiden Reformverträge den Anwendungsbereich des Mitentscheidungsverfahrens ausweiteten – zu Lasten des Verfahrens der Zusammenarbeit. Auch die Reformbestrebungen im Verfassungsvertrag und im Reformvertrag setzen diese Entwicklung fort, ohne einer Parlamentisierung zum Durchbruch zu verhelfen, weil sich an der Bindung des Europäischen Parlaments an den Rat bei der Rechtsetzung nichts geändert hat (Art. 14 Abs. 1 S. 1 EUV).[343] „Die Rechtsakte werden auf Vorschlag der Kommission … vom Rat erlassen."[344]

b) Ordentliches Gesetzgebungsverfahren Art. 289 AEUV

Das bis zum Inkrafttreten des Vertrags von Lissabon Mitentscheidungsverfahren genannte Verfahren stellte eine Weiterentwicklung desjenigen der Zusammenarbeit dar, das dem Europäischen Parlament verstärkt Einwirkungsmöglichkeiten auf den Gesetzgebungsprozess einräumt, um dem Ruf nach einer demokratischen Legitimation der Rechtsakte der Gemeinschaft nachzukommen.[345] In 39 Fällen verwies der EG-Vertrag in der Nizza-Fassung auf das Verfahren der Mitentscheidung.[346] Der Unions-Vertrag in der Fassung des Reformvertrags von Lissabon baute die Anwendungsfälle des nun das ordentliche

342 *M. Krajewski/U. Rösslein*, in: Grabitz/Hilf, Das Recht der Europäischen Union, EL 32, 4/2007, vor Art. 250–252 EGV, Rdn. 6.

343 *M. Krajewski/U. Rösslein*, in: Grabitz/Hilf, Das Recht der Europäischen Union, EL 32, 4/2007, vor Art. 250–252 EGV, Rdn. 6 ff.

344 *K. A. Schachtschneider*, Prinzipien des Rechtsstaates, S. 195.

345 *M. Gellermann*, in: Streinz, EUV/AEUV, Art. 289 AEUV, Rdn. 3.

346 *Ders.*, in: Streinz, Komm. z. EUV/EGV, 2003, Art. 251 EGV, Rdn. 3, 8.

genannten Verfahrens auf 85 aus[347], wenn auch an einigen Stellen von dem der Mitentscheidung zu dem der bloßen Anhörung gewechselt wurde, zu demjenigen, das sich nun terminologisch hinter dem Begriff „besonderes Gesetzgebungsverfahren" verbirgt.

Das ordentliche Gesetzgebungsverfahren, das ohne wesentliche Änderungen dem Mitentscheidungsverfahren nachfolgt,[348] wird in Art. 294 AEUV in 15 Absätzen dargestellt und unterteilt sich in bis zu drei Lesungen. Nachdem laut dessen Abs. 2 dem Europäischen Parlament nach wie vor kein Initiativrecht zukommt, ist dieses zum Tätigwerden auf einen Gesetzesvorschlag der Kommission angewiesen. Kommt ein solcher Kommissionsvorschlag, nimmt das Europäische Parlament dazu gegenüber dem Rat Stellung. Der Rat kann nach Kenntnisnahme auf folgende drei Arten reagieren:

- Erlass des Rechtsaktes, wenn des Europäische Parlament keine Änderungen vorgeschlagen hat (Abs. 4),
- Erlass des Rechtsaktes unter Berücksichtigung von Änderungsvorschlägen des Europäischen Parlaments (Abs. 4),
- Festlegung eines Standpunktes des Rates, wenn die Änderungsvorschläge des Europäischen Parlaments nicht gebilligt werden (Abs. 5).

Hat der Rat seinen Standpunkt beschlossen, so wird das Europäische Parlament von ihm „in allen Einzelheiten über die Gründe" unterrichtet und in zweiter Lesung mit diesem befasst. Das Europäische Parlament kann dann binnen drei Monaten den gemeinsamen Standpunkt mit Mehrheit seiner Mitglieder billigen oder sich nicht äußern – der Rechtsakt ist dann erlassen (Abs. 7 lit. a).

Alternativ kann des Europäische Parlament den gemeinsamen Standpunkt mit der Mehrheit seiner Mitglieder ablehnen, womit der Rechtsakt nicht erlassen wird (Abs. 7 lit. b).

Mit der Mehrheit seiner Mitglieder, also einer der Regelbeschlussfassung nach Art. 231 AEUV entsprechenden Mehrheit, kann das Europäische Parlament Änderungen am Standpunkt des Rats vorschlagen und so eine zweite Befassung des Rates und der Kommission mit dem Rechtsakt auslösen (Art. 7 lit. c). Der Rat kann dann binnen dreier Monate den Rechtsakt in seiner abgeänderten Form mit qualifizierter Mehrheit billigen und damit erlassen, wenn die Kommission diesen geänderten Standpunkt ebenfalls gebilligt hat. Anderenfalls ist für die

347 *J. Schoo*, in: Schwarze, EU-Kommentar, Art. 289 AEUV, Rdn. 6.
348 *M. Gellermann*, in: Streinz, EUV/AEUV, Art. 289 AEUV, Rdn. 1.

Zustimmung des Rates Einstimmigkeit erforderlich (Art. 294 Abs. 9 AEUV).[349] Übernimmt der Rat hingegen die Vorschläge des Europäischen Parlaments nicht oder nicht vollständig, so beruft der Ratspräsident im Einvernehmen mit dem Präsidenten des Europäischen Parlaments den Vermittlungsausschuss ein (Art. 294 Abs. 8 lit. b AEUV), womit die dritte Phase (Vermittlungsverfahren nach 2. Lesung) des Gesetzgebungsverfahrens beginnt. Binnen sechs Wochen bemüht sich der Vermittlungsausschuss, zu gleichen Teilen besetzt mit Vertretern des Rates und des Parlaments (Art. 294 Abs. 10 AEUV), unter Mitarbeit der Kommission um einen gemeinsamen Entwurf, den die Vertreter des Rates mit qualifizierter Mehrheit seiner Mitglieder, die Vertreter des Parlaments mit der Mehrheit der das Europäische Parlament vertretenden Mitglieder verabschieden. In dritter Lesung können Rat (mit qualifizierter Mehrheit) und Europäisches Parlament (mit der Mehrheit der abgegebenen Stimmen) diesen gemeinsamen Entwurf binnen sechs Wochen billigen und den Rechtsakt damit annehmen. Stimmen Rat und/ oder Parlament dem gemeinsamen Entwurf nicht mit der erforderlichen Mehrheit zu, so ist die Gesetzesvorlage endgültig gescheitert, dasselbe gilt auch, wenn der gemeinsame Entwurf nicht rechtzeitig angenommen wurde (Art. 294 Abs. 13 AEUV).[350]

Als Vorstufe des Mitentscheidungsverfahrens hatte die Einheitliche Europäische Akte mit Art. 149 Abs. 2 EWGV in Ergänzung zum Anhörungsverfahren das bis Inkrafttreten des Vertrags von Lissabon in Art. 252 EGV geregelte Verfahren der Zusammenarbeit oder auch Kooperationsverfahren praktiziert. Zunächst hatte es nur im Bereich der Herstellung des Binnenmarktes Anwendung gefunden, bis im Maastricht-Vertrag eine erhebliche Ausweitung des Verfahrens der Zusammenarbeit kodifiziert wurde. Durch die zunehmende Wichtigkeit des Verfahrens der Mitentscheidung, mit dem Reformvertrag von Lissabon ordentliches Gesetzgebungsverfahren genannt (Art. 289 AEUV)[351], büßte das Kooperationsverfahren jedoch seit dem Vertrag von Amsterdam wesentlich an Bedeutung ein. Im EG-Vertrag in der Ausprägung nach Nizza fand das Kooperationsverfahren lediglich noch im Bereich der Wirtschafts- und Währungspolitik Anwendung.[352]

---

349 *R. Geiger*, Komm. z. EUV/EGV, 4. Aufl. 2004, Art. 251 EGV, Rdn. 3 ff., 9; *M. Gellermann*, in: Streinz, EUV/AEUV, Art. 294 AEUV, Rdn. 27.

350 *R. Geiger*, Komm. z. EUV/EGV, 4. Aufl. 2004, Art. 251 EGV, Rdn. 3 ff., 11 ff.; *M. Gellermann*, in: Streinz, EUV/AEUV, Art. 294 AEUV, Rdn. 33.

351 CIG/1/1/07REV 1.

352 *M. Gellermann*, in. Streinz, Komm. z. EUV/EGV, Art. 252 EGV, Rdn. 1.

Konzeptionell baute das Kooperationsverfahren auf dem bis zur Einheitlichen Europäischen Akte einzigen Parlamentsbeteiligungsverfahren, dem der Anhörung, auf, welches um eine zweite Lesung im Parlament ergänzt wurde. Die Stellung des Europäischen Parlaments wurde hier gegenüber dem Anhörungsverfahren in der Form gestärkt, dass dem Europäischen Parlament Gelegenheit zur neuen Stellungnahme in Kenntnis des vorläufigen Meinungsbildung des Rates gegeben wurde, womit eine erneute Befassung der Kommission erforderlich wurde und im Rat eine zweite Lesung stattfinden musste.

Das Europäische Parlament konnte im Kooperationsverfahren im Gegensatz zum Mitentscheidungsverfahren einen Gesetzesentwurf nicht verhindern. Obzwar dem Parlament im Gegensatz zur völlig unverbindlichen Stellungnahme im Rahmen des Anhörungsverfahrens hier eine stärkere Stellung eingeräumt wird, blieb es hinter der Rolle der Kommission zurück, die als Exekutivorgan nicht nur das legislative Initiativrecht hat, sondern den Rechtsakt des Rates sogar durch Rücknahme ihres Vorschlags verhindern kann. Die Ablehnung durch das Parlament konnte hingegen überstimmt werden.[353] Mit Inkrafttreten des Vertrags von Lissabon ist das Verfahren der Zusammenarbeit aus den Primärverträgen gestrichen worden.

c) *Besonderes Gesetzgebungsverfahren: Anhörungs-/ Konsultationsverfahren*

Neben dem ordentlichen Gesetzgebungsverfahren verweisen die Primärverträge an vielen Stellen auf ein besonderes Gesetzgebungsverfahren, bei dem das Europäische Parlament nur gehört oder unterrichtet wird. In der nachfolgenden Gesamtdarstellung der Beteiligung des Europäischen Parlaments wird der Eindruck zu überprüfen sein, dass das Europäische Parlament „in existenziellen Politikbereichen … nur marginal eingebunden“ ist.[354]

3. Art der Beteiligung des Parlaments an der Gesetzgebung nach ihm zugewiesenen Politikfeldern

Um ermessen zu können, welche Rolle das Europäische Parlament bei Ausübung der Befugnisse der Europäischen Union im Rahmen der „begrenzten Ermächtigungen“ in der aktuell gültigen Lissabon-Version des EUV/AEUV spielt, wird

353 *R. Geiger*, Komm. z. EUV/EGV, 4. Aufl. 2004, Art. 252 EGV, Rdn. 12; *H. Hetmeier*, in: Lenz/Borchard (Hrsg.), EU- und EG-Vertrag-Kommentar, 4. Aufl. 2006, Art. 252 EGV, Rdn. 12.

354 *K. A. Schachtschneider*, Die Souveränität Deutschlands, S. 207.

im Folgenden die jeweilige Form der Beteiligung des Europäischen Parlaments an Unions-Gesetzgebungsaktivitäten beleuchtet. Es gibt jedoch Sachverhalte, die so komplex sind, dass für Teilgebiete dieser Bereiche beide Verfahren zur Anwendung kommen. In solchen Fällen erfolgt die Zuordnung eines Sachgebiets grundsätzlich zu der Kategorie, die ihm das geltende Primävertragsrecht der Europäischen Union als vorherrschende zugedacht hat. Im Vertrag über die Europäische Union (EUV) und im Vertrag über die Arbeitsweise der Europäischen Union (AEUV) sind auf den ersten Blick katalogartig die Befugnisse des Europäischen Parlaments geregelt. Art. 5 Abs. 2 EUV formuliert: „Die Union [wird] nur innerhalb der Grenzen der Zuständigkeiten tätig, die die Mitgliedstaaten ihr in den Verträgen zur Verwirklichung der darin niedergelegten Ziele übertragen haben." Die Zahl der der Union übertragenen Politiken ist, wie die folgende Aufzählung zeigt, entgrenzt und legt die nun zu überprüfende Vermutung nahe, dass „von demokratischer Bestimmtheit und damit von einer von den nationalen Parlamenten verantwortbaren Unionspolitik nichts übrig" bleibt.[355] „Aus der Welt verschwindet mit den historischen Bindungen und Landschaften auch das Verhalten, das sich nach historischen Vorbildern beurteilen und prognostizieren lässt. Daher beginnen die Wörter trügerisch zu werden, die zum eisernen Bestand des geschichtlichen Handelns gehörten, wie … <Volk>, <Staat> … <Freiheit>, <Recht>."[356]

a) Beteiligung im Anhörungs-/Konsultationsverfahren

a.a Bereich Wirtschaft

(a) Wettbewerbsregeln/ Vorschriften für Unternehmen

Der Kern der Union, der Gemeinsame Markt, vor dem Lissaboner Reformvertrag einzige Unionspolitik, die zur Ausweitung von Unionszuständigkeiten im Wege der Vertragserweiterung nach Art. 352 EGV befugte, ist der Rechtsprechung des Europäischen Gerichtshofs zufolge mit Wettbewerbsbeschränkungen nicht vereinbar, weshalb ein wirksamer Wettbewerb vom Europäischen Gerichtshof gefordert wird.[357] Jedoch: „Weder der Gemeinschaftsvertrag noch der Vertrag von Lissabon enthalten eine Legaldefinition für den wettbewerbsrechtlichen Unternehmensbegriff. Der Gerichtshof der Europäischen Union legt den Begriff des

355 *K. A. Schachtschneider*, Die Aushöhlung der Demokratie durch Europäische Union und Währungsunion, S. 115.

356 *E. Jünger*, An der Zeitmauer, S. 75.

357 EuGH Rs 26/76, Slg. 1977, 1875, Rdn. 20; *W. Weiß*, in: Calliess/Ruffert (Hrsg.), EUV/AEUV, 4. Aufl. 2011, Art. 101 AEUV, Rdn. 78.

Unternehmens denkbar weit aus, um den europäischen Wettbewerbsregeln (Art. 81 ff. EGV/(101) AEUV) möglichst weitgehende Anwendbarkeit zu verschaffen. Er vertritt einen weiten funktionalen Unternehmensbegriff."[358] Dieser bezeichnet jede eine selbständige wirtschaftliche Tätigkeit ausübende Einheit, unabhängig von ihrer Rechtsform und der Art ihrer Finanzierung, als Unternehmen im Sinne der Art. 81, 82 EGV/(101, 102) AEUV. Ein solch entgrenzter Begriff dehnt den Anwendungsbereich des Wettbewerbsrechts stetig aus.[359]

Zum Schutz des Binnenmarktes verbietet beispielsweise Art. 101 Abs. 1 lit. a AEUV Preisabsprachen, die den Handel zwischen Mitgliedstaaten zu beeinträchtigen geeignet sind. Auf die wettbewerbsrechtlichen Verbote der Art. 101, 102 AEUV kann sich der vor einem nationalen Gericht klagende Bürger grundsätzlich direkt berufen, wenn keine Durchführungsbestimmungen nach Art. 103 AEUV erlassen worden sind.[360]

Zur vollständigen und dauerhaften Umsetzung der wettbewerbsrechtlichen Grundsätze des AEUV soll dennoch der Gemeinschaftsgesetzgeber, also Rat und Europäisches Parlament, auf Grundlage von Art. 103 AEUV Wettbewerbsregeln und Vorschriften für Unternehmen im Wege des Anhörungs- oder Konsultationsverfahrens erlassen, womit sich die Rolle des Europäischen Parlaments auf bloße Anhörung beschränkt.[361] Die Wichtigkeit des Binnenmarktes geht so weit, dass der Gesetzgeber im beschriebenen Verfahren sogar zum Tätigwerden nach pflichtgemäßem Ermessen verpflichtet sein kann.[362]

(b) Staatliche Beihilfen

„Soweit in den Verträgen nicht etwas anderes bestimmt ist, sind staatliche ... Beihilfen ... mit dem Binnenmarkt unvereinbar" (Art. 107 Abs. 1 AEUV), weil sie geeignet sind, den Handel zwischen den Mitgliedstaaten zu beeinträchtigen.[363] Dieses wichtige Gebiet der staatlichen Beihilfen kann der Rat auf Vorschlag der Kommission ohne relevante Beteiligung des Europäischen Parlaments im Wege des Konsultationsverfahrens regeln (Art. 109 AEUV).[364] Selbst diese schwache

---

358 *K. A. Schachtschneider*, Verfassungsbeschwerde vom 25.5.2008, S. 140.

359 Daselbst.

360 *A. Reidlinger*, in: Streinz, Komm. z. EUV/EGV, Art. 83 EGV, Rdn. 2.

361 *Ch. Jung*, in: Calliess/Ruffert (Hrsg.), EUV/AEUV, 4. Aufl. 2011, Art. 103 AEUV, Rdn. 17; *A. Reidlinger*, in: Streinz, Komm. z. EUV/EGV, Art. 83 EGV, Rdn. 2.

362 *Ch. Jung*, in: Calliess/Ruffert (Hrsg.), EUV/AEUV, 4. Aufl. 2011, Art. 103 AEUV, Rdn. 16.

363 *K. A. Schachtschneider*, Verfassungsrecht der Europäischen Union, Teil 2, S. 374.

364 Daselbst, S. 375.

Art der Beteiligung des Europäischen Parlaments gibt es erst seit dem Vertrag von Maastricht – davor wurde das Europäische Parlament gar nicht beteiligt.

Staatliche Beihilfen werden auf Grund einer Zuständigkeitskonzentration bei der Kommission regelmäßig im Rahmen einer ex-post-Kontrolle auf Vereinbarkeit mit Wettbewerbsregeln überprüft.[365] Für abstrakt-generelle Regelungen des Beihilferechts können Durchführungsverordnungen erlassen werden, die eine ex-ante-Betrachtung zulassen und mehr Transparenz in das Beihilferecht bringen sollen.[366]

(c) Steuerliche Vorschriften aus den Bereichen Umsatzsteuer, Verbrauchsabgaben und sonstige indirekte Steuern

Die Harmonisierung steuerlicher Vorschriften im Bereich indirekter Steuern nach Art. 113 AEUV ist neben dem Diskriminierungsverbot der Art. 110–112 AEUV die zweite Säule der steuerlichen Vorschriften zur Sicherung eines unverzerrten Wettbewerbs im Binnenmarkt.[367] „Schon jetzt sind steuerliche Vorschriften in Art. 90 (93) AEUV enthalten, welche auf die Verwirklichung und das Funktionieren des Binnenmarktes und die Vermeidung von Wettbewerbsverzerrungen ausgerichtet sind. Zu diesem Zweck ist weitere Steuerpolitik denkbar, vielleicht sogar nützlich."[368]

Die Steuerharmonisierung dient vordergründig der steuerlichen Wettbewerbsgleichheit im Binnenmarkt und damit auch der Verwirklichung der wirtschaftlichen Grundfreiheiten. Sie greift in die fiskalische Souveränität der Mitgliedstaaten ein, betrifft die Steuergesetzgebungshoheit nachhaltig und ist so umfassend, dass lediglich die Steuerverwaltungshoheit weitgehend unberührt bleibt.[369] „Die Verkehrs- und Transportverhältnisse u.a.m. erleichtern den Standortwechsel. Das zwingt die Staaten zu einer Steuer- und einer Sozialpolitik, welche der sozialgerechten Beschäftigungspolitik keine Chance lässt."[370]

Steuerliche Vorschriften aus den Bereichen der wichtigen Umsatzsteuer, der Verbrauchsabgaben und der sonstigen indirekten Steuern kann der Rat einstimmig bei bloßer Konsultation des Europäischen Parlaments erlassen (Art. 113 AEUV).

---

365 *Ch. Koenig/J. Kühling*, in: Streinz, Komm. z. EUV/EGV, Art. 89 EGV, Rdn. 5.

366 Daselbst, Art. 89 EGV, Rdn. 4.

367 *H.-G. Kamann*, in: Streinz, Komm. z. EUV/EGV, Art. 93 EGV, Rdn. 2.

368 *K. A. Schachtschneider*, Verfassungsbeschwerde vom 25.5.2008, S. 273.

369 *Ch. Waldhoff*, in: Calliess/Ruffert (Hrsg.), EUV/EGV, 2. Aufl. 2002, Art. 93 EGV, Rdn. 1.

370 *K. A. Schachtschneider*, Verfassungsrecht der Europäischen Union, Teil 2, S. 630; dazu: *N. Blüm*, Gerechtigkeit, S. 119 ff.

Die die Befugnisse der nationalen Gesetzgeber massiv beschneidende Kompetenz des Rates zum Erlass von Richtlinien in Sachen der die Angleichung von den Gemeinsamen Markt betreffenden Rechtsvorschriften erfolgt lediglich im Wege des Konsultationsverfahrens (Art. 115 AEUV) – man erkennt hier die Systematik, bei besonders wichtigen Vorhaben das Europäische Parlament nur anzuhören. Die Erkenntnis aus der Rechtsgeschichte, dass im Sinne des aus dem amerikanischen Unabhängigkeitskrieg bekannten Mottos „no taxation without representation“[371] ein Zusammenhang zwischen Besteuerung und Mitsprache des Bürgers besteht, ist hier tangiert. Dieser sensible Bereich ist vor dem Hintergrund der Legitimitätskrise der EU besonders aufmerksam zu betrachten, da selbst in monarchischen Staaten des 19. Jahrhunderts der Exekutive ein begrenzender parlamentarisch-legislativer Gegenpol im Sinne der Gewaltenteilung entgegengesetzt werden konnte.[372]

(d) Gewerblicher Rechtschutz

Eingefügt in den EG-Vertrag durch den Vertrag von Nizza, schafft die Vorschrift des Art. 262 AEUV die Voraussetzungen zur Übertragung von nationalen Zuständigkeiten im Bereich des gewerblichen Rechtschutzes auf die Gemeinschaftsgerichtsbarkeit in Vorbereitung einer europäischen Patentgerichtsbarkeit. Die Kommission hat im August 2000 bereits einen Vorschlag für die Einrichtung eines europäischen Patentgerichts unterbreitet und benötigt dafür eine Vertragsrevision[373], weil die „zielgebundene Generalermächtigung“ des Art. 352 AEUV keine ausreichende Legitimation für die Schaffung eines neuen Organs der Union darstellt.[374] Daher ist der Art. 262 AEUV Teil einer weiterhin ausstehenden Reform des Patentschutzes, die dem Gerichtshof unter Absage an verselbständigte Fachgerichtsbarkeiten Zuständigkeiten überträgt.[375]

Eine Befugniserweiterung des Europäischen Gerichtshofs in Bezug auf gewerblichen Rechtschutz sowie die folgende Schaffung nachgelagerter Fachgerichte kann vom Rat nach Ausübung des Vorschlagsmonopols der Kommission einstimmig unter Beteiligung des Europäischen Parlaments auf dem Wege des besonderen Gesetzgebungsverfahrens (Konsultationsverfahren) vorgenommen

---

371 *P. Leyland*, statt: The Constitution of the United Kingdom- A Contextual Analysis, Portland, S. 20.

372 *Ch. Waldhoff*, in: Calliess/Ruffert (Hrsg.), EUV/EGV, 2. Aufl. 2002, Art. 93 EGV, Rdn. 26.

373 *U. Ehricke*, in: Streinz, Komm. z. EUV/EGV, Art. 229a EGV, Rdn. 1.

374 *R. Streinz*, in: Streinz, Komm. z. EUV/EGV, Art. 308 EGV, Rdn. 3; *M. Rossi*, in: Calliess/Ruffert, Komm. z. EUV/EGV, 2. Aufl. 2002, Art. 308 EGV, Rdn. 3.

375 *U. Ehricke*, in: Streinz, EUV/AEUV, Art. 262 AEUV, Rdn. 1.

werden (Art. 262 AEUV).[376] Auffällig ist der Hinweis am Ende der Vorschrift, der auf das Erfordernis der Zustimmung der Mitgliedstaaten nach deren verfassungsrechtlichen Vorschriften verweist. Hieraus ist im Wege einer grammatikalischen und teleologischen Auslegung abzuleiten, dass die mitgliedstaatlichen Parlamente nur in „begründeten Ausnahmefällen", also wenn ihre Beteiligung wie hier ausdrücklich erwähnt wird, von dieser Empfehlung abweichen können.[377]

b.b Bereich Binnenorganisation

(a) Mitglieder des Rechnungshofes

Zusammensetzung, Organisation und Arbeitsweise des in Luxemburg sitzenden Rechnungshofs werden grundlegend in Art. 286 AEUV geregelt.[378] Im Haushaltsjahr 2003 wurden für die Finanzierung der Arbeit des Rechnungshofs über 77 Millionen € aufgewandt, mit denen neben den „Mitgliedern des Rechnungshofs" (Art. 286 Abs. 1 AEUV: ein Staatsangehöriger je Mitgliedstaat) u.a. weitere 605 Planstellen in dessen Beamtenapparat zu finanzieren waren.[379] Das Ausufern der Bürokratie ist zu sehen an den Zahlen von 2010: Annähernde Verdopplung des Etats auf knapp 147 Millionen € Jahresbudget bei Zunahme der Planstellen um knapp 50 % auf 887 Planstellen.[380] Die Mitglieder des Rechnungshofes werden trotz der Wünsche des Europäischen Parlaments nach Gewährung des Rechts auf Zustimmung[381] – auch nach den Refomen von Nizza – nach wie vor im Wege des Konsultationsverfahrens vom Rat ernannt (Art. 286 Abs. 2 UA 1 S. 2 AEUV).

(b) Europäischen Investitionsbank

Die Europäische Investitionsbank (EIB) mit Sitz in Luxemburg (Art. 1 Abs. 2 Satzung EIB) erhält durch Art. 308 AEUV mit konstitutiver Wirkung völkerrechtliche[382] und innerstaatliche Rechtspersönlichkeit.[383] Träger der EIB sind die Mitgliedstaaten (UA 2). Die Satzung der Bank ist dem EGV als Protokoll beigefügt

---

376 *U. Ehricke*, in: Streinz, EUV/AEUV, Art. 262 AEUV, Rdn. 2.
377 Daselbst, Art. 262 AEUV, Rdn. 5.
378 *M. Niedobitek*, in: Streinz, EUV/AEUV, Art. 286 AEUV, Rdn. 2.
379 ABl. 2003, L54/366 (Band 1).
380 *M. Niedobitek*, in: Streinz, EUV/AEUV, Art. 286 AEUV, Rdn. 3.
381 Daselbst, Art. 286 AEUV, Rdn. 5; *Ch. Waldhoff*, in: Calliess/Ruffert, EUV/AEUV, 4. Aufl. 2011, Art. 286 AEUV, Rdn. 5.
382 *R. Geiger*, Komm. z. EUV/EGV, 4. Aufl. 2004, Art. 266 EGV, Rdn. 1.
383 *Ch. Ohler*, in: Streinz, EUV/AEUV, Art. 308 AEUV, Rdn. 9 f.

(UA 3) und gewinnt dadurch den Charakter primären Gemeinschaftsrechts.[384] Teile der Satzung sind jedoch vom Rat auf Antrag der EIB oder der Kommission im vereinfachten Vertragsänderungsverfahren änderbar, wobei das Europäische Parlament im Wege des Konsultationsverfahrens beteiligt wird (Art. 308 UA 3 S. 2 AEUV). „Nach dem Lissabon-Urteil des BVerfG erfordert ein Änderungsbeschluss des Rates aufseiten der Bunderepublik Deutschland eine Zustimmung von Bundestag und Bundesrat durch Gesetz nach Art. 23 Abs. 1 S. 2 GG."[385]

(c) Änderung der Verträge

Art. 48 EUV ermöglicht die Änderung der Verträge, auf denen die Union beruht, in einem ordentlichen (Abs. 2–5) und in einem vereinfachten Vertragsänderungsverfahren (Abs. 6, 7) – nicht zu verwechseln mit dem ordentlichen Gesetzgebungsverfahren. Im vereinfachten Änderungsverfahren, das im Wesentlichen auf die Einberufung eines Konvents aus Vertretern der nationalen Parlamente, der Staats- und Regierungschefs, des Europäischen Parlaments sowie der Kommission verzichtet, kann der AEUV geändert werden. Dieses Verfahren, das ein Zusammenwirken von Gemeinschaftsorganen und Mitgliedsstaaten erfordert, kann von Initiativen der Regierung jedes Mitgliedsstaates, vom Europäischen Parlament oder von der Kommission initiiert werden. Die Entwürfe werden dem Rat vorgelegt, der sie dem Europäischen Parlament zur Anhörung weiterleitet (Abs. 3). Anschließend beruft der Ratspräsident einen Konvent ein, um die Vertragsänderung zu vereinbaren. Im Wege eines völkerrechtlichen Vertrages, der von allen (Abs. 4) Mitgliedstaaten zu ratifizieren ist, kann die primärrechtliche Änderung dann in Kraft treten. Wegen des Einstimmigkeitserfordernisses im ordentlichen Vertragsänderungsverfahren bleiben die Mitgliedstaaten „Herren der Verträge".[386] Im Rahmen des vereinfachten Vertragsänderungsverfahrens nach Art. 48 Abs. 6 EUV allerdings, das „alle wichtigen Politiken der Union außer der Außen- und Sicherheitspolitik erfasst"[387], kann der Rat schon mit qualifizierter Mehrheit Primärrecht ändern und die nationalen Parlamente müssen binnen sechs Monaten gegebenenfalls explizit widersprechen (Art. 48 Abs. 7 UA 3 S. 2 EUV) – das Europäische Parlament wird lediglich mit seiner Stellungnahme angehört. Weil die

---

384 *R. Geiger*, Komm. z. EUV/EGV, 4. Aufl. 2004, Art. 266 EGV, Rdn. 1; *M. Rodi*, in: Vedder/Heintschel von Heinegg, Europäisches Unionsrecht, Art. 308 AEUV, Rdn. 8.

385 *Ch. Ohler*, in: Streinz, EUV/AEUV, Art. 308 AEUV, Rdn. 19.

386 *H.-J. Cremer*, in: Calliess/Ruffert (Hrsg.), EUV/EGV, 3. Aufl. 2007, Art. 48 EUV, Rdn. 4.

387 *K. A. Schachtschneider*, Die Aushöhlung der Demokratie durch Europäische Union und Währungsunion, S. 117.

Primärverträge keine relevante Beteiligung nationaler Parlamente vorsehen[388] und letztere den Weg der Union hin zu einem Europäischen Bundesstaat weder verhindern wollen noch können, wird es weiterhin erforderlich sein, dass die Integrität des deutschen Grundgesetzes von Klagen zum Bundesverfassungsgericht abhängt.

c.c Gemeinsame Außen- und Sicherheitspolitik

(a) Allgemeines

In Erweiterung der seinerzeitigen Art. 3 Abs. 2, 11 EUV sah Art. III-292 EVV den Anspruch der Union vor, „insbesondere im Rahmen der Vereinten Nationen für multilaterale Lösungen bei gemeinsamen Problemen" zu sorgen.[389]

Eine verbindliche Beteiligung des Europäischen Parlaments an der Gemeinsamen Außen- und Sicherheitspolitik (GASP) gibt es nicht. Allerdings sollte der im Verfassungsentwurf noch vorgesehene Außenminister der Union das Europäische Parlament zu grundlegenden Fragen anhören und tätig werden unter „gebührende(r) Berücksichtigung" der Auffassung des Europäischen Parlaments. Nachdem in der Republik Politik „ausgeübte Rechtslehre"[390] ist, ist eine Verrechtlichung der Außenpolitik geboten. Im Reformvertrag von Lissabon verweist ein neuer Art. 205 AEUV auf die Regelungen des ebenfalls neu gestalteten und erweiterten Titels V Kapitel I des EU-Vertrags. Hinsichtlich der Beteiligung des Europäischen Parlaments wurde Art. 36 EUV den Reformvorschlägen des Entwurfs des Verfassungsvertrages entsprechend angepasst. So hört nicht mehr der Vorsitz des Ministerrats, aber auch kein Außenminister der Union, sondern der Hohe Vertreter der Union für Außen- und Sicherheitspolitik das Europäische Parlament, der als einheitlicher Ansprechpartner des Parlaments in Fragen der GASP fungiert.[391] Das Parlament kann auch von sich aus Anfragen (Interpellation) oder Empfehlungen an den Rat und den Hohen Vertreter der Union richten.

Art. 36 EUV entspricht wörtlich dem ursprünglichen Art. J.7 EUV. Lediglich eine ex-post-Anhörung[392] bezüglich der wichtigsten Aspekte und grundlegenden Weichenstellungen der GASP wird gewährt. Ganz in der Tradition der

---

388 *K. A. Schachtschneider*, daselbst, S. 116.

389 *W. Hummer*, in: Vedder/ Heintschel von Heinegg, Komm. EVV, Art. III-292 EVV, Rdn. 1; i.d.S. *H.-J. Cremer*, in: Calliess/Ruffert (Hrsg.), EUV/AEUV, 4. Aufl. 2011, Art. 36 EUV, Rdn. 2.

390 *Kant*, Zum ewigen Frieden, S. 229; *K. A. Schachtschneider*, Prinzipien des Rechtsstaats, S. 208.

391 *W. Hummer*, in: Vedder/Heintschel von Heinegg, Komm. EVV, Art. III-304 EVV, Rdn. 2.

392 *H.-J. Cremer*, in: Calliess/Ruffert (Hrsg.), EUV/EGV, 3. Aufl. 2007, Art. 21 EUV, Rdn. 1.

paternalistischen Formulierungen des Europäischen Primärrechts, das noch den Geist der „Hohen Behörde" wehen lässt, sichert Art. 36 UA 1 S. 2 EUV zu, dass die Auffassungen des Europäischen Parlaments „gebührend berücksichtigt" werden. Justiziabel ist das freilich nicht, sondern vielmehr Ausdruck einer Erosion des Rechts, die sich darin zeigt, dass im Gemeinschaftsrecht zunehmend „Soft Law"[393] anzutreffen ist. Das Europäische Parlament hat Gelegenheit, sich zweimal jährlich im Rahmen einer Aussprache über die Fortschritte bei der Durchführung der GASP zu erkundigen (Art. 36 UA 2 S. 2 EUV). Nach allgemeiner Praxis führt eine bloße ex-post-Anhörung eine „gebührende Berücksichtigung" „ad absurdum".[394] Im wichtigen Politikfeld der gemeinsamen Außen- und Sicherheitspolitik „besitzt das Parlament lediglich ein Beobachtungs- und Kommentierungsrecht, jedoch keine Befugnis mitzuentscheiden."[395]

(b) Restriktive Maßnahmen

Die Union kann global Wirtschafts- (Art. 215 AEUV) und Finanzembargos (Art. 75 AEUV) gegen Drittstaaten verhängen.[396] Wird aus außenpolitischen Gründen ein Beschluss gefasst, die Beziehungen zu einem Drittland einzuschränken oder gar einzustellen, so unterrichtet der Rat das Europäische Parlament nachträglich davon (Art. 215 Abs. 1 S. 2 AEUV). Damit setzt sich die schwache Beteiligung des Europäischen Parlaments im Rahmen der Gemeinsamen Sicherheits- und Außenpolitik (GASP, Art. 36 EUV) fort.[397]

(c) Katastrophenschutz

Als Ausfluss der Solidaritätsklausel des Art. 222 AEUV begründet der Reformvertrag weitere neue Befugnisse der Union, wenngleich der Katastrophenschutz die Leitidee der Solidarität der europäischen Integration[398] ohne entsprechenden Befugnistitel bereits in Art. 3 Abs. 1 lit. u EGV im Form des Vertrags von Maastricht als Aufgabe der EG ausformuliert hat.[399] Die Anwendung der Klausel

---

393 *Th. Oppermann*, Europarecht, 3. Aufl. 2005, S. 144, Rdn. 19.

394 *H.-J. Cremer*, in: Calliess/Ruffert (Hrsg.), EUV/EGV, 3. Aufl. 2007, Art. 21 EUV, Rdn. 1.

395 *H.-J. Cremer*, in: Calliess/Ruffert (Hrsg.), EUV/EGV, 4. Aufl. 2011, Art. 36 EUV, Rdn. 1.

396 Daselbst, Art. 215 AEUV, Rdn. 2 ff.

397 *H.-J. Cremer*, in: Calliess/Ruffert (Hrsg.), EUV/AEUV, 4. Aufl. 2011, Art. 215 AEUV, Rdn. 17.

398 *Ch. Ohler*, in: Streinz, EUV/AEUV, Art. 222 AEUV, Rdn. 15.

399 *Ch. Vedder*, in: Vedder/Heintschel von Heinegg, Europäisches Unionsrecht, Art. 222 AEUV, Rdn. 1 f.; *Ch. Calliess*, in: Calliess/Ruffert (Hrsg.), AEUV, 4. Aufl. 2011, Art. 222 AEUV, Rdn. 3.

kommt zum Tragen, wenn ein Mitgliedstaat einem terroristischen Angriff oder einer Naturkatastrophe ausgesetzt ist. Diesen „Solidaritätsfall" löst der Rat auf gemeinsamen Vorschlag der Kommission und des Hohen Vertreters der Union für Außen- und Sicherheitspolitik aus und unterrichtet das Europäische Parlament – wie im Bereich der Gemeinsamen Sicherheits- und Außenpolitik üblich[400] – lediglich darüber (Art. 222 Abs. 3 S. 3 AEUV). Gedeckt sind hiervon Maßnahmen nur auf dem Gebiet solcher Mitgliedstaaten, die über ihre politischen Organe selbst Hilfe angefordert haben (Art. 222 Abs. 2 AEUV).

Zur Erleichterung der Zusammenarbeit bei Katastrophen waren ursprünglich im Verfassungsvertrag noch erforderliche Maßnahmen vorgesehen, die eine schnellere und effizientere Zusammenarbeit ermöglichen sollten. Eine Beteiligung des Europäischen Parlaments an der Verabschiedung dieser Maßnahmen war im Wege des ordentlichen Gesetzgebungsverfahrens in Aussicht gestellt, wenngleich die Mitgliedstaaten für den Katastrophenschutz – mit den oben dargestellten Abgrenzungsproblemen – primär zuständig bleiben.[401] Im Reformvertrag ist dieser Abschnitt entfallen, womit das Europäische Parlament im Wirkungsbereich der Vorschrift über die Solidaritätsklausel lediglich unterrichtet wird.

b) Beteiligung im ordentlichen Gesetzgebungsverfahren

a.a Bereich Wirtschaft

(a) Gemeinwirtschaftliche Dienstleistungen

Im Gegensatz zum Verfassungsvertrag hat der EU-Reformvertrag nun doch keine eigenständige Gesetzgebungskompetenz der Union für die gemeinwirtschaftlichen Dienstleistungen umgesetzt. Der Versuch, über die bisherigen Befugnisnormen des Wettbewerbsrechts (Art. 86 Abs. 3 EGV) und des Binnenmarktes hinaus eine eigene Befugnis zu schaffen, war zuvor kontrovers diskutiert worden.[402] Auch wenn von dieser expliziten Ermächtigung Abstand genommen wurde, ist die an anderer Stelle dargestellte deutliche Ausweitung der Flexibilitätsklausel des Art. 352 AEUV auf alle in den Primärverträgen festgelegten Politikbereiche eine Generalklausel, die trotz fehlender Befugnisnormen in

---

400 *Ch. Vedder*, in: Vedder/Heintschel von Heinegg, Europäisches Unionsrecht, Art. 222 AEUV, Rdn. 15.

401 Daselbst, Rdn. 8.

402 *A. Kallmayer/Ch. Jung*, in: Calliess/Ruffert (Hrsg.), EUV/EGV, 3. Aufl. 2007, Art. 16 EGV, Rdn. 6.

Spezialvorschriften eine Unionsgesetzgebung ermöglicht.[403] An derartigen Entscheidungen ist das Europäische Parlament nach Art. 352 Abs. 1 AEUV im Mitentscheidungsverfahren zu beteiligen. Damit spielt dieses nun eine gewichtigere Rolle. In der bislang gültigen Version des Art. 352 EGV war es nämlich nur im Konsultationsverfahren beteiligt („Anhörung“[404]).

„Auf dieser Grundlage kann sich die Union [nun] so gut wie jede Befugnis verschaffen, ohne daß die Mitgliedstaaten dem zustimmen müssen. Letztere können lediglich ihre (kläglichen) Einwendungen aus dem Subsidiaritätsprinzip zur Geltung bringen (Abs. 2).“[405] Über die bisherige Generalklausel des Art. 308 EGV hinaus, welche auf die Verwirklichung des Gemeinsamen Marktes beschränkt war, können nun Befugnisergänzungen bis zur Grenze in den Verträgen explizit genannter Harmonisierungsverbote vorgenommen werden (Abs. 3).

Die Lockerung des Prinzips der „begrenzten Einzelermächtigung“[406] ohne nennenswerte Beteiligung des Europäischen Parlaments kann dazu führen, dass „ausschließlich Unionsorgane ... somit die Vorschriften (erlassen), welche die vertraglichen Ermächtigungen, die ohnehin äußerst weit gefaßt sind, weiter ausdehnen und auf neue Politiken erstrecken können, soweit das die Ziele der Union zulassen, folglich grenzenlos.“[407]

(b) Landwirtschaft

Traditioneller Aufgabenschwerpunkt, ja Grundlage der Gemeinschaft[408], ist der Agrar- und Fischereisektor, weshalb dieser den weitaus größten Einzelposten des Gemeinschaftshaushalts darstellt. Ziel der gemeinsamen Agrarpolitik ist unter anderem die Produktivitätssteigerung, die Einkommenssicherung der „landwirtschaftlichen Bevölkerung“ sowie die Sicherstellung der Versorgung zu

403 *K. A. Schachtschneider*, Verfassungsbeschwerde gegen das Zustimmungsgesetz des Dt. Bundestages zum Vertrag von Lissabon, 25.5.2008, 3. Teil, H III.; *ders.*, Die Aushöhlung der Demokratie durch Europäische Union und Währungsunion, S. 116.

404 *M. Rossi*, in: Calliess/Ruffert (Hrsg.), EUV/EGV, 3. Aufl. 2007, Art. 308 EGV, Rdn. 83.

405 *K. A. Schachtschneider*, Verfassungsbeschwerde gegen das Zustimmungsgesetz des Dt. Bundestages zum Vertrag von Lissabon, 25.5.2008, S. 267 f.

406 Daselbst, Art. 308 EGV, Rdn. 4.

407 *K. A. Schachtschneider*, Verfassungsbeschwerde gegen das Zustimmungsgesetz des Dt. Bundestages zum Vertrag von Lissabon, 25.5.2008, S. 268.

408 *R. Geiger*, EUV/EGV, 4. Aufl. 2004, Art. 32 EGV, Rdn. 1; *G. Thiele*, in: Calliess/Ruffert (Hrsg.), EUV/AEUV, 4. Aufl. 2011, Art. 40 AEUV, Rdn. 1 ff.

angemessenen Preisen, abschließend formuliert in fünf Zielen (Art. 39 AEUV).[409] Die noch heute gültigen Grundprinzipien der gemeinsamen Agrarpolitik wurden auf der Konferenz von Stresa 1958 beschlossen und lauten:[410]

- Marktprinzip: Die Landwirte sollen ihr Einkommen grundsätzlich durch Verkäufe am Markt erwirtschaften.[411] Abgesichert wird dieses Ziel durch den Ausschluss innergemeinschaftlicher Zölle, Mengenbegrenzungen, Handelshemmnissen sowie einzelstaatlicher Subventionen. Preisregelungen, Wettbewerbsregeln und einheitliche Verwaltungsvorschriften und Außenhandelsregelungen sollen ein Funktionieren der Agrarpolitik ebenfalls sicherstellen.[412]
- Prinzip der Gemeinschaftspräferenz (Art. 44 Abs. 2 S. 2 EGV a.F.): Es dient dem Schutz des Agrarbinnenmarktes vor dem Weltmarkt mit seinem oft deutlich niedrigeren Preisniveau und steht in einem Spannungsverhältnis zur eigentlich liberalen Handelspolitik der Europäischen Union (Art. 206 AEUV) und wird deshalb nicht mehr explizit im Primärvertragsrecht von Lissabon erwähnt, wird aber mit dem Prinzip der Autarkie und Stabilität der Märkte (Art. 39 Abs. 1 lit. c AEUV) begründet.[413]
- Prinzip der Gemeinschaftsfinanzierung: Die Kosten für die Gemeinsame Agrarpolitik werden von den Mitgliedstaaten nach dem üblichen Schlüssel, „also vornehmlich von Deutschland“[414], getragen.

Die Rechtssetzungsbefugnis für die europäische Marktordnung liegt beim Europäischen Parlament und beim Rat, weil Art. 43 Abs. 2 AEUV nun das ordentliche

---

409 *K. A. Schachtschneider*, Verfassungsrecht der Europäischen Union, Teil 2, S. 390 ff.; *S. Lorenzmeier*, in: Vedder/ Heintschel von Heinegg, Komm. EVV, Art. III-227 EVV, Rdn. 1 f.

410 Mansholt-Plan, ABl. 1958, L 281 ff.; *K. A. Schachtschneider*, Verfassungsrecht der Europäischen Union, Teil 2, S. 393 ff.

411 EuGH v. 20.04.1978, verb. Rs. 80 u. 81/77, Slg. 1978, 927, Rdn. 22 ff.; *F. Kopp*, in: Streinz (Hrsg.), EUV/EGV, Art. 32 EGV, Rdn. 15 f.; *Th. Oppermann*, Europarecht, § 21, S. 445, Rdn. 21; *K. A. Schachtschneider*, Verfassungsrecht der Europäischen Union, Teil 2, S. 393 ff.

412 *J. Burtin*, Die Gemeinsame Agrarpolitik und ihre Reform. Europäische Dokumentation. Amt für amtliche Veröffentlichungen der Europäischen Gemeinschaften, 1987, S. 20; *F. Kopp*, in. Streinz (Hrsg.), EUV/EGV, Art. 32 EGV, Rdn. 33, Art. 33 EGV, Rdn. 9; *K. A. Schachtschneider*, Verfassungsrecht der Europäischen Union, Teil 2, S. 393 ff.

413 *F. Kopp*, in: Streinz (Hrsg.), EUV/EGV, Art. 33 EGV, Rdn. 18; *K. A. Schachtschneider*, Verfassungsrecht der Europäischen Union, Teil 2, S. 393 ff.

414 *K. A. Schachtschneider*, Verfassungsrecht der Europäischen Union, Teil 2, S. 395.

Gesetzgebungsverfahren vorsieht, wo vor Inkrafttreten des Vertrags von Lissabon noch das Konsultationsverfahren galt. Dies gilt jedoch nicht für wichtige Felder der Gemeinsamen Agrarpolitik (GAP) wie Preisfestsetzungen, Abschöpfungen, Beihilfen, Fangmöglichkeiten etc. Diese werden vom Rat entschieden (Art. 43 Abs. 4 AEUV). Hier bleibt es beim Alleinentscheidungsrecht des Rates. Das wäre „im Hinblick auf das vielzitierte Demokratiedefizit zu bedauern"[415], wäre des Europäische Parlament auf Grund einer demokratischen, d. h. gleichheitlichen Wahl in der Lage, als Organ der Bürgerinnen und Bürger Europas demokratische Legitimation zu vermitteln. Die mit Rechtsetzungskompetenz im Agrarsektor ausgestatteten Organe der Union greifen auf die Ermächtigungsregeln der Gemeinsamen Agrarpolitik (GAP) als leges speciales zurück (Art. 38 Abs. 2 AEUV) und machen von dieser Befugnis reichlich Gebrauch. Jährlich ergehen tausende Durchführungsregeln, die beispielsweise im Jahre 2003 zu einem Fundstellenverzeichnis von ca. 400 Seiten geführt haben.[416]

Art. 43 AEUV ermöglicht dem Europäischen Parlament immerhin zusammen mit dem Rat im ordentlichen Gesetzgebungsverfahren die Regelung der Grundlinien der Agrarpolitik, also insbesondere die Ablösung der einzelstaatlichen Marktordnungen durch gemeinsame Organisationsformen.

(c) Binnenmarkt

• Allgemeines

„Die Union errichtet einen Binnenmarkt" (Art. 3 Abs. 3 S. 1 EUV). Zum Binnenmarkt gehören die fünf Grundfreiheiten, nämlich die Warenverkehrsfreiheit (Art. 28 ff. AEUV), die Arbeitnehmerfreizügigkeit (Art. 45 ff. AEUV), die Dienstleistungsfreiheit (Art. 56 ff. AEUV), die Niederlassungsfreiheit (Art. 49 ff. AEUV) sowie die Kapital- und Zahlungsverkehrsfreiheit (Art. 63 ff. AEUV). Die Grundfreiheiten sind seit den Römischen Verträgen im Primärrecht verankert[417], seit dem Vertrag von Lissabon wird „die Marktunion durchgehend als <Binnenmarkt> konzipiert".[418] Das Europäische Parlament ist an dieser Konzipierung unterschiedlich intensiv beteiligt.

---

415 *S. Lorenzmeier*, in: Vedder/Heintschel von Heinegg, Komm. EVV, Art. III-231 EVV, Rdn. 2.

416 *Th. Oppermann*, Europarecht, 3. Aufl. 2005, S. 438 ff.; *M. Rodi*, in: Vedder/Heintschel von Heinegg, Komm. EVV, Art. III-233 EVV, Rdn. 1.

417 *Th. Oppermann*, Europarecht, 3. Aufl. 2005, S. 516, Rdn. 1.

418 *K. A. Schachtschneider*, Verfassungsrecht der Europäischen Union, Teil 2, S. 53.

- Warenverkehrsfreiheit

Die Politik des freien Warenverkehrs besteht aus der Zollunion (Art. 28 AEUV), dem Verbot mengenmäßiger Einfuhr- und Ausfuhrbeschränkungen zwischen den Mitgliedstaaten und Maßnahmen gleicher Wirkung (Art. 34 AEUV).[419] „Obwohl die Grundfreiheiten, vom Wortlaut am deutlichsten die Warenverkehrsfreiheit (Art. 28 (34) ff. AEUV, bislang Art. 28 ff. EGV) und die Kapitalverkehrsfreiheit (Art. 56 (63) AEUV, bislang Art. 56 Abs. 1 EGV), als zwischenstaatliche völkerrechtstypische Ver- und Gebote formuliert waren und sind, hat der Gerichtshof diese – sehr früh die Warenverkehrsfreiheit – zu subjektiven, einklagbaren Rechten umgewandelt und damit deren Wirksamkeit außerordentlich verstärkt."[420] Die Grundfreiheit des freien Warenverkehrs bedingt eine enge Zusammenarbeit der nationalen Zollbehörden, welche sowohl untereinander als auch unter Einbeziehung der Europäischen Kommission kooperieren sollen. Einzelheiten der Zusammenarbeit sowie Maßnahmen zu deren Ausbau werden durch Ermächtigung des Rates im ordentlichen Gesetzgebungsverfahren mit Zustimmung des Europäischen Parlaments erlassenen (Art. 33 AEUV). Der Reformvertrag erweitert die erstmalig im Amsterdamer Vertrag geregelte Kooperation im Zollwesen auf die Gebiete des Strafrechts und der Strafrechtspflege.[421]

- Arbeitnehmerfreizügigkeit

Im Art. 46 AEUV kann die Union die „erforderlichen Maßnahmen" zur Herstellung der Freizügigkeit der Arbeitnehmer durch den Erlass von Richtlinien und Verordnungen im Wege des ordentlichen Gesetzgebungsverfahrens treffen. Die zentrale Befugnisnorm im Zusammenhang mit der Arbeitnehmerfreizügigkeit eröffnet die Möglichkkeit, Sekundärrecht zu erlassen[422], in diesem Fall Verordnungen und Richtlinien nach Art. 288 Abs. 2 und 3 AEUV. Die in den Buchstaben a-d des Art. 46 AEUV genannten Tätigkeitsfelder verwaltungsverfahrensrechtlicher Natur sind nur beispielhaft („insbesondere"). Grundsätzlich können im ordentlichen Gesetzgebungsverfahren Maßnahmen erlassen werden, die sich gegen mitgliedstaatliche Hindernisse für die Arbeitnehmerfreizügigkeit richten.[423]

---

419 Daselbst, S. 73.

420 *K. A. Schachtschneider*, Verfassungsbeschwerde vom 25.5.2008, S. 92.

421 *Ch. Waldhoff*, in: Calliess/Ruffert (Hrsg.), EUV/AEUV, 4. Aufl. 2011, Art. 33 AEUV, Rdn. 7; *D.-E. Kahn*, in: Vedder/Heintschel von Heinegg, Komm. EVV, Art. III-152 EVV, Rdn. 2.

422 *J. Beutel*, in: Vedder/Heintschel von Heinegg, Komm. EVV, Art. III-134 EVV, Rdn. 1 ff.

423 *A. Randelzhofer/U. Forsthoff*, in: Grabitz/Hilf, Das Recht der Europäischen Union, Art. 40 EGV, Rdn. 3 f. (18. EL Mai 2008).

Flankierend werden auch auf dem Gebiet der sozialen Sicherheit, z.B. durch Zahlung von Leistungen an Personen, die in den Hoheitsgebieten der Mitgliedstaaten wohnen – seit 1958 Teil des Primärrechts – notwendige Maßnahmen im ordentlichen Gesetzgebungsverfahren unter Zustimmung des Europäischen Parlaments beschlossen (Art. 48 AEUV). Im Reformvertrag ist eine Ausweitung der Regelung über Arbeitnehmer hinaus auch auf Selbständige (Art. 48 UA 1 AEUV) vorgenommen worden, wie auch „der Gerichtshof ... den Arbeitnehmerbegriff über dessen eigentlichen Begriffsgehalt ausgedehnt" hat, „um der Arbeitnehmerfreizügigkeit weites Wirkungsfeld zu verschaffen."[424]

- Dienstleistungsfreiheit

Im Zuge der sogenannten Lissabon-Strategie von 2000, die auf den Cardiff-Prozess aufsetzt – benannt nach dem Europäischen Rat von 1998 in Cardiff, der die strukturelle Reform der Güter-, Dienstleistungs- und Kapitalmärkte der EU bezweckte – sollte die Europäische Union bis 2010 zum wettbewerbsfähigsten und dynamischsten wissensbasierten Wirtschaftsraum der Welt gemacht werden. Dies sollte vorrangig über eine Liberalisierung des gemeinsamen Dienstleistungsmarktes geschehen.[425] Das Gebot des freien Dienstleistungsverkehrs verbietet infolgedessen Beschränkungen desselben. Als Grundfreiheit des AEUV ist die Verwirklichung der Dienstleistungsfreiheit im Fokus der Aktivitäten des Rats, dem im Wesentlichen die folgenden Werkzeuge zur Verfügung stehen: Die Aufhebung von Beschränkungen durch die Mitgliedstaaten, die Beseitigung von Beschränkungen mittels Liberalisierungsmaßnahmen des sekundären Gemeinschaftsrechts und letztlich die Gewährung von Mindeststandards durch Grundfreiheiten durch deren unmittelbare Anwendung.[426] Der Begriff „freier Dienstleistungsverkehr" bezieht sich auf alle regelmäßig entgeltlich erbrachten Leistungen, soweit nicht Teil der Vorschriften über den freien Waren- und Kapitalverkehr und der Freizügigkeit, und ist als Auffangtatbestand denkbar weit gehalten. Er umfasst insbesondere gewerbliche, kaufmännische, handwerkliche und freiberufliche Tätigkeiten (Art. 57 Abs. 1 bis 3 AEUV) und unterwirft mit den weiteren Normen des Binnenmarktes „alles erwerbliche Handeln des Menschen dem Liberalisierungs- und Deregulierungsprinzip der Europäischen Union".[427]

---

424 *K. A. Schachtschneider*, Verfassungsrecht der Europäischen Union, Teil 2, S. 82.

425 *D.-E. Kahn*, in: Vedder/Heintschel von Heinegg, Komm. EVV, Art. III-144 EVV, Rdn. 2.

426 *W. Kluth*, in: Calliess/ Ruffert (Hrsg.), EUV/EGV, 2. Aufl. 2002, Art. 52 EGV, Rdn. 8.

427 *K. A. Schachtschneider*, Verfassungsrecht der Europäischen Union, Teil 2, S. 87 f.; siehe auch *W. Frenz*, Europäische Grundfreiheiten, S. 904 ff.; *W. Kluth*, in: Calliess/

Auf diesem zentralen Themenfeld werden Richtlinien zur Liberalisierung bestimmter Dienstleistungen im ordentlichen Gesetzgebungsverfahren unter Zustimmung des Europäischen Parlaments erlassen (Art. 56 UA 2 AEUV). Diese Grundfreiheit kann auch auf Angehörige von Drittstaaten erweitert werden, die innerhalb der Europäischen Union ansässig sind. Nach Art. 56 AEUV wird das Europäische Parlament mit dem Rat auf diesem Politikfeld erstmalig als Gesetzgeber tätig und kann so tief in die Befugnisse der nationalen Parlamente eingreifen. „Auch die unmittelbare Anwendbarkeit der Dienstleistungsfreiheit (Art. 49 EGV/(56) AEUVV) hat der Gerichtshof der Europäischen Union entgegen dem Vertrag über die Europäische Gemeinschaft durchgesetzt. Jeder habe sich vor den nationalen Gerichten und auch dem Gerichtshof der Europäischen Union auf die Dienstleistungsfreiheit berufen können."[428]

Liberalisierungsmaßnahmen für bestimmte Dienstleitungsbereiche können nach Art. 59 Abs. 1 AEUV vom Europäischen Parlament im Wege des ordentlichen Gesetzgebungsverfahrens erlassen werden. Im Kontext der Europäischen Union ist beachtenswert, dass der Begriff „Liberalisierung" über den eng verstandenen Abbau von Beschränkungen hinaus „alle flankierenden Maßnahmen erfasst, die dazu geeignet sind, den grenzüberschreitenden Dienstleistungsverkehr zu erleichtern."[429] Für autonome nationale Parlamentsentscheidungen ist hier dann kaum mehr Raum.

- Niederlassungsfreiheit

Für die Herstellung der Niederlassungsfreiheit, also der unternehmerischen Freizügigkeit,[430] können Richtlinien wie bereits seit dem Maastricht-Vertrag[431] im Wege des Mitentscheidungsverfahrens/ordentlichen Gesetzgebungsverfahrens auf Legitimationsgrundlage des Art. 50 Abs. 1 AEUV erlassen werden.[432] Absatz 2 wurde sowohl im Verfassungsvertrag als auch im EU-Reformvertrag um den Zusatz „Europäisches Parlament" ergänzt, um die Mitverantwortung des ohnehin im Wege des Mitentscheidungsverfahrens beteiligten Europäischen Parlaments deklaratorisch zu verdeutlichen.

Ruffert (Hrsg.), EUV/EGV, 3. Aufl. 2007, Art. 49/50 EGV, Rdn. 7; EuGH 5.10.1988 – Rs. 196/87 (Steymann), Slg. 1988, 6159, Rdn. 9.

428 *K. A. Schachtschneider*, Verfassungsbeschwerde vom 25.5.2008, S. 98.

429 *D.-E. Kahn*, in: Vedder/Heintschel von Heinegg, Komm. EVV, Art. III-147 EVV, Rdn. 2.

430 *K. A. Schachtschneider*, Verfassungsbeschwerde vom 25.5.2008, S. 100 ff.

431 *R. Geiger*, EUV/EGV, 4. Aufl. 2004, Art. 44 EGV, Rdn. 2.

432 *J. Bröhmer*, in: Callies/Ruffert, EUV/AEUV, 4. Aufl. 2011, Art. 50 AEUV, Rdn. 2 f.; *D.-E. Kahn*, in: Vedder/Heintschel von Heinegg, Komm. EVV, Art. III-138 EVV, Rdn. 4.

Insbesondere auf Tätigkeiten zur Ausübung öffentlicher Gewalt finden die Vorschriften über Niederlassungsfreit wegen einer Bereichsausnahme keine Anwendung (Art. 51 UA 1 AEUV). Durch eine restriktive Definition des Begriffs der öffentlichen Gewalt durch den Europäischen Gerichtshof ist diese Bereichsausnahme allerdings „weitgehend entwertet".[433] Relevant ist diese Vorschrift nur für Private als Adressaten der Niederlassungsfreiheit, die als Selbständige hoheitliche Gewalt ausüben, wie dies in Deutschland beliehene Unternehmer sind.[434] Weitere Berufe können im ordentlichen Gesetzgebungsverfahren unter Zustimmung des Europäischen Parlaments ausgenommen werden[435] (Art. 51 UA 2 AEUV).

Den Mitgliedstaaten wird die Möglichkeit eingeräumt, aus Gründen der öffentlichen Sicherheit, Ordnung und Gesundheit „Sonderregelungen für Ausländer" zu erlassen (Art. 52 AEUV). Allerdings werden diese nationalen Vorschriften durch Richtlinien „koordiniert", wodurch das Europäische Parlament mit dem Rat zusammen im Rahmen des ordentlichen Gesetzgebungsverfahrens Einfluss auf die nationale Legislative hat, die sich im Rahmen der Richtlinien bewegen muss.[436]

Ebenfalls im ordentlichen Gesetzgebungsverfahren erlassene Richtlinien regeln auf nationaler Ebene die Anerkennung von mitgliedstaatlichen Diplomen, Prüfungszeugnissen und sonstigen Befähigungsnachweisen im Rahmen einer Aufnahme und Ausübung selbständiger Tätigkeiten. Auch freie Berufe, namentlich „ärztliche, arztähnliche und pharmazeutische Berufe", unterliegen dieser europäischen Harmonisierung (Art. 53 Abs. 2 AEUV). Die deutschen verkammerten Berufe sehen sich schon jetzt mit EU-Kollegen konfrontiert, die unter ihrer heimatstaatlichen Berufsbezeichnung in Deutschland tätig werden können. Weil auf Basis dieser Ermächtigung in nationales Beschäftigungsrecht eingegriffen wird, steht der Union – seit Maastricht unter Beteiligung des Europäischen Parlaments im Wege des Mitentscheidungsverfahrens[437] – eine Schlüsselrolle bei

433 *K. A. Schachtschneider*, Verfassungsrecht der Europäischen Union, Teil 2, S. 99 f.; vgl. EuGH v. 21.07.1974 – Rs. 2/74 (Reyners), Slg. 1974, 631, Rdn. 42/43; EuGH v. 29.10.1989 – Rs. C-114/97 (Kommission/Spanien), Slg. 1998, I-6717, Rdn. 34 f.; *P.-Ch. Müller-Graff*, in: Streinz (Hrsg.), EUV/EGV, Kommentar, Bd. 1, 6. Aufl. 2006, Art. 45 EGV, Rdn. 3.

434 *K. A. Schachtschneider*, Verfassungsrecht der Europäischen Union, Teil 2, S. 99 f.

435 *D.-E. Kahn*, in: Vedder/Heintschel von Heinegg, Komm. EVV, Art. III-139 EVV, Rdn. 4.

436 *J. Bröhmer*, in: Calliess/Ruffert (Hrsg.), EUV/AEUV, 4. Aufl. 2011, Art. 53 AEUV, Rdn. 5; *R. Geiger*, EUV/EGV, 4. Aufl. 2004, Art. 46 EGV, Rdn. 2.

437 *J. Bröhmer*, in: Calliess/Ruffert (Hrsg.), EUV/AEUV, 4. Aufl. 2011, Art. 53 AEUV, Rdn. 1; *R. Geiger*, EUV/EGV, 4. Aufl. 2004, Art. 47 EGV, Rdn. 6.

der Marktöffnung zu[438], besonders, wenn dem Begriff Koordinierung eine Einschränkung der gemeinschaftsrechtlichen Gesetzgebungsbefugnis entnommen werden will. Die Niederlassungsfreiheit ermöglicht mitgliedstaatlichen Unternehmen unter deren ausländischer Rechtsform ein Tätigwerden in Deutschland unter Umgehung deutschen Gesellschaftsrechts mit seinen Regelungen etwa der Mitbestimmung.[439]

- Kapital- und Zahlungsverkehrsfreiheit

Die Kapital- und Zahlungsverkehrsfreiheit komplettiert als Kapitalunion die Markt- und Wettbewerbsunion. „In einer kapitalistischen Wirtschaftsordnung ist die ökonomische Logik weitestgehende Liberalisierung und Deregulierung des Kapitalverkehrs."[440] Die Erstreckung europäischen Rechts auch auf Belange zwischen Mitgliedstaaten und Drittstaaten wird besonders bei den Vorschriften zum Kapital- und Zahlungsverkehr deutlich. „Die Kapitalverkehrs- und Zahlungsverkehrsfreiheit stehen als Grundfreiheiten auch Bürgern/Unternehmen von Drittstaaten (ohne irgendeine Vermittlung) zu (Ausnahmen nach Art 57 Abs. 1 EGV/AEUV) und begünstigt diese einseitig."[441]

Maßnahmen im Zusammenhang mit dem Kapitalverkehr mit dritten Ländern bezüglich Direktinvestitionen werden unter Beteiligung des Europäischen Parlaments im Wege des ordentlichen Gesetzgebungsverfahrens geregelt (Art. 64 Abs. 2 AEUV).[442] Strengere einzelstaatliche Regelungen hinsichtlich Direktinvestitionen von Drittländern bedürfen einer Erlaubnis des Rates, womit das Europäische Parlament im besonderen Gesetzgebungsverfahren[443] „in systemwidriger Weise"[444] lediglich im Wege des Konsultationsverfahrens einbezogen wird (Art. 64 Abs. 3 AEUV), obwohl hier gewichtige Entscheidungen etwa in den „Wars on Terror" getroffen werden können.[445] Dies ist eines der komplexeren

438 *J. Bröhmer*, in: Calliess/Ruffert (Hrsg.), EUV/AEUV, 4. Aufl. 2011, Art. 50 AEUV, Rdn. 2; *D.-E. Kahn*, in: Vedder/Heintschel von Heinegg, Komm. EVV, Art. III-141 EVV, Rdn. 7.

439 *K. A. Schachtschneider*, Verfassungsrecht der Europäischen Union, Teil 2, S. 107.

440 *K. A. Schachtschneider*, Verfassungsrecht der Europäischen Union, Teil 2, S. 111.

441 *K. A. Schachtschneider*, Verfassungsbeschwerde vom 25.5.2008, S. 112; siehe auch *J. C. W. Müller*, Kapitalverkehrsfreiheit in der Europäischen Union, S. 149; *W. Frenz*, Europäische. Grundfreiheiten, Rdn. 2741 f., S. 1033 f.

442 *J. Bröhmer*, in: Calliess/Ruffert (Hrsg.), EUV/AEUV, 4. Aufl. 2011, Art. 64 AEUV, Rdn. 1; *D.-E. Kahn*, in: Vedder/Heintschel von Heinegg, Komm. EVV, Art. III-157 EVV, Rdn. 8; *K. A . Schachtschneider*, Verfassungsrecht der Europäischen Union, Teil 2, S. 112

443 *K. A. Schachtschneider*, Verfassungsrecht der Europäischen Union, Teil 2, S. 112.

444 *D.-E. Kahn*, in: Vedder/ Heintschel von Heinegg, Komm. EVV, Art. III-157 EVV, Rdn. 8.

445 *J. Bröhmer*, in: Calliess/Ruffert (Hrsg.), 4. Aufl. 2011, Art. 65 AEUV, Rdn. 9.

Sachgebiete, für dessen Teilbereiche beide aktuell geltenden Gesetzgebungsverfahren praktiziert werden, wie unter B II 3 bemerkt.

Regelungen des Binnenmarktes sollten – nahezu wortidentisch mit der bisherigen Regelung in Art. 83 EGV[446] – nach Art. 103 AEUV in der Kompetenz des Rats liegen, der auf Vorschlag der Kommission die Europäischen Verordnungen zur Verwirklichung der in den Artikeln 101 und 102 niedergelegten Grundsätze des Binnenmarkts erlässt. Er beschließt nach bloßer Anhörung des Europäischen Parlaments.

Zur Vermeidung staatlicher Eingriffe in den Binnenmarkt sind Beihilfen, die den Wettbewerb zwischen den Mitgliedstaaten verfälschen, nicht zulässig. Um eine entsprechende Kontrolldichte sicherzustellen, prüft die Kommission fortlaufend bestehende Beihilferegelungen. Die Mitgliedstaaten sind sogar verpflichtet, die Kommission über „jede beabsichtigte Einführung oder Umgestaltung von Beihilfen so rechtzeitig zu unterrichten, dass sie sich dazu äußern" und erforderlichenfalls mit dem Binnenmarkt nicht vereinbare Beihilfen unterbinden kann (Art. 108 Abs. 3 AEUV).[447] Das Procedere dieser Überwachung regeln „zweckdienliche" (Art. 109 AEUV) Durchführungsverordnungen, die vom Rat im Konsultationsverfahren „lediglich"[448] nach Anhörung des Europäischen Parlaments erlassen werden.

Eine Ursache für Diskriminierung kann nicht nur in staatlicher Beihilfenpolitik für die nationale Wirtschaft, sondern auch in der Steuerpolitik liegen. Entsprechende gesetzliche Regelungen, die die Gesetzgebungs- und damit Steuerhoheit der Mitgliedstaaten beschränken[449], erlässt seitens der Union der Rat nach Anhörung des Europäischen Parlaments. Zu den betreffenden Rechtsvorschriften wird neben dem Europäischen Parlament auch sein Wirtschafts- und Sozialausschuss angehört (Art. 113 AEUV). Ziel dieser Maßnahmen ist die Harmonisierung der Umsatzsteuer, der Verbrauchssteuern und sonstiger indirekter Steuern.

Zur Angleichung derjenigen Rechts- und Verwaltungsvorschriften der Mitgliedstaaten, die sich unmittelbar auf die Errichtung oder das Funktionieren des Binnenmarktes auswirken, werden Maßnahmen des Rates[450] festgelegt. Der Rat

446 *Ch. Jung*, in: Calliess/Ruffert (Hrsg.), 4. Aufl. 2011, Art. 103 AEUV, Rdn. 17; *P.-Ch. Müller-Graff*, in: Vedder/Heintschel von Heinegg, Komm. EVV, Art. III-163 EVV, Rdn. 1.

447 *K. A. Schachtschneider*, Verfassungsrecht der Europäischen Union, Teil 2, S. 375.

448 *P.-Ch. Müller-Graff*, in: Vedder/Heintschel von Heinegg, Komm. EVV, Art. III-169 EVV, Rdn. 3.

449 *M. Rossi*, in: Vedder/Heintschel von Heinegg, Komm. EVV, Art. III-170 EVV, Rdn. 2.

450 Daselbst, Art. III-173, Rdn. 9.

beschließt einstimmig nach Anhörung des Europäischen Parlaments und des Wirtschafts- und Sozialausschusses des Parlaments. Art. 115 AEUV stellt eine sehr weit gefasste Kompetenzgrundlage zur Verfügung. Inhaltlich hat sich an der erst mit dem EUV zum 1.11.1993 eingeführten[451] Anhörung des Europäischen Parlaments beim Erlass der Rechtsangleichungsrichtlinien nichts geändert.

Mit der Einheitlichen Europäischen Akte wurde Art. 95 EGV zum 1.7.1987 als deren „wichtigste Neuerung“[452] eingeführt, um dem Europäischen Binnenmarkt Dynamik und Flexibilität zu verleihen. In den gemeinsamen Bestimmungen zur Rechtsangleichung im Binnenmarkt, die das Funktionieren des Binnenmarktes zum Gegenstand haben, ist von einem Zustimmungserfordernis des Europäischen Parlaments im ordentlichen Gesetzgebungsverfahren die Rede.

„Die Rechtsangleichung schafft … einen europäischen Rechtsraum und bewirkt eine Europäisierung der Rechtsordnung.“[453] Sie entrechtet die Politik durch Entdemokratisierung und Gewaltzentrierung. Die Union schafft, preisen die Integrationisten, ius communitatis (Gemeinschaftsrecht), und die Mitgliedstaaten ergänzen dieses durch ius commune (gemeines Recht).“[454] Der Anwendungsvorrang des europäischen Rechts gegenüber dem mitgliedstaatlichen Recht zeigt sich also deutlich im Art. 116 AEUV. Ist die Kommission der Ansicht, dass Rechts- und Verwaltungsvorschriften eines Mitgliedstaates die Wettbewerbsbedingungen im Binnenmarkt verfälschen, berät sie den betroffenen Mitgliedstaat. Sollte das Mitgliedsland nicht einlenken, wird die Verzerrung des Wettbewerbs nach Konzeption des Verfassungsvertrages erstmalig unter Beteiligung des Europäischen Parlaments im ordentlichen Gesetzgebungsverfahren durch eine Richtlinie beseitigt (Art. 116 UA 2 AEUV). „Rechtsangleichungsvorschriften … gelten unmittelbar in den Mitgliedstaaten, ein Systembruch“[455].

Die Befugnisse der Union auch in zivilrechtlichen Fragen (geistiges Eigentum, vollstreckungsrechtliche Fragen) gestalten den Europäischen Binnenmarkt. Erstmals besteht eine Ermächtigungsgrundlage für einen gemeinschaftsweiten Schutz im gesamten Bereich geistigen Eigentums, der bislang durch auf Basis der Flexibilitätsklausen gemäß Art. 308 EGV verabschiedeten Verordnungen fußte.[456] Das

---

451 *W. Kahl*, in: Calliess/Ruffert (Hrsg.), EUV/EGV, 3. Aufl. 2007, Art. 94 EGV, Rdn. 15.

452 *W. Kahl*, in: Calliess/Ruffert (Hrsg.), EUV/AEUV, 4. Aufl. 2011, Art. 114 AEUV, Rdn. 1.

453 *K. A. Schachtschneider*, Verfassungsrecht der Europäischen Union, Teil 2, S. 58 unter Verweis auf: *Th. Oppermann*, Europarecht, 3. Aufl. 2005, S. 376, Rdn. 1.

454 *K. A. Schachtschneider*, Verfassungsrecht der Europäischen Union, Teil 2, S. 58 unter Verweis auf: *Th. Oppermann*, Europarecht, 3. Aufl. 2005, S. 376, Rdn. 1; S. 459 ff., Rdn. 71.

455 *K. A. Schachtschneider*, Verfassungsrecht der Europäischen Union, Teil 2, S. 61.

456 *M. Rossi*, in: Vedder/Heintschel von Heinegg, Komm. EVV, Art. III-176 EVV, Rdn. 2.

Parlament wird im ordentlichen Gesetzgebungsverfahren am Erlass dieser Vorschriften beteiligt (Art. 118 UA 1 AEUV). Bei der Festlegung von Sprachregelungen für einen europäischen Rechtstitel wird das Europäische Parlament lediglich angehört (Art. 118 UA 2 AEUV).[457]

(d) Verkehrspolitik

Wegen der strategischen Bedeutung der Verkehrspolitik „verfolgen" die Mitgliedstaaten eine gemeinsame Verkehrspolitik. Diese Formulierung bedeutet, dass die Union selbst gesetzliche Regelungen schaffen kann und nicht auf eine Angleichung der nationalen Rechtssysteme durch die Mitgliedstaaten angewiesen ist.[458] Denn wenn die Letztgenannten nach dem Primärvertragsrecht eine gemeinsame Verkehrspolitik verfolgen, dann setzt diese Vorschrift „logischerweise das Bestehen und somit die Notwendigkeit der Entwicklung einer gemeinsamen Verkehrspolitik voraus, um es den Mitgliedstaaten zu ermöglichen, ihrerseits im Rahmen dieser Politik tätig zu werden."[459]

Die Ziele der Verträge im Rahmen der Verkehrspolitik (Art. 90, 91 AEUV) wie z.B. der freie Wettbewerb der Verkehrsunternehmen werden durch Maßnahmen verwirklicht, die im ordentlichen Gesetzgebungsverfahren mit der Mitentscheidungsbefugnis des Europäischen Parlaments nach einer Anhörung des Ausschusses der Regionen und des Wirtschafts- und Sozialausschusses erlassen werden.

Maßnahmen zur Durchsetzung des Diskriminierungsverbotes von Art. 95 AEUV (Verbot protektionistischer Verkehrstarife) werden nun erstmalig im Konsultationsverfahren nach – immerhin – Anhörung des Europäischen Parlaments verabschiedet. Sie sollen verhindern, dass Verkehrsunternehmer je nach Herkunfts- oder Bestimmungsland unterschiedliche Beförderungsbedingungen anwenden.

Die Erosion des Prinzips der begrenzten Ermächtigung hin zu einem der unbegrenzten, ja totalen Ermächtigung der Europäischen Union zeigt sich in Art. 91 Abs. 1 lit. d AEUV, demzufolge das Europäische Parlament mit dem Rat im ordentlichen Gesetzgebungsverfahren zur Durchführung der Ziele des Art. 90 AEUV „alle sonstigen zweckdienlichen Vorschriften erlassen" kann,

---

457 *Ch. Wichard*, in: Calliess/Ruffert (Hrsg.), EUV/AEUV, 4. Aufl. 2011, Art. 118 AEUV, Rdn. 12; *M. Rossi*, in: Vedder/Heintschel von Heinegg, Komm. EVV, Art. III-176 EVV, Rdn. 7.

458 *Ch. Jung*, in: Calliess/Ruffert (Hrsg.), EUV/EGV, 3. Aufl. 2007, Art. 70 EGV, Rdn. 3.

459 EuGH v. 22.5.1985 – Rs. 13/83 (Parlament/ Rat), Slg. 1985, S. 1513.

wobei diese Ermächtigung auch noch „weit ausgelegt" wird.[460] Kirchhof mahnt daher, dass Bemühungen zurückzuweisen seien, „das Recht unter den Vorbehalt der Politik zu stellen oder durch Interpretation ins Gegenteil zu verkehren .... Wenn kein Gebot mehr gälte, verlöre die Europäische Rechtsgemeinschaft ihre Existenzgrundlage."[461]

Im Bereich der Verkehrspolitik legt Art. 90 AEUV fest, dass die Mitgliedstaaten „auf dem in diesem Titel geregelten Sachgebiet ... die Ziele dieser Verträge im Rahmen einer gemeinsamen Verkehrspolitik" verfolgen. Die Mitgliedstaaten sind zum Tätigwerden verpflichtet, wobei die gemeinsame Verkehrspolitik im Rahmen einer konkurrierenden Zuständigkeit den Rahmen bildet.[462] Generell kommt das ordentliche Gesetzgebungsverfahren unter Mitwirkung des Europäischen Parlaments zur Anwendung (Art. 91 Abs. 1 AEUV). Bei Maßnahmen im Rahmen der Verkehrspolitik, die Diskriminierungen beseitigen sollen, bleibt es aber beim Konsultationsverfahren (Art. 95 Abs. 1 und 3 AEUV).

(e) Wirtschafts- und Währungspolitik

„Zur existentiellen Staatlichkeit eines Volkes gehört die Währungshoheit. Mittels der Währungspolitik wird die Geld- und Kreditpolitik gesteuert. Die Währungspolitik ist essentiell für die wirtschaftliche Entwicklung eines Gemeinwesens."[463] Mit der dritten Stufe der Währungsunion (1998) ist die Währungspolitik der Staaten, deren Währung der Euro ist, durch den Vertrag von Maastricht in die ausschließliche Zuständigkeit der Union übergegangen (Art. 4 Abs. 2, Art. 105 ff. EGV, Art. 3 Abs. 1 lit. c AEUV). Dies ist nicht isoliert geschehen, sondern geht mit Befugnissen in den Bereichen der Wirtschafts-, Beschäftigungs- und Sozialpolitik einher (Art. 5 AEUV).[464]

Im Bereich der Wirtschaftspolitik, die im Unionsvertrag von Maastricht 1992 Eingang in das europäische Primärrecht gefunden hat, fordert der Verfassungsvertrag, dass die Mitgliedstaaten ihre Wirtschaftspolitik als eine Angelegenheit von gemeinsamem Interesse betrachten, sie im Rat nach Maßgabe des Artikels 121 Abs. 1 AEUV koordinieren „und eine dauerhafte Konvergenz der Wirtschaftsleistungen der Mitgliedstaaten ... gewährleisten".[465] In diesem

---

460 *Ch. Jung*, in: Calliess/Ruffert (Hrsg.), EUV/EGV, 3. Aufl. 2007, Art. 71 EGV, Rdn. 2.
461 *P. Kirchhof*, Stabilität von Recht und Geldwert, in: NJW 1–2/2013, S. 1 (3).
462 *Ch. Jung*, in: Calliess/Ruffert (Hrsg.), EUV/EGV, 2. Aufl. 2002, Art. 70, Rdn. 5.
463 *K. A. Schachtschneider*, Verfassungsbeschwerde gegen den Vertrag von Lissabon vom 25.5.2008, S. 157.
464 *K. A. Schachtschneider*, Verfassungsrecht der Europäischen Union, Teil 2, S. 128 ff.
465 Daselbst, S. 128.

Politikfeld ist eine „multilaterale Überwachung" (Art. 121 Abs. § UA 2 AEUV) der Wirtschaftspolitik der Mitgliedsstaaten vorgesehen. Eine eigenständige Wirtschaftspolitik der Mitgliedstaaten kann nur noch erfolgen, wenn sie die nötige Homogenität im Lichte der Wirtschafts- und Währungsunion aufweist und entsprechend koordiniert erfolgt.

Der Ruf nach einer „Europäischen Wirtschaftsregierung" im Rahmen der aktuellen Schulden- und Eurokrise ist unnötig, weil bereits jetzt eine weitgehende Kohärenz der Eurozone primärvertraglich gefordert ist. Auch hier droht ein weiteres Auseinanderdriften von politischem Postulat und europäischer Realität. Im Gegensatz zur „relativen Offenheit" der Wirtschaftsverfassung des deutschen Grundgesetzes[466] mit seiner marktlichen Sozialwirtschaft[467] wird hier von den Mitgliedstaaten eine Wirtschaftspolitik im Sinne einer offenen Marktwirtschaft mit freiem Wettbewerb gefordert.[468] Die Mitgliedstaaten der Union werden „zu einer weltweit offenen Wirtschaftspolitik"[469] verpflichtet (Art. 206 AEUV).

Das Europäische Parlament kann den für die Funktion der multilateralen Überwachung vorgesehenen Präsidenten des Rates nur um Berichterstattung ersuchen, wenn der Rat seine Empfehlung bereits veröffentlicht hat (Art. 121 Abs. 5 AEUV) – „aus Sicht des Parlaments unbefriedigend".[470] Im Vertrag über die Arbeitsweise der Union (AEUV) ist es mithin bei der schwachen Beteiligung des Europäischen Parlaments bei der Festlegung der Wirtschaftspolitik geblieben.[471] Lediglich Einzelheiten des Verfahrens der multilateralen Überwachung der wirtschaftlichen Entwicklung i. S. des Art. 121 Abs. 3 und 4 AEUV werden

466 BVerfGE 50, S. 290 (338); *H. Hofmann*, in: Schmidt-Bleibtreu/Hofmann/Hopfauf, Komm. z. GG, 11. Aufl. 2008, Art. 14 GG, Rdn. 6.

467 *K. A. Schachtschneider*, Wirtschaftliche Stabilität als Rechtsprinzip, in: W. Hankel u.a., Die Euro-Illusion, S. 314 ff. (315); *ders.*, Grenzen der Kapitalverkehrsfreiheit, in: ders. (Hrsg.), Rechtsfragen der Weltwirtschaft, S. 289 ff. (292); *ders.*, Marktliche Sozialwirtschaft, in: K. Farmer/W. Harbrecht (Hrsg.), Theorie der Wirtschaftspolitik, Entwicklungspolitik und Wirtschaftsethik, FS W. Lachmann, 2006, S. 41 ff.; *H.-M. Hänsch*, Gesamtwirtschaftliche Stabilität als Verfassungsprinzip. Die gesamtwirtschaftliche Stabilität der deutschen Wirtschaftsverfassung und die Europäische Währungsunion, S. 93 ff.

468 *M. Rodi*, in: Vedder/Heintschel von Heinegg, Komm. EVV, Art. III-178, Rdn. 5.

469 *K. A. Schachtschneider*, Verfassungsrecht der Europäischen Union, Teil 2, S. 129 f.; dazu auch: *A. v. Bogdandy*, in: Grabitz/Hilf/Nettersheim (Hrsg.), Das Recht der Europäischen Union, Art. 2 EGV, Rdn. 64; *A. Hatje*, Wirtschaftsverfassung, in: v. Bogdandy (Hrsg.), Europäisches Verfassungsrecht. Theoretische und dogmatische Grundzüge, S. 693, 701 ff.

470 *U. Häde*, in: Calliess/Ruffert (Hrsg.), EUV/AEUV, 4. Aufl. 2011, Art. 121 AEUV, Rdn. 9.

471 *U. Häde*, in: Calliess/Ruffert (Hrsg.), EUV/AEUV, 4. Aufl. 2011, Art. 121 AEUV, Rdn. 9; *M. Rodi*, in: Vedder/Heintschel von Heinegg, Komm. EVV, Art. III-179 EVV, Rdn. 14.

gemäß Art. 121 Abs. 6 AEUV nun nicht mehr im Verfahren der Zusammenarbeit (Art. 252 EGV), sondern im ordentlichen Gesetzgebungsverfahren/ Mitentscheidungsverfahren verabschiedet. „Das demokratische Defizit dieser wirtschaftspolitischen Befugnis der Gemeinschaft wird nicht gerade dadurch gemindert, dass das Europäische Parlament nach … Art. 121 UAbs. 3 S. 2 AEUV von den Empfehlungen des Rates, in denen die Grundzüge dargelegt werden, lediglich unterrichtet wird. Das Parlament hat also auf diese Maßnahmen keinen nennenswerten Einfluss."[472]

Eine ebensolche nur informatorische Beteiligung des Europäischen Parlaments findet sich im Zusammenhang mit finanziellen Hilfen bei Naturkatastrophen (Art. 122 AEUV). In Übereinstimmung mit dem ursprünglich im Verfassungsentwurf geplanten Art. III-180 EVV wird nach Art. 122 Abs. 2 S. 2 AEUV der Rat als Krisenmanager tätig und entscheidet mit einfacher Mehrheit auf Vorschlag der Kommission bei bloßer Unterrichtung des Europäischen Parlaments.[473]

Zur Umsetzung des Verbots einer monetären Haushaltsfinanzierung der öffentlichen Hand stellt Art. 123 AEUV klar, dass der öffentliche Sektor bei Defizitfinanzierung auf den allgemeinen Markt angewiesen sein muss. „Grundlage der Währungsunion ist die Eigenständigkeit der Finanzen und der Haushalte der Mitgliedstaaten."[474] Dieser primärvertragliche Aspekt wird bei der aktuellen Schulden- und Eurokrise – etwa beim Aufkauf von Staatsanleihen durch die EZB – häufig verletzt. Für Deutschland heißt dies: „Die Praxis der EZB, unmittelbar Staatsanleihen der Mitgliedstaaten der Euro-Gruppe und mittelbar jedwede Staatsanleihen dieser Mitgliedstaaten, auch sogenannte Schrottpapiere, zu kaufen, verletzt die Beschwerdeführer [und damit auch die Bürger der Bundesrepublik Deutschland] auch in deren Grundrecht aus Art. 2 Abs. 1 GG, nämlich in ihrem Recht auf Recht."[475]

Ein erleichterter Zugang zu Kreditinstituten kann verboten werden, indem der Rat durch Verordnung oder Beschluss Definitionen der Art. 123 und 124 AEUV näher bestimmt („Überziehungs- oder andere Kreditfazilitäten", „Maßnahme", „bevorrechtigter Zugang" etc.). Das Exekutivorgan Ministerrat nimmt

---

472 *K. A. Schachtschneider*, Verfassungsbeschwerde gegen den Euro-Rettungsschirm vom 5.7.2010, S. 47.

473 *U. Häde*, in: Calliess/Ruffert (Hrsg.), EUV/AEUV, 4. Aufl. 2011, Art. 122 AEUV, Rdn. 14; *M. Rodi*, in: Vedder/Heintschel von Heinegg, Komm. EVV, Art. III-180 EVV, Rdn. 6 ff.

474 *K. A. Schachtschneider*, Verfassungsrecht der Europäischen Union, Teil 2, S. 137.

475 *Ders.*, Verfassungsbeschwerde gegen den Euro-Rettungsschirm vom 5.7.2010, S. 48.

bei bloßer Anhörung (Konsultationsverfahren)[476] des Europäischen Parlaments diese Handlungen vor (Art. 125 Abs. 2 AEUV).

Durch das Sanktionssystem des Art. 126 AEUV wird eine Verpflichtung der Mitgliedstaaten zur Vermeidung übermäßiger Haushaltsdefizite und Staatsschulden ausgesprochen.[477] Bei Verstößen gegen den Euro-Stabilitätspakt kann der Rat das betroffene Mitgliedsland im Verfahren des Art. 126 AEUV in Verzug setzen, um den Defizitabbau zu erreichen. Zur Sanktion von Verstößen können z. B. Geldbußen in angemessener Höhe verhängt werden. Diese Maßnahmen waren bereits im unverbindlichen und vertragswidrigen[478] Stabilitäts- und Wachstumspakt[479] vom 17.06.1997 vorgesehen und sind „kläglich gescheitert".[480] Dies ist für den Verbleib Deutschlands in der Währungsunion von großer Bedeutung, denn das Bundesverfassungsgericht hat im Maastricht-Urteil klargestellt, dass „die langfristigen Vorgaben, die das Stabilitätsziel zum Maßstab der Währungsunion machen", „durch institutionelle Vorkehrungen die Verwirklichung dieses Zieles sicherzustellen suchen" und dass diese „letztlich – ultima ratio – beim Scheitern der Stabilitätsgemeinschaft auch einer Loslösung von der Gemeinschaft nicht entgegenstehen".[481]

Das stark formalisierte Verfahren zur Vermeidung übermäßiger Haushaltsdefizite und Staatsschulden, das in den 14 Absätzen des Art. 126 AEUV geregelt ist, räumt dem Rat ein großes Ermessen bei der Wahl der katalogartig abschließend dargestellten Sanktionen des Abs. 11 ein. Dies geschieht zu Lasten der Kommission, die – obgleich als „Hüterin der Verträge" bezeichnet – weitgehend auf die Abgabe von Empfehlungen beschränkt ist und der das „Schwert des Vertragsverletzungsverfahrens" aus der Hand genommen wurde.[482] Das Europäische Parlament wird von den verhängten Sanktionen lediglich durch den Ratspräsidenten unterrichtet, also nicht einmal angehört (Art. 126 Abs. 10 S. 2 AEUV).[483]

---

476 *U. Häde*, in: Calliess/Ruffert (Hrsg.), EUV/AEUV, 4. Aufl. 2011, Art. 126 AEUV, Rdn. 5; *M. Rodi*, in: Vedder/Heintschel von Heinegg, Komm. EVV, Art. III-183 EVV, Rdn. 7.

477 *R. Geiger*, EUV/EGV, 4. Aufl. 2004, Art. 104 EGV, Rdn. 1 ff.

478 *K. A. Schachtschneider*, Verfassungsrecht der Europäischen Union, Teil 2, S. 153, 179 f.

479 *M. Rodi*, in: Vedder/ Heintschel von Heinegg, Komm. EVV, Art. III-184 EVV, Rdn. 1.

480 *K. A. Schachtschneider*, Verfassungsbeschwerde gegen den Euro-Rettungsschirm vom 5.7.2010, S. 159.

481 BVerfGE 89, 155 (204); dazu *K. A. Schachtschneider*, Verfassungsbeschwerde gegen den Euro-Rettungsschirm vom 5.7.2010, S. 159; *W. Hankel* u.a. (K. A. Schachtschneider), Die Euro-Klage, S. 192 ff.; *K. A. Schachtschneider*, Euro – der Rechtsbruch, in: W. Hankel u.a., Die Euro-Illusion, S. 27 ff.; *ders.*, Wirtschaftliche Stabilität als Rechtsprinzip, daselbst, S. 314 ff.

482 *M. Rodi*, in: Vedder/Heintschel von Heinegg, Komm. EVV, Art. III-184 EVV, Rdn. 6, 21.

483 *U. Häde*, in: Calliess/Ruffert (Hrsg.), EUV/AEUV, 4. Aufl. 2011, Art. 126 AEUV, Rdn. 5.

In Abs. 14 UA 2 findet sich eine Ermächtigung zur Schaffung von Sekundärrecht, um die Durchführung des Defizitverfahrens weiter auszugestalten. So ist der Stabilitäts- und Wachstumspakt auf Grundlage der Art. 126 AEUV in Form von dessen Vorgängernormen erlassen worden.[484] Am Erlass dieses Sekundärrechts ist das Europäische Parlament nach wie vor allein im Wege des besonderen Gesetzgebungsverfahrens (Anhörungs-/Konsultations-verfahrens) beteiligt.

Es bleibt also bei der schwachen Beteiligung des Europäischen Parlaments in diesem zentralen Politikfeld. Die Ineffizienz dieses Systems zeigt sich bei der aktuellen Eurokrise. „Die Tauglichkeit des Verfahrens des Art. 126 AEUV ist mehr als fragwürdig. Es hat sich in der Praxis nicht bewährt. Staaten in finanzieller Not kann schlecht auferlegt werden, finanzielle Leistungen, wie unverzinsliche Einlagen und gar Geldbußen, zu erbringen."[485] EFSF und ESM setzen diesen wirkungslosen Sanktionskatalog fort, ergänzt um milliardenschwere Ausgabenpolitik, für die es weder eine Vertrags- oder Verfassungsgrundlage noch eine ökonomische Begründung gibt.[486]

Im Gegensatz zur Emission der Euro-Banknoten durch die Europäische Zentralbank/EZB geschieht die Ausgabe der Euro-Münzen durch die Mitgliedstaaten, wenn auch der Umfang der Ausgabe der Genehmigung der Europäischen Zentralbank bedarf.[487] Obwohl das Münzregal bei den Mitgliedstaaten geblieben ist, können die Stückelung und die technischen Merkmale zur Sicherstellung eines reibungslosen Umlaufs der Münzen in der Union vom Rat nach Art. 128 Abs. 2 S. 2 AEUV durch Europäische Verordnung harmonisiert werden. In diesem Verfahren gemäß Art. 128 Abs. 2 S. 2 AEUV werden das Europäische Parlament und die Europäische Zentralbank lediglich angehört (Konsultationsverfahren)[488] – während nach der bislang gültigen Version des EGV das Europäische Parlament noch mit dem Verfahren der Zusammenarbeit gemäß Art. 252 EGV beteiligt war.[489] Durch den Reformvertrag ist an dieser Stelle eine weitere Schwächung der Rolle des Europäischen Parlaments vorgenommen worden.

Die Satzung des Systems der Europäischen Zentralbanken (ESZB) ist Teil des Primärrechts. Änderungen am Satzungsrecht sind also im Wege der Vertragsänderung zu erreichen. Weil solche Änderungen zur Erhaltung der Flexibilität der

---

484 *M. Rodi*, in: Vedder/Heintschel von Heinegg, Komm. EVV, Art. III-184 EVV, Rdn. 8 ff.

485 *K. A. Schachtschneider*, Verfassungsbeschwerde gegen den Euro-Rettungsschirm vom 5.7.2010, S. 25.

486 *K. A. Schachtschneider*, Die Souveränität Deutschlands, S. 254 ff.

487 *M. Rodi*, in: Vedder/ Heintschel von Heinegg, Komm. EVV, Art. III-186 EVV, Rdn. 4 f.

488 *U. Häde*, in: Calliess/Ruffert (Hrsg.), EUV/AEUV, 4. Aufl. 2011, Art. 128 AEUV, Rdn. 8.

489 *R. Geiger*, EUV/EGV, 4. Aufl. 2004, Art. 106 EGV, Rdn. 4.

Zentralbank kurzfristig möglich sein müssen, sind bereits Forderungen laut geworden, das ESZB-Satzungsrecht sekundärrechtlich abzubilden. Dies ist bislang nicht erfolgt, weshalb Art. 129 Abs. 3 AEUV ein vereinfachtes Änderungsverfahren vorsieht, an dem das Europäische Parlament im Wege des ordentlichen Gesetzgebungsverfahrens beteiligt ist.[490] Die hier genannten Artikel der Satzung des Europäischen Systems der Zentralbanken können dementsprechend nur nach Zustimmung des Europäischen Parlaments geändert werden. Der Reformvertrag hat an dieser Stelle die Beteiligung des Europäischen Parlaments immerhin vom Konsultations- zum ordentlichen Gesetzgebungsverfahren aufgewertet und das Parlament damit zumindest zum Mitgesetzgeber gemacht.[491]

Eine umfassende währungspolitische „Abrundungskompetenz“ der Union sollte mit Art. III-191 EVV geschaffen werden. Am Erlass von Maßnahmen z.B. gegen Geldfälschung ist das Europäische Parlament demnach im Wege des ordentlichen Gesetzgebungsverfahrens beteiligt.[492] Der EU-Reformvertrag von Lissabon übernimmt in Art. 133 AEUV diesen Regelungsgehalt – „unbeschadet der Befugnisse der Europäischen Zentralbank“ (Absatz 1), der damit mannigfaltige autonome Rückzugsmöglichkeiten verbleiben. „Die außerordentliche Unabhängigkeit des Zentralbanksystems und zumal der Europäischen Zentralbank ist mit dem demokratischen Prinzip unvereinbar, wie mehr oder weniger auch das Bundesverfassungsgericht im Maastricht-Urteil eingeräumt hat.“[493]

Art. III-383 EVV war im Verfassungsvertrag als zentrale Vorschrift über das Verhältnis der Europäischen Zentralbank zu anderen Organen der Union vorgesehen. Das Europäische Parlament wird demzufolge von der Europäischen Zentralbank mit einem Jahresbericht über ihre Tätigkeit im Bereich des Europäischen Währungssystems (Eurozone) informiert. Anwesenheitsrechte auf Sitzungen des Europäischen Zentralbankrates stehen nur dem Präsidenten des Rates sowie einem Mitglied der Kommission zu. Fragen kann das Europäische Parlament daher nur in seinem eigenen zuständigen Ausschuss stellen, vor den

---

490 *U. Häde*, in: Calliess/Ruffert (Hrsg.), EUV/AEUV, 4. Aufl. 2011, Art. 129 AEUV, Rdn. 4 ff.; *M. Rodi*, in: Vedder/Heintschel von Heinegg, Komm. EVV, Art. III-187 EVV, Rdn. 1 ff.

491 *U. Häde*, in: Calliess/Ruffert (Hrsg.), EUV/AEUV, 4. Aufl. 2011, Art. 129 AEUV, Rdn. 4 ff.; *M. Rodi*, in: Vedder/ Heintschel von Heinegg, Komm. EVV, Art. III-187 EVV, Rdn. 4.

492 *U. Häde*, in: Calliess/Ruffert (Hrsg.), EUV/AEUV, 4. Aufl. 2011, Art. 134 AEUV, Rdn. 14; *M. Rodi*, in: Vedder/Heintschel von Heinegg, Komm. EVV, Art. III-191 EVV, Rdn. 1 ff.

493 *K. A. Schachtschneider*, Verfassungsbeschwerde gegen den Vertrag von Lissabon vom 25.5.2008, S. 161.

der Präsident der Europäischen Zentralbank und die anderen Mitglieder des Direktoriums geladen werden können. Im Gegensatz zu Rat und Kommission ist das Europäische Parlament zur Ausübung von Kontrollbefugnissen auf die jährliche Aussprache über den Jahresbericht der Europäischen Zentralbank angewiesen.[494] Im EU-Reformvertrag wird der bisherige Art. 113 EGV unverändert als neuer Art. 284 AEUV fortgeführt. Es bleibt also dabei, dass die Mitglieder der EZB-Beschlussorgane und das Europäische System der Zentralbanken (ESZB) als Ganzes der Einflussnahme des Europäischen Parlaments enthoben sind. „Bei der Wahrnehmung der ihnen durch die Verträge und die Satzung des ESZB und der EZB übertragenen Befugnisse" darf die EZB keine Weisungen von Organen der Europäischen Union, also auch des Parlaments, entgegennehmen (Art. 129 Abs. 4 AEUV). An der Rechtsetzung der Europäischen Zentralbank (Verordnungen, Beschlüsse, Empfehlungen, Stellungnahmen nach Art. 132 Abs. 1 AEUV) ist das Europäische Parlament nach wie vor gar nicht beteiligt.[495]

Das europäische Primärrecht geht davon aus, dass alle Mitgliedstaaten der Union der Währungsunion angehören und damit den Euro als gemeinsame Währung einführen, wenn sie die Voraussetzungen erfüllen. Mitgliedstaaten, die noch nicht in der Eurozone sind, werden nach Art. 139 Abs. 1 AEUV als „Mitgliedstaaten, für die eine Ausnahmeregelung gilt", bezeichnet. Länder, die sich gegen eine Teilnahme an der dritten Stufe der Wirtschafts- und Währungsunion entschieden haben, sind hingegen Mitglieder mit Sonderregelungen.[496] Mitgliedstaaten, für die eine Ausnahmeregelung gilt, befinden sich – nach dem Willen der Integrationisten – in einem gleichsam „automatisch ablaufenden Aufnahmeprozess".[497] Sollte eines dieser Länder den nach Art. 140 Abs. 1 AEUV erforderlichen Grad an „Konvergenz" erfüllen, dann erlässt der Ministerrat auf Vorschlag der Kommission einen Europäischen Beschluss „und hebt die Ausnahmeregelungen für die betreffenden Mitgliedstaaten auf". Ohne ein ausdrücklich vereinbartes „opting out" kann, wie es am Beispiel Schwedens durchzuexerzieren wäre, ein Mitgliedstaat, der die Konvergenzkriterien erfüllt, zur Mitgliedschaft in der Europäischen Wirtschafts- und Währungsunion dem Wortlaut nach gezwungen werden.[498] Die Aufhebung der Ausnahmeregelungen, will heißen die

494 *M. Rodi,* in: Vedder/ Heintschel von Heinegg, Komm. EVV, Art. III-383 EVV, Rdn. 1 ff.
495 *U. Häde,* in: Calliess/Ruffert (Hrsg.), EUV/EGV, 3. Aufl. 2007, Art. 113 EGV, Rdn. 1 f.
496 *M. Rodi,* in: Vedder/Heintschel von Heinegg, Komm. EVV, Art. III-197 EVV, Rdn. 1 f.
497 *M. Rodi,* in: Vedder/Heintschel von Heinegg, Komm. EVV, Art. III-197 EVV, Rdn. 2.
498 *U. Häde,* in: Calliess/Ruffert (Hrsg.), EUV/AEUV, 4. Aufl. 2011, Art. 140 AEUV, Rdn. 32; *M. Rodi,* in: Vedder/Heintschel von Heinegg, Komm. EVV, Art. III-197 EVV, Rdn. 7.

Aufnahme in die Eurozone, erfolgt durch Beschluss des Rates (Art. 140 Abs. 2 AEUV). Das Europäische Parlament wird lediglich angehört.

Zur Sicherung der Preisstabilität im Geltungsbereich der gemeinsamen europäischen Währung Euro sind fast alle geld- und währungspolitischen Befugnisse der Mitgliedstaaten auf das Europäische System der Zentralbanken (ESZB) und auf die Europäische Zentralbank (EZB) übergegangen. Darüber hinaus ist zu diesem Zweck eine abgestimmte Wirtschaftspolitik erforderlich, zu deren Koordination im Sinne einer soliden Haushaltspolitik die Mitgliedstaaten nach Art. 121 AEUV verpflichtet sind. Die Vermeidung übermäßiger Haushaltsdefizite ist eine echte Rechtspflicht.[499] „Das Bundesverfassungsgericht hat im Maastricht-Urteil klargestellt, dass die langfristigen Vorgaben, die das Stabilitätsziel zum Maßstab der Währungsunion machen, durch institutionelle Vorkehrungen ... sicherzustellen" sind.[500] Scheitern diese und damit das Stabilitätsziel, so ist „Deutschland ... verpflichtet, die Währungsunion zu verlassen. Die Verantwortung dafür hat das Bundesverfassungsgericht im Euro-Beschluss vom 30. März 1998 ausschließlich Parlament und Regierung Deutschlands zugewiesen ... Das Recht und die Pflicht zum Ausstieg aus der Währungsunion bleiben."[501]

Im Rahmen der Wirtschaftspolitik ist über die Einhaltung der Haushaltsdisziplin der Mitgliedstaaten zu wachen. Gerade Deutschland war bestrebt, möglichst nahe an einen Automatismus hinsichtlich des Ergreifens von Steuerungselementen bei der Gefährdung der Haushaltsstabilität heranzukommen.[502] Geeignete Maßnahmen auf diesem Themengebiet ergehen – wie bei anderen zentralen Themen auch – im Wege des Konsultationsverfahrens (Art. 126 Abs. 14 AEUV).[503]

Nach Erreichen der dritten Stufe der Wirtschafts- und Währungsunion ist auf Basis der Kompetenzverteilung zwischen den Organen zu regeln, wie das Ziel der Preisstabilität zu verwirklichen ist, das bei einer jährlichen Geldentwertung bis 2 % noch als existent behauptet wird[504], freilich ohne wirtschaftswissenschaftliche Begründung. Dieser Wert lag im deutschen Stabilitäts- und Wachstumsgesetz von

---

499 *B. Kempen*, in: Streinz, Komm. z. EUV/EGV, Art. 104 EGV, Rdn. 1 ff.

500 *K. A. Schachtschneider*, Verfassungsbeschwerde vom 25.5.2008, S. 159.

501 *K. A. Schachtschneider*, Verfassungsrecht der Europäischen Union, Teil 2, 181 f.; dazu: BVerfGE 97, 350 (370 ff.).

502 *U. Häde,* in: Calliess/Ruffert (Hrsg.), EUV/EGV, 2. Aufl. 2002, Art. 104 EGV, Rdn. 93.

503 *U. Häde*, in: Calliess/Ruffert (Hrsg.), EUV/AEUV, 4. Aufl. 2011, Art. 126 AEUV, Rdn. 88; *B. Kempen*, in: Streinz, Komm. z. EUV/EGV, Art. 104 EGV, Rdn. 51.

504 *U. Häde*, in: Calliess/Ruffert (Hrsg.), EUV/EGV, 2. Aufl. 2002, Art. 105 EGV, Rdn. 2.

1967 noch bei einem Prozent, aus gutem Grund, denn „Inflation höhlt das Eigentum aus ... Art. 14 Abs. 1 GG ist das Grundrecht des Bürgers auf Preisstabilität.“[505]

Im Bereich der Währungspolitik kann der Rat im Konsultationsverfahren die Aufsicht über Kreditinstitute an die EZB übertragen (Art. 127 Abs. 6 AEUV). Hier wurde im Vergleich mit Art. 105 Abs. 6 EGV, der noch das Mitentscheidungsverfahren vorsah, die Beteiligung des Europäischen Parlaments eingeschränkt – bloße Anhörung ersetzt nun das Abstimmen.

Ein Katalog von Satzungspunkten des Europäischen Systems von Zentralbanken (ESZB) kann in Durchbrechung des Prinzips, dass Primärrecht nur von den Mitgliedstaaten als Herren der Verträge abgeändert werden solle[506], auch vom Rat mit Zustimmung des Europäischen Parlaments geändert werden (Art. 129 Abs. 3 AEUV). Demgegenüber sind Ausführungsbestimmungen der Satzung des ESZB vom Rat bereits mit qualifizierter Mehrheit nach bloßer Anhörung des Europäischen Parlaments modifizierbar (Art. 129 Abs. 4 AEUV).[507]

(f) Beschäftigungspolitik

„Während im Gegensatz zum Gemeinschaftsrecht ... Markt ... und Wettbewerb keine Begriffe und damit auch keine Institutionen des Grundgesetzes sind, verpflichtet des Grundgesetz Deutschland unabänderlich, sozial zu sein. Nach Art. 20 Abs. 1 GG ist die Bundesrepublik Deutschland ein demokratischer und sozialer Bundesstaat.“[508]

Die Europäische Union ist hingegen grundsätzlich einer „offenen Marktwirtschaft mit freiem Wettbewerb“ verpflichtet (Art. 119 Abs. 1 AEUV)[509], auch wenn sie seit dem Reformvertrag zusätzlich beabsichtigt, eine im „hohen Maße wettbewerbsfähige soziale Marktwirtschaft, die auf Vollbeschäftigung und sozialen Fortschritt abzielt“ (Art. 3 Abs. 3 S. 2 EUV), zu sein. Ein hohes Beschäftigungsniveau (Art. 9 AEUV) gehört daher zu den Zielen der Europäischen Union.[510]

Ganz in diesem Sinne hat der Staat „Mindestvoraussetzungen für ein menschenwürdiges Dasein“ zu gewähren. Eine offene Marktwirtschaft, die alles dem freien Spiel der Kräfte überließe, erfüllte zumindest die grundgesetzlichen

505 *K. A. Schachtschneider*, Verfassungsrecht der Europäischen Union, Teil 2, S. 637 f.; anders: BVerfGE 97, 350 (370 ff.).

506 *B. Kempen*, in: Streinz, Komm. z. EUV/EGV, Art. 107 EGV, Rdn. 25; *U. Häde*, in: Calliess/Ruffert (Hrsg.), EUV/AEUV, 4. Aufl. 2011, Art. 130 AEUV, Rdn. 7.

507 *U. Häde*, in: Calliess/Ruffert (Hrsg.), EUV/AEUV, 4. Aufl. 2011, Art. 130 AEUV, Rdn. 8.

508 *K. A. Schachtschneider*, Verfassungsrecht der Europäischen Union, Teil 2, S. 29.

509 Daselbst, S. 49.

510 Daselbst, S. 253.

Anforderungen nicht – in Deutschland muss vielmehr eine soziale Marktwirtschaft eingerichtet sein, oder besser eine marktliche Sozialwirtschaft, um den Schwerpunktcharakter des Sozialstaatsprinzips zum Ausdruck zu bringen.[511] „Das Sozialprinzip erweist sich nicht nur als das höchstrangige, sondern als ein material weitreichendes und tiefwirkendes Prinzip der Wirtschaftsverfassung, das … die Organisation des Gemeinwesens für das gemeine Wohl … verpflichtet."[512] Markt und Wettbewerb haben eine dienende Funktion.[513]

Entsprechend umgibt diesen elementaren Bereich der grundgesetzlichen Ordnung seit dem Vertrag von Amsterdam ein Unionsrahmen, der Deutschland wie die anderen Mitgliedstaaten einen geregelten Koordinationsprozess mit Ergebniskontrolle auferlegt, zu dem die Union von Art. 148 AEUV eine eigene Befugnis erhält.[514] Die echte beschäftigungspolitische Befugnis[515] der Union mündet anhand eines jährlichen gemeinsamen Jahresberichts des Rates und der Kommission nach Prüfung der Beschäftigungslage durch den Europäischen Rat in Schlussfolgerungen (Art. 148 Abs. 1 AEUV), die wiederum Grundlage beschäftigungspolitischer Leitlinien sind. Letztere sind von den Mitgliedstaaten bei der Durchführung ihrer Beschäftigungspolitik zu berücksichtigen, ein Auftrag, dessen Umsetzung vom Rat einer Prüfung unterzogen wird (Art. 148 Abs. 4 S. 1 AEUV).[516]

Diese Schlussfolgerungen der europäischen Exekutivorgane Rat und Kommission münden schließlich in Leitlinien, die auch der Deutsche Bundestag in seiner Beschäftigungspolitik verbindlich berücksichtigen muss.[517] Das Europäische Parlament wird im Bereich der Beschäftigungspolitik nur in geringem Ausmaß[518] beteiligt und lediglich im Rahmen der Festlegung der Leitlinien nach Art. 148 Abs. 2 AEUV im Zuge des Konsultationsverfahrens gehört.

---

511 *H. Hofmann*, in: Schmidt-Bleibtreu, Komm. z. GG, 11. Aufl. 2008, Art. 20 GG, Rdn. 29.

512 *K. A. Schachtschneider*, Verfassungsrecht der Europäischen Union, Teil 2, S. 35.

513 Daselbst, S. 35 f.; *A. Rüstow*, Paläoliberalismus, Kommunismus und Neoliberalismus, in: F. Greiß/F. W. Meyer (Hrsg.), Wirtschaft, Gesellschaft und Kultur, FG A. Müller-Armack, 1961, S. 68.

514 *U. Gassner*, in: Vedder/Heintschel von Heinegg, Komm. EVV, Art. III-203 EVV, Rdn. 1, 6.

515 *U. Gassner*, in: Vedder/Heintschel von Heinegg, Komm. EVV, Art. III-206 EVV, Rdn. 1.

516 *S. Krebber*, in: Calliess/Ruffert (Hrsg.), EUV/AEUV, 4. Aufl. 2011, Art. 148 AEUV, Rdn. 6.

517 *U. Gassner*, in: Vedder/Heintschel von Heinegg, Komm. EVV, Art. III-206 EVV, Rdn. 8; *E. Kreßel*, in: J. Schwarze (Hrsg.), EU-Kommentar, 3. Aufl. 2012, Art. 148 AEUV, Rdn. 4.

518 *E. Kreßel*, in: J. Schwarze (Hrsg.), EU-Kommentar, 3. Aufl. 2012, Art. 148 AEUV, Rdn. 29; *S. Krebber*, in: Calliess/Ruffert (Hrsg.), EUV/AEUV, 4. Aufl. 2011, Art. 148 AEUV, Rdn. 3.

Anreizmaßnahmen für die Zusammenarbeit der Mitgliedstaaten im Bereich der Beschäftigung können im ordentlichen Gesetzgebungsverfahrens, also unter Mitentscheidung des Europäischen Parlaments, dem Art. 149 AEUV zufolge von Europäischem Parlament und Rat erlassen werden, die jedoch die Rechts- und Verwaltungsvorschriften in den Mitgliedstaaten nicht harmonisieren dürfen. Am Grundsatz oder besser dessen Schein, dass Beschäftigungspolitik Sache der Mitgliedstaaten sei, soll nicht gerüttelt werden.[519]

Flankierend kann vom Rat ein Beschäftigungsausschuss (BSA) mit beratender Funktion eingerichtet werden. Das ist im Januar 2000 geschehen. Seitdem nimmt der Beschäftigungsausschuss eine wichtige Scharnierfunktion beim Vollzug der Europäischen Beschäftigungspolitik ein, indem er die beschäftigungspolitischen Maßnahmen der Mitgliedstaaten begleitet.[520] Das Europäische Parlament war an der Einrichtung dieses Ausschusses im Wege der Konsultation beteiligt, weil bereits in Art. 130 EGV diese Beteiligungsart des Europäischen Parlaments vorgesehen war. Im Reformvertrag von Lissabon bleibt mit Art. 150 AEUV die Beteiligung des Europäischen Parlaments im Wege des Konsultationsverfahrens unverändert erhalten.

Trotz aller sprachlichen Zurückhaltung „sind der Beschäftigungspolitik der Mitgliedstaaten [allerdings] enge Fesseln angelegt, welche die Wirtschaftshoheit derart einschränken, dass die existenzielle Staatlichkeit tiefgreifend beeinträchtigt ist."[521] Die Unterordnung der mitgliedstaatlichen Beschäftigungspolitik unter die Grundzüge der Wirtschaftspolitik der Union[522] wird noch verstärkt durch beschäftigungspolitische Befugnisse der Union im Bereich der Sozialvorschriften, des Europäischen Sozialfonds, der beruflichen Bildung sowie im Rahmen der Europäischen Investitionsbank. Erstgenannte sind geregelt in Art. 151 ff. AEUV – Beteiligung des Europäischen Parlaments im ordentlichen Gesetzgebungsverfahren – und in Art. 153 Abs. 2 UA 2 und 4 AEUV, Zweitgenannter in Art. 162 ff. AEUV – Beteiligung des Europäischen Parlaments am Erlass von

---

519 *S. Krebber*, in: Calliess/ Ruffert (Hrsg.), EUV/EGV, 3. Aufl. 2007, Art. 148 EGV, Rdn. 4; *U. Gassner*, in: Vedder/Heintschel von Heinegg, Komm. EVV, Art. III-207 EVV, Rdn. 5.

520 *U. Gassner*, in: Vedder/Heintschel von Heinegg, Komm. EVV, Art. III-208 EVV, Rdn. 1 f.; *ders.* in: Vedder/Heintschel von Heinegg, Europ. Unionsrecht, Art. 149 AEUV, Rdn. 6; *S. Krebber*, in: Calliess/Ruffert (Hrsg.), EUV/AEUV, 4. Aufl. 2011, Art. 150 AEUV, Rdn. 1.

521 *K. A. Schachtschneider*, Verfassungsrecht der Europäischen Union, Teil 2, S. 256; i.d.S. *ders.*, Verfassungsbeschwerde gegen das Zustimmungsgesetz des Dt. Bundestages zum Vertrag von Lissabon, 25.5.2008, S. 171.

522 *M. Niedobitek*, in: Streinz, EUV/EGV, Art. 126 EGV, Rdn. 9.

Durchführungsverordnungen im ordentlichen Gesetzgebungsverfahren gem. Art. 164 AEUV, die dritte in Art. 165 Abs. 4 AEUV – Beteiligung des Europäischen Parlaments im ordentlichen Gesetzgebungsverfahren, die Letztgenannte schließlich in Art. 309 UA 1 lit. b AEUV – Beteiligung des Europäischen Parlaments im Anhörungsverfahren bei Satzungsänderungen.[523]

Nach Art. 145 AEUV arbeiten die Mitgliedstaaten und die Gemeinschaft auf eine koordinierte Beschäftigungsstrategie hin. In der Beschäftigungspolitik legt der Rat im Konsultationsverfahren, d.h. lediglich nach Anhörung des Europäischen Parlaments, die Leitlinien fest, die die Mitgliedsstaaten in ihrer Beschäftigungspolitik beachten müssen (Art. 148 Abs. 2 AEUV).[524] Deutschland und die übrigen Mitgliedstaaten müssen „aber auch bei ihrer Beschäftigungspolitik die verbindlichen Grundzüge nach Art. 99 (121) Abs. 2 AEUV und die Leitlinien nach Art. 128 (148) Abs. 2 AEUV berücksichtigen, so daß sie an einer gezielten Beschäftigungspolitik gehindert sind, auch wenn diese von den nationalen Parlamenten, auch vom Deutschen Bundestag, für richtig und geboten erachtet würden."[525]

Zusammenfassend ist „die Beschäftigungspolitik des Titels VIII, des Dritten Teils des Vertrages über die Arbeitsweise der Europäischen Union (Art. 125 ff. (145 ff.) AEUV … mit dem durch das Sozialprinzip geschützten Prinzip der hohen Beschäftigung (Art. 20 Abs. 1 GG) auch insoweit unvereinbar, als Art. 79 Abs. 3 GG das Sozialprinzip für unantastbar erklärt."[526] Es „wird die Beschäftigungspolitik wirtschaftspolitischen Zielen weitgehend untergeordnet, und zudem wird mit der Wirtschaftspolitik Einklang verlangt".[527] Insgesamt bleibt festzustellen, dass das Europäische Parlament auch auf dem wichtigen Feld der Beschäftigungspolitik schwach an der Rechtsetzung beteiligt ist.

(g) Verbraucherschutz

Die Gesundheit, die Sicherheit und das wirtschaftliche Interesse der Verbraucher sowie die Förderung ihres Rechts auf Information, Erziehung und Bildung von

---

523 Daselbst, Art. 125 EGV, Rdn. 2; *S. Krebber*, in: Calliess/Ruffert (Hrsg.), EUV/AEUV, 4. Aufl. 2011, Art. 151 AEUV, Rdn. 4 ff.

524 *M. Niedobitek*, in: Streinz, Komm. z. EUV/EGV, Art. 128 EGV, Rdn. 2; *S. Krebber*, in: Calliess/Ruffert (Hrsg.), EUV/AEUV, 4. Aufl. 2011, Art. 148 AEUV, Rdn. 8.

525 *K. A. Schachtschneider*, Verfassungsbeschwerde vom 25.5.2008, S. 170.

526 Daselbst, S. 168.

527 *S. Krebber*, in: Calliess/Ruffert (Hrsg.), EUV/AEUV, 4. Aufl. 2011, Art. 146 AEUV, Rdn. 10.

Vereinigungen zur Wahrung ihrer Interessen sind als „Querschnittsaufgabe“[528] primärvertraglich kodifizierte Ziele des europäischen Verbraucherschutzes. Ein Mittel zur Erreichung dieser in Ergänzung mitgliedstaatlicher Maßnahmen zu sehender Ziele ist u.a. die „Überwachung der Politik der Mitgliedstaaten“ (Art. 169 Abs. 2 lit. b AEUV).

„Ein subjektives Recht begründet dieser Grundsatz nicht.“[529] „Diese <Rechte> sind hinsichtlich des Anspruchsumfangs, des Anspruchsinhalts und des Adressatenkreises zu unbestimmt, als dass sich aus ihnen einklagbare Rechte ableiten ließen.“[530] Vielmehr stehen nun mitgliedstaatliche Verbraucherschutzvorschriften unter dem „Vorbehalt des Unionsrechts“, müssen die Maßnahmen doch mit den Verträgen vereinbar sein (Art. 169 Abs. 4 S. 2 AEUV).[531]

Die Verbraucherrechte des Titels XV des AEUV bilden die „Leitlinie für den Erlass gemeinschaftlichen Sekundärrechts“[532] – also aus den Primärverträgen (EUV/AEUV) abgeleiteten Rechts kodifiziert in den Handlungsformen des Art. 288 AEUV. Diese das Machtgefälle zwischen europäischer und nationaler Ebene klar machende Eingriffsmöglichkeit in nationale Legislativakte wird durch Maßnahmen geregelt, die im ordentlichen Gesetzgebungsverfahren unter Zustimmung des Europäischen Parlaments erlassen werden (Art. 169 Abs. 3 AEUV). Die Union hat also mit Art. 169 Abs. 2 lit. b AEUV eine originäre Rechtsetzungsbefugnis, deren konkreter Aktionsradius durch die in Art. 169 Abs. 1 AEUV enumerativ aufgezählten Verbraucherinteressen praktisch nicht begrenzt wird, weil „die Tatbestände doch so weit gefasst [sind], dass sie letztlich jedes Tätigwerden im Verbraucherinteresse erfassen“.[533] „Die Unionspolitik ist … fast unbegrenzte Integrationspolitik … die Ermächtigungen … sind weit und offen.“[534]

---

528 *D.-E. Kahn*, in: Vedder/Heintschel von Heinegg, Komm. EVV, Art. III-235 EVV, Rdn. 1; *ders.*, in: Heintschel von Heinegg, Europäisches Unionsrecht, Art. 169 AEUV, Rdn. 1; *S. Krebber*, in: Calliess/Ruffert (Hrsg.), EUV/AEUV, 4. Aufl. 2011, Art. 169 AEUV, Rdn. 1.

529 *K. A. Schachtschneider*, Verfassungsrecht der Europäischen Union, Teil 2, S. 168; i.d.S. auch *J.-Ch. Pielow*, Verbraucherschutz, in: P. J. Tettinger/K. Stern (Hrsg.), Europäische Grundrechte-Charta, Art. 38, Rdn. 14; *C. Nowak*, Grundrechtsdimension des Umweltschutzes, § 60, Rdn. 15 f.

530 *S. Krebber*, in: Calliess/Ruffert (Hrsg.), EUV/AEUV, 4. Aufl. 2011, Art. 169 AEUV, Rdn. 9.

531 *K. A. Schachtschneider*, Verfassungsrecht der Europäischen Union, Teil 2, S. 212.

532 *S. Krebber*, daselbst, Art. 169 AEUV, Rdn. 9.

533 *D.-E. Kahn*, in: Vedder/Heintschel von Heinegg, Komm. EVV, Art. III-235, Rdn. 9.

534 *K. A. Schachtschneider*, Die Aushöhlung der Demokratie durch Europäische Union und Währungsunion, S. 114 f.

(h) Handelspolitik

Mit dem Vertrag von Lissabon bekennt sich die Europäische Union verstärkt zum Freihandelsprinzip. Sie leistet gemäß Art. 3 Abs. 5 EUV „einen Beitrag zu ... freiem ... Handel“, die gemeinsame Handelspolitik fällt in die ausschließliche Zuständigkeit der Union.[535]

Mit legalem Überschreiten der Außengrenze der Gemeinschaft kommen aus Drittländern importierte Waren in den Genuss der Warenverkehrsfreiheit innerhalb der Union.[536] Vor diesem Hintergrund ist ein wirksamer Schutz der Gesamtinteressen der Gemeinschaft erforderlich, um nicht durch gesonderte Befriedigung von Eigeninteressen zwischen einem Mitglied- und einem Drittstaat dieses Ziel hintertreiben zu können.[537] Bei Verhandlung mit internationalen Organisationen werden die Kommission sowie ein vom Rat bestellter Sonderausschuss aktiv. Die Kommission erstattet dem Sonderausschuss sowie dem Europäischen Parlament regelmäßig Bericht über den Stand der Verhandlungen (Art. 207 Abs. 3 UA 3 AEUV).

Bei der gemeinsamen Handelspolitik hat die Gemeinschaft die Befugnis zur Regelung eines wesentlichen Teils der Rahmenbedingungen für den Import und den Export von Waren, Dienstleistungen und Kapital von und nach dem Gemeinsamen Markt.[538] Eine Beteiligung des Europäischen Parlaments an dem Vertragsschlussverfahren nach Art. 207 Abs. 3 AEUV ist nicht vorgesehen, was unter „demokratietheoretischen Gesichtspunkten ... mit kritischer Distanz“ zu sehen ist.[539] Durch Verordnung, die – immerhin – im ordentlichen Gesetzgebungsverfahren erlassen wird, wird der Rahmen für eine gemeinsame Handelspolitik gezogen (Art. 207 Abs. 2 AEUV)[540] und damit angeblich „das Europäische Parlament erstmals zu einem vollwertigen Akteur im Rahmen der Außenwirtschaftspolitik der Union“[541]. Diese Qualifizierung ist allerdings reich-

---

535 *K. A. Schachtschneider*, Verfassungsrecht der Europäischen Union, Teil 2, S. 433.

536 *M. Hahn*, in: Calliess/Ruffert (Hrsg.), EUV/AEUV, 4. Aufl. 2011, Art. 207 AEUV, Rdn. 1.

537 *M. Hahn*, in: Calliess/Ruffert (Hrsg.), EUV/EGV, 3. Aufl. 2007, Art. 133 EGV, Rdn. 7.

538 *H. G. Krenzler*, Einleitung zum EG-Außenwirtschaftsrecht, in: Grablitz/Hilf, Das Recht der Europäischen Union II, E1, Rdn. 31; *M. Hahn*, in: Calliess/Ruffert (Hrsg.), EUV/EGV, 2. Aufl. 2002, Art. 133 EGV, Rdn. 1; *ders.*, in: Calliess/Ruffert (Hrsg.), EUV/AEUV, 4. Aufl. 2011, Art. 207 AEUV, Rdn. 1 ff.

539 *M. Nettesheim/J. L. Duvigneau*, in: Streinz, Komm. z. EUV/EGV, 2003, Art. 133 EGV, Rdn. 28; i.d.S. *R. Geiger*, EUV/EGV, Komm., 4. Aufl. 2004, Art. 133 EGV, Rdn. 21.

540 *K. A. Schachtschneider*, Verfassungsrecht der Europäischen Union, Teil 2, S. 476.

541 *M. Hahn*, in: Calliess/Ruffert (Hrsg.), EUV/AEUV, 4. Aufl. 2011, Art. 207 AEUV, Rdn. 3.

lich hochgegriffen, nimmt man die lediglich punktuelle Beteiligung des Europäischen Parlaments beim Verordnungserlass zur Kenntnis.

(i) Industriepolitik

Die „Unterstützungs-, Koordinierungs- und Ergänzungskompetenz" der Union für die Industriepolitik mit dem Ziel der industriellen Wettbewerbsfähigkeit[542] (Art. 173 AEUV) soll ähnlich wie im Gesundheitswesen durch Maßnahmen zwischen Kommission und Mitgliedstaaten befördert werden. Der Regelungsgehalt des bisherigen Art. 157 EGV wurde weitgehend übernommen. Auch im Reformvertrag wird das Europäische Parlament über derartige Initiativen der Kommission lediglich „in vollem Umfang" unterrichtet (Art. 173 Abs. 2 S. 3 AEUV), „obwohl es sich im Grundsatz um mitgliedstaatliche Politik handelt".[543]

Das genannte Ziel Wettbewerbsfähigkeit der Industriepolitik kann sowohl durch Maßnahmen gemäß anderer Teile der Verträge als auch durch „spezifische Maßnahmen" laut Ermächtigung der industriepolitischen Querschnittsklausel[544] in Art. 173 Abs. 3 AEUV gefördert werden, die nach Zustimmung des Europäischen Parlaments im ordentlichen Gesetzgebungsverfahren fixiert werden können.[545]

(j) Transeuropäische Netze

Hinter diesem etwas geheimnisvoll klingenden Namen des XVI. Teils des AEUV (Art. 170 AEUV ff.) verbirgt sich der Auf- und Ausbau von Verkehrs-, Telekommunikations- und Energieinfrastrukturen, wobei die Union besonderes Augenmerk auf die Anbindung ihrer Randgebiete an die zentralen legt. Ziel ist mithin die Stärkung des wissenschaftlichen, sozialen und territorialen Zusammenhalts der Union, also die in Art. 174 AEUV bezeichnete Kohäsion.[546]

Gesetzliche Grundlage für Handlungsinstrumente auf diesem Themenfeld sind laut Art. 172 AEUV unter Beteiligung des Europäischen Parlaments

542 *M. Ruffert*, in: Calliess/Ruffert (Hrsg.), EUV/AEUV, 4. Aufl. 2011, Art. 173 AEUV, Rdn. 15.

543 *Ch. Vedder*, in: Vedder/Heintschel von Heinegg, Europ. Unionsrecht, Art. 173 AEUV, Rdn. 2.

544 *M. Ruffert*, in: Calliess/Ruffert (Hrsg.), EUV/AEUV, 4. Aufl. 2011, Art. 173 AEUV, Rdn. 27.

545 *Ch. Vedder*, in: Vedder/Heintschel von Heinegg, Europäisches Unionsrecht, Art. 173 AEUV, Rdn. 4.

546 *J. Stender-Vorwachs*, in: Vedder/Heintschel von Heinegg, Komm. EVV, Art. III-246 EVV, Rdn. 2; *M. Rossi*, in: Vedder/Heintschel von Heinegg, Europ. Unionsrecht, Art. 174 AEUV, Rdn. 2.

im Wege des ordentlichen Gesetzgebungsverfahrens erlassene Leitlinien.[547] Als Besonderheit fällt auf, dass nicht nur der Ausschuss der Regionen und der Wirtschafts- und Sozialausschuss, zwei das Parlament, den Rat und die Kommission beratende Einrichtungen i. S. Art. 300 – 307 AEUV, im Rahmen des ordentlichen Gesetzgebungsverfahrens gehört werden, sondern zusätzlich die Zustimmung des Mitgliedstaates im Sinne eines „Territorialvorbehalts"[548] erforderlich ist, wenn sein Hoheitsgebiet betroffen ist.[549]

(k) Wirtschaftlicher und sozialer Zusammenhalt

Die Regelungen zum wirtschaftlichen und zum sozialen Zusammenhalt – dem „dritten Pfeiler der europäischen Einigung"[550] – wurden mit der Einheitlichen Europäischen Akte zum 1.7.1987 in den EGV eingefügt. Sie konkretisieren das bereits in der Präambel und in Art. 3 Abs. 3 UA 3 EUV genannte Vertragsziel der harmonischen Wirtschaftsentwicklung, das vor Schaffung einer konkreten Ermächtigungsnorm schlicht über die Kompetenzergänzung des Art. 308 EGV normativ ausgefüllt worden war.[551] „Durch den Vertrag von Lissabon … (erhielt) die Union weitgehende Zuständigkeiten der Sozialpolitik", „die dem Prinzip der begrenzten Ermächtigung widersprechen".[552]

Finanzielle Mittel hält die Union vor. „Alle Fonds der Europäischen Gemeinschaft sind sozialpolitische Einrichtungen … die im Interesse des wirtschaftlichen und sozialen Zusammenhalts errichtet sind, nämlich der Strukturfonds nach … Art. 175 AEUV".[553]

Nicht eben häufig, nämlich alle drei Jahre (Art. 175 Abs. 2 AEUV), wird das Europäische Parlament über die Fortschritte bei der Verwirklichung des wirtschaftlichen, sozialen und territorialen Zusammenhaltes („Kohäsionsfortschritte"[554])

547 *M. Rossi*, in: Vedder/Heintschel von Heinegg, Europ. Unionsrecht, Art. 172 AEUV, Rdn. 2.

548 *J. Stender-Vorwachs*, in: Vedder/Heintschel von Heinegg, Komm. EVV, Art. III-247 EVV, Rdn. 6; i.d.S. auch *M. Rossi*, in: Vedder/Heintschel von Heinegg, Europ. Unionsrecht, Art. 174 AEUV, Rdn. 3.

549 *Ch. Calliess*, in: Calliess/Ruffert (Hrsg.), EUV/EGV, 3. Aufl. 2007, Art. 154 EGV, Rdn. 25.

550 *R. Geiger*, EUV/EGV, 4. Aufl. 2004, Art. 158 EGV, Rdn. 1; *K.-D. Borchard*, in: Lenz (Hrsg.), Komm. z. EGV, 2. Aufl. 1999, Art. 158 EGV, Rdn. 5.

551 *R. Geiger*, EUV/EGV, 4. Aufl. 2004, Art. 158 EGV, Rdn. 1.

552 *K. A. Schachtschneider*, Verfassungsrecht der Europäischen Union, Teil 2, S. 189.

553 Daselbst, S. 216.

554 *R. Geiger*, EUV/EGV, 4. Aufl. 2004, Art. 159 EGV, Rdn. 6.

der Union informiert.[555] Es wird freilich bei der Kontrolle der Mittelverwendung insbesondere im Rahmen der Förderung wirtschaftlich schwacher Gebiete durch die Strukturfonds auf weitere Informationsquellen angewiesen sein. Selbst dann kann es in der Sache nichts entscheiden.

„Außerhalb der Fonds" kann das Europäische Parlament allerdings spezifische Maßnahmen im Wege des ordentlichen Gesetzgebungsverfahrens treffen.[556] In diesem Zuge ist der Ausschuss der Regionen sowie der Wirtschafts- und Sozialausschuss immerhin zu hören. Mit dem Reformvertrag und seiner Ausweitung der Unionsgesetzgebungsbefugnis wurde hier das Mitentscheidungsverfahren eingeführt, wenngleich in Art. 175 UA 3 AEUV die Erforderlichkeitsklausel bezüglich Maßnahmen der Union nicht, wie im Verfassungsvertrag geplant[557], gestrichen worden ist. So ist der Weg zu einer nahezu unbeschränkten eigenständigen Politik der Union derzeit noch nicht vollends geöffnet.

Aufgaben, Ziele und Organisation der Strukturfonds werden im Wege des ordentlichen Gesetzgebungsverfahrens nach Zustimmung des Europäischen Parlaments verabschiedet (Art. 177 UA 1 AEUV).[558] Im selben Wege wird ein weiterer Fonds namens „Kohäsionsfonds" eingerichtet, der den Ausbau der Verkehrsinfrastruktur in den Bereichen „Umwelt" und „transeuropäische Netze" finanziell unterstützt (Art. 177 UA 2 AEUV). „Die Union vertraut somit nicht wirklich auf die ausgleichenden Kräfte des Marktes, sondern hilft kräftig nach, um die Lebensverhältnisse in den Mitgliedstaaten anzugleichen."[559] Ihr Versuch, die marktwirtschaftliche Grundorientierung der Europäischen Union durch planwirtschaftliche Elemente systematisch zu durchbrechen, ist hier positivrechtlich sichtbar.[560]

Letztlich beeinflusst das Europäische Parlament die Gestaltung von Durchführungsmaßnahmen betreffend den Europäischen Fonds für regionale Entwicklung (Art. 178 AEUV) durch seine legislative Beteiligung im ordentlichen Gesetzgebungsverfahren.[561] Auch bei der Definition der Ziele der Strukturfonds findet das Mitentscheidungsverfahren Anwendung (Art. 177 AEUV).

---

555 *A. Puttler*, in: Calliess/Ruffert (Hrsg.), EUV/AEUV, 4. Aufl. 2011, Art. 175 AEUV, Rdn. 7.
556 Daselbst.
557 *M. Rossi*, in: Vedder/Heintschel von Heinegg, Komm. EVV, Art. III-221 EVV, Rdn. 7.
558 *A. Puttler*, in: Calliess/Ruffert (Hrsg.), EUV/AEUV, 4. Aufl. 2011, Art. 177 AEUV, Rdn. 2.
559 *K. A. Schachtschneider*, Verfassungsrecht der Europäischen Union, Teil 2, S. 217.
560 *M. Ruffert*, in: Calliess/Ruffert (Hrsg.), EUV/AEUV, 4. Aufl. 2011, Art. 173 AEUV, Rdn. 1.
561 *R. Geiger*, EUV/EGV, 4. Aufl. 2004, Art. 162 EGV, Rdn. 2.

Neben Binnenmarkt und Wirtschafts- und Währungsunion bildet der wirtschaftliche und soziale Zusammenhalt das Fundament des dritten Pfeilers der europäischen Einigung.[562] Rückständige Gebiete und Industriegebiete mit rückläufiger Entwicklung werden u.a. über den Europäischen Fonds für die regionale Entwicklung gefördert (Art. 176 AEUV). „Die immensen Kosten trägt vor allem Deutschland, das dafür eine stetige Senkung des Lebensstandards hinzunehmen hat."[563] Verwaltet wird dieser Fond von der Kommission – ohne nennenswerten Einfluss des Europäischen Parlaments.[564]

(l) Forschung und technologische Entwicklung

„Nach Art. 13 [der Europäischen Menschenrechtskonvention EMRK] sind auch die Kunst und Forschung frei und [es] wird die <akademische Freiheit geachtet>"[565] – so gewohnt paternalistisch wird formuliert im europäischen Primärrecht. Dieser Titel ist im Zuge der Einheitlichen Europäischen Akte (EEA) zum 1.7.1987 in den EGV aufgenommen worden, um die wissenschaftlichen und technologischen Grundlagen der europäischen Industrie sowie deren Wettbewerbsfähigkeit zu stärken.[566]

Ziel des Verfassungsvertrages war es, einen europäischen Raum der Forschung zu schaffen, der durch mehrjährige Forschungsrahmenprogramme gefördert werden sollte.[567] In Art. 179 AEUV findet sich der Anspruch der Union, die „wissenschaftlichen und technologischen Grundlagen der Industrie der Union zu stärken". Zur Verwirklichung der „maßnahmenbezogenen Zielkonkretisierung" wird eine Unionskompetenz aufgebaut.[568] Hierzu können neben den erwähnten Forschungsprogrammen Initiativen ergriffen werden, die die Koordination der Tätigkeit auf dem Gebiet der Forschung und technologischen Entwicklung

---

562 Daselbst, Art. 158 EGV, Rdn. 1; *K.-D. Borchardt*, in: Lenz, EG-Vertrag Komm., Art. 158 EGV, Rdn. 5.

563 *K. A. Schachtschneider*, Verfassungsrecht der Europäischen Union, Teil 2, S. 217; auch: *Ch. Waldhoff*, in: Calliess/Ruffert (Hrsg.), EUV/EGV, Kommentar, 3. Aufl. 2007, Art. 268 EGV, Rdn. 29; *ders.*, ebenda, Art. 269 EGV, Rdn. 18 ff.

564 *A. Puttler*, in: Calliess/Ruffert (Hrsg.), EUV/AEUV, Kommentar, 4. Aufl. 2011, Art. 176 AEUV, Rdn. 2.

565 *K. A. Schachtschneider*, Verfassungsbeschwerde vom 25.5.2008, S. 205.

566 *R. Geiger*, EUV/EGV Komm., 4. Aufl. 2004, Art. 163 EGV, Rdn. 3.

567 *J. Stender-Vorwachs*, in: Vedder/Heintschel von Heinegg, Komm. EVV, Art. III-248 EVV, Rdn. 2.

568 *M. Ruffert*, in: Calliess/Ruffert (Hrsg.), EUV/AEUV, 4. Aufl. 2011, Art. 179 AEUV, Rdn. 14.

ermöglichen, um Kohärenz der nationalen und der Unionspolitik sicherzustellen. Das Europäische Parlament wird „in vollem Umfang" über Aktivitäten auf diesem Gebiet unterrichtet, also nicht einmal im Konsultationsverfahren einbezogen (Art. 181 Abs. 2 S. 2 AEUV). Die Kommission kann also erheblichen politischen Einfluss „ohne formelle Kompetenzübertragung" ausüben.[569]

Alle Aktivitäten der Union im Bereich der Förderung von Forschung, Technologie und Raumfahrt werden in einem mehrjährigen Rahmenprogramm festgelegt, das nach Art.182 Abs. 1 AEUV im Wege des ordentlichen Gesetzgebungsverfahrens erlassen wird.[570] Die Durchführung des Rahmenprogramms wird durch spezifische Programme unterstützt (Art. 182 Abs. 3 AEUV), die unter Anhörung des Europäischen Parlaments[571] erlassen werden (Abs. 4) – die Stellung des Europäischen Parlaments bleibt schwach.[572] Der Reformvertrag hat an dieser Stelle eine Erweiterung der Kompetenzen des Europäischen Parlaments vorgenommen, indem er dem Art. 182 AEUV einen Absatz 5 anfügt hat, der ergänzend zum mehrjährigen Rahmenprogramm Rat und Europäisches Parlament ermächtigt, im ordentlichen Gesetzgebungsverfahren unter Mitbestimmung des Parlaments Maßnahmen zu erlassen, die für die Verwirklichung eines europäischen Raums der Forschung notwendig sind.

Auf Grund der unterschiedlichen Leistungsfähigkeit der Mitgliedstaaten sehen die Verträge auch „Zusatzprogramme" vor, an denen sich nur bestimmte Länder beteiligen (Art. 184 AEUV). Diese Programme werden im ordentlichen Gesetzgebungsverfahren bei Zustimmung der daran beteiligten Mitgliedstaaten („Territorialvorbehalt") sowie des Europäischen Parlaments aufgelegt (Art. 188 Abs. 2 AEUV). Weil dies auch schon in der Vorgängervorschrift Art. 168 EGV so geregelt war[573], bleibt es auch im EU-Reformvertrag von Lissabon bei der Beteiligung des Europäischen Parlaments im Wege des ordentlichen Gesetzgebungsverfahrens/ Mitentscheidungsverfahrens.[574]

---

569 Daselbst, Art. 182 AEUV, Rdn. 5.

570 *A. Kallmayer*, in: Calliess/Ruffert (Hrsg.), EUV/EGV, 3. Aufl. 2007, Art. 166 EGV, Rdn. 1.

571 *J. Stender-Vorwachs*, in: Vedder/Heintschel von Heinegg, Komm. EVV, Art. III-251 EVV, Rdn. 1; *St. Lorenzmeier*, in: Vedder/Heintschel von Heinegg, Europ. Unionsrecht, Art. 184 AEUV, Rdn. 6.

572 *J. Stender-Vorwachs*, in: Vedder/Heintschel von Heinegg, Komm. EVV, Art. III-247 EVV, Rdn. 8.

573 *A. Kallmayer*, in: Calliess/Ruffert (Hrsg.), EUV/EGV, 3. Aufl. 2007, Art. 168 EGV, Rdn. 3.

574 *M. Ruffert*, in: Calliess/Ruffert (Hrsg.), AEUV, 4. Aufl. 2011, Art. 188 AEUV, Rdn. 1.

Multilaterale Forschungs- und Entwicklungsprogramme zwischen mehreren Mitgliedstaaten werden im Wege des ordentlichen Gesetzgebungsverfahrens ermöglicht (Art. 185 AEUV).[575]

Bei der Gründung von Unternehmen bzw. „anderer Strukturen" auf Vorschlag der Kommission seitens des Rates ist auch hier das Europäische Parlament im Rahmen des Konsultationsverfahrens beteiligt (Art. 187, 188 Abs. 1 AEUV).[576]

Zur Förderung der Wettbewerbsfähigkeit der Europäischen Industrie kann ein Europäisches Raumfahrtprogramm aufgelegt werden, wie erstmalig im Entwurf des Verfassungsvertrags erwähnt. Mit Fortführung dieser Vorschrift in Form des Art. 189 AEUV ist auch eine Rechtsgrundlage für die Unionspolitik im Sektor Raumfahrt geschaffen. Die in diesem Zusammenhang erforderlichen Maßnahmen werden nach Zustimmung des Europäischen Parlaments im ordentlichen Gesetzgebungsverfahren festgelegt.

Die Kommission unterrichtet in ihrem jährlichen Forschungsbericht nach Art. 190 AEUV den Rat und das Europäische Parlament nach Soll zu Beginn jedes Jahres, in der Praxis aber erst im dritten Quartal des Kalenderjahres[577], über vergangene und zukünftige Aktivitäten auf dem Gebiet der Forschung und der technologischen Entwicklung.

Im Wege des ordentlichen Gesetzgebungsverfahrens wird ein Rahmenprogramm nach Art. 182 Abs. 1 AEUV aufgestellt, das die wissenschaftlichen und technologischen Ziele, die mit den Maßnahmen nach Art. 180 AEUV erreicht werden sollen, sowie die jeweiligen Prioritäten festlegt, die Grundzüge dieser Maßnahmen angibt und den Gesamthöchstbetrag und die Einzelheiten der finanziellen Beteiligung der Gemeinschaft am Rahmenprogramm sowie die jeweiligen Anteile der vorgesehenen Maßnahmen bestimmt. Die danach aufgesetzten spezifischen Programme regeln innerhalb einer jeden Aktion Einzelheiten der Durchführung, Laufzeit und notwendige Mittel und werden im Wege des Konsultationsverfahrens erlassen (Art. 182 Abs. 3, 4 AEUV). Im Rahmen der unionsweiten Forschung können Unternehmen gegründet werden. Beschlüsse hierüber werden im besonderen Gesetzgebungsverfahren/ Konsultationsverfahren (Art. 188 Abs. 1 AEUV) gefasst. Bestimmungen zur Durchführung von Rahmenprogrammen, Zusatzprogrammen und solche zur Beteiligung der Union

---

575 *A. Kallmayer*, in: Calliess/Ruffert (Hrsg.), EUV/EGV, 3. Aufl. 2007, Art. 169 EGV, Rdn. 2; *M. Ruffert*, in: Calliess/Ruffert (Hrsg.), EUV/AEUV, 4. Aufl. 2011, Art. 185 AEUV, Rdn. 2.

576 *A. Kallmayer*, in: Calliess/Ruffert (Hrsg.), EUV/EGV, 3. Aufl. 2007, Art. 171 EGV, Rdn. 1.

577 *A. Kallmayer/Ch. Calliess*, in: Calliess/Ruffert (Hrsg.), EUV/EGV, 3. Aufl. 2007, Art. 173 EGV, Rdn. 2; *Ch. Mellein*, in: J. Schwarze, EU-Kommentar, Art. 188 AEUV, Rdn. 1.

an einem Rahmenprogramm werden im ordentlichen Gesetzgebungsverfahren formuliert (Art. 188 Abs. 2 AEUV).[578]

Fazit: Die Beteiligung des Europäischen Parlaments ist sehr uneinheitlich, selbst innerhalb eines einzigen der vielfältigen Politikfelder.

(m) Umweltschutz

Mit der Einheitlichen Europäischen Akte wurde zum 1.7.1987 ein besonderer Titel Umwelt in den Vertrag eingeführt, der mit Inkrafttreten des Lissabon-Vertrags Teil des AEUV geworden ist (Art. 191–193 AEUV). Dort werden Ziele und Grundsätze formuliert und Handlungsbefugnisse für den Rat geschaffen, die sich nach der allgemeinen Subsidiaritätsklausel des Art. 5 Abs. 3 EUV, Art. 4 Abs. 2 lit. e AEUV richten.[579] Sie sind aber so allgemein formuliert, „dass sie dem Tätigwerden der Union auf dem Gebiet des Umweltschutzes keine wesentlichen Grenzen setzen.[580] Unabhängig davon findet sich die umweltpolitische Zielsetzung in Form eines „hohen Umweltschutzniveaus" zusätzlich auch in der Grundrechtecharta.[581]

Die komplexe und unübersichtliche Unions-Zuständigkeit auf dem Gebiet das Umweltschutzes ist ergänzend zur Zuständigkeit der Mitgliedstaaten im Gesundheitsbereich zu sehen[582] und steht im Kontext mit „Vollbeschäftigung", „sozialem Fortschritt" und „wettbewerbsfähiger sozialer Marktwirtschaft" – muss sich also mit einer Marktordnung messen, in der Wettbewerb Priorität genießt.[583] Umweltpolitische Ziele gemäß Art. 191 AEUV können durch Maßnahmen erreicht werden, zu deren Erlass Art. 192 AEUV eine eigene Rechtsetzungsbefugnis der Union schafft. Sofern Maßnahmen der Realisierung der in Art. 191 AEUV genannten verbindlichen[584] Ziele dienen, werden sie vom Europäischen Parlament und vom Rat im ordentlichen Gesetzgebungsverfahren nach Anhörung des Ausschusses der Regionen und des Wirtschafts- und Sozialausschusses erlassen. Alle Formen der Rechtsetzung nach Art. 288 AEUV stehen dabei zur

578 *Ch. Mellein*, in: J. Schwarze, EU-Kommentar, Art. 182 AEUV, Rdn. 3.

579 *R. Geiger*, EUV/EGV Komm., 4. Aufl. 2004, Art. 174 EGV, Rdn. 22.

580 *A. Käller*, in: J. Schwarze, EU-Kommentar, Art. 191 AEUV, Rdn. 3.

581 *K. A. Schachtschneider*, Verfassungsrecht der Europäischen Union, Teil 2, S. 650 f.; *A. Käller*, in: J. Schwarze, EU-Kommentar, Art. 191 AEUV, Rdn. 18 ff.

582 *Th. Oppermann*, Europarecht, 3. Aufl. 2005, § 29, S. 604 ff., Rdn. 1 ff.

583 *K. A. Schachtschneider*, Verfassungsrecht der Europäischen Union, Teil 2, S. 651.

584 Daselbst, S. 651; *Ch. Calliess*, in: Calliess/Ruffert (Hrsg.), EUV/EGV, Kommentar, 3. Aufl. 2007, Art. 174 EGV, Rdn. 42.

Verfügung, also Richtlinien und Verordnungen.[585] Ebenso unverändert[586] ist das Europäische Parlament lediglich zu hören beispielsweise bei Maßnahmen, die zusätzlich auch steuerlicher Art sind oder die Raumordnung, Bodennutzung oder Wasserressourcen betreffen (Art. 192 Abs. 1 AEUV).

Bei diesen katalogartig aufgezählten Themenfeldern wird das Europäische Parlament lediglich im besonderen Gesetzgebungsverfahren angehört, obwohl sie sich besonders stark auf die nationale Steuerpolitik und auf die nationale Energiestruktur auswirken. Letztlich ist diese schwache Beteiligung aber konsequent, weil das Europäische Parlament im Gegensatz zum Rat nur schwach demokratisch legitimiert ist. Der Reformvertrag hat in Art. 192 AEUV die redaktionellen Änderungen, die in Art. III-234 EVV vorgesehen waren, übernommen.[587]

Hier wird ein Strukturprinzip deutlich, das den Kern der Problematik der Bezeichnung „Europäisches Parlament" trifft. Auf nationaler Ebene ist bei wichtigen Entscheidungen gerade das Parlament einzuschalten (in Deutschland z.B. bei Bundeswehreinsätzen außerhalb des NATO-Gebiets), weil es – vom Präsidenten in der präsidentiellen Demokratie abgesehen – über eine direktere und stärkere demokratische Legitimation als die nicht direkt vom Volk gewählte Regierung verfügt, ja als Organ des Volkes einer solchen aus der Herrschaftslehre stammenden Legitimation nicht zusätzlich bedarf. Auf Ebene der Europäischen Union wird vice versa verfahren. In solchen für die nationale Souveränität besonders sensiblen Bereichen[588] wie steuerlichen Fragen oder Zugriffen auf lebenswichtige Ressourcen wie Wasser entscheiden die über die nationalen Parlamente legitimierten Minister ohne relevante Beteiligung des Europäischen Parlaments.

Im Bereich des Umweltschutzes (Art. 191, 192 AEUV) kommt zusammenfassend grundsätzlich das ordentliche Gesetzgebungsverfahren zum Tragen,[589] wenn nicht ausgewählte Fälle des Abs. 2 zu berücksichtigen sind, in denen das besondere Gesetzgebungsverfahren/ Anhörungsverfahren gilt.[590] Thematisch sind dies spezielle Regelungen steuerlicher Art, Maßnahmen zur Raumordnung, Fragen des Energiemixes mit Bezug zu den Mitgliedstaaten (Art. 192 Abs. 2 AEUV), es sei denn, es wurde gemäß Unterabsatz 2 durch das ordentliche Gesetzgebungsverfahren beschlossen.[591]

---

585 *K. A. Schachtschneider,* Verfassungsrecht der Europäischen Union, Teil 2, S. 652.

586 *M. Rodi,* in: Vedder/Heintschel von Heinegg, Komm. EVV, Art. III-234 EVV, Rdn. 2.

587 *Ch. Calliess,* in: Calliess/Ruffert (Hrsg.), EUV/EGV, 3. Aufl. 2007, Art. 175 EGV, Rdn. 43.

588 *W. Kahl,* in: Streinz, EUV/EGV, Art. 175 EGV, Rdn. 14.

589 *A. Käller,* in: J. Schwarze, EU-Kommentar, Art. 192 AEUV, Rdn. 2.

590 Daselbst, Art. 192 AEUV, Rdn. 7.

591 Daselbst, Art. 192 AEUV, Rdn. 27.

„Durch die Erweiterung der Aufgaben und Befugnisse der Europäischen Union, durch die weite und offene Übertragung von Hoheitsrechten auf die Europäische Union und damit die Verlagerung der existentiellen Staatlichkeit von den Mitgliedstaaten auf die Union ... auch in wichtigen ... Bereichen der Politik, wie ..., des Umweltschutzes... [ist festzustellen:] Der Verlust der Rechtshoheit ist demokratiewidrig."[592] „Die Bürokratie der Europäischen Union kann durch die weiten und offenen Begriffe des gemeinschaftlichen Umweltrechts zu derartigen Grundrechtsbeschränkungen nicht ermächtigt werden. Das ist das wesentliche Dilemma des flächendeckenden Umweltrechts der Union."[593]

(n) Energie

Die Sicherstellung eines funktionierenden Energiemarktes sowie die Entwicklung neuer Energiequellen sind Leitlinien der Energiepolitik der Union. Dieses Politikfeld reiht sich ein in die Masse der zwischen Europäischer Union und Mitgliedstaaten geteilten Zuständigkeiten, deren Hauptbereiche Art. 4 AEUV nennt, nämlich (u.a.): „Binnenmarkt, Raum der Freiheit, der Sicherheit und des Rechts, Landwirtschaft und Fischerei, ausgenommen... Verkehr und transeuropäische Netze, Energie, Sozialpolitik hinsichtlich der in diesem Vertrag genannten Aspekte, wirtschaftlicher, sozialer und territorialer Zusammenhalt, Umwelt, Verbraucherschutz, gemeinsame Sicherheitsanliegen im Bereich des Gesundheitswesens hinsichtlich der in diesem Vertrag genannten Aspekte".[594]

Diese im Verfassungsentwurf erstmalig formulierten Ziele der Energiepolitik werden durch Maßnahmen umgesetzt, die nach Zustimmung des Europäischen Parlaments im ordentlichen Gesetzgebungs-/ Mitentscheidungsverfahren ergehen (Art. 194 Abs. 2 AEUV).[595] Die Union hat erstmals eine eigenständige Aufgaben- und Kompetenznorm für die Energiepolitik in ihrem Primärrecht.[596]

Die Brisanz der stetigen Erweiterung von Befugnissen der Union wurde beispielsweise bei der Regierungskonferenz von 2004 deutlich, die in einer Erklärung Nr. 22 feststellte, dass der in Art. III-256 EVV bereits enthaltene Regelungsgehalt des Art. 194 AEUV das Recht der Mitgliedstaaten unberührt lasse,

592 *K. A. Schachtschneider*, Verfassungsbeschwerde gegen das Zustimmungsgesetz des Dt. Bundestages zum Vertrag von Lissabon, 25.5.2008, S. 20.

593 *Ders.*, Verfassungsrecht der Europäischen Union, Teil 2, S. 666.

594 *Ders.*, Verfassungsbeschwerde gegen das Zustimmungsgesetz des Dt. Bundestages zum Vertrag von Lissabon, 25.5.2008, S. 60.

595 *Ch. Calliess*, in: Calliess/Ruffert (Hrsg.), EUV/AEUV, 4. Aufl. 2011, Art. 194 AEUV, Rdn. 19.

596 *M. Rodi*, in: Vedder/Heintschel von Heinegg, Komm. EVV, Art. III-256 EVV, Rdn. 1.

Bestimmungen zu erlassen, die für die Gewährleistung ihrer Energieversorgung erforderlich sind.[597] Selbst die im Rat vertretenen Regierungsvertreter der Mitgliedstaaten befürchteten also, dass über eine eben geschaffene Befugnisnorm in so heikle Fragen eingegriffen wird wie die, auf welche Art ein Mitgliedstaat seinen Energiemix gestalten möchte.

(o) Tourismus

Selbst in Politikbereichen wie dem Tourismus, bei dem der Sinn einer Harmonisierung nicht ersichtlich, ja geradezu nicht gewünscht ist, schafft Art. 195 AEUV eine neue Unionskompetenz.[598] Im Wege der Ergänzungsgesetzgebung kann die Förderung der im Tourismussektor tätigen Unternehmen gesetzlich gemeinschaftsrechtlich unter Zustimmung des Europäischen Parlaments im ordentlichen Gesetzgebungsverfahren geregelt werden (Art. 195 Abs. 2 AEUV). Diese Regelung hat freilich nicht nur ergänzenden Charakter, weil Absatz 2 Halbsatz 2 zeigt, dass die Mitgliedstaaten verpflichtet sind, an der Verwirklichung der in Abs. 1 genannten Ziele mitzuwirken.[599] „Hoffnungen, dem Prinzip der begrenzten Ermächtigung durch die Zuständigkeitsverteilung im Vertrag von Lissabon Geltung zu verschaffen, sind gescheitert. Die Auflistung der ausschließlichen und der geteilten Zuständigkeiten der Union in Art. 2b und c (3 und 4) AEUV ist denkbar weit und entspricht als typisch bundesstaatliche Zuständigkeitsordnung dem Prinzip der begrenzten Ermächtigung eines Staatenverbundes nicht. Der Vertrag über die Arbeitsweise der Europäischen Union formuliert die Aufgaben und Befugnisse der Union ohne nähere Einschränkung“[600] – auch für den Tourismus.

b.b Bereich Recht

(a) Verfahren bei Verstößen gegen Grundrechte und Grundfreiheiten

Die Regelung des heutigen Art. 7 EUV wurde durch den Vertrag von Amsterdam eingefügt und trägt in der Kommentarliteratur verschiedene inoffizielle Überschriften, von denen die Formulierungen „Suspendierung der Mitgliedschaft“[601]

---

597 *M. Rodi*, in: Vedder/Heintschel von Heinegg, Komm. EVV, Art. III-256 EVV, Rdn. 5; *Ch. Calliess*, in: Calliess/Ruffert (Hrsg.), EUV/AEUV, 4. Aufl. 2011, Art. 193 AEUV, Rdn. 1.

598 *Ch. Calliess*, in: Calliess/Ruffert (Hrsg.), EUV/AEUV, 4. Aufl. 2011, Art. 195 AEUV, Rdn. 3.

599 *Ch. Vedder*, in: Vedder/Heintschel von Heinegg, Komm. EVV, Art. III-281 EVV, Rdn. 4; *ders.*, in: Vedder/Heintschel von Heinegg, Europ. Unionsrecht, Art. 196 AEUV, Rdn. 5.

600 *K. A. Schachtschneider*, Verfassungsbeschwerde gegen das Zustimmungsgesetz des Dt. Bundestages zum Vertrag von Lissabon, 25.5.2008, S. 62.

601 *C. Stumpf*, in: Schwarze (Hrsg.), EU-Kommentar, 1. Aufl. 2000, Art. 7 EUV.

oder „Aussetzung von Rechten“[602] die dort formulierten Rechtsfolgen am besten treffen. „Bruch gemeinsamer Verfassungsgrundsätze“[603] oder „Verletzung fundamentaler Grundsätze durch einen Mitgliedstaat“[604] bezeichnen die Voraussetzungen dieser Rechtsfolge.

Die Vorschrift installiert ein „Frühwarnsystem“ (Abs. 1) und kombiniert dieses mit einem Sanktionsmechanismus (Abs. 2 – 5). Im Rahmen von Vorfeldmaßnahmen, die ein Drittel der Mitgliedstaaten, das Europäische Parlament mit qualifizierter Mehrheit gem. Art. 354, 238 Abs. 3 AEUV (Art. 7 Abs. 5 EUV) oder die Kommission mit einem Vorschlag an den Rat in Gang setzt, wird der betroffene Mitgliedstaat angehört. Der Rat kann nach Anhörung des Mitgliedstaates mit 4/5 seiner Mitglieder (Art. 7 Abs. 1 UA 1 EUV) die Gefahr einer schwerwiegenden Verletzung der in Art. 2 EUV genannten Grundsätze Freiheit, Demokratie, Rechtstaatlichkeit, Gleichheit, Achtung der Menschenwürde, Wahrung der Menschenrechte oder Minderheitenrechte feststellen und damit Empfehlungen an den betroffenen Mitgliedsstaat verbinden – in dieser Phase noch ohne Beteiligung des Parlaments.

Der Europäische Rat kann dann bei anhaltendem Vorliegen der Ursachen der Feststellung einstimmig zusammen mit dem Europäischen Parlament feststellen, dass eine schwerwiegende und anhaltende Verletzung der von Art. 6 Abs. 1 genannten Grundsätze vorliegt.[605]

Ratio legis ist letztlich die „Homogenität der Union“[606] als „Wertegemeinschaft“.[607] Vor Inkrafttreten dieser Vorschrift musste Österreich Anfang 2000 infolge der FPÖ-Regierungsbeteiligung die leidvolle Erfahrung machen, dass auch ohne Rechtsgrundlage Sanktionen der Europäischen Union verhängt wurden, die wegen dieses entscheidenden Mangels in der Kommentarliteratur weitgehend als „rechtlich inakzeptabel“[608] oder „unzulässig“[609] eingestuft wurden.

Nunmehr muss nach Feststellung der schwerwiegenden Verletzung von Grundsätzen der Union der Rat mit qualifizierter Mehrheit (Abs. 3) beschließen, dass bestimmte Rechte bis hin zum Stimmrecht im Rat, die sich aus dem

---

602 *M. Ruffert*, in: Calliess/Ruffert (Hrsg.), EUV/EGV, 3. Aufl. 2007, Art. 7 EUV.
603 *R. Geiger*, Komm. z. EUV/EGV, 4. Aufl. 2004, Art. 7 EUV.
604 *M. Pechstein*, in: Streinz (Hrsg.), Komm. z. EUV/EGV, Art. 7 EUV.
605 *M. Ruffert*, in: Calliess/Ruffert (Hrsg.), EUV/AEUV, 4. Aufl. 2011, Art. 7 EUV, Rdn. 4 f.; *R. Geiger*, Komm. z. EUV/EGV, 4. Aufl. 2004, Art. 7 EUV, Rdn. 5.
606 *M. Pechstein*, in: Streinz (Hrsg.), Komm. z. EUV/EGV, Art. 7 EUV, Rdn. 1.
607 *M. Ruffert*, in: Calliess/Ruffert (Hrsg.), EUV/EGV, 3. Aufl. 2007, Art. 7 EUV, Rdn. 1.
608 *M. Pechstein*, in: Streinz (Hrsg.), Komm. z. EUV/EGV, Art. 7 EUV, Rdn. 1.
609 *M. Ruffert*, in: Calliess/Ruffert (Hrsg.), EUV/EGV, 4. Aufl. 2011, Art. 7 EUV, Rdn. 33.

Europäischen Primärrecht ergeben[610], suspendiert werden, wobei die Pflichten des betreffenden Mitgliedstaates aus den Verträgen unberührt bleiben. Eine Beteiligung des Parlaments ist bei diesen Beschlüssen nicht vorgesehen.[611] Auch ein Rechtsschutz gegen derartige Sanktionen ist, obgleich Rechtsstaatlichkeit erklärtes Ziel der Union ist[612], „nur sehr begrenzt“[613] gegeben und bezieht sich seit dem Vertrag von Nizza auf „reine Verfahrensbestimmungen des Artikels 7“, so dass eine Kontrolle der materiellen Voraussetzungen des Art. 7 EUV nicht vorgesehen ist.[614]

(b) Polizeiliche und justizielle Zusammenarbeit (PJZ)

- Allgemeines

Die inzwischen im AEUV geregelten Bestimmungen über die polizeiliche und justizielle Zusammenarbeit waren eine der drei Säulen der EU und damit Teil des damaligen intergouvernementalen Unionsrechts außerhalb des Gemeinschaftsrechts. Im Gegensatz zum damaligen EGV, in dessen Geltungsbereich das Europäische Parlament im Rahmen des Mitentscheidungsverfahrens neben dem Rat als Rechtsetzer tätig werden konnte, war das Europäische Parlament im Geltungsbereich der polizeilichen und justiziellen Zusammenarbeit (PJZ) wegen deren intergouvernementaler Charakteristik noch außen vor. Der Rat als Versammlung der Staats- und Regierungschefs der Mitgliedstaaten war das entscheidende Gesetzgebungsorgan, das über die nationalen Regierungen durch das Einstimmigkeitsprinzip legitimiert wird.[615] Mit Abschaffung der Unterteilung in Union und Gemeinschaft im Reformvertrag kann fortan das Europäische Parlament mit dem Rat zusammen auch hier legislativ tätig werden. Dies wird erkennbar an den die justizielle Zusammenarbeit in Zivil- und Strafsachen betreffenden Regelungen der Artikel 81 – 86 AEUV, in denen seit Inkrafttreten des Lissabon-Vertrags durchgängig das ordentliche Gesetzgebungsverfahren zur Anwendung kommt. Dies gilt auch für die polizeiliche Zusammenarbeit (Art. 87, 88 AEUV). Lediglich Regelungen der staatenübergreifenden Tätigkeit mitgliedstaatlicher Behörden im Hoheitsgebiet eines anderen Mitgliedstaates werden

610 *H. Schmitt von Sydow*, in: von der Groeben/ Schwarze, Art. 7 EUV, Rdn. 69.

611 Daselbst, Art. 7 EUV, Rdn. 65; *M. Ruffert*, in: Calliess/Ruffert (Hrsg.), EUV/AEUV, 4. Aufl. 2011, Art. 7 EUV, Rdn. 21.

612 *H. Schmitt von Sydow*, in: von der Groeben/Schwarze, Art. 7 EUV, Rdn. 88.

613 *M. Ruffert*, in: Calliess/Ruffert (Hrsg.), EUV/EGV, 3. Aufl. 2007, Art. 7 EUV, Rdn. 26 ff.

614 *H.-J. Cremer*, in: Calliess/Ruffert (Hrsg.), EUV/EGV, 3. Aufl. 2007, Art. 46 EUV, Rdn. 9; *M. Ruffert*, in: Calliess/Ruffert (Hrsg.), EUV/AEUV, 4. Aufl. 2011, Art. 7 EUV, Rdn. 23, 27.

615 *O. Suhr*, in: Calliess/Ruffert (Hrsg.), EUV/EGV, 3. Aufl. 2007, Art. 39 EUV, Rdn. 1.

nach Art. 89 AEUV im besonderen Gesetzgebungsverfahren unter Anhörung des Europäischen Parlaments erlassen.

- Justizielle Zusammenarbeit in Zivilsachen

Ziel der seit dem Unionsvertrag von Maastricht (Art. K 1 Nr. 6 EUV) betriebenen Vergemeinschaftung der justiziellen Zusammenarbeit ist es, allen Unionsbürgern erleichterten Zugang zu den Gerichten der anderen Mitgliedstaaten zu ermöglichen und damit insgesamt einen verbesserten Rechtsschutz zu gewährleisten. Dies ist die Entsprechung zum Binnenmarkt mit seinem freien Waren- und Dienstleistungsverkehr, zu dessen reibungslosem Funktionieren auch entsprechender Rechtschutz erforderlich ist. Demgemäß ist die Handlungsermächtigung der Union auf diesem Gebiet auch im EU-Reformvertrag (Art. 81 Abs. 2 AEUV) an das Binnenmarktziel gekoppelt.[616]

Das Europäische Parlament ist an der Verabschiedung von Maßnahmen zu den in Abs. 2 abschließend[617] aufgezählten Themen, die die Angleichung von Rechts- und Verwaltungsvorschriften der Mitgliedstaaten zum Ziel haben (Art. 81 Abs. 2 AEUV), im Wege des ordentlichen Gesetzgebungsverfahrens beteiligt. Ausgenommen hiervon ist – ohne ersichtlichen Grund – das Familienrecht, in dessen Bereich Maßnahmen vom Rat erlassen werden, wobei das Europäische Parlament lediglich im Konsultationsverfahren angehört wird. Art. 81 Abs. 3 UA 2 AEUV enthält wiederum eine sog. Rendez-vous-Klausel[618], die es dem Rat ermöglicht, mit Beschluss einstimmig und nach Anhörung des Europäischen Parlaments doch im Wege des ordentlichen Gesetzgebungsverfahrens zu handeln.

Das Fundament der justiziellen Zusammenarbeit ist das Prinzip der gegenseitigen Anerkennung. Es will den gegenüber der Harmonisierung pragmatischeren Weg gehen, indem es das Spannungsverhältnis zwischen nationalem und europäischem Rechtsraum löst. Die Vielfalt der nationalen Rechtssysteme wird – freilich unter dem Damoklesschwert des Anwendungsvorrangs des Unionsrechts – gewahrt und dennoch ein europäischer Rechtsraum eingerichtet. Die ungeprüfte Übernahme fremder gerichtlicher und außergerichtlicher Entscheidungen unter

---

616 *M. Rossi*, in: Calliess/Ruffert (Hrsg.), EUV/EGV, 3. Aufl. 2007, Art. 65 EGV, Rdn. 1, 5.

617 *B. Kretschmer*, in: Vedder/Heintschel von Heinegg, Komm. EVV, Art. III-269 EVV, Rdn. 2; *M. Rossi*, in: Calliess/Ruffert (Hrsg.), EUV/AEUV, 4. Aufl. 2011, Art. 81 AEUV, Rdn. 7.

618 *B. Kretschmer*, in: Vedder/ Heintschel von Heinegg, Komm. EVV, Art. III-269 EVV, Rdn. 1; *M Rossi*, in: Calliess/Ruffert (Hrsg.), EUV/AEUV, 4. Aufl. 2011, Art. 81 AEUV, Rdn. 35.

Abschaffung des Exequatur-Verfahrens[619], also des gegenständlich beschränkten Erkenntnisverfahrens, in dem die Voraussetzungen der Anerkennung der Entscheidung und der Verleihung der Vollstreckbarkeit im Inland geprüft werden, birgt die Gefahr in sich, „rechtstaatliche Errungenschaften infrage zu stellen" sowie „zum Vehikel [zu] verkommen, das rechtstaatliche Gewährleistungen abträgt".[620] Daran ändert auch die Beteiligung des Europäischen Parlaments nichts, die dem Gewaltenteilungsprinzip zufolge eine Prüfung mitgliedstaatlicher Entscheidungen durch die nationale Judikative nicht ersetzen kann.

- Justizielle Zusammenarbeit in Strafsachen

Auch im strafrechtlichen Bereich gilt der Grundsatz der gegenseitigen Anerkennung gerichtlicher Urteile und Entscheidungen. Im Unionsvertrag von Maastricht erstmalig in Art. K bis K. 9 EUV intergouvernemental eingeführt[621], überführt der Vertrag von Amsterdam einen Teil der Regelungen des Raums der Freiheit, der Sicherheit und des Rechts in das Gemeinschaftsrecht. Im Reformvertrag von Lissanbon wurde der Übergang von der stark intergouvernementalen polizeilichen und justiziellen Zusammenarbeit in Strafsachen hin zur Gemeinschaftsmethode vollzogen (Art. 67–76 AEUV)[622], weshalb nach dieser Konzeption das Europäische Parlament mit dem Rat zusammen im ordentlichen Gesetzgebungsverfahren die Regeln der gegenseitigen Anerkennung bei Vermeidung von Kompetenzkonflikten regelt (Art. 82 Abs. 1 AEUV). Sieht ein Mitglied des Rates durch den Entwurf einer Richtlinie grundlegende Aspekte seiner Strafrechtsordnung gefährdet, so steht ihm die „Notbremse" im Absatz 3 zur Verfügung.[623] Sie ermöglicht eine Befassung des Europäischen Rats mit dem Entwurf im Rahmen einer Aussprache. Das laufende ordentliche Gesetzgebungsverfahren wird solange ausgesetzt.

Mindestvorschriften für nationale gerichtliche Urteile und Entscheidungen erleichtern die spätere Zusammenarbeit der Mitgliedstaaten und können im ordentlichen Gesetzgebungsverfahren festgelegt werden (Art. 82 Abs. 2 UA 1 AEUV). Diese Vorschriften betreffen die Zulässigkeit von Beweismitteln (Art. 82 Abs. 2 UA 2 lit. a AEUV), die Rechte des Einzelnen im Strafverfahren (lit. b),

---

619 Verordnung über Europäische Vollstreckungstitel (EG) Nr. 805/2004, am 21. Oktober 2005 in Kraft getreten.

620 *B. Kretschmer*, in: Vedder/Heintschel von Heinegg, Komm. EVV, Art. III-269 EVV, Rdn. 5 f.

621 *Th. Oppermann*, Europarecht, 3. Aufl. 2005, S. 15, Rdn. 35.

622 *O. Suhr*, in: Calliess/Ruffert (Hrsg.), EUV/AEUV, 4. Aufl. 2011, Art. 67 AEUV, Rdn. 38.

623 Daselbst, Art. 82 AEUV, Rdn. 31; *B. Kretschmer*, in: Vedder/Heintschel von Heinegg, Komm. EVV, Art. III-270 EVV, Rdn. 2.

die Rechte der Opfer von Straftaten (lit. c) und sonstige spezifische Aspekte des Strafverfahrens, das zuvor der Rat einstimmig mit Zustimmung des Europäischen Parlaments erlassen hat (lit. d).

Wesentliche Befugnisse der Union zur Harmonisierung des Strafrechts der Mitgliedstaaten regelt Art. 83 AEUV. Dieser ermächtigt die Union grundsätzlich im Wege des ordentlichen Gesetzgebungsverfahrens, also mit Zustimmung des Europäischen Parlaments, durch Rahmengesetze Mindeststandards für Straftaten und Strafen festzulegen, wenn diese grenzüberschreitende Dimension haben. Dem Bundesverfassungsgericht genügt in seinem Lissabon-Urteil diese Beteiligung des Europäischen Parlaments bei der Erweiterung der Unionsbefugnisse auf weitere Kriminalitätsbereiche nach Art. 83 Abs. 1 UA 3 AEUV nicht. Es urteilte aus, dass derartige Befugniserweiterungen unter den Gesetzesvorbehalt des Art. 23 Abs. 1 S. 2 GG fielen.[624]

Erfolgt die Angleichung von Rechtsvorschriften im Wege des Abs. 2, so ergeht die Maßnahme im gleichen Verfahren wie die zugrunde liegende Harmonisierungsmaßnahme.[625] Auch hier ist im Falle der grundlegenden Kollision mit Aspekten der mitgliedstaatlichen Strafrechtsordnung in Art. 82 Abs. 3 AEUV ein „Notbremsverfahren"[626] eingebaut – als „redundanter Zwillingsauftritt, (der) ein Musterbeispiel missglückter Gesetzestechnik" darstellt.[627]

Im ordentlichen Gesetzgebungsverfahren werden der vom Reformvertrag neu eingeräumten Unionskompetenz[628] zufolge Maßnahmen erlassen, die die Kriminalitätsprävention fördern sollen (Art. 84 AEUV).

Die polizeiliche Komponente in Europa ist Europol, auf justizieller Seite befindet sich Eurojust mit Sitz in Den Haag, um die justizielle Zusammenarbeit zwischen nationalen Behörden zu unterstützen. Aufbau und Arbeitsweise der erst mit dem Vertrag von Nizza geschaffenen Einrichtung kann das Europäische Parlament im Rahmen des ordentlichen Gesetzgebungsverfahrens beeinflussen (Art. 85 Abs. 1 UA 2 AEUV). Dazu „kann Folgendes gehören", formuliert Art. 85

---

624 *O. Suhr*, in: Calliess/Ruffert (Hrsg.), EUV/AEUV, 4. Aufl. 2011, Art. 82 AEUV, Rdn. 43.

625 *B. Kretschmer*, in: Vedder/Heintschel von Heinegg, Komm. EVV, Art. III-271 EVV, Rdn. 17.

626 *O. Suhr*, in: Calliess/Ruffert (Hrsg.), 4. Aufl. 2011, Art. 82 AEUV, Rdn. 27.

627 *B. Kretschmer*, in: Vedder/Heintschel von Heinegg, Komm. EVV, Art. III-271 EVV, Rdn. 2.

628 *O. Suhr*, in: Calliess/Ruffert (Hrsg.), EUV/AEUV, 4. Aufl. 2011, Art. 84 AEUV, Rdn. 2; *B. Kretschmer*, in: Vedder/Heintschel von Heinegg, Komm. EVV, Art. III-272 EVV, Rdn. 1.

Abs. 1 UA 2 AEUV vage und macht die Notwendigkeit gesetzlicher Ausgestaltung deutlich, zu der das Europäische Parlament seine Zustimmung geben muss.[629]

Gesetzliche Basis der Einrichtung und der Aufgabenzuweisung einer Europäischen Staatsanwaltschaft ist eine Verordnung des Rates, die ausnahmsweise im besonderen Gesetzgebungsverfahren einstimmig mit einem Zustimmungserfordernis des Europäischen Parlaments verknüpft ist (Art. 86 Abs. 1 AEUV). „Die Europäische Staatsanwaltschaft nimmt bei diesen [gegen die finanziellen Interessen der Union gerichteten] Straftaten vor den zuständigen Gerichten der Mitgliedstaaten die Aufgaben der Staatsanwaltschaft wahr." (Art. 86 Abs. 2 AEUV). Dies ist aus republikanischer Sicht problematisch. Der „grundlegende Mechanismus der grundgesetzlichen Demokratie besteht [nämlich] darin, dass die Bürger durch freie und gleiche Wahl von Repräsentationsorganen den Ausgangspunkt setzen, von dem aus in ununterbrochener Legitimationskette die Vergabe aller öffentlichen Ämter erfolgt"[630], „Beamte … mit ihrem Dienst Staatsgewalt" ausüben.[631] Sie sind nämlich Organe des ganzen Volkes i. S. Art. 20 Abs. 2 S. 2 GG.[632] Diese ununterbrochene Legitimationskette ist in Bezug auf die Europäische Staatsanwaltschaft nur schwerlich zu erkennen. Eine Europäische Staatsanwaltschaft ist daher politisch und wissenschaftlich umstritten. „Derartige Parallelstrukturen fördern nicht die Kohärenz, sie doppeln die Unübersichtlichkeit, schaffen Ungleichheiten und verschärfen das Gefälle zwischen Anklage und Verteidigung".[633] Zum fairen Verfahren gehören nämlich das Gebot der Waffengleichheit als Verwirklichung des Gleichheitsgrundsatzes[634] sowie eine Kontrollierbarkeit der Zuständigkeiten und des Verfahrensgangs.[635] Weil insbesondere strafrechtliche Urteile im sensiblen Bereich der unantastbaren Menschenwürde wirken, ist das faire Verfahren „Teil des republikanischen Ethos".[636] „Kants Gerechtigkeitsbegriff ist prozeduraler

---

629 *O. Suhr*, in: Calliess/Ruffert (Hrsg.), EUV/AEUV, 4. Aufl. 2011, Art. 85 AEUV, Rdn. 1; *B. Kretschmer*, in: Vedder/Heintschel von Heinegg, Komm. EVV, Art. III-273 EVV, Rdn. 8.

630 *L. Di Fabio*, Demokratie im System des Grundgesetzes, in: FS Badura 2004, S. 77 ff.

631 *K. A. Schachtschneider*, Res publica res populi, S. 160; *R. Balzer*, Republikprinzip und Berufsbeamtentum, S. 158.

632 *K. A. Schachtschneider*, Res publica res populi, S. 160; *R.Scholz*, HStR, Bd. VI, S. 1174 f.

633 *B. Kretschmer*, in: Vedder/Heintschel von Heinegg, Komm. EVV, Art. III-274 EVV, Rdn. 5.

634 BVerfGE 38, 105 (111); 52, 131 (144, 156 f.); 63, 45 (61); 69, 248 (254); 74, 78 (95); *K. A. Schachtschneider*, Prinzipien der Rechtsstaats, S. 302.

635 *K. A. Schachtschneider*, Prinzipien der Rechtsstaats, S. 308.

636 *Ders.*, Freiheit in der Republik, S. 92 f.; *W. Kersting*, Kant über Recht, S. 84.

Natur..."[637], weshalb ein nicht ausreichend gesetzlich ausgestatteter Justizgewährungsanspruch[638] mit dem Rechtsstaatsprinzip des Grundgesetzes im Hinblick auf ein faires Verfahren unvereinbar ist.

Vor dem Hintergrund der gegenwärtigen demokratischen Legitimation der Europäischen Union liegt ein schwerer Verstoß gegen das Rechtsstaatsprinzip vor, wenn ein Angeklagter vor einem deutschen Gericht sich den Ermittlungsergebnissen einer Europäischen Staatsanwaltschaft stellen muss, die in keiner Weise im Namen des Volkes tätig ist und dennoch entscheidenden Anteil an seiner Verurteilung haben wird. Die deutsche Staatsanwaltschaft ist ein „der dritten Gewalt zugeordnetes Organ der Rechtspflege", das über den Justizminister im Bereich der Strafrechtspflege dem Grundprinzip der parlamentarischen Verantwortlichkeit unterliegt.[639] Diese Rolle kann eine europäische Staatsanwaltschaft nicht übernehmen, weil die Ortsnähe, wie sie § 141 GVG vorsieht, ein zentraler Bestandteil der Waffengleichheit im Verfahren ist. Art. 86 Abs. 1 UA 2 und 3 AEUV sieht für den Fall der schwer zu erreichenden Einstimmigkeit für die Errichtung einer europäischen Staatsanwaltschaft ein "Europa der zwei Geschwindigkeiten" vor, indem mindestens neun Mitgliedstaaten eine verstärkte Zusammenarbeit vereinbaren können und so doch noch die Errichtung einer dann lokal begrenzt tätigen europäischen Staatsanwaltschaft erreichen können. Diese Regelungen sind erst im EU-Reformvertrag ergänzt worden und zeigen, dass dieser keineswegs durchgängig ein Minus in Sachen Integration gegenüber dem Verfassungsvertrag darstellt. Im ordentlichen Gesetzgebungsverfahren wird vom Rat unter Zustimmung des Europäischen Parlaments durch Beschluss die Zuständigkeit dieser Europäischen Staatsanwaltschaft auch noch auf „schwere Kriminalität mit grenzüberschreitender Dimension" ausweiten (Art. 86 Abs. 4 AEUV) – ein freilich wenig bestimmter Rechtsbegriff.

- Polizeiliche Zusammenarbeit

Seit dem Unionsvertrag von Maastricht ist die polizeiliche Zusammenarbeit primärrechtlich kodifiziert (Art. K.1 Nr. 9 EUV, Art. 29 ff. EUV/Amsterdam) und mit dem Transfer der Regelung in den EGV nicht mehr intergouvernemental,

637 *K. A. Schachtschneider*, Freiheit in der Republik, S. 92; i.d.S. auch *J. Rawls*, Eine Theorie der Gerechtigkeit, S. 105 ff., S. 302.

638 BVerfGE 85, 337 (345 f.); 88, 118 (123); 93, 99 (197); *K. A. Schachtschneider*, Prinzipien des Rechtsstaates, S. 302.

639 *L. Meyer-Goßner*, Komm. z. StPO, 51. Aufl. 2008, Vor § 141 GVG, Rdn. 5–7.

sondern supranational geregelt.[640] Durch diese Umgliederung weg von Regierungskooperation hinein in die supranationalen Gesetzgebungsverfahren der Union wird eine Beteiligung des Europäischen Parlaments möglich. Aus derselben Motivlage wie bei der Schaffung von Eurojust heraus entwickelt die Union unter Beteiligung des Europäischen Parlaments im ordentlichen Gesetzgebungsverfahren (Art. 87 Abs. 2 AEUV) eine polizeiliche Zusammenarbeit zwischen allen zuständigen Behörden der Mitgliedstaaten, ja sie verfügt nach dem EU-Reformvertrag sogar über eigene polizeiliche Befugnisse.[641] Lediglich die operative Umsetzung wird in Maßnahmen des Rats unter bloßer Anhörung des Europäischen Parlaments geregelt (Art. 87 Abs. 3 AEUV). Der EU-Reformvertrag erweitert diesen Artikel analog der Regelung zur europäischen Staatsanwaltschaft, indem Absatz 3 um zwei Unterabschnitte erweitert wird, die die Umgehung des Einstimmigkeitsprinzips ermöglichen, wenn sich mindestens neun Mitgliedstaaten zu einer verstärkten Zusammenarbeit entschließen. Hierüber entscheidet der Rat nach Anhörung des Europäischen Parlaments.

Die Frage nach der Abgrenzung präventiver und repressiver Aspekte wird hierbei gar nicht gestellt („Verhütung und Bekämpfung" Art. 88 Abs. 1 AEUV), obwohl dies für einen Rechtsstaat „nach wie vor fundamental ist."[642]

Als Europäisches Polizeiamt hat Europol zum 1.7.1999 seine Tätigkeit aufgenommen und institutionalisiert mit Sitz in Den Haag die polizeiliche Zusammenarbeit in Europa. Mit der Ausweitung der Befugnisse von Europol drängt sich eine über die bloße Erstattung von Tätigkeitsberichten hinausgehende Kontrolle der mit „zweifelhafter Immunität"[643] ausgestatteten Europol-Bediensteten auf. Im Entwurf des Verfassungsvertrags sollte daher mit der „überfälligen demokratischen Sicherung"[644] der Kontrolle von Europol durch das Europäische Parlament begonnen werden (im Vertrag von Lissabon nun Art. 88 Abs. 2 UA 2 AEUV). Den Aufbau, die Arbeitsweise und den Tätigkeitsbereich von Europol kann das Europäische Parlament nun im Rahmen des ordentlichen Gesetzgebungsverfahrens beeinflussen, weil eine Regelung hier auf Basis von Verordnungen erfolgt (Art. 88 Abs. 2 UA 1 AEUV).[645]

---

640 *K. A. Schachtschneider*, Verfassungsbeschwerde gegen das Zustimmungsgesetz des Dt. Bundestages zum Vertrag von Lissabon, 25.5.2008, S. 189.

641 Daselbst, S. 190.

642 *B. Kretschmer*, in: Vedder/Heintschel von Heinegg, Komm. EVV, Art. III-275 EVV, Rdn. 10.

643 Daselbst, Art. III-276, Rdn. 9 ff.

644 Daselbst, Art. III-276, Rdn. 10.

645 *O. Suhr*, in: Calliess/Ruffert (Hrsg.), EUV/AEUV, 4. Aufl. 2011, Art. 89 AEUV, Rdn. 23.

Die Frage der Tätigkeit von Sicherheitsbehörden auf fremdem Hoheitsgebiet (Grenzüberschreitende Behördentätigkeit) ist grundsätzlich an Art. 20 Abs. 2 S. 1 GG zu messen, weil in der Republik keine (Fremd-) Herrschaft stattfinden darf, sondern das Volk durch seine Organe sich selbst regiert. Von daher sind alle Versuche, Hoheitsgewalt durch andere Organe als solche des Volkes auszuüben, usurpatorischer Natur.

„Angesichts der tatsächlich übertragenen Befugnisse, welche den Schutz der inneren Sicherheit zum Gegenstand haben, ist dieses Postulat bloße Makulatur und dient als Ablenkung davon, dass mit diesem Titel Staatsgewalt der Europäischen Union im Bereich der inneren Politik, zumal in der menschheitlich besonders empfindlichen Politik der Justiz und Polizei, begründet wird, deren Aufgaben und Befugnisse nicht mehr begrenzt und begrenzbar, nicht mehr bestimmt und bestimmbar sind.“[646]

In Art. 89 AEUV sind Maßnahmen im besonderen Gesetzgebungsverfahren zur Abschaffung des Souveränitätsvorbehalts vorgesehen.[647] Das Europäische Parlament – wenngleich dem Anspruch nach Vertretung der Bürgerinnen und Bürger der Union (Art. 10 Abs. 2 EUV) – wird lediglich angehört (Konsultationsverfahren), kann also solch tiefgreifende Eingriffe in die nationale Souveränität nicht legitimieren.

(c) Nichtdiskriminierung und Unionsbürgerschaft

Das als langjährige Besonderheit des Europarechts geltende sogenannte Nichtdiskriminierungsprinzip findet sich in den Art. 10, 18 und 19 AEUV. Dort wird beispielsreich aufgezählt, wo die besonders relevanten Felder der Diskriminierung liegen. Das Deutsche Grundgesetz hat in Art. 3 Abs. 3 GG ein Diskriminierungs- und Privilegierungsverbot kodifiziert, das eine rechtliche Schlechterstellung an zwingende Gründe knüpft[648] und das „Gebot der Unparteilichkeit“[649] ausspricht. Das europäische Primärrecht hingegen möchte die Diskriminierung sendungsbewusst „bekämpfen“ (Art. 10, 19 AEUV). „Das demokratische Defizit dieser wirtschaftspolitischen Befugnis der Union wird dadurch verstärkt, daß das Europäische Parlament nach Art. 99 (121) Abs. 2 Unterabs. 2 S. 3 AEUV von der

---

646 *K. A. Schachtschneider*, Verfassungsbeschwerde gegen das Zustimmungsgesetz des Dt. Bundestages zum Vertrag von Lissabon, 25.5.2008, S. 191.

647 *O. Suhr*, in: Calliess/Ruffert (Hrsg.), EUV/AEUV, 4. Aufl. 2011, Art. 89 AEUV, Rdn. 6; *B. Kretschmer*, in: Vedder/Heintschel von Heinegg, Komm. EVV, Art. III-276 EVV.

648 BVerfGE 99, 341 (359 f.).

649 *K. A. Schachtschneider*, Prinzipien des Rechtsstaates, S. 326.

Empfehlung des Rates, in der die Grundzüge dargelegt werden, lediglich unterrichtet wird.“[650]

Die mit diesen Generalklauseln durch die Formulierung „unbeschadet besonderer Bestimmungen“ (Art. 18 UA 1 AEUV) und „unbeschadet der sonstigen Bestimmungen der Verträge“ (Art. 19 Abs. 1 AEUV) normierte Unbegrenztheit und Unvorhersehbarkeit der im Namen der Antidiskriminierung betriebenen Integrationsentwicklung an den nationalen Parlamenten und dem Europäischen Parlament (lediglich Unterrichtung) vorbei birgt das Risiko, dass auf Unionsebene weitere Zuständigkeiten geschaffen werden. Dies zeigt die Anwendung des Diskriminierungsverbots auf allen Gebieten, auf die sich Diskriminierung und Beeinträchtigung von Grundfreiheiten auswirken können, auch wenn die Union nicht mit einer besonderen Ermächtigung zur Gesetzgebung oder zu anderen Maßnahmen ausgestattet ist. „Sie sind unbegrenzt anwendbar und unterliegen in der Praxis nicht dem Prinzip begrenzter Ermächtigung.“[651]

Die auf die Rechtsetzungsermächtigung des Art. 18 AEUV gestützte RL 2004/113 hat die Wirkung des Gleichbehandlungsgebots und des Diskriminierungsverbots auch auf privatrechtliche Rechtsverhältnisse erweitert. Solche Richtlinien können unter Zustimmung des Europäischen Parlaments im ordentlichen Gesetzgebungsverfahren erlassen werden. Hierbei wurde ein Interessenkonflikt mit der dem deutschen Recht eigentümlichen Vertragsautonomie deutlich[652], was die Umsetzung der Richtlinie in Form des Allgemeinen Gleichstellungsgesetzes (AGG) in deutsches Recht nicht verhinderte.

Art. 18 AEUV regelt das allgemeine Diskriminierungsverbot, also die Benachteiligung auf Grund der Staatsangehörigkeit.[653] Art. 21 der Charta der Grundrechte der Europäischen Union verbietet ebenfalls eine Diskriminierung auf Grund der Geburt oder Zugehörigkeit oder ethnischen Herkunft. „Sie fördert die Verlagerung der Grundrechtsverantwortung auf die nicht demokratisch legitimierten Organe der Europäischen Union.“[654] Auf diesem Feld kann der Rat nach Abs. 2 geeignete Maßnahmen im Wege des ordentlichen Gesetzgebungsverfahrens treffen. Findet die Diskriminierung aus anderen Gründen (Geschlecht, Rasse etc.) statt, so greift Art. 19 AEUV.

650 *Ders.*, Verfassungsbeschwerde gegen das Zustimmungsgesetz des Dt. Bundestages zum Vertrag von Lissabon, 25.5.2008, C I, S.152.

651 *Ders.*, Verfassungsbeschwerde gegen das Zustimmungsgesetz des Dt. Bundestages zum Vertrag von Lissabon, 25.5.2008, B I, S. 88 f.

652 *A. Epiney*, in: Calliess/Ruffert (Hrsg.), EUV/EGV, 3. Aufl. 2007, Art. 13 EGV, Rdn. 13.

653 *R. Streinz*, Europarecht, 7. Aufl. 2005, S. 303, Rdn. 794.

654 *K. A. Schachtschneider*, Prinzipien des Rechtsstaates, S. 133.

Der Regelungsgehalt des Art. 19 AEUV, also die Ausgestaltung des Diskriminierungsverbots, wurde durch den Vertrag von Amsterdam eingeführt. In dieser frühen Form sah er die Beteiligung des Europäischen Parlaments lediglich in Form des Konsultationsverfahrens vor. Mit dem Vertrag von Nizza wurde ein Absatz 2 eingeführt, der die Bewilligung gemeinschaftlicher Fördermaßnahmen dem ordentlichen Gesetzgebungsverfahren des Art. 289 EGV unterwirft.[655] Die Ausgestaltung des Verbots der Diskriminierung soll dem AEUV zufolge unter Zustimmung des Europäischen Parlaments erfolgen (Art. 19 AEUV) – „was die politische Sensibilität der Materie … zeigt."[656]

Die Aufnahme von im Grundgesetz (Art. 3 Abs. 2 GG) nicht festgelegten Tatbeständen in das Europäische Primärrecht, wie es das Verbot der Diskriminierung aus Gründen der sexuellen Ausrichtung beispielsweise darstellt, birgt „Brisanz"[657] in sich. Europäische Organe wie der Rat treffen, ohne Organe des Volkes zu sein, „Vorkehrungen … um Diskriminierungen … zu bekämpfen". Dies nimmt den Bürgern, die als citoyens eigentlich alle selbst Politiker sind[658], die Möglichkeit, in einem niemals endenden Bemühen mittels freier und offener Auseinandersetzungen den Primat des Gemeinwohls gegen Interessengruppe durchzusetzen.[659]

In der Republik ist das Parlament der Ort, die Freiheit durch Gesetze zu verwirklichen.[660] „Auch Plebiszite haben repräsentativen Charakter."[661] Immer neue Behörden jedoch, wie die von § 29 des Allgemeinen Gesetzes zur Gleichbehandlung (AGG) vorgesehene „Antidiskriminierungsstelle", dienen der Schwächung dieser „Einrichtung der Freiheit"[662]. Der Parlamentarismus muss freilich republikanisch sein. Weil die Inhaberschaft eines Amtes immer die Gefahr birgt, von Lobbyisten vereinnahmt zu werden, ist „der ständige Wechsel der Vertreter des Volkes jedenfalls für die Republik unverzichtbar".[663] Im Kontrast dazu stehen die Abgeordneten des Europäischen Parlaments, die ohne jede Genehmigung ihren Beruf fortführen dürfen – wobei nicht einmal eine Verrechnung der Einkommen

655 *A. Epiney*, in: Calliess/Ruffert (Hrsg.), EUV/EGV, 3. Aufl. 2007, Art. 13 EGV, Rdn. 1; *R. Streinz*, in: Streinz (Hrsg.), EUV/EGV, Art. 13 EGV, Rdn. 1.

656 *A. Epiney*, in: Calliess/Ruffert (Hrsg.), EUV/AEUV, 4. Aufl. 2011, Art. 13 AEUV.

657 *R. Streinz*, in: Streinz (Hrsg.), EUV/EGV, Art. 13 EGV, Rdn. 1, 11.

658 *K. A. Schachtschneider*, Res publica res populi, S. 662, 665.

659 *E. Fraenkel*, Deutschland und die westlichen Demokratien, S. 40.

660 *K. A. Schachtschneider*, Res publica res populi, S. 662.

661 *Ders.*, Prinzipien des Rechtsstaates, S. 46.

662 *Ders.*, Res publica res populi, S. 637.

663 *Ders.*, Res publica res populi, S. 664.

aus Beruf und Mandat stattfindet.[664] Dies schwächt die Rolle des Europäischen Parlaments bei der Gesetzgebung zusätzlich.

(d) Freizügigkeit, Diplomatischer Schutz, Unionsbürgerschaft

In deutlicher Ausweitung des bisherigen Art. 18 Abs. 3 EGV schafft Art. 21 AEUV neue Ermächtigungen der Union. Im Rahmen des ordentlichen Gesetzgebungsverfahrens können, wenn in den Verträgen keine speziellen Ermächtigungen vorhanden sind, Vorschriften erlassen werden, die der Ausübung der Freizügigkeit dienlich sind (Art. 21 Abs. 2 AEUV). Im besonderen Gesetzgebungsverfahren können nach Art. 21 Abs. 3 AEUV Maßnahmen erlassen werden, die die soziale Sicherheit oder den sozialen Schutz betreffen. Der Rat beschließt einstimmig nach Anhörung des Europäischen Parlaments im Konsultationsverfahren.

Die Unionsbürger sollen bei den diplomatischen Vertretungen der Mitgliedsländer im Drittlandsgebiet Schutz finden. Dieses Recht auf diplomatischen Schutz knüpft an das mit der Staatsangehörigkeit verbundene Loyalitäts- und Schutzverhältnis an, ohne eine selbständige Schutzpflicht der Europäischen Union zu normieren. Vielmehr wird das eigentlich auf eigene, mitgliedstaatliche Staatsangehörige beschränkte Schutzgebot auf fremde Staatsangehörige anderer Mitgliedstaaten ausgeweitet.[665] Mit Art. 23 UA 2 AEUV wird eine eigene Rechtsgrundlage für den Erlass von Maßnahmen geschaffen, um mit europäischen Richtlinien, die im Wege des Konsultationsverfahrens[666] zustande kommen sollten, Maßnahmen „zur Festlegung der zur Erleichterung dieses Schutzes notwendigen Koordinierungs- und Kooperationsmaßnahmen“ einzuführen.

Ein erneuter Auffangtatbestand in Form einer Weiterentwicklung des Art. 22 EGV ist Art. 25 AEUV mit der Möglichkeit, Rechte im Zusammenhang mit der in Art. 20 Abs. 2 AEUV geregelten Unionsbürgerschaft durch Bestimmungen vorzunehmen. Statt des Konsultationsverfahrens des Art. 22 EGV wird ausdrücklich die Zustimmung des Europäischen Parlaments vorgesehen, weil diese Vorschrift als Evolutivklausel eine Primärvertragsänderung im Wege des vereinfachten Vertragsänderungsverfahrens ermöglicht.[667]

---

664 *H. H. v. Arnim*, Das Europa-Komplott, S. 303.

665 *W. Kluth*, in: Calliess/ Ruffert (Hrsg.), EUV/AEUV, 4. Aufl. 2011, Art. 23 AEUV, Rdn. 19.

666 Daselbst, Art. 23 AEUV, Rdn. 3 f.; *H.-P. Folz*, in: Vedder/Heintschel von Heinegg, Komm. EVV, Art. III-127 EVV, Rdn. 3.

667 *J. Beutel*, in: Vedder/Heintschel von Heinegg, Komm. EVV, Art. III-129 EVV, Rdn. 1 ff.

(e) Wahlrecht

„Das mit der Einführung der Unionsbürgerschaft verfolgte Ziel, ein Europa der Bürger zu schaffen, verlangt vor allem die Stärkung … der demokratischen Teilhaberechte in der Form des aktiven und passiven Wahlrechts."[668] Das kommunale Wahlrecht bildet ein Kernstück der Unionsbürgerschaft.[669] Dennoch kommt auch bei Fragen des Wahlrechts für das Europäische Parlament lediglich das Anhörungs- oder Konsultationsverfahren zum Einsatz, sowohl beim Kommunalwahlrecht (Art. 22 Abs. 1 S. 2 AEUV) als auch bei den Wahlen zum Europäischen Parlament (Art. 22 Abs. 2 S. 2 AEUV).

Die Einzelheiten der Ausübung des Kommunalwahlrechts werden im besonderen Gesetzgebungsverfahren gemäß Art. 22 Abs. 1 AEUV vom Rat einstimmig auf Vorschlag der Kommission nach bloßer Anhörung des Europäischen Parlaments festgelegt. Dies ist befremdlich, weil damit das Europäische Parlament, obgleich Vertretung der Unionsbürgerinnen und -bürger, bei der Gestaltung des Kommunalwahlrechts, eines „Kernstück[s] der Unionsbürgerschaft"[670], nur schwach beteiligt wird. Das Wahlrecht von Unionsbürgern in einem Mitgliedstaat, dessen Staatsangehörigkeit sie nicht besitzen, kann in Einzelheiten vom Rat unter Beteiligung des Europäischen Parlaments im Wege des schwachen Konsultationsverfahrens geregelt werden (Abs. 2).

Die Mitglieder dieses Europäischen Parlaments werden in allgemeiner, unmittelbarer, freier und geheimer Wahl gewählt – nicht jedoch in gleicher Wahl (Art. 14 Abs. 3 EUV). Dieses Defizit wird umso drückender, je mehr Rechte dem Europäischen Parlament eingeräumt werden und die Union sich damit von einer den Regeln des Völkerrechts unterworfenen Einheit zu einem Staat entwickelt. Nur „solange das Europäische Parlament nichts Wesentliches zu sagen hatte, konnte man die Ungerechtigkeit noch getrost in Kauf nehmen."[671] Bei der demokratischen Legitimation des Europäischen Parlaments zeigt sich jedoch kein Fortschritt, weil im Zuge des stetigen Ausbaus der Befugnisse der Union zwar die Ausweitung des Mitentscheidungsverfahrens zum ordentlichen Gesetzgebungsverfahren vorangetrieben wird, am demokratischen Legitimationsmangel aber, wie am erwähnten Fehlen eines europaweit gültigen Wahlrechts, nicht einmal konzeptionell gearbeitet wird. Entsprechend wird dieses Thema auch nicht in der Kommentarliteratur problematisiert, sondern lediglich konstatiert,

---

668 *W. Kluth*, in: Calliess/Ruffert (Hrsg.), EUV/EGV, 3. Aufl. 2007, Art. 19 EGV, Rdn. 1.

669 *A. Hatje*, in: Schwarze, EU-Kommentar, 1. Aufl. 2000, Art. 19 EGV, Rdn. 1.

670 *W. Kluth*, in: Calliess/Ruffert (Hrsg.), EUV/AEUV, 4. Aufl. 2011, Art. 22 AEUV, Rdn. 1.

671 *H. H. v. Arnim*, Das Europa-Komplott, S. 244.

dass es weder eine Garantie des gleichen Zähl- noch des gleichen Erfolgswertes im Unionsvertrag gebe.[672] Daher sieht das Bundesverfassungsgericht sowohl im Maastricht- als auch im Lissabon-Urteil lediglich „eine stützende Funktion“ des Europäischen Parlaments bei der Legitimation der Rechtsakte der Union.[673] „Dem Europäischen Parlament wird durch den Lissabon-Vertrag trotz des größeren Einflusses im ordentlichen Gesetzgebungsverfahren … keine eigenständige Gesetzgebungsbefugnis eingeräumt, nicht einmal ein Gesetzesinitiativrecht im eigentlichen Sinn.“[674]

(f) Freiheit, Sicherheit, Recht

„Die Union bildet einen Raum der Freiheit, der Sicherheit und des Rechts, in dem die Grundrechte und verschiedene Rechtsordnungen und -traditionen der Mitgliedstaaten geachtet werden“ (Art. 67 Abs. 1 AEUV), so der „Leitsatz des Kapitels verheißend einführend“.[675] Ein Raum der Freiheit, der Sicherheit und des Rechts ist nach klassischer Definition ein Staat. Kant lehrt entsprechend: „Der Staat (civitas) ist die Vereinigung einer Menge von Menschen unter Rechtsgesetzen.“[676] „Der Staat ist eine Einrichtung der Menschen eines begrenzten Gebiets (Territoriums) zur Verwirklichung der Freiheit, Gleichheit und Brüderlichkeit, kurz der allgemeinen Freiheit, durch allgemeine, dem Recht gemäße Gesetzlichkeit.“[677] In diesem ein Staatsgebiet[678] umreißenden Raum wird zwischen Union und Mitgliedstaat nach Art. 70 AEUV ein System gegenseitiger Kontrolle etabliert, das die Durchführung der Unionspolitik durch nationale Behörden regelt. Das „Gesetzgebungsorgan“ Europäisches Parlament wird von diesen Maßnahmen im Bereich Gesetz und Recht lediglich unterrichtet. Der Rat erlässt auf Vorschlag der Kommission Maßnahmen zur näheren Spezifikation.

---

672 *W. Kluth*, in: Calliess/Ruffert (Hrsg.), EUV/AEUV, 4. Aufl. 2011, Art. 14 EUV, Rdn. 25 ff.; *V. Epping*, in: Vedder/Heintschel von Heinegg, Komm. EVV, Art. I-21, Rdn. 7.

673 BVerfGE 89, 155 (186); 123, 267 (267 ff., 280 ff., 289 ff.); *K. A. Schachtschneider*, Die existentielle Staatlichkeit der Völker Europas, S. 111 ff.

674 *K. A. Schachtschneider*, Die Aushöhlung der Demokratie durch Europäische Union und Währungsunion, S. 103.

675 *B. Kretschmer*, in: Vedder/Heintschel von Heinegg, Komm. EVV, Art. III-257 EVV, Rdn. 1.

676 *Kant*, Metaphysik der Sitten, S. 431; dazu *K. A. Schachtschneider*, Die existentielle Staatlichkeit der Völker Europas, S. 75 ff.

677 *K. A. Schachtschneider*, Prinzipien des Rechtsstaates, S. 56.

678 *Ders.*, Verfassungsbeschwerde gegen das Zustimmungsgesetz des Dt. Bundestages zum Vertrag von Lissabon, 25.5.2008, S. 178.

Dieses gesteigerte Evaluierungsbedürfnis der Union hinsichtlich der mitgliedstaatlichen Durchführung der Unionspolitik offenbart ein „paradoxes Misstrauen" der Union gegenüber der „Folgsamkeit der Mitgliedstaaten und ihrer nationalen Behörden"[679] – dieses Misstrauen scheint sich auch auf das Europäische Parlament zu erstrecken.

Die Europäische Union strebt einen Raum der Freiheit, der Sicherheit und des Rechts an (Art. 3 Abs. 2 EUV, Art. 67 ff. AEUV), „der freilich trotz der schönen Formulierung das Gegenteil bewirkt".[680] „Die Europäische Union erlangt ein eigenes Staatsgebiet, nämlich den <Raum> <von Freiheit, Sicherheit und Recht>, und damit neben den Mitgliedstaaten Gebietshoheit."[681] Weiterhin ist die Beschränkung der Maßnahmen auf dritte Länder entfallen, womit auch Maßnahmen innerhalb der Union ergriffen werden können[682], was das „besondere Gefährdungspotenzial" für Identität und Souveränität der Mitgliedstaaten verdeutlicht.[683] Durch Verordnung können Maßnahmen zur Terrorismusbekämpfung getroffen werden, an deren Erlass nach Art. 75 AEUV das Europäische Parlament im ordentlichen Gesetzgebungsverfahren beteiligt ist. An Maßnahmen des Rats auf Vorschlag der Kommission zur Durchführung des in Absatz 1 genannten Rahmens ist das Europäische Parlament nicht einmal konsultativ beteiligt.

Der Rat ist nach Art. 70 AEUV ermächtigt, Europäische Verordnungen oder Beschlüsse zu erlassen. Hinzu kommt, dass in diesem Zusammenhang ausdrücklich auf die Anwendbarkeit der Art. 259 und 260 AEUV verwiesen wird, in denen die Anrufung des Europäischen Gerichtshofs bei Vertragsverletzungen von Mitgliedstaaten sowie daraus folgende Sanktionen geregelt werden. Nationale Parlamente sowie das Europäische Parlament werden über die Ergebnisse dieser Bewertung unterrichtet.

Speziell auf dem Gebiet der inneren Sicherheit wurde durch den Vertrag von Maastricht (Art. 36 EUV) ein ständiger Ausschuss im Ministerrat eingesetzt, über dessen Beratungen das Europäische Parlament sowie die nationalen Parlamente „auf dem Laufenden gehalten" werden (Art. 71 AEUV). Selbst diese minimale Beteiligung des Europäischen Parlaments war in der bisherigen Version des

679 B. *Kretschmer*, in: Vedder/Heintschel von Heinegg, Komm. EVV, Art. III-260 EVV, Rdn. 1 ff.

680 *K. A. Schachtschneider*, Verfassungsrecht der Europäischen Union, Teil 2, S. 58.

681 *Ders.*, Verfassungsbeschwerde vom 25.5.2008, S. 178.

682 *D.-E. Kahn*, in: Vedder/Heintschel von Heinegg, Komm. EVV, Art. III-160 EVV.

683 *O. Suhr*, in: Calliess/Ruffert (Hrsg.), EUV/AEUV, 4. Aufl. 2011, Art. 67 AEUV, Rdn. 2.

Art. 36 EUV nicht vorgesehen. Lediglich die Kommission war zu beteiligen.[684] An dieser Stelle wurde im Reformvertrag von Lissabon zu Gunsten des Europäischen Parlaments immerhin eine Informationspflicht geschaffen.

Diese an vielen Stellen der Verfassung zu findenden Formulierungen „Wird unterrichtet", „Wird in vollem Umfang unterrichtet" oder „Wird auf dem Laufenden gehalten" können nicht darüber hinwegtäuschen, dass das Europäische Parlament in die Entscheidungsprozesse nicht integriert und eine nachgelagerte Information die denkbar schwächste Form der Beteiligung ist, weil die Entscheidungen zu diesem Zeitpunkt gefallen sind. Die inflationäre Verwendung von Rechtsbegriffen, die graduell kaum abzuschichten sind, lässt „im Diffusen ... wie eng oder weit diese Berichtspflicht zu halten ist".[685]

„Die Trennung in (vermeintlich) supranationale und intergouvernementale Tätigkeitsbereiche hat der Vertrag von Lissabon aufgegeben und die den Mitgliedstaaten zugerechneten Politiken des Äußeren und der Sicherheit und der Justiz und des Inneren der Gemeinschaftsmethode unterstellt. Damit verschleiert der Begriff Zusammenarbeit einen neuen wesentlichen Schritt zum Europäischen Bundesstaat."[686] Der Rat erlässt im Bereich der Verwaltungszusammenarbeit (Art. 74 AEUV) nach Anhörung des Europäischen Parlaments (Konsultationsverfahren) Maßnahmen. Diese Europäischen Verordnungen greifen sowohl in die horizontale Zusammenarbeit der „zuständigen Stellen der Mitgliedstaaten in den Bereichen dieses Kapitels" („Raum der Freiheit, der Sicherheit und des Rechts") als auch in die vertikale Kooperation (Behörde des Mitgliedstaates/Kommission) ein.[687]

Art. 76 AEUV, auf den Art. 74 AEUV verweist, stellt als Ausnahme vom prinzipiellen Vorschlagsmonopol der Kommission fest, dass die in den Abschnitten 4 (justizielle Zusammenarbeit in Strafsachen) und 5 (polizeiliche Zusammenarbeit) sowie in Art. 74 AEUV genannten Rechtsakte (Verwaltungszusammenarbeit) vom Rat auf Vorschlag der Kommission (lit. a) oder – und das ist die Besonderheit – auf Initiative eines Viertels der Mitgliedstaaten (lit. b) erlassen werden. In diesen genannten Bereichen findet auch das ordentliche Gesetzgebungsverfahren statt, womit das Europäische Parlament in diesen wenigen Fällen nicht von einer Gesetzesinitiative der Kommission abhängig ist. Die Erweiterung

---

684 Daselbst, Art. 71 AEUV, Rdn. 12; *R. Geiger,* EUV/EGV, 4. Aufl. 2004, Art. 36 EUV, Rdn. 3.

685 *B. Kretschmer,* in: Vedder/Heintschel von Heinegg, Komm. EVV, Art. III-262 EVV, Rdn. 2.

686 *K. A. Schachtschneider,* Verfassungsbeschwerde vom 25.5.2008, S. 183.

687 *M. Rossi,* in: Calliess/Ruffert (Hrsg.), EUV/EGV, 3. Aufl. 2007, Art. 66 EGV, Rdn. 1.

des Vorschlagsrechts auf Mitgliedstaaten ändert freilich nichts daran, dass das Europäische Parlament auch auf diesem Politikfeld kein Initiativrecht hat.

Der Raum der Freiheit, der Sicherheit und des Rechts ist erneut ein zentraler und kaum begrenzbarer Politikbereich, der den parlamentarischen Strukturen sowohl auf nationaler als auch europäischer Ebene weitgehend entzogen ist, auch wenn hier „die administrativ-exekutive Sphäre angesprochen ist".[688]

(g) Humanitäre Hilfe

Das parallele Tätigwerden[689] von Union und Mitgliedstaat setzt sich beim Themenfeld „humanitäre Hilfe" fort, das im bisherigen Primärvertragsrecht ohne Vorbild ist. Art. 214 AEUV schafft erstmals eine Kompetenz der Union für diesen Einsatz.[690] Auch hier gibt es somit auf Mitgliedsstaats- und Unionsebene konkurrierende Aktivitäten. Auf diesem vergleichsweise untergeordneten Politikfeld wird das Europäische Parlament einer konsequent verfolgten Linie im Primärvertragsrecht gemäß beim Erlass von Maßnahmen im ordentlichen Gesetzgebungsverfahren beteiligt.[691]

Ergänzend wird für humanitäre Aufgaben ein „Europäisches Freiwilligenkorps" nach Vorbild des „US-Peace Corps" geschaffen, dessen Rechtsstellung ebenfalls im ordentlichen Gesetzgebungs-/Mitbestimmungsverfahren festgelegt wird (Art. 214 Abs. 5 AEUV).[692]

c.c Soziokulturelles

(a) Sozialpolitik, allgemeine und berufliche Bildung und Jugend

„Die sozialpolitische Zielsetzung der Europäischen Union ist denkbar weit und unterscheidet sich in der Sache nach nicht von dem Sozialprinzip des Grundgesetzes."[693] Die Union verfolgt sogenannte „Soziale Grundrechte", wie sie in der Europäischen Sozialcharta (unterzeichnet am 18. Oktober 1961 in Turin) und in der Gemeinschaftscharta der sozialen Grundrechte der Arbeitnehmer

---

688 *B. Kretschmer*, in: Vedder/Heintschel von Heinegg, Komm. EVV, Art. III-263 EVV, Rdn. 1.

689 *K. Schmalenbach*, in: Calliess/Ruffert (Hrsg.), EUV/AEUV, 4. Aufl. 2011, Art. 214 AEUV, Rdn. 7; *R. Streinz/T. Kruis*, in: R. Streinz, EUV/AEUV, Art. 214 AEUV, Rdn. 18 ff.

690 *W. Hummer*, in: Vedder/Heintschel von Heinegg, Komm. EVV, Art. III-321 EVV, Rdn. 1 f.

691 *W. Hummer*, in: Vedder/Heintschel von Heinegg, Europ. Unionsrecht, Art. 214 AEUV, Rdn. 13.

692 Daselbst, Art. 198 AEUV.

693 *K. A. Schachtschneider*, Verfassungsrecht der Europäischen Union, Teil 2, S. 183.

von 1989 festgelegt sind. Seit dem Vertrag von Maastricht[694] verfügt die Gemeinschaft erstmalig über eine Befugnis im Bereich der Bildung, die in aktuell gültiger Form aus dem Vertrag von Amsterdam hervorgegangen ist. „Der Begriff der Sozialpolitik wird nicht definiert."[695] „Die sozialpolitischen Ziele sind in Art. 136 (151) Abs. 1 AEUV geregelt, nämlich <die Förderung der Beschäftigung, die Verbesserung der Lebens- und Arbeitsbedingungen ... [die Sorge für] einen angemessenen sozialen Schutz, den sozialen Dialog, die Entwicklung des Arbeitskräftepotentials ... und die Bekämpfung von Ausgrenzungen.> Hinzu kommen die in Art. 137 (153) Abs. 1 AEUV aufgelisteten Bereiche..."[696]

Diese „Ergänzung" der Sozialpolitik der Mitgliedstaaten kann nach Art. 153 Abs. 2 UA 2 AEUV im ordentlichen Gesetzgebungsverfahren – also mit Zustimmung des Europäischen Parlaments – auch mit Wirkung gegen die Mitgliedsstaaten ins Werk gesetzt werden. Dies ist erneut ein Fall, in dem das Handeln eines Exekutivorgans wie des Rates zusammen mit dem nicht nach dem Grundsatz der gleichen Wahl besetzten Europäischen Parlament die nationalen Legislativen (Parlamente) beschränkt und bindet, zumal das Europäische Parlament die „Integration am heftigsten vorantreibt."[697] Auf Grund der Breite der „zentralen Kompetenznorm"[698] in Form des Art. 153 AEUV und des wichtigsten Instruments der europäischen Sozialpolitik, der Rechtsangleichung[699], gilt: „Letztlich steht das gesamte Arbeits- und Sozialrecht zur Disposition der Europäischen Union."[700]

Bei Fragen zur Gestaltung der sozialen Sicherheit, beim Schutz der Arbeitnehmer bei Beendigung des Arbeitsvertrags, im Falle der Vertretung kollektiver Arbeitnehmer- und Arbeitgeberinteressen sowie bei der Regelung der Arbeit von Drittstaatlern in der Europäischen Union wird das Europäische Parlament nach Art. 153 Abs. 2 AEUV i.V.m. Abs. 1 lit. c, d, f, g jedoch im Gegensatz zu den in Art. 153 Abs. 2 UA 2 AEUV genannten Bereichen, lediglich im Rahmen des

---

694 *M. Ruffert*, in: Calliess/Ruffert (Hrsg.), EUV/EGV, 3. Aufl. 2007, Art. 149 EGV, Rdn. 1.

695 *R. Rebhahn/M. Reiner*, in: J. Schwarze, (Hrsg.), EU-Kommentar, 3. Aufl. 2012, Art. 151 AEUV, Rdn. 1.

696 *K. A. Schachtschneider*, Verfassungsbeschwerde vom 25.5.2008, S. 173.

697 *R. Rebhahn/M. Reiner*, in: J. Schwarze, (Hrsg.), EU-Kommentar, 3. Aufl. 2012, Art. 153 AEUV, Rdn. 2.

698 *U. Gassner*, in: Vedder/Heintschel von Heinegg, Europ. Unionsrecht, Art. 153 AEUV, Rdn. 1.

699 *S. Krebber*, in: Calliess/Ruffert, Komm. z. EUV/EGV, 3. Aufl. 2007, Art. 136 EGV, Rdn. 24; *ders.*, in: Calliess/Ruffert (Hrsg.), EUV/AEUV, 4. Aufl. 2011, Art. 153 AEUV, Rdn. 6.

700 *K. A. Schachtschneider*, Verfassungsbeschwerde vom 25.5.2008, S. 174.

Konsultationsverfahrens (besonderes Gesetzgebungsverfahren) angehört. „Die Sozialpolitik wird durch den Vertrag von Lissabon … von der demokratischen Legitimation der Völker abgekoppelt, obwohl gerade die Sozialpolitik unabdingbar einer solchen Legitimation bedarf. Das demokratische Prinzip ist der Motor der sozialen Gerechtigkeit.“[701]

Die Anhörung der Sozialpartner auf Unionsebene soll laut Art. 154 Abs. 1 AEUV auf Grundlage eines nicht näher spezifizierten sozialen Dialogs[702] gefördert werden, weshalb nach Art. 155 Abs. 1 AEUV über den Dialog hinausgehende vertragliche Beziehungen geschlossen werden können. Statt einer verstärkten Beteiligung eines gleichheitlich zu wählenden Europäischen Parlaments wird hier ein „institutionalisierter Lobbyismus“[703] betrieben, der den Sozialpartnern „parlamentsersetzende Funktion“[704] zubilligt. Eine Unterrichtung des Europäischen Parlaments findet hinsichtlich dieser zwischen den Sozialpartnern geschlossenen Vereinbarungen statt, wenn sie in Form von Beschlüssen vom Rat auf Vorschlag der Kommission erlassen worden sind (Art. 155 Abs. 2 S. 2 AEUV). Die seit dem Entwurf des Verfassungsvertrags erstmalig vorgesehene nachträgliche Unterrichtung des Parlaments (Art. III-212 Abs. 3 UA 1 S. 2) löst die Problematik der Vereinbarkeit des Verfahrens mit dem Demokratieprinzip nicht.[705] Die „Art. 154 und Art. 155 AEUV beziehen die Sozialpartner nicht spezifisch in die Rechtsetzung der Gemeinschaft/Union ein.“[706]

Darüber hinaus greift die Kommission mit Untersuchungen, Stellungnahmen und Beratungsvorbereitungen auch in mitgliedstaatliches Handeln ein – und unterrichtet in vollem Umfang das Europäische Parlament (Art. 156 UA 2 AEUV). Der Zusatz „in vollem Umfang“ ist eine Besonderheit im Vertragstext, in dem meist nur von „[Das Parlament] wird unterrichtet“ die Rede ist. Die Auslegung des Wortlautes müsste eigentlich zur Annahme führen, dass hier ein Qualitätsunterschied zu beobachten sei. Die systematische Auslegung des gesamten Textes legt allerdings eher den Schluss nahe, dass es sich um eine redaktionelle

---

701 *Ders.*, Verfassungsrecht der Europäischen Union, Teil 2, S. 191.

702 *S. Krebber*, in: Calliess/Ruffert, Komm. z. EUV/AEUV, 4. Aufl. 2011, Art. 154 AEUV, Rdn. 1 ff.

703 *U. Gassner*, in: Vedder/Heintschel von Heinegg, Komm. EVV, Art. III-211 EVV, Rdn. 3.

704 *U. Gassner*, in: Vedder/Heintschel von Heinegg, Komm. Europäisches Unionsrecht, Art. 155 AEUV, Rdn. 9; EuG Rs T-135/96.

705 *U. Gassner*, in: Vedder/Heintschel von Heinegg, Komm. EVV, Art. III-212, Rdn. 5; *ders.*, in: Vedder/Heintschel von Heinegg, Komm. Europäisches Unionsrecht, Art. 155 AEUV, Rdn. 9.

706 *K. A. Schachtschneider*, Verfassungsrecht der Europäischen Union, Teil 2, S. 241.

Unsauberkeit handelt. Vor dem Inkrafttreten des Reformvertrags wurde das Europäische Parlament nicht einmal unterrichtet.

Über die Förderung der Beschäftigung in den Mitgliedsstaaten sowie über die demographische Entwicklung in der Union wird jährlich ein Bericht erstellt, der dem Europäischen Parlament zur Kenntnis übermittelt wird (Art. 159 AEUV). Dieses kann lediglich noch Einzelberichte bei der Kommission anfordern (Art. 161 AEUV).[707] Es bleibt bei seiner rein informatorischen Beteiligung in diesem Bereich.[708] Dieses jährliche Berichtswesen als Tribut an die „besondere Bedeutung einer parlamentarischen Diskussion der Sozialpolitik in der Gemeinschaft"[709] zu bezeichnen ist übertrieben. Eine nachträgliche Diskussion ohne Verhinderungsbefugnis – zumal es ja schon kein Recht auf Initiative gegeben hat – ist fruchtlos in einem Gemeinwesen, das doch gerade die Vereinigung von Menschen unter Rechtsgesetzen darstellt. Auch in dieses zentrale Politikfeld ist das Europäische Parlament nur marginal eingebunden.[710]

Diese Systematik setzt sich fort. Der Rat beschließt, dass ein von ihm eingesetzter Ausschuss für Sozialschutz, der sich im Juni 2000 konstituiert hat, der Kommission beratend zur Seite stehen soll.[711] Diesbezüglich wird das Europäische Parlament im Wege des Konsultationsverfahrens angehört (Art. 160 AEUV). Es nimmt also die fachliche Beratung der Regierung nicht mit eigenen Ausschüssen wahr wie in Deutschland, wo dies durch seine eigenen Ausschüsse erfolgt. Vielmehr wird der Ausschuss mit je zwei von jedem Mitgliedstaat entsandten Mitgliedern – ohne nachvollziehbare Begründung für diese Anzahl – sowie zwei Vertretern der Kommission besetzt (Art. 160 UA 3 AEUV), „ein Beschäftigungsprogramm für eifrige Integrationisten, zumal der Ausschuss auch auf andere Weise tätig werden kann und soll".[712] Sein Zuständigkeitsbereich ist also keineswegs auf die Abgabe von Stellungnahmen beschränkt.

---

707 *U. Gassner*, in: Vedder/Heintschel von Heinegg, Komm. EVV, Art. III-216, Rdn. 3; Art. III-218, Rdn. 3; *ders.*, in: Vedder/Heintschel von Heinegg, Europ. Unionsrecht, Art. 157 AEUV, Rdn. 4.

708 *K. A. Schachtschneider*, Verfassungsrecht der Europäischen Union, Teil 2, S. 234.

709 So aber: *R. Geiger*, EUV/EGV, 4. Aufl. 2004, Art. 145 EGV, Rdn. 1.

710 *K. A. Schachtschneider*, Die Aushöhlung der Demokratie durch Europäische Union und Währungsunion, S. 104.

711 *U. Gassner*, in: Vedder/Heintschel von Heinegg, Komm. EVV, Art. III-217 EVV, Rdn. 1; *ders.*, in: Vedder/Heintschel von Heinegg, Komm. Europäisches Unionsrecht, Art. 160 AEUV, Rdn. 2.

712 *K. A. Schachtschneider*, Verfassungsrecht der Europäischen Union, Teil 2, S. 235; i.d.S. auch *S. Krebber*, in: Calliess/Ruffert (Hrsg.), EUV/EGV, 3. Aufl. 2007, Art. 144 EGV, Rdn. 3.

Die Vielschichtigkeit der Europäischen Organe und Behörden wird durch Schaffung eines Europäischen Sozialfonds noch verstärkt, wenngleich der Sozialfonds kein klassischer Fonds im Sinne einer Vermögensmasse mit Rechtspersönlichkeit ist, sondern ein Ansatz im allgemeinen Haushaltsplan der Union.[713]

Aufgabe dieses arbeitsmarktpolitischen Finanzierungsinstruments der Union ist es, die Beschäftigungsmöglichkeiten der Arbeitnehmer im Binnenmarkt zu verbessern. „Zweck und Ziel des Fonds ist somit die Entwicklung des (sogenannten) Humankapitals, mit anderen Worten: die Ausbeutbarkeit der Arbeitskräfte."[714] Andere formulieren freundlicher: Diese Form von „Bundesagentur für Arbeit" auf europäischer Ebene wird gem. Art. 163 UA 1 AEUV von der Kommission verwaltet.[715] Die Unterstützung der Verwaltung erfolgt durch einen Ausschuss aus Vertretern der Mitgliedstaaten sowie der Arbeitgeber- und Arbeitnehmerverbände (Art. 163 UA 2 AEUV).[716] Das Europäische Parlament wird neben dem Rat als „Mit-" Gesetzesgeber im Rahmen des ordentlichen Gesetzgebungsverfahrens einbezogen, weil die den Europäischen Sozialfonds betreffenden Durchführungsverordnungen ja gemäß Art. 164 AEUV mit Zustimmung des Europäischen Parlaments erlassen werden.[717]

Auf dem Gebiet der Sozialpolitik wird die Gemeinschaft unterstützend und ergänzend zu den Mitgliedstaaten tätig (Art. 153 Abs. 1 AEUV). Umfang und Dichte der gemeinschaftlichen Aktivitäten bemisst sich nach Art. 153 AEUV, der diesbezüglich die zentrale Kompetenzvorschrift ist.[718] Der Rat beschließt die Rechts- und Verwaltungsvorschriften nach Art. 153 Abs. 2 UA 2 AEUV im Themenfeld der allgemeinen und der beruflichen Bildung sowie der Jugendförderung regelmäßig nach dem ordentlichen Gesetzgebungsverfahren und damit unter Einbeziehung des Parlaments.[719] Das seit dem Lissabon-Vertrag auch besonderes Gesetzgebungsverfahren genannte Konsultationsverfahren

---

713 *U. Gassner*, in: Vedder/Heintschel von Heinegg, Komm. EVV, Art. III-219 EVV, Rdn. 2; *ders.*, in: Vedder/Heintschel von Heinegg, Europ. Unionsrecht, Art. 162 AEUV, Rdn. 4.

714 *K. A. Schachtschneider*, Verfassungsrecht der Europäischen Union, Teil 2, S. 219.

715 *R. Streinz*, Europarecht, 7. Aufl. 2005, S. 434, Rdn. 1105.

716 *U. Gassner*, in: Vedder/Heintschel von Heinegg, Europ. Unionsrecht, Art. 164 AEUV, Rdn. 6.

717 *R. Geiger*, EUV/EGV, 4. Aufl. 2004, Art. 148 EGV, Rdn. 2; *F. Ross*, in: J. Schwarze (Hrsg.), EU-Kommentar, Art. 164 AEUV, Rdn. 2.

718 *R. Geiger*, EUV/EGV Komm., 4. Aufl. 2004, Art. 137 EGV, Rdn. 1; *U. Gassner*, in: Vedder/Heintschel von Heinegg, Komm. Europ. Unionsrecht, Art. 153 AEUV, Rdn. 1.

719 *R. Geiger*, EUV/EGV Komm., 4. Aufl. 2004, Art. 137 EGV, Rdn. 21; *R. Rebhahn/M. Reiner*, in: Schwarze, EU-Kommentar, 3. Aufl. 2012, Art. 153 AEUV, Rdn. 2.

kommt zur Anwendung, wenn es um folgende in Art. 153 Abs. 1 AEUV genannte Themen geht: lit. c) soziale Sicherheit und sozialer Schutz der Arbeitnehmer, lit. d) Schutz der Arbeitnehmer bei Beendigung des Arbeitsvertrags, lit. f) Vertretung und kollektive Wahrnehmung der Arbeitnehmer- und Arbeitgeberinteressen, einschließlich der Mitbestimmung, vorbehaltlich des Absatzes 5, sowie lit. g) Beschäftigungsbedingungen der Staatsangehörigen dritter Länder, die sich rechtmäßig im Gebiet der Gemeinschaft aufhalten. Der Rat – nicht das Parlament – kann einstimmig auf Vorschlag der Kommission, aber immerhin nach Anhörung des Europäischen Parlaments, beschließen, dass die Sachgebiete des Abs. 1 lit. d), f) und g) gemäß dem ordentlichen Gesetzgebungsverfahren nach Art. 289 AEUV behandelt werden. Nach Art. 153 Abs. 3 AEUV kann ein Mitgliedsstaat den Sozialpartnern die Durchführung von Richtlinien und Ratsbeschlüssen übertragen, „ein bedenkliches korporatistisches Element".[720] „Das materielle Legitimationsgeflecht der Verträge überdeckt ohnehin weitestgehend den gesamten Bereich staatlicher Politik, so daß es nicht mehr nachvollziehbar ist, der Union den Charakter als Staat abzusprechen."[721]

Art. 165 Abs. 1 UA 2 AEUV ergänzt diesen Kompetenzbereich noch um den Sport.[722] Die Aktivitäten der Union sollen zwar unter Achtung der Verantwortung der Mitgliedstaaten für deren Bildungssysteme verfolgt werden, doch verfolgt gerade die Union eine stattliche Anzahl von Zielen wie z.B. die Entwicklung einer Europäischen Dimension des Sports. Eine solche Form der bildungs- und sportpolitischen Kompetenzverteilung zwischen supranationaler und mitgliedstaatlicher Ebene birgt Probleme, die aus den zahlreichen Berührungspunkten mit anderen Politiken (so mit der Grundfreiheit Freizügigkeit) resultieren und im Übrigen ihre Ursache in der Parallelzuständigkeit der Union und der Mitgliedstaaten haben – eine Abgrenzung zwischen Unterstützung und kompetenzwidriger Einflussnahme ist ja kaum möglich.[723] Dies gilt umso mehr, als die Bildungspolitik eine Querschnittsaufgabe darstellt, die damit alle Unionspolitiken beeinflusst.[724]

Fördermaßnahmen können auch hier vom Europäischen Parlament im Wege des ordentlichen Gesetzgebungsverfahrens ins Werk gesetzt werden (Art. 165 Abs. 4 AEUV). Ebenso kann die Union im Rahmen einer Unterstützungs-,

---

720 *U. Gassner*, in: Vedder/Heintschel von Heinegg, Europ. Unionsrecht, Art. 154 AEUV, Rdn. 10.

721 *K. A. Schachtschneider*, Verfassungsbeschwerde vom 25.5.2008, S. 175.

722 *M. Ruffert*, in: Calliess/Ruffert (Hrsg.), EUV/EGV, 4. Aufl. 2011, Art. 165 AEUV, Rdn. 1.

723 Daselbst, Art. 165 AEUV, Rdn. 2 f.

724 *Ch. Vedder*, in: Vedder/Heintschel von Heinegg, Komm. EVV, Art. III-282 EVV, Rdn. 2.

Koordinierungs- und Ergänzungskompetenz – unter Ausschluss jeglicher Harmonisierung – die berufliche Bildung fördern, indem Maßnahmen zur Erleichterung der Zusammenarbeit zwischen den Mitgliedstaaten sowie mit Drittstaaten und internationalen Organisationen auf im ordentlichen Gesetzgebungsverfahren erlassene Maßnahmen gestützt werden (Art. 166 Abs. 4 AEUV). Auch diese Befugnisnorm wurde mit dem Unionsvertrag von Maastricht in den EG-Vertrag eingeführt und so eine primärvertragliche Grundlage für Förderprogramme geschaffen, die vorher bereits vom Europäischen Gerichtshof unter Berufung auf den effet utile durchgeführt worden sind.[725]

Zum Themenfeld der beruflichen Bildung trägt die Union nicht nur bei, wie es für ihre Befugnis im Bereich der allgemeinen Bildung heißt, sondern sie „verfolgt eine Politik". Dies bringt die enge Verknüpfung zu anderen Politiken wie der Sozial- und Beschäftigungspolitik zum Ausdruck.[726]

War Sozialpolitik bislang für die Gemeinschaft nur im Rahmen der sozialrechtlichen Flankierung der Freizügigkeit und des Europäischen Sozialfonds originär zugewiesen, ist sie nun eine umfassende Angelegenheit des Gemeinschaftsrechts, deren Auswirkungen noch gar nicht voll zu erkennen sind.[727] „Der Vertrag von Lissabon stellt das gesamte Arbeits- und Sozialrecht zur Disposition der Europäischen Union."[728] Das Europäische Parlament entscheidet hierbei im ordentlichen Gesetzgebungsverfahren mit.

(b) Kultur

Die Entwicklung der Kultur zu fördern wird die Union im Rahmen einer Unterstützungs-, Koordinierungs- und Ergänzungskompetenz[729] ermächtigt. Art. 107 Abs. 3 AEUV nimmt Kulturbeihilfen (lit. d) im Rahmen einer Gruppenbefreiung vom Beihilfeverbot aus.[730] Eine Spezialermächtigung besteht mit Art. 167 Abs. 5 AEUV für den Beschluss von kulturellen Fördermaßnahmen, welche mit

---

725 *R. Geiger*, EUV/EGV, 4. Aufl. 2004, Art. 150 EGV, Rdn. 1; *M. Simm*, in: J. Schwarze, EU-Kommentar, 3. Aufl. 2012, Art. 166 AEUV Rdn. 1.

726 *Ch. Vedder*, in: Vedder/Heintschel von Heinegg (Hrsg.), Europ. Unionsrecht, Art. 166 AEUV, Rdn. 2.

727 *E. Eichenhofer*, in: Streinz, EUV/EGV, Art. 136 EGV, Rdn. 1 ff.

728 *K. A. Schachtschneider*, Verfassungsrecht der Europäischen Union, Teil 2, S. 190.

729 *Ch. Vedder*, in: Vedder/Heintschel von Heinegg, Komm. EVV, Art. III-282 EVV, Rdn. 1; *ders.*, in: Vedder/Heintschel von Heinegg, Europ. Unionsrecht, Art. 167 AEUV, Rdn. 1.

730 *K. A. Schachtschneider*, Verfassungsrecht der Europäischen Union, Teil 2, S. 382 f.

Zustimmung des Europäischen Parlaments im ordentlichen Gesetzgebungsverfahren erlassen werden können.[731]

In der Bundesrepublik Deutschland ist Kulturpolitik vorrangig Ländersache (Art. 70 GG)[732], wenn nicht gar als Teil des kommunalrechtlichen Verfassungsprinzips der Allzuständigkeit (Art. 28 Abs. 2 GG) Gemeindesache.[733] Dennoch hat der Entwurf des Verfassungsvertrags in einem Europa der seinerzeit 27 den Versuch unternommen, „einen Beitrag zur Entfaltung der Kulturen der Mitgliedstaaten unter Wahrung ihrer nationalen und regionalen Vielfalt" leisten zu wollen, den der Lissabon-Vertrag rechtlich festschreibt (Art. 167 Abs. 1 AEUV). Dies ist im Primärrecht seit dem Maastricht-Vertrag vorgesehen und im Vertrag von Amsterdam als Querschnittsklausel vertieft worden. Auch die verfassungsrechtlich gesicherte Kulturhoheit der deutschen Bundesländer ist mithin nicht immun gegenüber europäischer Politik[734], was wegen des – aus Unionssicht – generellen Anwendungsvorrangs europäischen Rechts gegenüber dem der Mitgliedstaaten im Kollisionsfalle auch nicht überrascht. Freilich hat die bindende Rechtserkenntnis des Bundesverfassungsgerichts aus grundgesetzlicher Sicht dem Anwendungsvorrang des Unionsrechts im Maastricht-Urteil Grenzen gesetzt.[735]

Weil die Union trotz aller Bekenntnisse zum kulturellen Selbstbestimmungsrecht dem kulturpolitischen Partikularismus eine Absage erteilt und Mitwirkungspflichten konstruiert[736], ist mit der Nennung der Kultur im Katalog der Zielbestimmungen der Union (Art. 3 Abs. 3 UA 4 AEUV) über die damit verbundene Aufnahme der Kultur in den Wirkungsbereich der Flexibilitätsklausel einer Befugniserweiterung der Weg geebnet. An dieser Erweiterung wäre das Europäische Parlament wiederum im ordentlichen Gesetzgebungsverfahren zu beteiligen (Art. 352 Abs. 1 S. 1 AEUV).[737]

---

731 *Ch. Vedder*, in: Vedder/Heintschel von Heinegg, Europ. Unionsrecht, Art. 167 AEUV, Rdn. 9.

732 *B. Pieroth*, in: H. Jarras/B. Pieroth, Komm. GG, 5. Aufl. 2000, Art. 70 GG.

733 BVerfGE 17, 172 (182); *K. A. Schachtschneider*, Prinzipien des Rechtsstaates, S. 233.

734 *Ch. Vedder*, in: Vedder/Heintschel von Heinegg, Komm. EVV, Art. III-280 EVV, Rdn. 2; *ders.*, in: Vedder/Heintschel von Heinegg, Europäisches Unionsrecht, Art. 167 AEUV, Rdn. 2.

735 *K. A. Schachtschneider*, Verfassungsbeschwerde vom 25.5.2008, S. 226.

736 *H.-J. Blanke*, in: Calliess/Ruffert (Hrsg.), EUV/AEUV, 4. Aufl. 2011, Art. 167 AEUV, Rdn. 1.

737 Daselbst, Art. 167 AEUV, Rdn. 22.

(c) Gesundheitswesen

Bereits in Art. 152 EGV ist eine über die Vorschrift selbst hinaus gültige Querschnittsklausel geschaffen, die den Gesundheitsschutz in den diversen Politikbereichen der Gemeinschaft sicherstellt. Art. 168 AEUV übernimmt bei einigen redaktionellen Anpassungen überwiegend wörtlich den Regelungsgehalt von Art. 152 EGV.[738]

Zur Erreichung eines hohen Gesundheitsschutzniveaus koordiniert die Kommission die Gesundheitspolitik zusammen mit den Mitgliedstaaten. Über diese laufenden Abstimmprozesse wird das Europäische Parlament – wieder einmal – „in vollem Umfang unterrichtet" (Art. 168 Abs. 2 UA 2 AEUV)[739], hat also keinen Einfluss auf die Initiativen der Kommission. Absatz 4 dieser Vorschrift ermächtigt die Union zum Erlass von Maßnahmen bei vier enumerativ genannten Themen, die allesamt der Bekämpfung von Gesundheitsgefahren dienen. Das Europäische Parlament kann im Wege des ordentlichen Gesetzgebungsverfahrens mit dem Rat zusammen Qualitäts- und Sicherheitsstandards für Organe, Blut und Substanzen menschlichen Ursprungs festlegen. In diesen Europäischen Rechtsakten können auch Fragen des Veterinärwesens und des Pflanzenschutzes geregelt werden.

Durch entsprechende Rechtsakte können mit Zustimmung des Europäischen Parlaments nach Abs. 5 Fördermaßnahmen zum Gesundheitsschutz erlassen werden, die jedoch wegen des grundsätzlichen Verbleibs der Gesundheitspolitik beim Mitgliedstaat (Abs. 7) Rechtsharmonisierung ausschließen.[740] Der Staatsrechtler Schachtschneider kommentiert: „So formuliert man das Versprechen einer Politik, aber nicht ein einklagbares Recht."[741] Entsprechend bescheiden schreibt die „Gemeinschaftscharta der sozialen Grundrechte der Arbeitnehmer" in ihrer Nr. 19: Der Arbeitnehmer möge „in seiner Arbeitsumwelt zufriedenstellende Bedingungen für Gesundheitsschutz und Sicherheit vorfinden".[742] Ein Zurückbleiben etwa hinter deutschem Grundrechtsschutzniveau ist möglich, weil „kein grundsätzliches Rückschrittsverbot" besteht. Unionaler Grundrechtsschutz

---

738 *R. Geiger*, EUV/EGV, 4. Aufl. 2004, Art. 152 EGV, Rdn. 2; *Th. Kingreen*, in: Calliess/Ruffert (Hrsg.), EUV/AEUV, 4. Aufl. 2011, Art. 168 AEUV, Rdn. 1.

739 *Th. Kingreen*, in: Calliess/Ruffert (Hrsg.), EUV/AEUV, 4. Aufl. 2011, Art. 168 AEUV, Rdn. 8.

740 *Th. Kingreen*, in: Calliess/Ruffert (Hrsg.), EUV/AEUV, 4. Aufl. 2011, Art. 168 AEUV, Rdn. 14.

741 *K. A. Schachtschneider*, Verfassungsbeschwerde vom 25.5.2008, S. 215.

742 *K. A. Schachtschneider*, Verfassungsrecht der Europäischen Union, Teil 2, S. 202.

ist in praktische Konkordanz zu anderen Zielen der Verträge zu bringen[743], kann also relativiert werden.

Das Europäische Parlament hat mithin Einfluss auf die finanzielle Förderung menschlicher Gesundheit sowie auf die Bekämpfung schwerer grenzüberschreitender Krankheiten (Mitbestimmung im ordentlichen Gesetzgebungsverfahren). Weil auch andere Bestimmungen des AEUV wie das Diskriminierungsverbot (Art. 18 Abs. 1 AEUV) oder die Wahrung der Grundfreiheiten Auswirkungen auf einzelstaatliche Gesundheitssysteme haben, hat „die EG bereits de facto in erheblichem Umfang Einfluss auf das mitgliedstaatliche Gesundheitswesen."[744] Selbst Empfehlungen des Rats nach Art. 168 Abs. 6 AEUV sind, obwohl „unverbindlich", bei der Auslegung nationalen Rechts zu berücksichtigen.[745]

d.d Binnenorganisation

(a) Verwaltungszusammenarbeit

Eine weitere Unterstützungs-, Koordinierungs- und Ergänzungskompetenz der Union sieht Art. 197 AEUV im Bereich der Verwaltungszusammenarbeit vor. Neu ist vor allem eine allgemeine Unionskompetenz zur Unterstützung der Mitgliedstaaten bei der Durchführung des Unionsrechts. Art. 197 Abs. 2 AEUV ermächtigt die Union nämlich zur Einflussnahme auf die administrative Umsetzung in den Mitgliedstaaten im Interesse einer guten Verwaltung im Sinne von Art. 41 Grundrechtecharta (GRCh), auf die die Union in den meisten Fällen nach wie vor angewiesen ist, weil nur in Ausnahmefällen ein unmittelbarer administrativer Vollzug durch die Europäische Kommission selbst stattfindet.[746]

Die Union will den effektiven Vollzug des Unionsrechts nicht mehr dem indirekten Vollzug der Mitgliedstaaten allein überlassen, obwohl gerade die Durchführung dieses Rechts als Sache der Mitgliedstaaten in Anwendung ihres nationalen Verwaltungsrechts einen wichtigen Faktor im Gefüge der Kompetenzverteilung zwischen Union und Mitgliedstaat darstellt. „Der [Europäische] Gerichtshof hat [z.B.] mittels des Wettbewerbsrechts die deutsche

---

743 *Th. Kingreen*, in: Calliess/Ruffert (Hrsg.), EUV/AEUV, 4. Aufl. 2011, Art. 168 AEUV, Rdn. 10.

744 *J. Ch. Wichard*, in: Calliess/Ruffert (Hrsg.), EUV/EGV, 3. Aufl. 2007, Art. 152 EGV, Rdn. 8.

745 *W. Berg*, in: J. Schwarze, EU-Kommentar, 3. Aufl. 2012, Art. 168 AEUV, Rdn. 35.

746 *Ch. Vedder*, in: Vedder/Heintschel von Heinegg, Komm. EVV, Art. III-285 EVV, Rdn. 1 ff.; *ders.*, Vedder/Heintschel von Heinegg, Europ. Unionsrecht, Art. 197 AEUV, Rdn. 4 f.

Verwaltungsstruktur umgewälzt“[747], und die Kommission hat inzwischen Vollzugsbefugnisse in den Mitgliedstaaten. Diese sind auch noch zur Amtshilfe verpflichtet (Art. 105 Abs. 1 S. 2 AEUV).[748]

Es werden den Mitgliedstaaten Hilfen in Form von Aus- und Weiterbildungsprogrammen angeboten. Diese unterstützenden Maßnahmen werden durch Verordnung unter Beteiligung des Europäischen Parlaments im ordentlichen Gesetzgebungsverfahren beschlossen. Freilich wird in Art. 197 Abs. 3 AEUV festgestellt, dass die grundsätzliche Verpflichtung zur Durchführung von Unionsrecht durch die Mitgliedstaaten davon unberührt bleibt.

(b) Satzungsänderungen des Europäischen Gerichtshofs

Die europäische Gerichtsverfassung ist nicht einheitlich kodifiziert. Neben den Regelungen im AEUV existieren solche in der Satzung des Gerichtshofs, den Verfahrensordnungen von Gerichtshof und Gericht (vgl. Art. 256 AEUV), in zusätzlichen Verfahrensordnungen und Dienstanweisungen an den Kanzler, den vom Gericht ernannten Verwaltungschef des Gerichtshofs.[749] Seit dem Vertrag von Nizza hat die Kommission neben dem Gerichtshof Art. 281 AEUV zufolge selbst ein Initiativrecht zur Satzungsänderung mit Ausnahme des Satzungstitels I (Richter und Generalanwälte).[750] Letztgenannter Satzungstitel ist nicht zuletzt wegen der umfassenden Befugnisse des Europäischen Gerichtshofs in Form seiner in die Rechtspraxis der Mitgliedstaaten direkt hineinwirkenden Letztentscheidungskompetenz in Sachen Unionsrecht besonders sensibel und sollte daher eigentlich auch weiterhin nur im förmlichen Verfahren nach Art. 48 EUV durch die Mitgliedstaaten geändert werden können.[751] „Die unterschiedlichen Verfahren der Ermächtigungen … [sehen] durchgehend keine relevante

747 *K. A. Schachtschneider*, Verfassungsbeschwerde gegen das Zustimmungsgesetz des Dt. Bundestages zum Vertrag von Lissabon, 25.5.2008, S. 141.

748 *Ders.*, Verfassungsrecht der Europäischen Union, Teil 2, S. 261; *Th. Eilmansberger*, in: Streinz (Hrsg.), EUV/EGV, Kommentar, Art. 85 EGV, Rdn. 2 f.; *Ch. Jung*, in: Calliess/Ruffert (Hrsg.), EUV/EGV, 3. Aufl. 2007, Art. 85 EGV, Rdn. 1 ff.

749 *B. Wegener*, in: Calliess/Ruffert (Hrsg.), EUV/AEUV, 4. Aufl. 2011, Art. 254 AEUV, Rdn. 9.

750 *B. Wegener*, in: Calliess/Ruffert (Hrsg.), EUV/AEUV, 4. Aufl. 2011, Art. 281 AEUV, Rdn. 1 ff.

751 *U. Ehricke*, in: Streinz, Komm. z. EUV/EGV, 2003, Art. 245 EGV, Rdn. 5.

Beteiligung der nationalen Parlamente an den Vertragsänderungen [vor] ... Das hat das Bundesverfassungsgericht nicht durchgehen lassen."[752]

Diese Änderungen des Primärrechts, die aus gutem Grund regelmäßig nur über das formelle Vertragsänderungsverfahren nach Art. 48 EUV möglich sind, können wegen der eine Ausnahme von diesem darstellenden Ermächtigung des Art. 281 Abs. 2 AEUV ohne dieses förmliche Verfahren einstimmig durch den Rat vorgenommen werden. Satzungsänderungen des Europäischem Gerichtshofs werden dann unter Beteiligung des Europäischen Parlaments im Wege des ordentlichen Gesetzgebungsverfahrens vorgenommen (Art. 281 UA 2 AEUV).[753]

(c) Budgetkontrolle

Die Budgetkontrolle steht dem Europäischen Parlament mit Inkrafttreten des AEUV in der Form zu, dass gegen seinen Willen kein Haushaltsplan erlassen werden kann. Dies stellt eine gewichtige Änderung der Regelung des Art. 272 Abs. 5 lit. a EGV dar, derzufolge der Rat das Europäische Parlament mit qualifizierter Mehrheit hatte überstimmen können. Nunmehr ist das Haushaltsverfahren dem des ordentlichen Gesetzgebungsverfahrens angepasst (Art. 314 AEUV).[754] Mehr als ein „partielles Budgetrecht" hat das Europäische Parlament trotzdem nicht. Es hat auf der Einnahmenseite mit Art. 312 AEUV sogar Rechte beim Erlass des mehrjährigen Finanzplans eingebüßt. Vormals war es nämlich gleichberechtigter Verhandlungspartner bei der Erstellung mehrjähriger finanzieller Vorschauen, nunmehr hat es ein bloßes Zustimmungsrecht zum vom Rat als Verordnung einstimmig erlassenen mehrjährigen Finanzrahmen.[755] „Die das Leben in der Europäischen Union weitestgehend bestimmende gemeinschaftliche Rechtsetzung ist wesentlich Sache der Exekutive ... Das Europäische Parlament hat" daher begrenzte Budgethoheit.[756]

(d) Finanzierung der Union

Bis zum Inkrafttreten des Maastrichter Unionsvertrages am 1.11.1993 galt primärrechtlich bei der Finanzierung der Gemeinschaft, dass diese über

752 *K. A. Schachtschneider*, Die Aushöhlung der Demokratie durch Europäische Union und Währungsunion, S. 116.

753 *B. Wegener*, in: Calliess/Ruffert (Hrsg.), EUV/AEUV, 4. Aufl. 2011, Art. 281 AEUV, Rdn. 4 ff.; *U. Ehricke*, in: Streinz, EUV/AEUV, Art. 282 AEUV, Rdn. 5; *E. Pache*, in: Vedder/Heintschel von Heinegg, Europarecht, Art. 281 AEUV, Rdn. 1.

754 *Ch. Waldhoff*, in: Calliess/Ruffert, EUV/AEUV, 4. Aufl. 2011, Art. 314 AEUV, Rdn. 1.

755 Daselbst, Art. 314 AEUV, Rdn. 13.

756 *K. A. Schachtschneider*, Prinzipien des Rechtsstaates, S. 195.

„Finanzbeiträge der Mitgliedstaaten" erfolgt. Allerdings führte der erste Eigenmittelbeschluss vom 21.4.1970, der zum 1.1.1971 in Kraft trat, bereits eine Finanzierung aus Eigenmitteln ein, indem die Gemeinschaft Agrarabschöpfungen und Zölle erhob. Ergänzend blieb es bei der Finanzierung über Finanzbeiträge.[757] Im dritten Eigenmittelbeschluss vom 24.6.1988 wurde eine weitere Kategorie von „Eigenmitteln" eingeführt, nämlich eine prozentuale Erhebung vom mitgliedstaatlichen Bruttosozialprodukt (BSP). Als vier Hauptquellen der Gemeinschaftsfinanzierung sind mit den klassischen Eigenmitteln Zölle und Agrarabschöpfungen die Mehrwertsteuerumlage (1,4% des Aufkommens) und der Anteil am Bruttosozialprodukt zu nennen. Bei den beiden letztgenannten wird – ungeachtet der Formulierung Eigenmittel in Art. 311 AEUV – zumeist von Finanzbeiträgen gesprochen. Weil die Union sich mit steigender Tendenz aus der Bruttosozialprodukt-Umlage finanziert (2000: 50 %; 2011: rund 76 %)[758], ist es mit ihrer finanziellen Unabhängigkeit nicht eben gut bestellt, auch wenn die Formulierung „Der Haushalt wird … vollständig aus Eigenmitteln finanziert." suggeriert, dass die Einnahmen der Union „grundsätzlich unabhängig vom Willen der Mitgliedstaaten anfallen und der Gemeinschaft zustehen".[759]

Zur Finanzierung von Maßnahmen der Gemeinsamen Außen- und Sicherheitspolitik (GASP) und der Gemeinsamen Sicherheits- und Verteidigungspolitik (GSVP) sieht Art. 41 EUV eine modifizierte Weiterführung der Regelung des Art. 28 EUV vor. Die Union verfügt über einen eigenen Haushalt, der nach dem sog. Bruttosozialprodukt-Schlüssel von den Mitgliedstaaten finanziert wird, sofern der Ministerrat nicht etwas anderen beschließt. Gehen die Kosten für Maßnahmen im Rahmen der Gemeinsamen Außen- und Sicherheitspolitik nicht zu Lasten des allgemeinen Haushalts, so findet dennoch grundsätzlich der gleiche Bruttosozialprodukt-Schlüssel auf die Mitgliedstaaten Anwendung, die für die Mission gestimmt haben.[760]

Das Europäische Parlament wird lediglich bei der Finanzierung von Missionen der Europäischen Union zur Friedenssicherung gemäß Art. 41 Abs. 3 UA 1 EUV beteiligt, wenn es solche außerhalb der Union zu finanzieren gilt. Hier kommt es

---

757 *M. Niedobitek*, in: Streinz, Komm. z. EUV/EGV, 2003, Art. 269 EGV, Rdn. 2.

758 Kommission, Haushaltsvademekum 2000, S. 42, 43; *M. Niedobitek*, in: Streinz, EUV/AEUV, Art. 311 AEUV, Rdn. 26.

759 *S. Magiera*, Finanzverfassung, S 417 f.; *ders.*, in: Finanzierungsgrenzen, S. 191–194.

760 *W. Hummer*, in: Vedder/Heintschel von Heinegg, Komm. EVV, Art. III-313 EVV, Rdn. 6.

zur Anhörung des Europäischen Parlaments im Konsultationsverfahren.[761] Freilich findet die Finanzierung des Anschubfonds i. S. Abs. 3 UA 3 außerhalb der Kontrolle des Europäischen Parlaments statt[762], obwohl sich der GASP-Haushalt von 30 Mio. € (2001) auf 220 Mio. € (2009) vervielfach hat.[763] „Das Europäische Parlament wird (lediglich) zu den wichtigsten Aspekten und den grundlegenden Weichenstellungen der Gemeinsamen Außen- und Sicherheitspolitik und der Gemeinsamen Sicherheits- und Verteidigungspolitik von dem Hohen Vertreter der Union für Außen- und Sicherheitspolitik regelmäßig gehört und über die Entwicklung der Politiken in diesem Bereich unterrichtet (Art. 21 (36) Abs. 1 S. 1 EUV).“[764] Dieses Defizit wiegt schwer, weil „Missionen, also Interventionen auf dem Gebiet anderer Staaten ... auch Kriege gegen andere Staaten sein können“.[765]

Das Verfahren über die Annahme der primäres Vertragsrecht darstellenden Eigenmittelbeschlüsse ist in Art. 311 UA 3 AEUV zweistufig geregelt. In der ersten Stufe dieses speziellen Vertragsänderungsverfahrens fasst der Rat einstimmig den von der Kommission vorgeschlagenen Eigenmittelbeschluss, wobei das Europäische Parlament lediglich angehört wird. Zum Abschluss der ersten Stufe empfiehlt der Rat den Mitgliedstaaten die Annahme des Beschlusses nach ihren verfassungsmäßigen Bestimmungen, was nicht bedeutet, dass es sich hierbei um eine unverbindliche Empfehlung handelt. Art. 4 Abs. 3 UA 3 EUV verpflichtet die Mitgliedstaaten nämlich, die Gemeinschaft mit den erforderlichen Finanzmitteln auszustatten.[766] Wenngleich die Finanzierung der Union – wie gesehen –größtenteils aus Beiträgen der Mitgliedstaaten erfolgt (76% BSP-Umlage), spricht Art. 311 AEUV stolz davon, dass sich die Union mit den erforderlichen Mitteln ausstattet. Mangels Kompetenz-Kompetenz der Union müssen freilich die Mitgliedstaaten nach dem Grundsatz der loyalen Zusammenarbeit (Art. 4 Abs. 3 EUV) zahlen.[767] In der Praxis verhindert das Einstimmigkeitserfordernis

761 *W. Hummer*, in: Vedder/Heintschel von Heinegg, Komm. EVV, Art. III-313 EVV, Rdn. 7; *E. Regelsberger/D. Kugelmann*, in: Streinz, EUV/AEUV, Art. 41 EUV, Rdn. 5.

762 *H.-J. Cremer*, in: Calliess/Ruffert (Hrsg.), EUV/EGV, 3. Aufl. 2007, Art. 28 EUV, Rdn. 17.

763 *E. Regelsberger/D. Kugelmann*, in: Streinz, EUV/AEUV, Art. 41 EUV, Rdn. 4.

764 *K. A. Schachtschneider*, Verfassungsbeschwerde gegen das Zustimmungsgesetz des Dt. Bundestages zum Vertrag von Lissabon, 25.5.2008, S. 261.

765 *K. A. Schachtschneider*, Verfassungsbeschwerde gegen das Zustimmungsgesetz des Dt. Bundestages zum Vertrag von Lissabon, 25.5.2008, S. 265.

766 *M. Niedobitek*, in: Streinz, Komm. z. EUV/EGV, Art. 269 EGV, Rdn. 10 f.

767 *Ch. Waldhoff*, in: Calliess/Ruffert (Hrsg.), EUV/AEUV, 4. Aufl. 2011, Art. 311 AEUV, Rdn. 2.

beim Ratsbeschluss, dass eine mitgliedstaatliche Regierung einen Beschluss auf nationaler Ebene durchsetzen muss, den sie im Rat nicht mitgetragen hat. Die nationalen Parlamente genehmigen dann dieses von ihren Regierungen mitbeschlossene für mehrere Jahre gültige Finanzierungsmodell.

Der jährliche Haushaltsplan für das Haushaltsjahr (Art. 313 AEUV) wird im besonderen Gesetzgebungsverfahren verabschiedet. Die Kommission, „von Korruption belastet“[768], erstellt einen zusammenfassenden Vorentwurf, der auf Basis der Haushaltsvorschläge der Organe entstanden ist. Rat und Parlament befinden in einem komplizierten sechsstufigen Verfahren über die eigentliche Haushaltshöhe (Art. 314 AEUV).[769]

Das Beschlussverfahren gliedert sich in eine Vorphase, in zwei Lesungen sowie letztlich die Feststellung. In der Vorphase erstellt die Kommission jeweils bis 1.9. einen Vorentwurf, auf dessen Basis der Rat mit qualifizierter Mehrheit den Entwurf des Haushaltsplans erstellt, der dem Europäischen Parlament bis 1.10. zugeleitet wird. Stimmt das Europäische Parlament zu oder äußert es sich binnen 42 Tagen nicht, so ist der Haushalt festgestellt. Alternativ kann das Europäische Parlament dem Rat mit der Mehrheit seiner Mitglieder Änderungen vorschlagen und den Vermittlungsausschuss einberufen.

In der zweiten Lesung beschließen der Rat und das Europäische Parlament über den Haushaltsplan. Der Entwurf ist endgültig festgestellt, wenn der Rat und das Europäische Parlament nicht binnen 14 Tagen mit qualifizierter Mehrheit ablehnen.[770] Den abschließenden Rechtsakt erlässt das Europäische Parlament durch Entscheidung seines Präsidenten, „dass der Haushaltsplan festgestellt ist“. Aus wichtigen Gründen kann das Europäische Parlament den Haushaltsplan ablehnen oder einen neuen Vorschlag fordern.[771]

Bei einem vorläufigen Haushaltsplan (Nothaushalt nach Art. 315 AEUV) wegen Verzögerung der Verabschiedung des Jahreshaushaltsplans hat das Europäische Parlament dem ordentlichen Haushaltsverfahren vergleichbare Rechte.[772]

---

768 *K. A. Schachtschneider*, Die Aushöhlung der Demokratie durch Europäische Union und Währungsunion, S. 108.

769 *M. Rossi*, in: Vedder/Heintschel von Heinegg, Europäisches Unionsrecht, Art. 314 AEUV, Rdn. 3.

770 *Ch. Waldhoff*, in: Calliess/Ruffert, EUV/AEUV, 4. Aufl. 2011, Art. 314 AEUV, Rdn. 6 ff.

771 *R. Geiger*, Komm. z. EUV/EGV, 4. Aufl. 2004, Art. 272 EGV, Rdn. 1 f.

772 Daselbst, Art. 273 EGV, Rdn. 5 f.; *Ch. Waldhoff*, in: Calliess/Ruffert, EUV/AEUV, 4. Aufl. 2011, Art. 315 AEUV, Rdn. 1 ff.

Die Kommission trägt nach Art. 317 AEUV die Verantwortung für den Vollzug des Haushalts[773], was im Gegenzug ein Entlastungsverfahren (Art. 319 AEUV) als Kontrollinstrument erfordert. Ursprünglich hatte der Rat diese Kontrolle allein ausgeübt, bis durch Vertrag vom 22.3.1970 das Europäische Parlament mit ihm gemeinsam tätig wurde. Durch neuerliche Änderung im Vertrag vom 22.7.1975 ist die alleinige Zuständigkeit für die Entlastung der Kommission auf das Europäische Parlament übergegangen.[774] Dieses beschließt die Entlastung der Kommission mit Mehrheit der abgegebenen Stimmen (Art. 231 UA 1 AEUV). Ergeben sich wesentliche Beanstandungen, kann die Entlastung unter Vorbehalt entsprechender Maßnahmen erteilt oder aufgeschoben werden.

Mit dem Reformvertrag wurde Art. 279 EGV in der Form angepasst, dass nunmehr gem. Art. 322 AEUV Haushaltsvorschriften im ordentlichen Gesetzgebungsverfahren erlassen werden und damit im Vergleich zur bislang gültigen Version des Art. 279 EGV das Konsultationsverfahren durch das Mitentscheidungsverfahren abgelöst wurde. Auch das Einstimmigkeitsprinzip, das im Vertrag von Nizza bereits für die in Absatz 1 lit. a und b genannten Bereiche abgeschafft worden war[775], sollte durch Art. 322 AEUV zusätzlich für die in Absatz 2 genannten Durchführungsbestimmungen des Rates zum Eigenmittelsystem abgeschafft werden[776], für deren Festsetzung das Parlament im Wege des Konsultationsverfahrens beteiligt wird. Mit der Ablösung des bisherigen Begriffs „Finanzbeiträge der Mitgliedstaaten" im Rahmen des Maastrichter Unionsvertrags[777] wollte die Union ihre finanzielle Unabhängigkeit zum Ausdruck bringen, freilich rein deklaratorisch, wie die Analyse der Finanzierung der Union gezeigt hat.

Im Ergebnis nimmt das Europäische Parlament ein traditionelles Recht eines Parlaments wahr, nämlich die Budgethoheit, aber nicht alleinverantwortlich, weil es nur im Wege des ordentlichen Gesetzgebungsverfahrens zusammen mit dem Rat beteiligt wird. Auch wenn seine Rolle hinter der beispielsweise des Deutschen Bundestages zurückbleibt, der das Budgetrecht als allein Zuständiger

---

773 *Ch. Waldhoff*, in: Calliess/Ruffert, EUV/AEUV, 4. Aufl. 2011, Art. 317 AEUV, Rdn. 1 ff.

774 *R. Geiger*, Komm. z. EUV/EGV, 4. Aufl. 2004, Art. 276 EGV, Rdn. 1 f.; *Ch. Waldhoff*, in: Calliess/Ruffert, EUV/AEUV, 4. Aufl. 2011, Art. 319 AEUV, Rdn. 1 ff.

775 *M. Niedobitek*, in: Streinz, EUV/EGV, Art. 279 EGV, Rdn. 3; *Ch. Waldhoff*, in: Calliess/Ruffert, EUV/AEUV, 4. Aufl. 2011, Art. 322 AEUV, Rdn. 1 ff.

776 *M. Rossi*, in: Vedder/Heintschel von Heinegg, Komm. EVV, Art. III-412 EVV.

777 *M. Niedobitek*, in: Streinz, EUV/EGV, Art. 269 EGV, Rdn. 1.

gegenüber der Regierung ausübt[778] (Etathoheit[779]), kann mit dem Verfahren nach Art. 314 AEUV kein Haushaltsplan gegen den Willen des Europäischen Parlaments festgelegt werden.

Beim Erlass der Haushaltsordnung sowie bei der Regelung der Finanzkontrolle durch den Rat nach Art. 322 AEUV wird das Europäische Parlament im Wege des ordentlichen Gesetzgebungsverfahrens (Abs. 1) beteiligt[780], bei der Bereitstellung der Eigenmittel durch den Rat an die Kommission hingegen nur im Konsultationsverfahren (Abs. 2).

(e) Kompetenzergänzung

Die im Vergleich zur Staatsorganisation der Mitgliedstaaten festzustellenden Demokratiedefizite der Union sind – beispielsweise – aus deutscher Sicht nur dann nicht demokratie- und republikwidrig, wenn einzelne Kompetenzen auf „supranationale", um nicht zu sagen bundesstaatliche, Organisationen gemäß dem grundgesetzlichen Integrationsprinzip nach Art. 23 Abs. 1 GG nur in dem Maße übertragen werden, in dem ein substantielles demokratisches Leben auf Ebene des Mitgliedstaates verbleibt. Schließlich heißt es: „Alle Staatsgewalt geht vom Volke aus" (Art. 20 Abs. 2 S.1 GG). Für Deutschland bedeutet das: Ein Mitwirken bei der Entwicklung der Europäischen Union ist nur dann grundgesetzkonform, wenn die Union „demokratischen, rechtsstaatlichen, sozialen und föderativen Grundsätzen und dem Grundsatz der Subsidiarität verpflichtet ist"[781] und einen diesem Grundgesetz „im wesentlichen vergleichbaren Grundrechtsschutz gewährleistet" (Art. 23 Abs. 1 S. 1 GG). Gestützt auf das grundrechtsgleiche Recht des Art. 38 Abs. 1 S. 2 GG haben alle Deutschen einen Verfassungsanspruch darauf, dass die wesentliche Politik von den von ihnen gewählten Vertretern im Deutschen Bundestag (und auch im Bundesrat) beschlossen wird (Wesentlichkeitslehre).[782]

Die Gemeinschaft wird nach Art. 5 Abs. 2 EUV innerhalb der Grenzen der Zuständigkeiten tätig, die die Mitgliedstaaten ihr in den Verträgen zur

---

778 *H. B. Brockmeyer*, in: Schmidt-Bleibtreu/Hofmann/Hopfauf, Komm z. GG, Art. 110 GG, Rdn. 8b.

779 *H. Siekmann*, in: Sachs, GG Kommentar, 6. Aufl. 2011, Art. 110 GG, Rdn. 12.

780 *J. Schoo*, in: Schwarze, EU-Kommentar, 3. Aufl. 2012, Art. 322 AEUV, Rdn. 3.

781 BVerfGE 89, 155 (213).

782 BVerfGE 33, 1 (10 f.); BVerfGE 89, 155 (181 f.); *K. A. Schachtschneider*, Die Aushöhlung der Demokratie durch Europäische Union und Währungsunion, S. 112; *ders.*, Maastricht-Verfassungsbeschwerde, S. 115 ff., 380 ff.; *ders.*, Prinzipien des Rechtsstaates, S. 116 ff.

Verwirklichung der darin niedergelegten Ziele übertragen haben. Sie hat also nur eine beschränkte Verbandskompetenz. „Die Ermächtigungen der Union müssen demnach um der Demokratie willen begrenzt sein.“[783]

Hieran darf auch durch Rückgriff auf „implied powers“, also auf eine Art Annexkompetenz durch „stillschweigende Befugnisse“[784], und auf die Kompetenzerweiterungsnorm Art. 352 AEUV nichts geändert werden.[785] Dieses „Strukturprinzip des EWG-Vertrages“[786] wird gelockert, wenn die Gemeinschaft neben ausdrücklichen Kompetenzzuweisungen auch durch eine allgemeine Befugnis zum Handeln ermächtigt wird. Dies ist vor allem deshalb verfassungsrechtlich beachtlich, weil der Vorrang des Gemeinschaftsrechts[787] von der Gemeinschaft beschlossene Regelungen über mitgliedstaatliches Recht, ja über Verfassungsrecht, stellt, indem mittels Anwendungsvorrang jegliches europarechtswidrige mitgliedstaatliche Recht leer läuft. Im Zweifel hierüber befindet der Europäische Gerichtshof, der sich selbst als „Motor der Integration“ sieht und „in dubio pro communitate“ entscheidet.[788] Vor diesem Hintergrund beunruhigt es, wenn „trotz seiner enormen Bedeutung für die Verbandskompetenz … die sachlichen Grenzen dieser Ermächtigungsnorm weitgehend ungeklärt geblieben“ sind.[789] Dafür spricht die Vielzahl der in der Kommentarliteratur verwendeten inoffiziellen Überschriften für Art. 352 AEUV. Gebräuchlich sind „Vorschriften für ungeregelte Materien“[790], „Vorschriften für unvorhergesehene Fälle“[791], „Ergänzende Rechtsetzungsbefugnis“[792], „Kompetenzergänzung“[793] oder Vertragsabrundungskompetenz[794]. Bis zum Inkrafttreten des Vertrags von Lissabon auf den

783 *K. A. Schachtschneider*, Die Aushöhlung der Demokratie durch Europäische Union und Währungsunion, S. 113; i.d.S. auch BVerfGE 89, 155 (181 ff., 191 ff.); BVerfGE 123, 267 (267 ff., 298 ff., 326).

784 *M. Rossi*, in: Calliess/Ruffert (Hrsg.), EUV/EGV, 3. Aufl. 2007, Art. 308 EGV, Rdn. 64.

785 *R. Geiger*, Komm. z. EUV/EGV, 4. Aufl. 2004, Art. 5 EGV, Rdn. 2 f.

786 *H.-P. Kraußer*, Das Prinzip der begrenzten Ermächtigung im Gemeinschaftsrecht als Strukturprinzip des EWG-Vertrages, 1991, passim.

787 *S. Magiera*, FS Morsey, S. 211 (218).

788 *Th. Oppermann*, Europarecht, 3. Aufl. 2005, S. 110, Rdn. 104.

789 *M. Rossi*, in: Calliess/Ruffert (Hrsg.), EUV/EGV, 3. Aufl. 2007, Art. 308 EGV, Rdn. 7.

790 Daselbst, Art. 308 EGV; *D. Winkler*, in: Grabitz/Hilf, Das Recht der Europäischen Union, EL 34, 1/2008, Art. 308 EGV.

791 *R. Streinz*, in: Streinz (Hrsg.), Komm. z. EUV/EGV, 2003, Art. 308 EGV; *M. Röttinger*, in: C. O. Lenz (Hrsg.), EG-Vertrag Komm., 2. Aufl. 1999, Art. 308 EGV.

792 *H. Krück*, in: Schwarze (Hrsg.), EU-Kommentar, 1. Aufl. 2000, Art. 308 EGV.

793 *R. Geiger*, Komm. z. EUV/EGV, 4. Aufl. 2004, Art. 308 EGV.

794 *R. Schwartmann*, Der Vertrag von Lissabon, S. 151.

Gemeinsamen Markt beschränkt, ermöglicht Art. 352 AEUV nun mit Zustimmung des Europäischen Parlaments eine Primärrechtsänderung im vereinfachten Verfahren in allen „in den Verträgen festgelegten Politikbereichen".

„Die Flexibilitätsklausel des Art. 308 (352) Abs. 1 AEUV ermöglicht es der Union, zur Verwirklichung der überaus weit gesteckten Ziele der Verträge durch geeignete Vorschriften des Rates, im Rahmen der in den Verträgen festgelegten Politikbereiche tätig zu werden, auch wenn die Verträge die dafür erforderlichen Befugnisse nicht vorsehen. Auf dieser Grundlage kann sich die Union so gut wie jede Befugnis verschaffen, ohne dass die Mitgliedstaaten dem zustimmen müssen. Letztere können lediglich ihre (kläglichen) Einwendungen aus dem Subsidiaritätsprinzip zur Geltung bringen (Abs. 2)."[795] Vor dem Hintergrund der auf Unionsebene schwachen Ausprägung des Subsidiaritätsprinzips (Art. 5 Abs. 4 UA 2 AEUV), das in den Rechtsordnungen der meisten Mitgliedstaaten ebenfalls nur wenig ausgeprägt ist und auch in der Rechtsprechung des Europäischen Gerichtshofs noch keinen Niederschlag gefunden hat – hat dieser doch zu ihm „bisher nicht explizit Stellung genommen"[796] –, ist davon auszugehen, dass von dieser Kompetenzerweiterungsnorm verstärkt Gebrauch gemacht werden wird.

Ein deutlicher Hinweis darauf ist der Umstand, wie der Reformvertrag den Art. 352 AEUV umgeformt hat. Die noch in Art. 308 Abs. 1 EGV enthaltene Beschränkung der Anwendbarkeit auf den Gemeinsamen Markt ist entfallen, und Kompetenzerweiterungen sind in allen „von den Verträgen festgelegten Politikbereichen" möglich. Im Gegenzug wird grundsätzlich das Mitentscheidungsverfahren eingeführt. Auf Grund des bereits dargestellten Zurückbleibens der demokratischen Legitimation des Europäischen Parlaments kompensiert dieser Schritt nicht das Legitimitätsdefizit, das diese neue in Richtung Kompetenz-Kompetenz weisende Entwicklung der Union verursacht hat oder noch bedingen kann. Das Europäische Parlament „stützt" lediglich bestenfalls die demokratische Legitimation der Rechtsakte der Gemeinschaft.[797] „Das Europäische Parlament leistet keine demokratische Legitimation, weil es kein Volk vertritt, aber auch und insbesondere, weil es nicht gleichheitlich gewählt ist."[798]

---

795 *K. A. Schachtschneider*, Verfassungsbeschwerde gegen das Zustimmungsgesetz des Dt. Bundestages zum Vertrag von Lissabon, 25.5.2008, S. 267.

796 *R. Streinz*, in: Streinz (Hrsg.), Komm. z. EUV/EGV, Art. 5 EGV, Rdn. 30 f.

797 BVerfGE 89, S. 155 (184, 186).

798 *K. A. Schachtschneider*, Verfassungsbeschwerde gegen das Zustimmungsgesetz des Dt. Bundestages zum Vertrag von Lissabon, 25.5.2008, S. 268.

Zur Beurteilung der Rolle des Europäischen Parlaments im Rahmen des Verfahrens nach Art. 352 AEUV ist es erforderlich, dessen eigentlichen Regelungscharakter zu ermitteln, um die Beteiligung des Europäischen Parlaments legitimatorisch beurteilen zu können. 1972 hat die Pariser Gipfelkonferenz der Staats- und Regierungschefs ein Schlußkommuniqué verabschiedet, in dem die besondere Inanspruchnahme des Art. 235 EWGV (heute: Art. 352 AEUV) angekündigt wurde. Die Gemeinschaftstätigkeit sollte auf neue Bereiche ausgedehnt werden, man wollte „alle Bestimmungen der Verträge einschließlich Art. 235 EWGV weitestgehend ausschöpfen", was dann auch in einer Reihe von Fällen geschehen ist.[799] Es wurden sogar neue Institutionen auf Grundlage des Art. 352 AEUV geschaffen, wie z.B. die Europäische Bank für Wiederaufbau und Entwicklung oder die Agentur für Wiederaufbau.[800]

Der mit jeder Primärvertragsrevision länger werdende Katalog von Ermächtigungen der Gemeinschaft allein ist bereits geeignet, das Merkmal der „Begrenztheit" derselben in Zweifel zu ziehen – „demokratiewidrig entgrenzte Ermächtigungen", wie Schachtschneider feststellt.[801] Eine Ermächtigungs-Generalklausel in Form des Art. 352 AEUV verschärft die Bedenken weiter. „Diese Kompetenz-Kompetenz geht deutlich über die bisherige Generalklausel des Art. 308 EGV hinaus, welche auf die Verwirklichung des Gemeinsamen Marktes beschränkt war."[802]

Allein die Vielzahl der in der Kommentarliteratur üblichen Beschreibungen von Art. 352 AEUV zeigt, dass es sich bei dieser Kompetenznorm um ein „weites Feld" handelt. Wenn aus Stellungnahmen deutscher Staatsrechtler wie „Die Grenzen zur Bildung von Gemeinschaftsgewohnheitsrecht sind flüssig..."[803] auf die Kakophonie in der gesamten Union der 28 geschlossen wird, lässt sich abschätzen, welche Kompetenzspielräume die „Flexibilitätsklausel", so der Entwurf eines primärvertraglichen Titels im Vertrag von Lissabon, eröffnet.

Das Bundesverfassungsgericht hat im Maastricht-Urteil die Grenzen der Kompetenzübertragung aufgezeigt und ausgeurteilt, dass „die Gemeinschaftsgewalt sich von den Mitgliedstaaten ableitet und im deutschen Hoheitsbereich nur

---

799 Erklärung vom 20.10.1972, Ziffer 15, EA 1972, S. 502 ff.; *M. Rossi*, in: Calliess/Ruffert (Hrsg.), EUV/EGV, 3. Aufl. 2007, Art. 308 EGV, Rdn. 9.

800 *D. Winkler*, in: Grabitz/Hilf, Das Recht der Europäischen Union, EL 34, 1/2008, Art. 308 EGV, Rdn. 35 f.

801 *K. A. Schachtschneider*, Die Aushöhlung der Demokratie durch Europäische Union und Währungsunion, S. 112.

802 *K. A. Schachtschneider*, Verfassungsbeschwerde gegen das Zustimmungsgesetz des Dt. Bundestages zum Vertrag von Lissabon, 25.5.2008, S. 267 f.

803 *Th. Oppermann*, Europarecht, 3. Aufl. 2005, S. 156, Rdn. 59.

Kraft des deutschen Rechtsanwendungsbefehls verbindlich wirken kann".[804] Die Einordnung dieser grundlegenden Maxime als „m.E. irrig" im vom Generalanwalt am Europäischen Gerichtshof a.D. C. O. Lenz herausgegebenen Kommentar[805] ist bedenklich. Die Aussage „Jedenfalls obliegt es nicht einem nationalen Gericht, solche Interpretationen vorzunehmen ..."[806] zeigt auf, dass sich ein Kompetenzkonflikt zwischen dem Bundesverfassungsgericht und der Europäischen Union anbahnt, der im Kern ein Verfassungskonflikt ist – unabhängig davon, dass der „Verfassungsvertrag" nun „Reformvertrag" genannt wird. Klar Stellung bezogen hat des Bundesverfassungsgericht in seiner Lissabon-Entscheidung: „Keinem Verfassungsorgan ist die Kompetenz eingeräumt, die nach Art. 79 Abs. 3 GG grundlegenden Verfassungsprinzipien zu verändern. Darüber wacht das Bundesverfassungsgericht."[807]

e.e Außenbeziehungen

(a) Aufnahme neuer Mitgliedstaaten

Der EU-Reformvertrag ändert mit Art. 49 EUV an dem bislang gültigen Beitrittsverfahren zur Union kaum etwas.[808] Neu ist eine Unterrichtung des Europäischen Parlaments sowie der nationalen Parlamente vom Aufnahmegesuch (Art. 49 UA 1 S. 2 EUV). Mit der möglichst frühzeitigen Einbeziehung der nationalen Parlamente in das förmliche Beitrittsverfahren wird dem Umstand Rechnung getragen, dass ihre spätere Zustimmung für das Zustandekommen des Beitrittsabkommens konstitutiv ist.[809] Die Aufnahme neuer Mitgliedstaaten bedarf auf Unionsebene auch der Zustimmung des Europäischen Parlaments mit der Mehrheit seiner Mitglieder (Art. 49 EUV). Ohne Zustimmung des Parlaments kann kein neues Mitglied aufgenommen werden. Dieses muss mit absoluter Mehrheit der Stimmen seiner Mitglieder zustimmen, anderenfalls darf der Rat die

---

804 BVerfGE 89, 155 (181 f., 190).

805 *M. Röttinger*, in: C. O. Lenz (Hrsg.), EG-Vertrag Komm., 2. Aufl. 1999, Art. 312 EGV, Rdn. 8.

806 *M. Röttinger*, daselbst, Art. 312 EGV, Rdn. 8.

807 BVerfGE 123, 267 (268).

808 *H.-J. Cremer*, in: Calliess/Ruffert (Hrsg.), EUV/AEUV, 4. Aufl. 2011, Art. 49 EUV, Rdn. 1; *W. Heintschel von Heinegg*, in: Vedder/Heintschel von Heinegg, Komm. EVV, Art. I-58 EVV, Rdn. 1.

809 *H.-J. Cremer*, in: Calliess/Ruffert (Hrsg.), EUV/AEUV, 4. Aufl. 2011, Art. 49 EUV, Rdn. 3; *W. Heintschel von Heinegg*, in: Vedder/Heintschel von Heinegg, Komm. EVV, Art. I-58 EVV, Rdn. 11.

Aufnahme nicht beschließen.[810] Jedem Mitgliedstaat steht ein Vetorecht zu, weil der Ratsbeschluss, dem Aufnahmeantrag stattzugeben, Einstimmigkeit erfordert (Art. 49 UA 1 S. 3 EUV).[811]

Entgegen der von Bundeskanzler Kohl seinerzeit geäußerten Ansicht der Unumkehrbarkeit des Prozesses der europäische Einigung ist inzwischen in Art. 50 EUV auch de lege lata festgelegt, dass ein freiwilliger Austritt aus der Union im Sinne eines actus contrarius möglich ist.[812] Diesen nun positivrechtlich gefassten Grundsatz hat das Bundesverfassungsgericht bereits im Maastricht-Urteil festgestellt.[813] Hierzu wird vom austrittswilligen Staat ein Abkommen mit der Union geschlossen, das dann von den beiden am ordentlichen Gesetzgebungsverfahren Beteiligten, dem Rat und dem Europäischen Parlament, mit qualifizierter Mehrheit beschlossen wird (Art. 50 Abs. 2 EUV).

Das Zustimmungserfordernis des Rates und des Europäischen Parlaments berührt jedoch nur das „Wie", nicht das „Ob" des Austritts – ein austrittswilliger Staat kann nicht zum Verbleib in der Union gezwungen werden.[814] Wäre das europäische Primärrecht völkerrechtlicher Natur, so wäre die Regelung eines förmlichen Austrittsverfahrens lediglich deklaratorischer Natur, da völkerrechtliche Verträge durch einseitige Erklärung kündbar sind. Wird davon ausgegangen, dass das europäische Vertragsrecht eine Rechtsordnung sui generis, also „supranational" ist[815], so ist die Durchführung des in Art. 50 EUV geregelten Austrittsverfahrens konstitutiv für den Eintritt der gewünschten Rechtsfolge. „Das Austrittsrecht gehört zum echten Bundesstaat ... Insofern ist die funktionale Staatseigenschaft/Staatlichkeit der Europäischen Union schon bislang und erst recht nach Maßgabe des Vertrages von Lissabon fraglos."[816] Das Vorhandensein eines gesetzlich festgelegten Austrittsrechts ist also kein Indiz für das Fehlen von

---

810 *H.-J. Cremer*, in: Calliess/Ruffert (Hrsg.), EUV/AEUV, 4. Aufl. 2011, Art. 49 EUV, Rdn. 3.

811 *H.-J. Cremer*, in: Calliess/Ruffert (Hrsg.), EUV/AEUV, 4. Aufl. 2011, Art. 49 EUV, Rdn. 3.

812 *Ch. Calliess*, in: Calliess/Ruffert (Hrsg.), EUV/AEUV, 4. Aufl. 2011, Art. 50 EUV, Rdn. 2; *W. Heintschel von Heinegg*, in: Vedder/Heintschel von Heinegg, Komm. EVV, Art. I-60 EVV, Rdn. 1.

813 BVerfGE 89, 155 (190); *K. A. Schachtschneider*, Verfassungsbeschwerde gegen den Vertrag von Lissabon, A IV, S. 76.

814 *Ch. Calliess*, in: Calliess/Ruffert (Hrsg.), EUV/AEUV, 4. Aufl. 2011, Art. 50 EUV, Rdn. 5; *W. Heintschel von Heinegg*, in: Vedder/Heintschel von Heinegg, Komm. EVV, Art. I-60 EVV, Rdn. 5.

815 *Th. Oppermann*, Europarecht, 3. Aufl. 2005, S. 139, Rdn. 5 f.

816 *K. A. Schachtschneider*, Verfassungsbeschwerde gegen den Vertrag von Lissabon, A III, S. 65.

Staatlichkeit, ein Austrittsrecht, das jedem zusteht, ohne dass es kodifiziert wäre, wäre hingegen ein Aspekt fehlender Staatlichkeit.[817]

(b) Visa, Asyl, Einwanderung und andere Politiken betreffend den freien Personenverkehr

Die Europäische Union hat „Außengrenzen" (vgl. Art. 67 Abs. 2 AEUV) und führt „schrittweise ein integriertes Grenzschutzsystem an den Außengrenzen" ein (Art. 77 Abs. 1 lit. c AEUV), zu dessen Verwirklichung im ordentlichen Gesetzgebungsverfahren Maßnahmen (z. B. die gemeinsame Politik in Bezug auf Visa) erlassen werden sollen (Art. 77 Abs. 2 AEUV).[818]

Weil die EU-Binnengrenzen nicht mehr kontrolliert werden, ja sogar „verschwinden"[819] sollen, besteht bei Fragen der Einwanderung aus wirtschaftlichen oder politischen Gründen unionsweiter Handlungsbedarf. In erster Linie gehört hierzu die „Schengen-Reife" aller Mitgliedstaaten, weil der freie Personenverkehr noch nicht unionsweit umgesetzt ist. Obgleich der Schengen-Besitzstand seit dem Amsterdamer Vertrag zum acquis communitaire gehört, besteht bis zu seiner vollständigen Umsetzung noch Handlungsbedarf.[820]

Entsprechend den Standards für einen Schengen-Raum ohne Binnengrenzkontrollen, aber mit umso wirksamerer Kontrolle der Außengrenzen, können – wie gesagt – dem Reformvertrag von Lissabon zufolge Maßnahmen im ordentlichen Gesetzgebungsverfahren bei Mitentscheidung des Europäischen Parlaments erlassen werden (Art. 77 Abs. 2 AEUV). Die Vorschrift wurde gegenüber dem Entwurf des Verfassungsvertrags um einen neuen Abs. 3 erweitert, der eine Zuständigkeit der Union im Bereich des Passwesens schafft. Zur Gewährung der Bewegungs- und Aufenthaltsfreiheit innerhalb der Union i. S. Art. 20 Abs. 2 a AEUV können in einem besonderen Gesetzgebungsverfahren des Rates „Bestimmungen betreffend Pässe, Personalausweise, Aufenthaltstitel oder diesen gleichgestellte Dokumente erlassen" werden. Das Parlament wird vor der seitens des Rates einstimmig zu treffenden Entscheidung im Konsultationsverfahren angehört. Wie in der bislang gültigen Vorgängervorschrift zum Beschlussverfahren des Rates (Art. 67 EGV) bleibt es bei einer „wenig transparenten Gemengelage von Vorschlags- und Initiativrechten der Kommission

---

817 *D. Murswiek*, Der Vertrag von Lissabon und das Grundgesetz – Rechtsgutachten, 5/2008, S. 44.

818 *K. A. Schachtschneider*, Verfassungsbeschwerde vom 25.5.2008, S. 179.

819 Daselbst.

820 *B. Kretschmer*, in: Vedder/Heintschel von Heinegg, Komm. EVV, Art. III-265 EVV, Rdn. 1 - 3.

und der Mitgliedstaaten, von Einstimmigkeit und qualifizierter Mehrheit sowie von Rats- und Mitentscheidungsverfahren".[821] „Während bislang Einstimmigkeit (Art. 67 Abs. 1 und 2 EGV) und ausnahmsweise qualifizierte Mehrheit (Art. 67 Abs. 3 bis 5 EGV) vorgesehen waren, genügt nach dem Vertrag von Lissabon durchgehend die qualifizierte Mehrheit. Auch dies stärkt die existentielle Staatlichkeit der Union"[822] und erfordert damit echten Parlamentarismus.

Die Bildung eines binnengrenzenfreien Schengen-Raums macht eine gemeinsame Asylpolitik (Art. 79 AEUV) der Mitgliedstaaten erforderlich, weil sonst Sekundärmigration und „Visa-Shopping" der Drittstaatenangehörigen nicht vermieden werden können.[823] Verfahrensrechtlich werden Maßnahmen der Union im Bereich der Asylpolitik grundsätzlich in das ordentliche Gesetzgebungsverfahren überführt.[824] „Dementsprechend soll die Europäische Union gemäß Art. 78 AEUV im ordentlichen Gesetzgebungsverfahren „Maßnahmen in Bezug auf ein gemeinsames europäisches Asylsystem" erlassen und nach Art. 79 Abs. 2 AEUV im ordentlichen Gesetzgebungsverfahren auch eine „gemeinsame Einwanderungspolitik" (Abs. 1) schaffen."[825] Befinden sich ein oder mehrere Mitgliedstaaten aufgrund eines plötzlichen Zustroms von Staatsangehörigen dritter Länder in einer Notlage, so kann der Rat auf Vorschlag der Kommission Europäische Verordnungen oder Beschlüsse erlassen, die vorläufige Maßnahmen zugunsten der betreffenden Mitgliedstaaten vorsehen. Er beschließt nach Anhörung des Europäischen Parlaments im Wege des Konsultationsverfahrens (Art. 78 Abs. 3 AEUV).

Aus denselben Gründen, die eine gemeinsame Asylpolitik erforderlich machen, ist eine gemeinsame Einwanderungspolitik erforderlich, weil hier wie dort insbesondere der Sekundärmigration Tür und Tor geöffnet wäre. Auch hier wurde das bislang gültige Verfahren des Art. 67 EGV (Konsultationsverfahren) durch das ordentliche Gesetzgebungsverfahren abgelöst (Art. 79 Abs. 2, 4 AEUV).

Auch die Justiz- und die Innenpolitik sind Bestandteile des Katalogs begrenzter Ermächtigungen der Union. Maßnahmen zur Regelung der Verwaltungszusammenarbeit werden nach Art. 74 AEUV im Anhörungsverfahren vom Rat auf

---

821 *B. Kretschmer*, in: Vedder/Heintschel von Heinegg, Komm. EVV, Art. III-264, 265 EVV, Rdn. 1; i.d.S. auch *M. Rossi*, in: Calliess/Ruffert (Hrsg.), 4. Aufl. 2011, Art. 77 AEUV, Rdn. 2 ff.

822 *K. A. Schachtschneider*, Verfassungsbeschwerde vom 25.5.2008, S. 180.

823 *M. Rossi*, in: Calliess/Ruffert (Hrsg.), 4. Aufl. 2011, Art. 77 AEUV, Rdn. 21; *B. Kretschmer*, in: Vedder/Heintschel von Heinegg, Komm. EVV, Art. III-266 EVV, Rdn. 2, 7.

824 *M. Rossi*, in: Calliess/Ruffert (Hrsg.), 4. Aufl. 2011, Art. 79 AEUV, Rdn. 2; *B. Kretschmer*, in: Vedder/Heintschel von Heinegg, Komm. EVV, Art. III-266 EVV, Rdn. 1.

825 *K. A. Schachtschneider*, Verfassungsbeschwerde vom 25.5.2008, S. 179.

Initiative der Kommission erlassen. Demgegenüber wird – wie festgestellt – in Fragen der Grenzkontrollen, des Asyls und der Einwanderung generell das ordentliche Gesetzgebungsverfahren (Art. 289 AEUV) angewendet und damit das Europäische Parlament einbezogen.

(c) Assoziierungsabkommen mit Drittländern

In wesentlicher Fortführung des Inhalts von Art. 182 EGV wird der Konzeption der Verträge zufolge die Förderung enger Wirtschaftsbeziehungen mit 25 Überseeischen Ländern und Hoheitsgebieten (ÜLG) erfolgen (Art. 198 AEUV), die in besonderer Beziehung zu Mitgliedstaaten der Europäischen Union stehen.[826] Die Einzelheiten und das Verfahren für die Assoziierung dieser Länder und Hoheitsgebiete mit der Union werden im Wege des Konsultationsverfahrens unter Anhörung des Europäischen Parlaments vom Rat erlassen (Art. 203 AEUV).[827]

Diese neue Rechtsgrundlage für Kooperationsabkommen wurde mit dem Vertrag von Nizza eingeführt. Obgleich im Bereich der Entwicklungszusammenarbeit nach Art. 209 Abs. 1 AEUV das ordentliche Gesetzgebungsverfahren angewendet wird[828], sieht der AEUV in so wichtigen Fragen wie der Durchführung von Assoziierungsabkommen mit Drittländern, die – meist aus der Kolonialgeschichte herrührend – besondere Beziehungen zu Dänemark, Frankreich, den Niederlanden und Großbritannien unterhalten, lediglich eine Beteiligung des Europäischen Parlaments im Wege des Konsultationsverfahrens vor (Art. 203 S. 2 AEUV).

(d) Entwicklungszusammenarbeit

Durch den Vertrag von Maastricht eingeführt wurde eine Gemeinschaftskompetenz zur Entwicklungszusammenarbeit mit Ländern, die keine abhängigen Gebiete von Mitgliedstaaten darstellen. Die Entwicklungszusammenarbeit der Union mit Drittstaaten soll gleichgelagerte nationale Aktivitäten unterstützen und verstärken, um langfristig die Armut zu beseitigen.[829] Entsprechende Aktivitäten legt das Europäische Parlament mit dem Rat im ordentlichen

826 *W. Hummer*, in: Vedder/Heintschel von Heinegg, Komm. EVV, Art. III-287 EVV, Rdn. 11.

827 Daselbst, Art. III-291 EVV, Rdn. 1.

828 *W. Hummer*, in: Vedder/Heintschel von Heinegg, Europ. Unionsrecht, Art. 209 AEUV, Rdn. 3.

829 *R. Geiger*, EUV/EGV, 4. Aufl. 2004, Art. 177 EGV, Rdn. 1 ff.

Gesetzgebungsverfahren im Rahmen unionaler Rechtsetzung in Maßnahmen wie Mehrjahresprogrammen fest (Art. 209 Abs. 1 AEUV).[830]

(e) Wirtschaftliche, finanzielle und technische Zusammenarbeit mit Drittländern

Als Rechtsgrundlage für die Zusammenarbeit mit Drittländern, die keine Entwicklungsländer sind, fügte der Vertrag von Nizza Art. 181a EGV ein, auf dessen Grundlage Kooperationsabkommen geschlossen werden können, die vorher auf Grundlage der Kompetenzerweiterung nach Art. 308 EGV hatten geschlossen werden müssen.[831]

Die Union arbeitet neben den Mitgliedstaaten („ergänzend und verstärkend") in den in der Abschnittsüberschrift genannten drei Themenfeldern sowie auch im finanziellen Bereich mit Drittländern zusammen. Die Themenkomplexe werden durch im ordentlichen Gesetzgebungsverfahren erlassene Maßnahmen unter Zustimmung des Europäischen Parlaments geregelt (Art. 212 Abs. 2 AEUV).[832]

(f) Internationale Übereinkünfte

Ohne Vorbild im Primärvertragsrecht ist Art. 216 Abs. 1 AEUV, demzufolge die Union eine Vertragsschlusskompetenz mit Drittländern oder Internationalen Organisationen hat, auch wenn keine Einzelermächtigung im Primärrecht vorgesehen ist.[833] Diese neu vorgenommene Kodifikation[834] entspricht der Rechtsprechung des Europäischen Gerichtshofs, des selbsternannten Motors der Integration[835], der bereits seit 1976 einen Parallelismus zwischen Innen- und

---

830 *K. Schmalenbach*, in: Calliess/Ruffert (Hrsg.), AEUV, 4. Aufl. 2011, Art. 209 AEUV, Rdn. 1 f.; *R. Streinz, T. Kruis*, in: Streinz, EUV/AEUV, 2. Aufl., Art. 209 AEUV, Rdn. 12.

831 *R. Geiger*, EUV/EGV, 4. Aufl., Art. 181a EGV, Rdn. 1.

832 *T. Kruis*, in: Streinz, EUV/AEUV, 2. Aufl. 2012, Art. 212 AEUV, Rdn. 12; *K. Schmalenbach*, in: Calliess/Ruffert (Hrsg.), EUV/AEUV, 4. Aufl. 2011, Art. 212 AEUV, Rdn. 12.

833 *W. Hummer*, in: Vedder/Heintschel von Heinegg, Europ. Unionsrecht, Art. 216 AEUV, Rdn. 1 ff.

834 *K. Schmalenbach*, in: Calliess/Ruffert (Hrsg.), EUV/AEUV, 4. Aufl. 2011, Art. 216 AEUV, Rdn. 2.

835 *K. A. Schachtschneider*, Verfassungsbeschwerde gegen das Zustimmungsgesetz des Dt. Bundestages zum Vertrag von Lissabon, 25.5.2008, S. 229; *ders.*, Die existentielle Staatlichkeit der Völker Europas, S. 108; siehe auch *H.-J. Schlochauer*, Der Gerichtshof der EG als Integrationsfaktor, in: E. v. Caemmerer/H.-J. Schlochauer/E. Steindorff (Hrsg.), Festschrift W. Hallstein, 1966, S. 431 ff.; *U. Di Fabio*, Der neue Art. 23 des Grundgesetzes. Positivierung vollzogenen Verfassungswandels oder Verfassungsneuschöpfung?, Der Staat 32 (1993), S. 214; *H. P. Ipsen*, Die Bundesrepublik Deutschland

Außenkompetenz der Union annimmt. Demzufolge können völkerrechtliche Abkommen von der Union abgeschlossen werden, wenn dies zur Verwirklichung einer bestehenden Binnenkompetenz erforderlich ist.[836]

„Die Verbindlichkeit eines von der ... Union geschlossenen völkerrechtlichen Vertrags für die ... Union und die Mitgliedstaaten folgt aus ... Art. 216 Abs. 2 AEUV. Auf diese Vorschrift wird die Integration der von der ... Union geschlossenen Abkommen in die ... Unionsrechtsordnung gestützt, freilich nur soweit die Befugnis der ... Union reiche ... Einer besonderen Transformation ins ... Unionsrecht soll es nicht bedürfen."[837]

Derartige Übereinkünfte binden neben der Union auch die Mitgliedstaaten (Art. 216 Abs. 2 AEUV), weil diese als Bestandteil des Gemeinschaftsrechts verbindliche Rechtsakte der Union sind, die Vorrangwirkung gegenüber dem Recht der Mitgliedstaaten haben.[838] Art. 216 Abs. 2 AEUV erklärt dies noch einmal ausdrücklich.

Verfahrenstechnisch werden solche internationalen Übereinkünfte nach Art. 218 AEUV mit einem Beschluss des Rates vorbereitet. Das Europäische Parlament wird im Vorfeld gehört und gibt eine Stellungnahme ab (Art. 218 Abs. 6 UA 2 lit. b AEUV). Bei einigen besonders zentralen Themenfeldern (Art. 218 Abs. 6 UA 2 lit. a AEUV) wie Assoziierungsabkommen oder Übereinkünften mit erheblichen finanziellen Folgen für die Union ist dagegen die Zustimmung des Europäischen Parlaments erforderlich.

Das Europäische Parlament wird in jedem Fall in allen Phasen des unionsinternen Genehmigungsverfahrens einer internationalen Übereinkunft unterrichtet (Art. 218 Abs. 10 AEUV), nicht jedoch schon bei Erteilung des Verhandlungsmandats.[839] Bleiben parlamentsseitig dennoch Zweifel an der Vereinbarkeit der geplanten Übereinkunft mit den Bestimmungen der Verträge, so ist

---

in den Europäischen Gemeinschaften, in: HStR, Bd. VII, § 181, Rdn. 32; *M. Zuleeg*, Der rechtliche Zusammenhalt der Europäischen Gemeinschaft, S. 19.

836 EuGH Gutachten 1/76, Stilllegungsfonds für die Binnenschifffahrt, Slg. 1977, S. 741 ff.

837 *K. A. Schachtschneider*, Verfassungsrecht der Europäischen Union, Teil 2, S 612; EuGH v. 30.4.1974. Rs. 181/73 (Haegeman/Belgien), Slg. 1974, 449, Rdn. 2, 6; EuGH v. 26.10.1982 – Rs. 104/81 (Kupferberg I), Slg. 1982, 3641, Rdn. 11; *D. I. Siebold*, Die Welthandelsorganisation und die Europäische Gemeinschaft, S. 260; *dies.*, Der Fall Bananenmarktordnung, S. 243; *A. Emmerich-Fritsche*, Recht und Zwang im Völkerrecht, S. 159; *dies.*, Vom Völkerrecht zum Weltrecht, S. 749.

838 *W. Hummer*, in: Vedder/Heintschel von Heinegg, Europ. Unionsrecht, Art. 216 AEUV, Rdn. 19.

839 *K. Schmalenbach*, in Calliess/Ruffert (Hrsg.), EUV/AEUV, 4. Aufl. 2011, Art. 218 AEUV, Rdn. 14.

das Europäische Parlament berechtigt, ein Gutachten des Gerichtshofs hierüber einzuholen (Abs. 11).[840]

Abweichend von dieser Zuständigkeitsregelung des Art. 218 AEUV kann der Rat nach Anhörung des Europäischen Parlaments förmliche Vereinbarungen mit Drittstaaten über ein System von Wechselkursen des Euro gegenüber deren Währungen treffen (Art. 219 Abs. 1 UA 1 S. 2 AEUV).[841]

(g) Abkommen zwischen der Gemeinschaft und Staaten oder internationalen Organisationen

Nach Art. 335 AEUV besitzt die Union Rechtspersönlichkeit und ist völkerrechtsfähig[842], kann also gemäß dem Prinzip der begrenzten Ermächtigung im Rahmen ihrer Aufgaben und Ziele völkerrechtliche Abkommen mit Drittstaaten oder internationalen Organisationen schließen. Die Befugnisnormen müssen sich aus dem Primärrecht ergeben (Art. 207 AEUV Zoll- und Handelsverträge, Art. 217 AEUV Assoziierungsabkommen, Art. 186 UA 2 AEUV Forschung etc.). Art. 218 AEUV gibt Auskunft über die gemeinschaftsrechtliche Organzuständigkeit sowie über das Verfahren beim Abschluss solcher Verträge.

Das Europäische Parlament hat in den Bereichen, in denen das ordentliche Gesetzgebungsverfahren bzw. das besondere Gesetzgebungsverfahren mit Zustimmungserfordernis des Europäischen Parlaments einschlägig ist, zuzustimmen (Abs. 6 lit. a). In den übrigen Fällen wird das Europäische Parlament angehört (Art. 218 Abs. 6 lit. b AEUV).

III. Einstweilige Bewertung des Europäischen Parlaments im Verhältnis zu anderen Organen der Europäischen Union

Mit dem Vertrag von Lissabon nennt sich das bisherige Mitentscheidungsverfahren nunmehr ordentliches Gesetzgebungsverfahren.

Die Bestandsaufnahme der Beteiligung des Europäischen Parlaments an der Gesetzgebung der Union macht deutlich, dass mit der geänderten Bezeichnung auch der Einfluss des Europäischen Parlaments gestärkt wurde.[843] Der Anwendungsbereich dieses einzigen Gesetzgebungsverfahrens, das als sogenanntes

840 *K. Schmalenbach*, daselbst, Art. 218 AEUV, Rdn. 30.

841 *U. Häde*, in: Calliess/Ruffert (Hrsg.), EUV/AEUV, 4. Aufl. 2011, Art. 219 AEUV, Rdn. 7.

842 *R. Geiger*, Komm. z. EUV/EGV, 4. Aufl. 2004, Art. 281 EGV, Rdn. 3; *M. Ruffert*, in: Calliess/Ruffert, EUV/AEUV, 4. Aufl. 2011, Art. 335 AEUV, Rdn. 1 ff.

843 *K. A. Schachtschneider*, Die Aushöhlung der Demokratie durch Europäische Union und Währungsunion, S. 104.

„ordentliches“ einen nennenswerten Einfluss des Europäischen Parlaments vorsieht, wuchs um ca. 40[844] auf 85 Fälle[845], die freilich von den Staats- und Regierungschefs zugestanden worden waren (siehe Präambel des EUV und des AEUV).

Dieses Gesetzgebungsverfahren kommt allerdings nach wie vor nur zur Anwendung, wenn ein zur Rechtsetzung ermächtigender Artikel des von den Staats- und Regierungschefs geschlossenen Vertrags ausdrücklich seine Anwendbarkeit anordnet (Art. 289 Abs. 1 AEUV).[846] In existenziellen Politikbereichen wie der Wirtschaftspolitik, der Außen- und Sicherheitspolitik und der Binnenorganisation ist das Europäische Parlament – wie gesehen – allerdings nur marginal eingebunden.[847]

Selbst in diesem „ordentlichen“ Gesetzgebungsverfahren, das die verhältnismäßig stärkste Beteiligung des Europäischen Parlaments vorsieht, ist dieses nicht als souveräner Gesetzgeber des Volkes tätig, sondern es befindet ich in einem „Trialog“ mit Rat und Kommission.[848] Es hat nach wie vor keine eigenständige Gesetzgebungsbefugnis, weil es nie alleine entscheiden kann und nach wie vor über kein eigenes Initiativrecht verfügt.[849] Dieses hat die Kommission (Art. 17 Abs. 1 S. 1 EUV). Die auf Grundlage des „prinzipiell exklusive[n] Vorschlagsrecht[s]“ der Kommission betriebene Integrationspolitik setzt der Europäische Gerichtshof dann „mit aller Härte … durch“.[850]

Dieser schwach ausgeprägte Parlamentarismus auf Europa-Ebene hat freilich Tradition. Die vom europäischen Primärrecht gewählte Terminologie „Parlament“ suggeriert Staatlichkeit und läuft der vielfach geäußerten Ansicht zuwider, die Europäische Union entfalte keine Staatlichkeit im existenziellen Sinn, sondern sei eine Kategorie sui generis, ein „supranationales“ Gebilde. Der verschleiernde Begriff „supranational“ hatte bereits Anwendung auf den am 23. Mai 1952 in Kraft getretenen „Vertrag über die Europäische Gemeinschaft für Kohle und Stahl“ gefunden.[851] Die vier Organe dieser „Gemeinschaft“ hatten die Namen

---

844 *W. Kluth*, in: Calliess/Ruffert (Hrsg.), EUV/AEUV, 4. Aufl. 2011, Art. 294 AEUV, Rdn. 9.

845 *J. Schoo*, in: Schwarze, EU-Kommentar, Art. 289 AEUV, Rdn. 6.

846 Daselbst.

847 *K. A. Schachtschneider*, Die Aushöhlung der Demokratie durch Europäische Union und Währungsunion, S. 104.

848 *W. Kluth*, in: Calliess/Ruffert (Hrsg.), EUV/AEUV, 4. Aufl. 2011, Art. 294 AEUV, Rdn. 3.

849 *K. A. Schachtschneider*, Die Aushöhlung der Demokratie durch Europäische Union und Währungsunion, S. 102.

850 Daselbst, S. 109, 122.

851 *J. Pipkorn*, in: Beutler/Bieber/Pipkorn/Streil, Die Europäische Union, 5. Aufl. 2001, S. 41, Rdn. 8.

„parlamentarische Versammlung", „Hohe Behörde", „Rat" und „Gerichtshof" getragen. Unschwer sind in diesen Namen die bis heute zentralen Organe der Europäischen Union zu erkennen. Hier von Interesse ist vor allem der Begriff „parlamentarische Versammlung", der Name des Vorläufers des Europäischen Parlaments. Weitere Säulen der heutigen Europäischen Union in Form der „Europäischen Atomgemeinschaft" (Inkrafttreten zum 1.1.1958) sowie der – damals gescheiterten – „Europäischen Verteidigungsgemeinschaft" hatten wie die der Europäischen Gemeinschaft für Kohle und Stahl als Grundlage die Kontrolle kriegswichtiger deutscher Wirtschafts- und Politikbereiche. Sicher war bei diesen Organisationen auch der Aspekt des friedlichen Zusammenlebens der Völker Europas nach den Traumatisierungen zweier Weltkriege ein Faktor, wie ihn Churchill in seiner Rede vom 19. September 1946 in Zürich mit der Anregung der Bildung der Vereinigten Staaten von Europa zum Ausdruck gebracht hatte.[852]

Dem primärvertraglichen Wortlaut nach existiert also ein „Europäisches Parlament", dessen Befugnisse im Vergleich sowohl gegenüber denen nationaler Parlamente als auch gegenüber denen anderer Organe der Europäischen Union – besonders gegenüber denen des Rats – eigenartig beschränkt sind. Es darf im Unterschied zu diesem Letztgenannten, der „die Festlegung der Politik" betreibt (Art. 16 Abs. 1 S. 2 EUV), nur zu fremdbestimmten Politikfeldern Stellung beziehen. Es hat keine allein entscheidende Gesetzgebungsbefugnis, und es hat keine Zuständigkeit, Gesetze zu initiieren. Und dabei wirkt dieses Europäische Parlament in all seiner Beschränkung – und noch dazu auf „Grundlage" fehlender „eigenständige[r] Gewalt" der Europäischen Union – in den mitgliedstaatlichen Legislativprozess hinein.[853]

Diese Feststellung wirft endgültig die Frage nach der parlamentarischen Qualität des Europäischen Parlaments auf.

---

852 *K. A. Schachtschneider*, Die Republik der Völker Europas, in: Freiheit – Recht – Staat, S. 440; *M. Pechstein*, in: Streinz, Komm. z. EUV/AEUV, 2. Aufl. 2012, Art. 1 EUV, Rdn. 1.

853 *K. A. Schachtschneider*, Prinzipien des Rechtsstaates, S. 71; a.A. „supranationale, öffentliche Gewalt": BVErfGE 22, 293 (295 f.).

C. Das Europäische Parlament und seine Qualität als Parlament

I. Die Stellung eines Parlaments nach der neuzeitlichen Staatstheorie und ihre mangelhafte Ausfüllung durch das Europäische Parlament

1. Das Ideal

a) Rechtliche Voraussetzung für die Existenz eines Parlaments: Freiheit und Gleichheit der Bürger

Ist das Europäische Parlament bisher vor allem an seinen Befugnissen im Vergleich zu den anderen Organen der Europäischen Union gemessen worden, so gilt es nun, es von höherer Warte bzw. aus externer Sicht zu beurteilen, von der Staatstheorie her, wie sie in der Aufklärung entstanden ist (C I), aber auch danach, welche Befugnisse sich die Institution Parlament in pluralistischen Staaten realiter seither erworben (C II) hat.

Mit der Beurteilung von der Staatstheorie her sei begonnen. Hier ist es unabdingbar, sich mit dem Wesen Staat auseinanderzusetzen, in dessen System das Parlament eine zentrale Rolle spielt. Beide bedingen einander: der aus dem Ethos der Freiheit erwachsene Staat und das Parlament, das nur aus diesem Ethos heraus überhaupt ent- und besteht. Von diesem Staat ist zunächst zu sprechen.

„Alle Menschen denken sich dem Willen nach frei", so Kant.[854] Die Freiheit selbst ist mit dem Menschen (als Vernunftswesen) geboren.[855] „Eine durch die Gleichheit aller in der Freiheit definierte Republik ist demokratisch und, wenn man so will, eine Demokratie."[856] Jede Republik gründet dieser Formulierung nach auf den drei Säulen des Wahlspruchs der Französischen Revolution, also auch auf der Freiheit.[857] „Auch unser Grundgesetz ist erfüllt vom Geist der

---

854 *Kant*, Grundlegung zur Metaphysik der Sitten, S. 91.

855 *T. Hobbes*, Leviathan, II, 21, S. 193; *J.-J. Rousseau*, Vom Gesellschaftsvertrag, I, 1, S. 5; *Kant*, Über den Gemeinspruch, S. 145; *ders.*, Metaphysik der Sitten, S. 345, 430; *ders.*, Grundlegung zur Metaphysik der Sitten, S. 67 ff.; *K. A. Schachtschneider*, Res publica res populi, S. 290 ff.; *ders.*, Prinzipien des Rechtsstaates, S. 28 ff.

856 *K. A. Schachtschneider*, Res publica res populi, S. 62; auch: *ders.*, Freiheit in der Republik, S. 22 ff., 224.

857 *K. A. Schachtschneider*, Res publica res populi, S. 9.

Freiheit – Gleichheit – Brüderlichkeit."[858] „Das republikanische Prinzip ist auch Teil der freiheitlichen demokratischen Grundordnung."[859] So gewährt Art. 2 Abs. 1 GG das Recht auf „freie" Entfaltung der Persönlichkeit – nicht zügellos, sondern nach Maßgabe der Rechtsgesetze und des Sittengesetzes[860], wie ebenfalls Art. 2 Abs. 1 GG bestimmt. Das Sittengesetz ist das ethische Grundgesetz des Politischen einer Republik.[861]

„Als demokratische Prinzipien werden Gleichheit und Freiheit oft nebeneinander genannt, während in Wahrheit diese beiden Prinzipien in ihrer Voraussetzung, ihrem Inhalt und ihren Wirkungen verschiedenartig und oft entgegengesetzt sind", so Carl Schmitt.[862] Er räumt aber dann ein, dass Gleichheit ohne Freiheit dem Volk lediglich die Möglichkeit des Akklamierens bietet, „d. h. durch einfachen Zuruf seine Zustimmung oder Ablehnung ausdrücken, Hoch und Nieder rufen, einem Führer oder einem Vorschlag zujubeln … oder durch Murren die Akklamation verweigern."[863]

Die unreflektierte Verwendung staatsrechtlicher Begriffe vor allem in den Massenmedien verstellt den Bürgern den Blick auf ihr Gemeinwesen, den Staat, den ein wahres Parlament gestalten soll. Selbst schon Carl Schmitt sieht die Gefahr, dass daraus „die größte Unklarheit entsteht … dass der Begriff der Demokratie, wie viele andere politische Begriffe, zu einem ganz allgemeinen Idealbegriff geworden ist, dessen Vieldeutigkeit außerdem noch verschiedenen Idealen und schließlich allem, was ideal, schön und sympathisch ist, Platz gewährt."[864] Kaum positiver formuliert später Alfred Katz, der den Begriff Demokratie als Synonym dafür verwendet sieht, dass die damit beschriebene Staatsform eine gute, allein legitime und moderne darstelle.[865] In einem Teil der Literatur wird daher gar

858 *W. Maihofer*, Prinzipien der freiheitlichen Demokratie, in: HVerfR, 1. Aufl. 1983, S. 237; *ders.*, Die Legitimation des Staates aus der Funktion des Rechts, S. 16 in Fn. 3; *P. Häberle*, Die Menschenwürde als Grundlage der staatlichen Gemeinschaft, in: HStR , Bd. I, 1. Aufl. 1987, § 20, S. 839 ff.; *K. A. Schachtschneider*, Frei-sozial-fortschrittlich, S. 17.

859 *W. Henke*, Die Republik, in: HStR, Bd. I, 2. Aufl. 1995, §21 Rz 3, S. 865.

860 *K. A. Schachtschneider*, Res publica res populi, S 305; *ders.*, Freiheit in der Republik, S. 20 ff.; nach *Kant*, Grundlegung zur Metaphysik der Sitten, S. 64 ff.; *ders.*, Kritik der praktischen Vernunft, S. 142, 144; *ders.*, Metapysik der Sitten, S. 331, 519.

861 *K. A. Schachtschneider*, Freiheit in der Republik, S. 320.

862 *C. Schmitt*, Verfassungslehre, S. 224.

863 *C. Schmitt*, Verfassungslehre, S. 243 f.

864 *C. Schmitt*, Verfassungslehre, S. 225.

865 *A. Katz*, Staatsrecht, S. 66.

nicht erst der Versuch unternommen, den Demokratiebegriff zu definieren, da es sich um einen „Typus“ handele, der einer Definition nicht zugänglich sei.[866]

Wegen dieser scheinbaren Unbestimmtheit wird die Demokratie auch als „formales Bauelement der Verfassung“ eingestuft[867], wobei „die Repräsentation des Verfassungsrechts zu den schwer erklärbaren ... Techniken der Struktur des demokratischen Verfassungsstaates“ zu rechnen ist.[868] Aus der Rechtsprechung des Bundesverfassungsgerichts kann aber für den Geltungsbereich des Grundgesetzes die Spezifizierung einer freiheitlichen, rechtstaatlichen, föderativen, sozialen, gewaltengeteilten, repräsentativen und wehrhaften Demokratie herausgelesen werden.[869] Hier wird der Begriff der Demokratie, entgegen den Bedenken Carl Schmitts, nun doch mit Gehalt gefüllt. Das deutsche Grundgesetz ist „reinster Kantianismus“[870] und bekennt sich folglich zu einer freiheitlichen und damit herrschaftsfreien Demokratie, in der Freiheit als Autonomie des Willens verstanden wird, nicht hingegen als das Recht, die eigenen Interessen durchzusetzen.[871]

In einem Gemeinwesen von Staatsbürgern ist nach Kant die Bürgerlichkeit durch die Freiheit definiert.[872] Die Gleichheit aller in Freiheit ist die politische Grundsatzentscheidung.[873] Sie ist mehr als ein lediglich den bürgerlichen Rechtsstaat modifizierendes Element, das nicht einmal den Status eines politischen Formprinzips erreicht, wie Carl Schmitt meint.[874] Denn die Freiheit in

866 *F. E. Schnapp*, in: von Münch/Kunig, GG Kommentar II, 5. Aufl. 2001, Art. 20 GG, Rdn. 13.

867 *D. Merten*, Das Parlamentarische Regierungssystem der Bundesrepublik Deutschland auf dem Prüfstand, Seminar zum 70. Geburtstag von K. A. Bettermann, zitiert in *H. Meyer*, Die Stellung des Parlamants in der Verfassungsordnung des Grundgesetzes, in: H.-P. Schneider, W. Zeh (Hrsg.), Parlamentsrecht und Parlamentspraxis, S. 120.

868 *K. Stern*, Deutsches Staatsrecht, Band 2, § 26 I 1, S. 38.

869 BVerfGE 2, 12 f.; 5, 197 f.; *K. Stern*, Staatsrecht, Band 1, S. 448.

870 *K. A. Schachtschneider*, Prinzipien des Rechtsstaates, S. 29; einschränkend: *H. Dreier*, Kants Republik, JZ 2004, S. 753 ff.

871 *K. A. Schachtschneider*, Freiheit in der Republik, S. 160; *ders.*, Res publica res populi, S. 153 ff., 211 ff., 617 ff.

872 Vgl. *Kant*, Grundlegung zur Metaphysik der Sitten, S. 82 f., 84 ff., 96 ff; *ders.*, Über den Gemeinspruch, S. 145 ff.

873 Vgl. *K. A. Schachtschneider*, Prinzipien des Rechtsstaats, S. 23; *ders.*, Res publica res populi, S. 4, 410 ff.; *ders.*, Freiheit in der Republik, S. 405 ff., 507 ff.; *D. Suhr*, Entfaltung des Menschen durch die Menschen, Zur Grundrechtsdogmatik der Persönlichkeitsentfaltung, der Ausübungsgemeinschaften und des Eigentums, S. 139 ff.; *P. Kirchhof*, Der allgemeine Gleichheitsgrundsatz, HStR, Bd. V, 1. Aufl. 1992, § 124 Rdn. 44 ff., 103 ff., S. 837 ff.

874 So aber: *C. Schmitt*, Verfassungslehre, S. 224.

der Republik verbietet Herrschaft. Gesetzgebung und Gesetzesvollzug sind nicht Herrschaft, sondern Verwirklichung der Freiheit.[875] „Herrschaft ist ursprünglich nicht für das Verhältnis von Mensch zu Mensch, sondern für das Verhältnis des Menschen zum Tiere bestimmt gewesen."[876] Dem vernunftbegabten Menschen hingegen steht die Freiheit als Recht und Pflicht zur Autonomie des Willens zu. Das Recht zur freien „Will-Kür" ist die rechtliche Freiheit, damit der Mensch sich selbst die Gesetze geben kann, die sein Handeln leiten sollen.[877] Diese Gesetze werden nur dann der Allgemeinheit der Freiheit gerecht, wenn sie das Recht zur freien Willkür sowie die negative Freiheit aller als Unabhängigkeit aller von anderer nötigender Willkür wahren.[878] Dieses Erfordernis führt zum kategorischen Imperativ, der als Maßstab für das eigene Handeln die allgemeinen Gesetze und die Gesetzhaftigkeit der Maximen heranzieht, denn: „Eine jede Handlung ist recht, die oder nach deren Maxime die Freiheit der Willkür eines jeden mit jedermanns Freiheit nach einem allgemeinen Gesetz zusammen bestehen kann etc."[879] Der kategorische Imperativ gebietet praktische Vernunft, um das Recht durch Gesetze zu schaffen.[880] „Die Gesetze verwirklichen in dem Maße ihrer Richtigkeit/ praktischen Vernünftigkeit die Freiheit."[881] „Freiheit ist somit wesentlich das Recht auf Recht."[882] Dieses muss ein wahres Parlament als Organ des Volkes durch seine Abgeordneten erkennen, die „lediglich die Vertreter des Volkes, also dessen Diener, keinesfalls dessen Herren" sind.[883] Nur ein wahres Parlament kann eine freiheitliche Demokratie mit Leben erfüllen.

b) *Zwecksetzung für das Parlament: Recht durch die Bürger für die Bürger*

Nach Art. 14 Abs. 1 EUV wird das Europäische Parlament „gemeinsam mit dem Rat als Gesetzgeber tätig". Es ist damit primärvertraglich an einer verfassungsrechtlich entscheidenden Stelle positioniert, weil nur „allgemeine Gesetze"

---

875 Vgl. *K. A. Schachtschneider*, Res publica res populi, S. 76, 124 ff., 145 ff., 153 ff., 275 ff., 494 ff., 519 ff., 858 ff., 963 ff., 989 f., 1027 ff.; *ders.*, Freiheit in der Republik, S. 382.

876 *Augustinus*, zitiert in: *K. A. Schachtschneider*, Res publica res populi, S. 71.

877 *K. A. Schachtschneider*, Freiheit in der Republik, S. 322.

878 *Kant*, Metaphysik der Sitten, S. 345.

879 *Kant*, Metaphysik der Sitten, S. 337.

880 *K. A. Schachtschneider*, Res publica res populi, S. 281 Fn. 133.

881 *Ders.*, Freiheit in der Republik, S. 382.

882 *Ders.*, Freiheit in der Republik, S. 324.

883 *Ders.*, Die Souveränität Deutschlands, S. 104.

als Wille aller Bürger die Allgemeinheit der Freiheit wahren.[884] Das Recht verwirklicht die Freiheit, denn „der Gehorsam gegen das selbstgegebene Gesetz ist Freiheit".[885] „Das Recht der Bürger, in Freiheit und Gleichheit durch Wahlen und Abstimmungen die öffentliche Gewalt", also auch die Legislative, „personell und sachlich zu bestimmen, ist der elementare Bestandteil des Demokratieprinzips. Der Anspruch auf freie und gleiche Teilhabe an der öffentlichen Gewalt ist in der Würde des Menschen (Art. 1 Abs. 1 GG) verankert."[886] Das Recht des Volkes, sich selbst in Freiheit und Gleichheit Gesetze zu geben, ist so elementar, dass es in Deutschland durch Art. 20 Abs. 1 und Abs. 2 in Verbindung mit Art. 79 Abs. 3 GG zu den als unveränderbar festgelegten Grundsätzen des deutschen Verfassungsrechts gehört.[887] „Die Verfassung ist mit dem Menschen geboren."[888] Sie ist die Menschheit der Menschen und steht nicht zur Disposition der Politik.[889]

„Der richtig verstandene Begriff der Gleichheit ist mit dem richtig verstandenen Begriff des Gesetzes untrennbar verbunden"[890]. Das Rechtsprinzip ist mit der Freiheit verbunden, denn auch die Freiheit ist ein Recht, ja sogar als „Urrecht"[891] das einzige dem Menschen angeborene Recht.[892]

Die Allgemeinheit der Freiheit fordert das Recht auf Recht für jeden Menschen.[893] Daher sind Freiheit und Recht wie jedes Recht „mit der Befugnis zu zwingen verbunden".[894] Ein gemeinsames Leben in der Gemeinschaft in Freiheit ist nur möglich, wenn die allgemeine Gesetzlichkeit, die Rechtlichkeit, zu fordern

---

884 *K. A. Schachtschneider,* Die Souveränität Deutschlands, S. 27.

885 *Rousseau,* Vom Gesellschaftsvertrag, Reclam, I, 8, S. 22 f.

886 BVerfGE 123, 267 (341).

887 BVerfGE 123, 267 (341).

888 *K. A. Schachtschneider,* Prinzipien des Rechtsstaates, S. 86.; vgl. auch *ders., (O. Gast),* Sozialistische Schulden nach der Revolution, S. 29 ff.; *Kant,* Metaphysik der Sitten, S. 345 f., 365 f., 374 ff.

889 *Kant,* Grundlegung zur Metaphysik der Sitten, S. 63; *ders.,* Metaphysik der Sitten, S. 381; auch S. 345; *K. A. Schachtschneider,* Prinzipien des Rechtsstaates, S.86; *ders.,* Res publica res populi, S. 446 ff.

890 *C. Schmitt,* Verfassungslehre, S. 155.

891 *E. Bloch,* Naturrecht und menschliche Würde, S. 84, 86.

892 *K. A. Schachtschneider,* Freiheit in der Republik, S. 19 ff.; vgl. auch *ders.,* Res publica res populi, S. 431; *Kant,* Metaphysik der Sitten, ed. Weischedel, S. 345; *E. Bloch,* Naturrecht und menscheliche Würde, S. 84, 86; *H. Hofmann,* Grundpflichten als verfassungsrechtliche Dimension, VVDStRL 41, (1983), S. 54.

893 *K. A. Schachtschneider,* Freiheit in der Republik, S. 48 f.

894 *K. A. Schachtschneider,* Freiheit in der Republik, S. 45; vgl. *Kant,* Metaphysik der Sitten, S. 338 ff., 464, auch S. 365 f., 527; *ders.,* Über den Gemeinspruch, S. 144.

und durchzusetzen ist. Anderenfalls wäre ein gemeinsames Leben in Freiheit nicht möglich[895] und der „Gesellschaftsvertrag (eine) Leerformel"[896]. Die freie Entfaltung der Persönlichkeit eines jeden hängt von der Realisierung der Freiheit aller Personen ab.[897] Freilich ist dieser von der gesamten Körperschaft ausgehende Zwang, dem Gemeinwillen zu folgen, ein Zwang, frei zu sein, nämlich dem Gesetz zu folgen.[898] Die allgemeine Gesetzlichkeit ist erzwingbar und muss erzwingbar sein, wenn ein Allgemeinwesen die allgemeine Freiheit, also den Frieden, gewährleisten soll.[899]

Kants „Allgemeines Prinzip des Rechts" lautet: „Eine jede Handlung ist recht, die oder nach deren Maxime die Freiheit der Willkür eines jeden mit jedermanns Freiheit nach allgemeinen Gesetzen zusammen bestehen kann etc."[900] Handeln ist nicht sittlich, wenn es nicht legal ist. Es entspricht nicht dem kategorischen Imperativ und damit nicht dem Rechtsprinzip, wenn es das postulierte allgemeine Gesetz, das Gesetz aller, die Legalität also, missachtet.[901]

„Unabtrennbares Attribut" des Staatsbürgers ist nach Kant die „gesetzliche Freiheit, keinem anderen Gesetz zu gehorchen, als zu welchem er seine Beistimmung gegeben hat".[902] Weil jedermann Gesetzgeber ist, müssen alle bei der notwendig gemeinsamen Gesetzgebung dem kategorischen Imperativ nach, also sittlich, handeln. „Die Politik muß der formalen, d.h. gesetzgeberischen, Sittlichkeit genügen ... Jeder muß in der Republik Bürger bleiben, Politiker sein können. Dies ist er aber nur, wenn er sein Glück und damit seine dieses Glück materialisierenden Interessen selbst definiert und in die Politik einzubringen berechtigt ist. Politik als Verwirklichung der Freiheit ist somit Ausgleich."[903]

Der kategorische Imperativ determiniert den rechtlichen Handlungsbegriff, der wiederum mit dem Rechtsprinzip untrennbar verbunden ist.[904] Daher wird

---

895 *K. A. Schachtschneider*, Freiheit in der Republik, S. 45.
896 *Rousseau*, Vom Gesellschaftsvertrag, I, 7, S. 21.
897 *J. Habermas*, Treffen Hegels Einwände gegen Kant auf die Diskursethik zu?, S. 25.
898 *Rousseau*, Vom Gesellschaftsvertrag, I, 7, S. 21.
899 *Kant*, Metaphysik der Sitten, S. 338 f.; *ders.*, Über den Gemeinspruch, S. 144 f., 148; T. *Hobbes*, Leviathan, II, 17, 18, S. 151 ff.; 156 ff.; *J. Locke*, Über die Regierung, XI, 135, S. 103 ff.
900 *Kant*, Metaphysik der Sitten, S. 337.
901 *K. A. Schachtschneider*, Freiheit in der Republik, S. 54.
902 *Kant*, Metaphysik der Sitten, S. 432; i.d.S. *ders.*, Grundlegung zur Metaphysik der Sitten, S. 65 ff.; *ders.*, Zum ewigen Frieden, S. 204; *ders.*, Über den Gemeinspruch, S. 148.
903 *K. A. Schachtschneider*, Res publica res populi, S. 632.
904 *K. A. Schachtschneider*, Freiheit in der Republik, S. 55.

eine Freiheit, gegen die allgemeinen Gesetze zu handeln, von keinem republikanischen Grundrecht geschützt. Es gibt keine Freiheit, anderen Unrecht zu tun, weil es eine Missachtung deren (gesetzgebenden) Willens wäre. Da nur Handlungen mit Außenwirkung anderen Menschen Schaden zufügen können, bedürfen nur diese der die allgemeine Freiheit sichernden allgemeinen Gesetze. Wenn Handlungen mangels Außenwirkung nicht stören, bedürfen sie auch keiner politischen, also staatlichen,[905] Befriedung. Die Gedanken sind also frei. „Ob sie allerdings stören, ist zu entscheiden und zwar von den einzelnen Menschen, die ein Gesetz einfordern dürfen und sollen."[906] Die Gesetzlichkeit ist die Wirklichkeit der Freiheit.[907] „Um der Freiheit willen muß die Materialisierung der Leitentscheidungen den Primat der Gesetzgebung respektieren."[908]

Und diese „Gesetzgebung ist grundsätzlich der Legislative, also in der Republik außer den Völkern und Bürgerschaften ... den Parlamenten ... vorbehalten."[909]

Selbst Carl Schmitt formulierte bereits: „Die überragende und zentrale Stellung des Parlaments beruhte darauf, dass es als <gesetzgebende Körperschaft> diese Normierungen mit der ganzen Würde des Gesetzgebers, des <législateur>, aufstellte ... Die Gesetze macht eine gesetzgebende Instanz, die aber nicht herrscht ... Der letzte, eigentliche Sinn des fundamentalen <Prinzips der Gesetzmäßigkeit> alles staatlichen Lebens liegt darin, dass schließlich überhaupt nicht mehr geherrscht oder befohlen wird ... Ein geschlossenes Legalitätssystem begründet den Anspruch auf Gehorsam ... Spezifische Erscheinungsform des Rechts ist hier das Gesetz, spezifische Rechtfertigung des staatlichen Zwangs die Legalität".[910] Ein Gemeinwesen, „dessen Besonderheit darin besteht, dass es den höchsten und entscheidenden Ausdruck des Gemeinwillens in Normierungen sieht, die Recht sein wollen, daher bestimmte Qualitäten beanspruchen müssen, und denen deshalb alle anderen öffentlichen Funktionen, Angelegenheiten und Sachgebiete untergeordnet werden können", wird als „Gesetzgebungsstaat" bezeichnet.[911]

Die Anforderungen an ein wahres Parlament als Gesetzgeber sind also hoch. Politik muss gesetzgeberischer Sittlichkeit genügen[912], es muss ihr „um die allgemeine Freiheit... um die Willensautonomie jedermanns als seiner

905 *C. Schmitt*, Der Begriff des Politischen, S. 21.
906 *K. A. Schachtschneider*, Freiheit in der Republik, S. 311.
907 *Hegel*, Rechtsphilosophie, S. 52.
908 *K. A. Schachtschneider*, Freiheit in der Republik, S. 526.
909 *Ders.*, Prinzipien des Rechtsstaates, S. 191.
910 *C. Schmitt*, Legalität und Legitimität, S. 7 f.
911 *C. Schmitt*, Legalität und Legitimität, S. 7.
912 *Kant*, Zum ewigen Frieden, S. 228; *ders.*, Kritik der praktischen Vernunft, S. 137.

Personenhaftigkeit" gehen.[913] Der Zusammenhang zwischen Sittlichkeit, Freiheit und Recht ist dergestalt, dass der Mensch sittlich und damit frei lebt, wenn er nach praktischer Vernunft handelt. „Einigkeit der Menschen setzt Einheit jedes Menschen mit sich selbst voraus. Der Mensch muss Herr seiner selbst sein, er muss innerlich frei sein, um nicht von anderen beherrscht zu werden. Erst die innere Freiheit macht den Menschen zum Subjekt der Vernunft, welches befähigt ist, Gesetzgeber, autonom, zu sein."[914] Erst Sittlichkeit (material) durch Moralität (formal) macht aus einem Gesetz Recht.[915] „Ohne Moralität der gewählten Abgeordneten sind die Gesetze nicht praktisch vernünftig, nicht richtig, und schaffen kein Recht.[916] „Essentiell ... ist das Rechtsprinzip, etwa das Prinzip, dass Verträge einzuhalten sind, und dass der Staat die Gesetzes- und Vertragstreue ... durchzusetzen hat."[917]

Carl Schmitt drückt es so aus: Würde „der Gesetzesbegriff jeder inhaltlichen Beziehung zur Vernunft und Gerechtigkeit beraubt und zugleich der Gesetzgebungsstaat mit seinem spezifischen, alle Hoheit und Würde des Staates beim Gesetz konzentrierenden Legalitätsbegriff beibehalten ... kann jede Anordnung beliebiger Art, jeder Befehl und jede Maßnahme, jedes Kommando an irgendeinen Offizier oder Soldaten und jede Einzelanweisung an einen Richter kraft der <Herrschaft des Gesetzes> legal und rechtmäßig ... vorgenommen werden."[918] Dieser „Positivismus" führt zu einem voraussetzungslosen Formalismus, der nichts anderes als eine rein politisch motivierte Verneinung jeden Widerstandsrechts darstellt. „Daher sind auch sachlich bestimmte Kennzeichen des Gesetzes anerkannt. Gesetz im materiellen Sinne ist Rechtsnorm oder Rechtssatz, eine Bestimmung dessen, was Recht sein soll für jedermann".[919] Es entspricht derselben demokratischen Konsequenz, „jede Äußerung des Volkswillens als <Gesetz> zu bezeichnen und ihr die ganze Würde und Hoheit zu geben, die diesem Begriff kraft seines Zusammenhangs mit Recht und Gerechtigkeit zukommt".[920]

Das Parlament als Gesetzgeber muss mithin nicht nur „bürgernah" (Art. 1 Abs. 2 EUV) sein, wie im Primärrecht postuliert, es muss „Organ des Volkes"

---

913 *K. A. Schachtschneider*, Res publica res populi, S. 632.

914 *K. A. Schachtschneider*, Res publica res populi, S. 570; i.d.S. auch *ders.*, Stand von Wissenschaft und Technik, S. 105 ff.; *M. Kriele*, Recht und praktische Vernunft, S. 41.

915 *K. A. Schachtschneider*, Res publica res populi, S. 572.

916 Daselbst, S. 526 f.

917 Daselbst, S. 199.

918 *C. Schmitt*, Legalität und Legitimität, S. 24.

919 *C. Schmitt*, Legalität und Legitimität, S. 25.

920 *C. Schmitt*, Legalität und Legitimität, S. 27.

sein, mit dem das Volk sein Recht auf Recht verwirklicht – dann bedarf es des scheinbar wohlklingenden Postulats der „Bürgernähe" nicht.

Kant definiert: „Der oberste Grundsatz der Sittenlehre ist also: handle nach einer Maxime, die zugleich als allgemeines Gesetz gelten kann. – Jede Maxime, die sich hierzu nicht qualifiziert, ist der Moral zuwider. Von dem Willen gehen Gesetze aus."[921]

Anhand dieses Rahmens muss immer da, wo Recht gesetzt wird, ein parlamentarisches Gesetzgebungsverfahren etabliert werden, um in der Praxis die das Recht auf Recht verwirklichenden Gesetze beschließen zu können. Es unterliegt „nicht nur den rechtlichen und ethischen Verbindlichkeiten, sondern auch dem Tugendprinzip, der Moral".[922] Als Gesetzgeber nach Art. 14 Abs. 1 EUV gilt dieser Anspruch auch für das Europäische Parlament.

c) Rechtfertigung der Existenz eines Parlaments: Identität und Repräsentation der Bürger

a.a Identität der Bürgerschaft

Dieses wahre Parlament muss strengen Anforderungen genügen, denn grundsätzlich gilt nach Kant: „Das Recht der obersten Gesetzgebung im gemeinen Wesen ist kein veräußerliches, sondern das allerpersönlichste Recht."[923] Rousseau formuliert noch schärfer: „Da das Gesetz nur die Bekundung des Gemeinwillens ist, ist es offenbar, dass das Volk als Legislative nicht vertreten werden kann. … Von dem Augenblick an, wo ein Volk sich Vertreter gibt, ist es nicht mehr frei, es ist nicht mehr."[924]

Montesquieu entwickelt weiter: „In einem freien Staat soll jeder Mensch, dem man eine freie Seele zugesteht, durch sich selbst regiert werden: daher müsste das Volk als Gesamtkörper die legislative Befugnis innehaben. Da dies in den großen Staaten unmöglich ist und in den kleinen Staaten vielen Nachteilen unterliegt, ist das Volk genötigt, all das, was es nicht selbst machen kann, durch seine Repräsentanten machen zu lassen."[925]

---

921 *Kant,* Metaphysik der Sitten, S. 332.

922 *K. A. Schachtschneider*, Freiheit in der Republik, S. 636.

923 *Kant,* Metaphysik der Sitten, S. 465; i.d.S. auch *ders.*, Zum ewigen Frieden, S. 207 f.; *ders.*, Über den Gemeinspruch, S. 152 f.

924 *Rousseau,* Vom Gesellschaftsvertrag, Reclam, S. 103; siehe auch S. 27, 102, 104, 105.

925 *Montesquieu,* Vom Geiste der Gesetze, S. 215 f.

Carl Schmitt spitzt zu: „Die Repräsentation enthält den eigentlichen Gegensatz zum demokratischen Prinzip der Identität."[926] In einer vollständig verwirklichten unmittelbaren Demokratie, in der das ganze Volk auf einem Platz wirklich versammelt ist, entsteht der Eindruck, hier handelt das Volk in seiner Identität als Volk. Von einer Repräsentation kann nicht mehr die Rede sein.[927] „So repräsentiert das vereinigte Volk nicht bloß den Souverän, sondern es ist dieser selbst."[928]

Die nach wie vor in Rechtsprechung und Staatsrechtslehre weit verbreitete Annahme einer Teilung von Staat und Gesellschaft akzeptiert, historisch bedingt, die Ausübung von Staatsgewalt als Herrschaftsorganisation, auch wenn diese Herrschaft der Sicherstellung der Freiheit der Bürger dienen soll.[929] Der Bürger nimmt zwar über Wahlen „teil an der allgemeinen Herrschaft", er ist aber „auch als Untertan der allgemeinen Herrschaft unterworfen – diese personifiziert durch den Staat".[930] Nach dieser Ansicht ist gerade die Herrschaft in ausgewählten Politikbereichen ein Mittel, die staatliche Herrschaft aus Bereichen herauszuhalten, in denen sie nicht erforderlich sei, also insbesondere in der Privatsphäre. Durch diese „rechtstaatliche Vorkehrung" wird versucht sicherzustellen, dass die Staatsmacht rechtstaatlich organisiert, limitiert und kontrolliert wird.[931]

„Für die Ausdrucksweise des bürgerlichen Liberalismus liegt nur dann eine Verfassung vor, wenn Privateigentum und persönliche Freiheit gewährleistet sind; alles andere ist nicht <Verfassung>, sondern Despotie, Diktatur, Tyrannei, Sklaverei oder wie die Bezeichnungen lauten."[932] Wegen des Gewichts der Freiheit als Grundlage dieser Abwehrrechte trägt diese politische Anschauung eben den Namen „Liberalismus".[933] Auch Roman Herzog beispielsweise meint

---

926 *C. Schmitt*, Legalität und Legitimität, S. 28.

927 *C. Schmitt*, Verfassungslehre, S. 206.

928 *Kant*, Metaphysik der Sitten, S. 464.

929 *W. Schmitt-Glaeser*, Die grundrechtliche Freiheit des Bürgers zum Mitwirken an der Willensbildung, in: HStR, Bd. II, 1. Aufl. 1987, § 31, S. 61 ff.; *R. Herzog*, in: Maunz/Dürig, GG, Art. 20, Abschn. I, Rdn. 45; Abschn. II, Rdn. 21 ff.; *E.-W. Böckenförde*, Staat und Gesellschaft im Sozialstaat, S. 395 ff., 407 ff.; *W. Henke*, Die politischen Parteien zwischen Staat und Gesellschaft, S. 369 ff.

930 *J. Isensee*, Der Dualismuns von Staat und Gesellschaft, S. 321 f.

931 *J. Isensee*, Staat und Verfassung, in: HStR, Bd. I, 1. Aufl. 1987, § 13, S. 651.

932 *C. Schmitt*, Verfassungslehre, S. 37.

933 *R. Zippelius*, Allgemeine Staatslehre, 16. Aufl. 2010, S. 258; *T. Mähner*, Der Europäische Gerichtshof als Gericht, S. 31 f.

zwischen Staat und Gesellschaft eine „Grenze" zu erkennen[934], wenngleich „die Funktionsbereiche von Staat und Gesellschaft … nicht … exakt voneinander abgegrenzt" seien.[935]

Die Bürger durften sich in der Zeit des Konstitutionalismus des 19. Jahrhunderts an Kultur und Wirtschaft beteiligen, wohingegen der verfasste Staat die Politik mit den Schwerpunkten Innen-, Außen- und Verteidigungspolitik wahrnahm.[936] Im Kern konnten die Bürger also nicht die Regierungsbildung beeinflussen, sondern lediglich in Volksvertretungen wie Landtagen mittels ihrer „Gesamtheit der begrenzten Freiheitsrechte" an der Gesetzgebung zu Wirtschaft und Kultur teilnehmen, ohne selbst Grundlage der Staatsgewalt zu sein.[937] Dieses „staatliche Herrschaft" zulassende Staatsverständnis, dem die überwiegende Staatslehre folgt, ist noch dem monarchischen Konstitutionalismus verhaftet, obwohl Herrschaft kein Begriff des grundgesetzlichen Textes und der grundgesetzlichen Verfassung ist.[938]

Anders hingegen die republikanische Konstruktion, die wegen der Freiheit des Einzelnen (Art. 2 Abs. 1 GG) in Verbindung mit dem daraus abgeleiteten Grundsatz des Art. 20 Abs. 2 GG, demzufolge alle Staatsgewalt vom Volke ausgeht, keine Herrschaft zulässt. Freiheit „ist das Recht, sich und zugleich allen anderen das allgemeine Gesetz als der Gesetzgeber aller zu geben, das Recht auf Recht".[939] Dem liberalen Prinzip entspricht es hingegen, Herrschaft zu akzeptieren, und mittels Freiheitsrechten die Bürger mit einigen Abwehrrechten auszustatten, um sie nicht vollends zum Untertan werden zu lassen. Dieser Ansatz verkennt, dass wegen des „Urrechts der Freiheit"[940], des allgemeinen Freiheitsrechts als des „Urgrundrecht(s)"[941] Herrschaft nicht gerechtfertigt werden kann, weil „jede Herrschaft das Recht der Freiheit beschränkt."[942]

---

934 *R. Herzog*, in: Maunz/Dürig, Komm. z. GG, Art. 20, II. Abschn., II, Rdn. 21, Abschn. V-VII.

935 *R. Herzog*, in: Maunz/Dürig, Komm. z. GG, Art. 20, II. Abschn., II, Rdn. 24.

936 *T. Mähner*, Der europäische Gerichtshof als Gericht, S. 32.

937 *K. A. Schachtschneider*, Grenzen der Kapitalverkehrsfreiheit, S. 312.

938 *Ders.*, Res publica res populi, S. 72 f.

939 *K. A. Schachtschneider*, Freiheit in der Republik, S. 288.

940 Daselbst, S. 281; i.d.S. BVerfGE 5, 85 (204 f.); *P. Häberle*, Die Menschenwürde als Grundlage der staatlichen Gemeinschaft, in: HStR, Bd. II, 3. Aufl. 2004, § 22, Rdn. 61 ff.; *W. Maihofer*, Prinzipien freiheitlicher Demokratie, in: HVerfR, 2. Aufl. 1994, S. 472 ff., 477 ff., 1713 ff.; *R. Zippelius*, GG, Bonner Kommentar, Drittbearbeitung 1989, Komm. zu Art. 1 Abs. 1, Rdn. 6 ff.

941 *C. Schmitt*, Grundrechte und Grundpflichten, S. 199 f.

942 *K. A. Schachtschneider*, Freiheit in der Republik, S. 295.

Das Bekenntnis zum Republikprinzip bietet die Chance, das antagonistische Gegenüberstehen von Staatsgewalt als Sache des Monarchen einerseits und Bürgerschaft andererseits, wie noch in Art. 57 der Wiener Schlussakte vom 15. Mai 1820 festgehalten, aufzulösen. Dann muss auch die Bürgerschaft durch Abwehrrechte nicht vor Despotie geschützt werden.[943] Formulierungen wie „Ziel der Union ist es … ihre Werte und das Wohlergehen ihrer Völker zu fördern“ (Art. 3 Abs. 1 EUV) weisen allerdings nicht in diese Richtung. Auf den Punkt gebracht: Wäre das Europäische Parlament anhand seiner Ausgestaltung im Primärrecht ein wahres Parlament, so würden die Bürger Europas ihre Werte und ihr Wohlergehen über Parlamentsgesetze des Europäischen Parlaments selbst regeln.

b.b Repräsentation und Vertretung der Bürger

Weil der Vertragsschluss aller Bürger mit allen Bürgern in allen Angelegenheiten als irreal einzustufen ist[944], findet sich in der Rechtswirklichkeit keine Identität von Volk und gesetzgebendem Organ. Daher formuliert schon Carl Schmitt in seiner Verfassungslehre: „Es gibt zunächst keinen Staat ohne Repräsentation“[945], um dann zu der Einsicht zu kommen: Dieser „Terminus … schillert in vielen Bedeutungsvarianten“[946]. „Der Begriff der Repräsentation muss … in seiner staatsrechtlichen und politischen Besonderheit erkannt und aus der Vermengung mit anderen Begriffen wie Auftrag, Vertretung, Geschäftsführung, Kommission, Treuhänderschaft usw. befreit werden“.[947]

Folgend dem Hofmann/Dreier: Im Kern geht es um die Lösung des „staatsrechtlichen Problems … größere menschliche Verbände als Einheiten zu erleben, zu organisieren und zu begreifen.“[948] Art. 20 Abs. 2 S. 1 GG formuliert als Fundamentalsatz der Demokratie: „Alle Staatsgewalt geht vom Volke aus.“ Entgegen der

---

943 *E. R. Huber*, Deutsche Verfassungsgeschichte seit 1789, Bd. I, S. 36 ff., 646 ff., 651 ff.; *ders.*, HStR, Bd. I, S. 51 ff., 54 ff., 59 ff.; *W. Mager*, Republik, S. 549, 580 ff.

944 *E.-W. Böckenförde*, Demokratie und Repräsentation, S. 6 ff., 8 ff.; *ders.*, Demokrtie als Vefassungsprinzip, in: HStR, Bd. II, 3. Aufl. 2004, S. 30 ff.

945 *C. Schmitt*, Verfassungslehre, S. 206.

946 *H. Hofmann, H. Dreier*, Repräsentation, Mehrheitsprinzip und Minderheitenschutz, in: H.-P. Schneider, W. Zeh (Hrsg.), Parlamantsrecht und Parlamentspraxis, § 5 I 1., S. 165.

947 *C. Schmitt*, Verfassungslehre, S. 208.

948 *H. Hofmann, H. Dreier*, Repräsentation, Mehrheitsprinzip und Minderheitenschutz, in: H.-P. Schneider, W. Zeh (Hrsg.), Parlamantsrecht und Parlamentspraxis, § 5 I 1., S. 166.

weit verbreiteten Herrschaftsideologie[949], welche in dieser Vorschrift Herrschaft – wenn auch demokratische – legitimiert sieht, schreibt Art. 20 Abs. 2 S. 1 GG die Unabhängigkeit des Volkes von jeder Art der Herrschaft vor.[950] Dies kann gewährleistet werden, wenn die Staatsgewalt durch besondere Organe des Volkes ausgeübt wird, unter denen der Deutsche Bundestag als wesentliches zu nennen ist.[951]

„Die Freiheit selbst gebietet eine Verfassung der Verfahren, insbesondere der Gesetzgebung, welche die Freiheit zu verwirklichen bestmöglich fördert und sie nicht größtmöglich gefährdet, wie das Vetorecht jedes Bürgers."[952]

Bereits in den Digesten, der spätantiken Sammlung von Werken römischer Rechtsgelehrter, ist von der difficilitas conveniendi (Pomponius: „difficile plebs convenire")[953] die Rede, die im Kern darin besteht abzugrenzen, wann eine Handlung einzelner (Repräsentanten) nicht eine „beliebige, unverbindliche Anmaßung oder einfach wirksame Fremdbestimmung, sondern als Handlung eines autorisierten Teils des Ganzen verbindliche Selbstbestimmung des Gesamtverbandes ist".[954] Carl Schmitt erkennt in der Repräsentation „eine höhere Art des Seins. Die Idee der Repräsentation beruht darauf, dass ein als politische Einheit existierendes Volk gegenüber dem natürlichen Dasein einer irgendwie zusammenlebenden Menschengruppe eine höhere und gesteigerte, intensivere Art Sein, die einer Heraushebung in das öffentliche Sein, einer Existenz, fähig ist."[955] Gerhard Leibholz sieht die Repräsentation einer „spezifisch ideellen Wertsphäre verhaftet", so dass nur „transzendente Ordnungsmächte und Ideen, Gemeinschaften, wie z.B. die Kirche, das Volk, die Nation, der Staat, die durch bestimmte ideelle Werte zusammengehalten werden", nicht aber wirtschaftliche oder soziale Interessen[956]

---

949 *P. Badura*, Die parlamentarische Demokratie, in: HStR, Bd. I, 1. Aufl. 1987, § 23, S. 954, 968 f., 972; *E.-W. Böckenförde*, Demokratie als Verfassungsprinzip, in: HStR, Bd. I, 1. Aufl. 1987, § 22, S. 888 ff., 893.

950 *K. A. Schachtschneider*, Res publica res populi, S. 65.

951 *K. A. Schachtschneider*, Res publica res populi, S. 637.

952 Daselbst, S. 647.

953 Dig. L 2 § 9 D. de orig. iur. 1, 2, zitiert in *G. Jellinek*, Allgemeine Staatslehre, 3. Aufl. 1914 (Neudruck 1922), S. 569.

954 *H. Hofmann*, *H. Dreier*, Repräsentation, Mehrheitsprinzip und Minderheitenschutz, in: H.-P. Schneider, W. Zeh (Hrsg.), Parlamantsrecht und Parlamentspraxis, § 5 I 1., S. 165.

955 *C. Schmitt*, Verfassungslehre, S. 210.

956 *G. Leibholz*, Das Wesen der Repräsentation und der Gestaltwandel der Demokratie im 20. Jahrhundert, S. 33 ff.; siehe auch *H. Hofmann*, *H. Dreier*, Repräsentation, Mehrheitsprinzip und Minderheitenschutz, in: H.-P. Schneider, W. Zeh (Hrsg.), Parlamantsrecht und Parlamentspraxis, § 5 I 1., S. 168.

ihr zugänglich sind. Der Grund dafür liegt in dem Umstand, dass die Repräsentation diejenigen „Werte, die eine Gemeinschaft zu einer konkreten Werttotalität zusammenschließen, die Nation … sichtbar machen."[957]

Carl Schmitt ist „trotz aller Verwirrung, die sich im Gebrauch des Wortes <Repräsentation> zeigt", der Meinung, dass „sich die zentrale politische Bedeutung des Begriffs immer erkennen" lässt. „Das Parlament des bürgerlichen Rechtstaates ist nach seiner Idee der Platz, an welchem eine öffentliche Diskussion der politischen Meinungen stattfindet. Mehrheit und Minderheit … suchen durch Erörterung von Argument und Gegenargument den richtigen Beschluss. Solange das Parlament die nationale Bildung und Vernunft repräsentiert und sich in ihm die gesamte Intelligenz des Volkes vereinigt, kann eine echte Diskussion entstehen, d. h. in öffentlicher Rede und Gegenrede der echte Gesamtwille des Volkes als ein <volonté génerale> zustande kommen."[958]

„Soweit im öffentlichen Raum verbindliche Entscheidungen für den Bürger getroffen werden … müssen diese Entscheidungen auf einen frei gebildeten Mehrheitswillen des Volkes zurückgehen."[959] In der parlamentarischen Demokratie wird der Wille des Parlaments mit dem Willen des Volkes identifiziert.[960] Die von dem das Volk repräsentierenden Deutschen Bundestag[961] erlassenen Parlamentsgesetze sind „die Verwirklichung des allgemeinen Willens".[962] „Repräsentiert wird die politische Einheit als Ganzes. In dieser Repräsentation liegt etwas, das über jeden Auftrag und jede Funktion hinausgeht. … Der Repräsentant ist unabhängig, daher weder Funktionär, noch Agent noch Kommissar."[963] „Jede wirkliche Gesetzgebung ist repräsentative Erkenntnis des Rechts, sei sie … plebiszitär vom Volk selbst oder im engeren Sinne repräsentativ von den Organen des Volkes, etwa der parlamentarischen Legislative, verabschiedet."[964] Die Koexistenz in allgemeiner Freiheit kann nur durch repräsentativen Konsens verwirklicht werden.[965] In der Praxis werden nie alle Bürger am Erkenntnis- und

957 *G. Leibholz*, in: R. Herzog u.a. (Hrsg.), Evangelisches Staatslexikon, 3. Aufl. 1987, Fn. 12, Sp. 2988 f.
958 *C. Schmitt*, Verfassungslehre, S. 315.
959 BVerfGE 2, 1 (12); i.d.S. auch BVerfGE 123, 267 (358).
960 *C. Schmitt*, Legalität und Legitimität, S. 28.
961 BVerfGE 123, 267 (364).
962 *K. A. Schachtschneider*, Prinzipien des Rechtsstaates, S. 192.
963 *C. Schmitt*, Verfassungslehre, S. 212.
964 *K. A. Schachtschneider*, Freiheit in der Republik, S. 52.
965 *E. Bloch*, Naturrecht und menschliche Würde, S. 83 ff.; *F. Kaulbach*, Studien, S. 140 ff., 174, 178 ff.; vgl. *M. Forschner*, Rousseau, S. 146 ff.; *O. Höffe*, Kants Kritik der reinen

Beschlussverfahren teilnehmen können, für die das allgemeine Gesetz gleichermaßen dennoch gilt. Auch Kinder sowie Ungeborene, für die die Gesetze ebenfalls gelten oder gelten werden, müssen repräsentiert werden.[966] Dieser Anforderung werden Abgeordnete des Europäischen Parlaments, die nach wie vor nach Mitgliedstaaten kontingentierte Interessenvertreter ihres jeweiligen Volkes sind, nicht gerecht.

Nach Art. 14 Abs. 2 S. 1, 3 EUV sind die Bürgerinnen und Bürger Europas im europäischen Parlament vertreten, weshalb der hier entwickelte Maßstab auch an das Europäische Parlament anzulegen ist. Die aus strukturellen Gründen damit unverzichtbare Repräsentation der Bürger ist allerdings so zu gestalten, dass der Zweck des Staates, das gute Leben aller in allgemeiner Freiheit zu gewährleisten, bestmöglich verwirklicht werden kann[967].

Erforderlich ist daher nicht eine der oben genannten „schillernden Varianten der Repräsentation", sondern die „republikanische Repräsentation", also die „organschaftliche Vertretung".[968]

Hieran ist täglich zu arbeiten, weil immer die Tendenz besteht, dass sich herrschaftliche Strukturen bilden, weil Macht und Talent im Volk ungleichmäßig verteilt sind. Deshalb ist das Erkenntnis- und Entscheidungsverfahren so zu gestalten, dass jeder Bürger eine Chance hat, sich nach öffentlichem Diskurs unter Zuhilfenahme freier und nicht einseitig parteipolitisch gefärbter Medien so eine Meinung und einen Willen zu bilden, dass seine Willensautonomie bestmöglich zur Geltung kommt.

Das Bundesverfassungsgericht hat in seinem Maastricht-Urteil hervorgehoben, dass eine lebendige Demokratie zu erhalten sei.[969] Hierzu gehört der öffentliche, freie Diskurs ohne die Bevormundung durch Parteien, weil sonst die Gefahr einer Abstimmung ohne Inhalt bestünde, die durch ihre leere Akklamation keinen Konsens schafft. Parlamentarische Abgeordnete vertreten nach dem Repräsentationsprinzip des modernen Staates das gesamte Volk, also auch jeden Einzelnen, nicht aber nur Teile des Volkes, etwa Regionen, Parteien, Stände oder ähnliches. Es gilt, wie schon von Abbé Sieyès nach dem Prinzip der Nationalrepräsentation

---

Vernunft, S. 337 ff.; *ders.*, Eine republikanische Vernunft, S. 396 ff.; *K. A. Schachtschneider*, Res publica res populi, S. 560 ff.; 637 ff.; 707 ff.

966 *K. A. Schachtschneider*, Freiheit in der Republik, S. 52.

967 *E. J. Sieyès*, Politische Schriften, 1788 bis 1790, ed. E. Schmidt/R. Reichardt, 2. Aufl. 1981, S. 225 ff.

968 *K. A. Schachtschneider*, Res publica res populi, S. 707.

969 BVerfGE 89, 155 (185).

gefordert, dass die Nation als „eine Gesellschaft von Verbundenen ... durch ein und dieselbe gesetzgebende Versammlung vertreten wird".[970]

Nach Art. 38 Abs. 1 S. 2 GG sind die Abgeordneten „Vertreter des ganzen Volkes", sie haben „nur gemeinsam Vertretungsmacht".[971] Diese Rolle üben die Parlamentarier als Ganzes aus, weil nur sie insgesamt das Parlament – auch Volksvertretung genannt – darstellen. Das Parlament ist laut Grundgesetz neben den Richtern, die ebenfalls „im Namen des Volkes" sprechen, und allen Organen und Behörden dazu auserkoren, das Volk zu vertreten. Das Parlament repräsentiert das Volk in seiner Gesamtheit (Kollektivrepräsentation)[972], weil die Abgeordneten „Organwalter einer Körperschaft" und als solche von Amts wegen zur Verfolgung der gemeinsamen Interessen der Träger verpflichtet sind.[973]

Das deutsche Grundgesetz sieht als wesentliche Merkmale des Parlaments an, dass der Bundestag eine volksgewählte (Art. 20 Abs. 2 S. 2 GG) Volksvertretung (Art. 38 Abs. 2 S. 2 GG) ist. Entsprechend drückt das Grundgesetz in Art. 38 Abs. 1 S. 2 den Anspruch aus, dass eine Vertretung des Volkes in der Form stattfinden muss, wie es das allgemeine rechtliche Prinzip der Vertretung vorsieht. Der Begriff stammt zwar aus dem Privatrecht (§ 164 Abs. 1 S. 1 BGB), Vertretung ist aber ein allgemeines rechtliches Prinzip, das sich „durch verbindliches Handeln für einen anderen, Verantwortlichkeit ihm gegenüber und oft, aber nicht immer, Abhängigkeit von den Weisungen des Vertretenen auszeichnet."[974] Die Erklärungen der Volksvertreter im Volksorgan Parlament sind zwar zunächst deren eigene Erklärungen, sie werden aber in fremdem Namen, nämlich dem des Volks, von „Vertretern des ganzen Volkes"[975] abgegeben. Die Rechtsfolgen dieser Erklärung wirken unmittelbar für die vertretenen Bürger. Das Parlament spricht wie das Volksorgan Gericht „im Namen des Volkes" mit unmittelbarer Verbindlichkeit für das ganze Volk.[976] Daher ist das Parlamentsmandat ein öffentliches Amt[977] des

---

970 *E. J. Sieyès*, Wer ist der dritte Stand?, S. 70.

971 *K. A. Schachtschneider*, Res publica res populi, S. 714.

972 *S. Magiera*, in: M. Sachs, Grundgesetz, 3. Aufl. 2002, Art. 38, Rdn. 45.

973 *K. A. Schachtschneider*, Res publica res populi, S. 715.

974 *H. Meyer*, Die Stellung der Parlamente in der Verfassungsordnung des Grundgesetzes, in: H.-P. Schneider, W. Zeh (Hrsg.), Parlamantsrecht und Parlamentspraxis, § 4 II., S. 121; krit. *K. Stern*, Deutsches Staatsrecht Bd. II, 1980, §26 I 1 c.

975 *G. Leibholz/H.-J. Rinck*, GG, Art. 38 GG, Rdn. 487.

976 *H. Meyer*, Die Stellung der Parlamente in der Verfassungsordnung des Grundgesetzes, in: H.-P. Schneider, W. Zeh (Hrsg.), Parlamantsrecht und Parlamentspraxis, § 4 II 1, S. 120 f.; *K. A. Schachtschneider*, Res publica res populi, S. 648.

977 *G. Kretschmer*, in: Schmidt-Bleibtreu/Hofmann/Hopfauf, GG Kommentar, 11. Aufl. 2008, Art. 38 GG, Rdn. 60.

öffentlichen Dienstes.[978] Teils wird gar von der Rolle eines Funktionärs gesprochen.[979] „Der Deutsche Bundestag … besteht aus den als Vertretern des ganzen Volkes gewählten Abgeordneten, die insgesamt die Volksvertretung bilden".[980] Der Vertreter ist nicht etwa Herr der Vertretenen, sondern kann vielmehr nur im Interesse der Vertretenen tätig werden, ist also Diener des Volkes. Bei der zivilrechtlichen Vertretung wird der Vertretene als „Geschäftsherr" bezeichnet.[981] Im Europäischen Parlament ist aber wegen der mitgliedstaatlich organisierten Wahl der jeweiligen nationalen Kontingente diese „gemeinsame Vertretungsmacht" für die Bürger Europas nicht möglich.

Dem entgegen steht die falsche, aber für so manchen Politiker verführerische Ansicht, der zufolge sich im Willen des Parlaments ein „hypothetischer Volkswille" ausdrücke.[982] „Sollte der Wille des Parlaments tatsächlich <(hypothetischer) Volkswille> sein, dann brauchte sich das Parlament um den Willen des Volkes nicht sonderlich zu kümmern."[983] Aber in der Republik gilt: „Wer herrschen will, ist für ein republikanisches Amt ungeeignet."[984] Das Parlament hat entgegen der Darstellung Carl Schmitts[985] keinen Willen, sondern nur das Volk. Es hat vielmehr eine Erkenntnisaufgabe. Das Parlament, etwa der parteienstaatlich dominierte Deutsche Bundestag, hat entgegen seiner grundgesetzlichen Konstruktion als Vertretung des ganzen Volkes (Art. 77 Abs. 1 S. 1 GG) z.B. im Falle der Eurorettung eine seiner wichtigsten Funktionen eliminiert, interpretiert er etwa bei dieser Aktion offenbar seinen Willen als „hypothetischen Volkswillen". Diese Haltung führt zur Entmündigung des Volkes.[986] „Eine <Herrschaft für das

978 *K. A. Schachtschneider*, Der republikwidrige Parteienstaat, in: Freiheit – Recht – Staat, S. 218.

979 *H. Meyer*, Die Stellung der Parlamente in der Verfassungsordnung des Grundgesetzes, in: H.-P. Schneider, W. Zeh (Hrsg.), Parlamantsrecht und Parlamentspraxis, § 4 II 1 Fn. 29, S. 122.

980 BVerfGE 80, 188 (217); bestätigt in: BVerfGE 84, 304 (321).

981 *H. Heinrichs*, in: Palandt/Heinrichs, Bürgerliches Gesetzbuch, 66. Aufl. 2007, Einf. v. § 164, Rdn. 6.

982 *H. H. Klein*, Aufgaben des Bundestages in: Isensee/Kirchhof (Hrsg.) HStR, Bd. II, 1. Aufl. 1987, § 40, Rdn. 1; *K. Stern*, Deutsches Staatsrecht, Bd. II, § 26 I 1b.

983 *H. Meyer*, Die Stellung des Parlamants in der Verfassungsordnung des Grundgesetzes, in: H.-P. Schneider, W. Zeh (Hrsg.), Parlamentsrecht und Parlamentspraxis, S. 120.

984 *K. A. Schachtschneider*, Res publica res populi, S. 677.

985 *C. Schmitt*, Verfassungslehre, S. 318 f.; *ders.*, Legalität und Legitimität, S. 27 f.

986 *H. Meyer*, Die Stellung des Parlamants in der Verfassungsordnung des Grundgesetzes, in: H.-P. Schneider, W. Zeh (Hrsg.), Parlamentsrecht und Parlamentspraxis, S. 120 f.

Volk> ... <auf das Volk hin>, eine <Regierung des Wohlwollens gegen das Volk> ist paternalistisch."[987]

Der Begriff der Repräsentation allein schließt jedoch eine solch herrschaftliche Auslegung nicht aus.[988] Nur die republikanische Repräsentation, also die Vertretung, berechtigt nicht zur Herrschaft.[989]

Bereits in der deutschen Reichsverfassung von 1871 steht, dass „[d]ie Mitglieder des Reichstages ... Vertreter des gesamten Volkes" seien (Art. 19 RV 1871). Der Inschrift „Dem deutschen Volke" am Reichstagsgebäude hätte es also gar nicht bedurft – sie wurde auch erst im Ersten Weltkrieg nachträglich angebracht. Die Weimarer Reichsverfassung normiert in Art. 21 WRV: „Die Abgeordneten sind Vertreter des ganzen Volkes." Eine Repräsentation des Volkswillens ohne ausreichende Rückkopplung genügt der Volksvertretungsfunktion des Abgeordneten nicht. Eine wahre Repräsentation des Volkes durch Volksvertreter kann nur dann angenommen werden, wenn sie von historisch befrachteten Repräsentationsmodellen gelöst wird.[990] Daher stellt die republikanische Repräsentation, also die Vertretung, die bestmögliche Volksvertretung zur Verwirklichung der Freiheit dar. Nur wenn die Erkenntnisse des Richtigen für das gute Leben aller in allgemeiner Freiheit verabschiedet werden, ist die Gesetzgebung autonom.[991]

Die Gesetzgebung muss der Verwirklichung der allgemeinen Freiheit dienen, der „einzige[n] und zugleich ... unabweisbare[n] Rechtfertigung moderner Staatlichkeit".[992] Das freie Mandat lässt zwar das Korrektiv Gewissen des Abgeordneten bei jeder Abstimmung zu, löst aber nicht die permanente Verantwortlichkeit des Abgeordneten gegenüber dem Bürger. Die „Regeln der ordnungsgemäßen Geschäftsführung" binden auch zwischen den Wahlen und knüpfen ein nicht nur moralisches, sondern auch rechtliches Band zwischen den Vertretenen und den Vertretern.[993] Dieses ist so eng zu knüpfen, dass grundsätzlich die Sitzungen des Parlaments öffentlich sind (Art. 42 Abs. 1 S. 1 GG). Ein Ausschluss der Öffentlichkeit kann nur mit Zweidrittelmehrheit beschlossen werden (Art. 42. Abs. 1 S. 2 GG). Dieses wichtige Kontrollprinzip ist auf

---

987 *K. A. Schachtschneider*, Res publica res populi, S. 732.

988 *C. Schmitt*, Verfassungslehre, S. 212 ff.; *K. A. Schachtschneider*, Freiheit in der Republik, S. 147.

989 *K. A. Schachtschneider*, Res publica res populi, S. 646.

990 *H.-H. Trute*, in: von Münch/Kunig, GG Komm. II, 5. Aufl. 2001, Art. 38 GG, Rdn. 8.

991 *K. A. Schachtschneider*, Res publica res populi, S. 638.

992 *K. A. Schachtschneider*, Res publica res populi, S. 638.

993 *H. Meyer*, Die Stellung der Parlamente in der Verfassungsordnung des Grundgesetzes, in: H.-P. Schneider, W. Zeh (Hrsg.), Parlamantsrecht und Parlamentspraxis, § 4 II 1, S. 121.

Bundesebene (§73 Abs. 1 GeschO des Bundestags) anders als in der Bayerischen Verfassung nicht für die Ausschüsse des Parlaments durchgehalten (Art. 22 BV). Auch bei der Kanzlerwahl ist dieser in der Verfassung angelegte Öffentlichkeitsgrundsatz einfachgesetzlich durchbrochen (§4 GeschO des Bundestags), was der Vertretungsfunktion des Parlaments zuwider läuft.[994] Verbindlich ist nämlich allein der Wille des Volkes. Die Abgeordneten sind Vertreter in der Erkenntnis des Rechts. Dem zuwider läuft es, wenn der Bürger als „dominus negotii" hier ausgesperrt wird.[995]

Die Abgeordneten repräsentieren in ihrer Gesamtheit das Volk im Parlament[996] als dessen Organ. „Das Organ ist stets Vertreter."[997] Die Abgeordneten sind Vertreter des ganzen Volkes, nicht nur von geographisch oder sonst abgegrenzten Volksteilen oder einer politischen Partei.[998] Parteivertreter können dem republikanischen Grundsatz, dass eine Repräsentation des Volkes nur in der Form stattfinden kann, in der die Gleichheit aller in Freiheit gewährleistet ist[999], nicht gerecht werden. Sie sind als Parteivertreter Repräsentanten von Teilen des Volkes, aber eben keine Volksvertreter. Dies gilt umso mehr für die mitgliedstaatlich kontingentierten Abgeordneten des Europäischen Parlaments, die schon strukturell gar keine Vertreter eines europäischen Volkes sein können.[1000]

d) Prinzip der Willensbildung

a.a. Mehrheitsregel als Entscheidungsfindungspinzip

John Locke „begreift die Gemeinschaft als einzigen Körper, der sich <notwendigerweise nur in eine Richtung bewegen> könne, also dorthin, <wohin ihn die größte Kraft treibt> und das sei <die Übereinkunft der Mehrheit.>"[1001] Der so getroffene Beschluss gelte dann „als Beschluss aller.>"[1002] Durch die Wertung des Beschlusses als eines solchen aller, auch der unterlegenen Minderheit, wird die

994 *H. Meyer*, Die Stellung der Parlamente in der Verfassungsordnung des Grundgesetzes, in: H.-P. Schneider, W. Zeh (Hrsg.), Parlamantsrecht und Parlamentspraxis, §4 II 1, S. 122.

995 *K. A. Schachtschneider*, Res publica res populi, S. 718, siehe auch S. 728 ff., 730 ff.; *W. Flume*, Das Rechtsgeschäft, S. 754.

996 BVerfGE 80, 188 (217); BVerfGE 84, 304 (321); *K. A. Schachtschneider*, Res publica res populi, S. 647, 714 f.

997 *H.-J. Wolff*, Theorie der Vertretung, S. 95 f.; 280 ff.

998 *S. Magiera*, in: M. Sachs, Grundgesetz, 3. Aufl. 2002, Art. 38, Rdn. 45.

999 *K. A. Schachtschneider*, Res publica res populi, S. 646.

1000 BVerfGE 123, 267 (372).

1001 *K. A. Schachtschneider*, Res publica res populi, S. 107.

1002 Daselbst, S. 107.

Abgrenzung zwischen „herrschaftlichem Mehrheitsprinzip"[1003] und „freiheitlicher Mehrheitsregel"[1004] deutlich. Bei erstgenanntem gilt, genau gesehen, „Mehrheit entscheidet nicht"[1005], weil in Wirklichkeit selbst bei bloßer Akklamation die Mehrheit schweigt. „Entscheidungen werden in einem großen Gemeinwesen niemals von der Mehrheit des Volkes getroffen."[1006] Das Mehrheitsprinzip ermöglicht vielmehr Herrschaft, indem es das republikanische Sittlichkeitsprinzip beschädigt, das es erst ermöglicht, dass mit Mehrheitsregel getroffene Entscheidungen auch von der unterlegenen Minderheit im Sinne der Befriedungsfunktion als deren eigene anerkannt werden.[1007]

Das Parlament ist in seiner Gesamtheit Verfassungsorgan und „entscheidet immer im Namen des ganzen Volkes".[1008] Nur dann kann die überstimmte Minderheit, obwohl sie der Not gehorchend der Mehrheit folgt, dennoch vom Gesamtorgan vertreten werden. „Sie müssen deren Erkenntnis folgen, um frei zu sein; denn sie haben sich über das Richtige geirrt"[1009] –vorausgesetzt, sie haben das Richtige zu erkennen versucht. Ist eine einstimmige Entscheidung nicht möglich, hilft die Mehrheitsregel dabei, dennoch einen für alle verbindlichen Entscheid herbeizuführen. Eine Herrschaft der Mehrheit über die Minderheit anzunehmen[1010] steht im Gegensatz zum Prinzip, dass sich „alle Menschen … dem Willen nach als frei"[1011] denken. Trotz Ablehnung dieses freiheitswidrigen Mehrheitsprinzips[1012] muss am Ende des Diskurses eine für alle verbindliche Entscheidung gefunden werden. Weil bei der Verbindlichmachung der Entscheidung nicht etwa der Stand oder das Vermögen ausschlaggebend sein kann, wenn das Republikprinzip mit seiner Forderung nach Gleichheit in der Freiheit Gültigkeit haben soll, muss die „Mehrheit der Gleichen" – freilich unter Beachtung des Minderheitenschutzes – den Ausschlag geben, wenn sich keine Einstimmigkeit ergibt. Unter freien Bürgern kann die Mehrheitsregel nur akzeptiert werden,

1003 Daselbst, S. 106.
1004 Daselbst, S. 119.
1005 *C. Schmitt*, Verfassungslehre, S. 278 ff.
1006 *K. A. Schachtschneider*, Res publica res populi, S. 109.
1007 Daselbst, S. 120.
1008 *K. A. Schachtschneider*, Res publica res populi, S. 647 f.; i.d.S. auch BVerfGE 80, 188 (217); BVerfGE 84, 304 (321).
1009 *K. A. Schachtschneider*, Res publica res populi, S. 643; i.d.S. auch *Rousseau*, Vom Gesellschaftsvertrag, Reclam, S. 116 f.
1010 *R. Zippelius*, Deutsches Staatsrecht, S. 66.
1011 *Kant*, Grundlegung zur Metaphysik der Sitten, S. 91.
1012 *K. A. Schachtschneider*, Grenzen der Religionsfreiheit, S. 121.

„weil die Mehrheit im Organ, sei dies auch das Volk, keine Herrschaft ausüben, sondern das Richtige für das gute Leben aller in allgemeiner Freiheit auf der Grundlage der Wahrheit erkennen soll".[1013] Wenn das Mehrheitsprinzip in den schützenden Kanon der Grundrechte eingebettet ist, zählt es dem Bundesverfassungsgericht zufolge zu den „fundamentalen Prinzipien der Demokratie".[1014]

Die Mehrheitsregel ist neben der Legalität Teil des republikanischen Amtsprinzips.[1015] Dieses besagt, dass die Regierenden mit Mehrheit in ihre Ämter gewählt werden müssen und nur unter dieser Voraussetzung überhaupt regieren dürfen. Denn dem republikanischen Amtsprinzip zufolge ist das Amt – auch das des Abgeordneten – eine unselbständige, durch Übertragung einer Aufgabe begründete Stellung und die Amtswaltung ein Dienst.[1016] Minderheitenrechte sind zu beachten, Minderheiten können aber nicht die Mehrheit überstimmen. Regierung findet nur aus Ämtern heraus statt: Denn nur Organe des Volkes können auf der Basis von Verfassung und Gesetz in Freiheit und Eigentum der Bürger eingreifen.

Eine Entscheidung darüber, was Recht und Pflicht ist, kann nicht ohne oder gar gegen „gesetzgebungsstaatliche Legalität", also die „bürgerliche Rechtlichkeit" verwirklichende „republikanische Legalität" erfolgen.[1017] Entscheidungen von dieser Qualität kann eine Einrichtung wie das Europäische Parlament gar nicht treffen. Es ist kein Organ eines europäischen Volkes und kann daher auch das Mehrheitsprinzip bei Beschlüssen nicht unter Beachtung des Minderheitenschutzes anwenden, denn: Eine bessere Einsicht oder höhere Gewissheit kann die Mehrheitsregel und die Legalität nicht ersetzen. Vielmehr handelt es sich bei letzteren um aus geschichtlicher Erfahrung heraus gewonnene Rechtsinstitute, die die Freiheit aller Bürger vor angemaßter besonderer Legitimität des Handelns schützt.[1018]

Eine Herrschaft der Mehrheit ist abzulehnen, weil sie eine Formel von Herrschaft ist, die sich im Grundgesetz nicht findet und die Art. 20 Abs. 2 S. 1 GG

1013 *K. A. Schachtschneider*, Res publica res populi, S. 120; i.d.S. auch: BVerfGE 44, 125 (142); *K. Jaspers*, Wohin treibt die Bundesrepublik?, S. 144; *H. Krüger*, Allgemeine Staatslehre, S. 232 ff., 283 ff.

1014 BVerfGE 1, 299 (315); 29, 154 (165); BVerfGE 123, 267 (357).

1015 *W. Henke*, Die Republik, in: HStR I, Grundlagen von Staat und Verfassung, 2. Aufl. 1995, § 21 Rdn. 25, S. 877.

1016 *W. Henke*, Recht und Staat, S. 388; *R. Balzer*, Republikprinzip und Berufsbeamtentum, S. 89 f.

1017 *K. A. Schachtschneider*, Res publica res populi, S. 777.

1018 *W. Henke*, Die Republik, in: HStR I, Grundlagen von Staat und Verfassung, 2. Aufl. 1995, § 21 Rdn. 25, S. 877 f.

zuwider liefe. „Ein Mehrheitsprinzip im Sinne einer Mehrheitsherrschaft wäre republikwidrig."[1019] Wenn das Bundesverfassungsgericht formuliert: „Diese Ordnung ist rechtsstaatliche Herrschaft auf der Grundlage der Selbstbestimmung des Volkes nach dem Willen der Mehrheit in Freiheit und Gleichheit"[1020], so sind in dieser Textstelle vor allem die Begriffe „rechtsstaatlich", „Freiheit und Gleichheit" als Negierung von Herrschaft im herkömmlichen Sinn zu interpretieren. Denn die einzige Herrschaft in der Republik ist die „Herrschaft des Menschen über sich selbst", die „Herrschaft des Gesetzes", die in der Republik die Wirklichkeit der Freiheit verkörpert.[1021] Das Bundesverfassungsgericht gebraucht den Begriff Herrschaft im Lissabon-Urteil auch nicht personal im Sinne einer Über- und Unterordnung von Menschen, sondern fügt dem Substantiv Herrschaft das Adjektiv rechtsstaatlich hinzu.

Diese konsensual geprägte Haltung des Verfassungsgerichts kommt auch in früheren Entscheidungen zum Ausdruck: „Nur wenn die Mehrheit aus einem freien offenen, regelmäßig zu erneuernden Meinungs- und Willensbildungsprozess, an dem grundsätzlich alle wahlmündigen Bürger zu gleichen Rechten teilhaben können, hervorgegangen ist, wenn sie bei ihren Entscheidungen das … Gemeinwohl im Auge hat, insbesondere auch die Rechte der Minderheiten beachtet … kann die Entscheidung der Mehrheit bei Ausübung der Staatsgewalt als Wille der Gesamtheit gelten und nach der Idee der freien Selbstbestimmung aller Bürger Verpflichtungskraft für alle entfalten."[1022]

„Die Methode der Willensbildung durch einfache Mehrheitsfeststellung ist sinnvoll und erträglich, wenn eine substanzielle Gleichartigkeit des ganzen Volkes vorausgesetzt werden kann. In diesem Fall liegt nämlich keine Überstimmung der Minderheit vor, sondern die Abstimmung soll nur eine latent vorhandene und vorausgesetzte Übereinstimmung und Einmütigkeit zutage treten lassen. Da … jede Demokratie auf der Voraussetzung des unteilbar gleichartigen, ganzen, einheitlichen Volkes beruht, so gibt es für sie in der Sache … überhaupt keine Minderheiten."[1023] So ist die Welt aber freilich nicht, Minderheiten existieren.

1019 *K. A. Schachtschneider*, Res publica res populi, S. 109; i.d.S. auch *ders.*, Staatsunternehmen und Privatrecht, S. 157; *G. Jellinek*, Allgemeine Staatslehre, 3. Aufl. 1914 (Neudruck 1922), S. 718: „Gesamtheit der Volksgenossen".

1020 BVerfGE 2, 1 (12); BVerfGE 123, 267 (341).

1021 *K. A. Schachtschneider*, Freiheit in der Republik, S. 194; i.d.S. *Kant*, Metaphysik der Sitten, S. 464; *W. Kersting*, Die bürgerliche Verfassung in jedem Staat soll republikanisch sein., S. 106; *ders.*, Kant über Recht, S. 140.

1022 BVerfGE 44, 125 (142).

1023 *C. Schmitt*, Legalität und Legitimität, S. 31.

Die in der Abstimmung unterlegene Minderheit hat, freiheitsdogmatisch, geirrt und verwirklicht in der Pflicht, das nun verabschiedete allgemeine Gesetz zu befolgen, ihre Freiheit in Gleichheit. Der Irrtum der Minderheit ist keineswegs ehrenrührig, er ist schon gar nicht vorwerfbar[1024] – Irrtum ist im Kognitivismus eine Kategorie der Erkenntnis. „Der Erkenntnisweg zum allgemeinen Willen ist vor allem der Diskurs. ... Weil die Freiheit nicht dezisionistisch materialisiert wird, sondern kognitivistisch, ist die Gesetzgebung ein Erkenntnisakt politischer Art, eine republikanische Erkenntnis. Die Gesetzgebung erfordert Sittlichkeit, die Sittlichkeit nämlich, die der kategorische Imperativ gebietet. Diese Sittlichkeit erwächst dem allseitigen guten Willen zur Rechtlichkeit des gemeinsamen Lebens, also der inneren Freiheit, und damit der bürgerlichen Moralität."[1025] Zur Absicherung gegen einen im menschlichen Erkenntnisverfahren immer möglichen Irrtum bietet das Verfassungsgesetz den Leitfaden, an dem im Geltungsbereich des Grundgesetzes das Bundesverfassungsgericht das letzte Wort in Fragen des richtigen Rechts hat.[1026] Der Kompromiss ist meist Realität des Gesetzes, Ideal des Rechts ist er nicht.[1027]

b.b Bürgerschaftliches Kollegialorgan

Der griechische Geschichtsschreiber Thukydides, von dem ein Zitat stammt, das einer Entwurfsversion des Europäischen Verfassungsvertrages vorangestellt war[1028], schildert den entscheidungsvorbereitenden Diskurs des frisch ernannten Feldherrn Nikias in der Volksversammlung Athens im Jahre 415 vor Christus. Mit der Aussage, die Verfassung sei „auf die Mehrheit ausgerichtet", hat sich der Convent eine Aussage zueigen gemacht, die – wie oben gesehen – den herrschaftlichen Geist des Mehrheitsprinzips atmet. Ohne den mahnenden Satz des Bundesverfassungsgerichts „Was die Mehrheit will, wird jeweils in einem sorgfältig geregelten Verfahren ermittelt ..."[1029] ist die Gefahr von „zynischen, unmenschlichen, unentschuldbaren Beschlüssen der Mehrheit"[1030] groß, von denen eben dieser Thukydides berichtet hat. Die bloße Zuordnung von Bürgern zu Mehr- und Minderheiten

---

1024 *K. A. Schachtschneider*, Freiheit in der Republik, S. 429.

1025 *K. A. Schachtschneider*, Freiheit in der Republik, S. 433; i.d.S. auch *ders.*, Res publica res populi, S. 560 ff.

1026 *K. A. Schachtschneider*, Freiheit in der Republik, S. 429.

1027 *K. A. Schachtschneider*, Res publica res populi, S. 111.

1028 *Thukydides*, II, 37 „Die Verfassung, die wir haben, heißt Demokratie, weil der Staat nicht auf wenige Bürger, sondern auf die Mehrheit ausgerichtet ist."

1029 BVerfGE 5, 85 (199).

1030 *K. Popper*, Bemerkungen zu Theorie und Praxis des demokratischen Staates, S. 9.

würde deren Bürgerlichkeit verkennen.[1031] Es würde freiheits- und republikwidrig gelten: „Die Mehrheit befiehlt, und die Minderheit hat zu gehorchen.“[1032]

Die Einstufung des Parlaments lediglich als legitimationsstiftendes bürgerschaftliches Kollegialorgan[1033] greift vor dem Hintergrund der oben besprochenen Organlehre zu kurz. Nach dem Staatsmodell des Grundgesetzes, dort Art. 20 Abs. 2 GG, ist das Parlament einziges unmittelbar vom Volk gewähltes Organ.[1034] Ein Organ des Volkes erkennt dessen Willen und beschließt, was das Volk will. Einer gesonderten Legitimation würde es nur bedürfen, wenn den Organcharakter einschränkend gelten würde: „In der parlamentarischen Demokratie wird der Wille des Parlaments mit dem Willen des Volkes identifiziert.“[1035]

Das Europäische Parlament mit seinen mitgliedstaatlich kontingentierten Abgeordneten ist nicht in der Lage, diesen republikanischen Erkenntnisprozess zu leben. Es ist strukturell nicht einmal in der Lage, einen befriedenden Kompromiss herzustellen.

Auf europäischer Ebene wird das Europäische Parlament als Versammlung der „Vertreter der Unionsbürgerinnen und Unionsbürger“ (Art. 14 Abs. 2 UA 1 S. 1 EUV) bezeichnet. Der formulierte Anspruch an das Europäische Parlament ist damit: Es „ist das Organ, das das Volk zu vertreten hat“.[1036] Der auch vom Bundesverfassungsgericht geforderte offene Meinungs- und Willensbildungsprozess muss also stattfinden.[1037]

Zwar unterliegt nicht jede Entscheidung dem Parlamentsvorbehalt. Ein strikter Gewaltenmonismus zugunsten des Parlaments ist nicht unumstritten, weil z.B. auch nach Auffassung des Bundesverfassungsgerichts ein „Kernbereich exekutivistischer Eigenverantwortung“ akzeptiert werden könne[1038] und ein allumfassender Parlamentsvorbehalt für grundlegende Entscheidungen des Gemeinwesens aufgrund der grundgesetzlichen Regelungen der Macht- und

---

1031 *K. A. Schachtschneider*, Res publica res populi, S. 112.

1032 *C. Schmitt*, Legalität und Legitimität, S. 31 ff.

1033 *Ch. Koch*, Das Parlamentsbeteiligungsgesetz: Riskante Gestaltungsaufträge im Gefüge der Staatsfunktionen, in: Speyrer Vorträge Heft 79, S. 8.

1034 *K. A. Schachtschneider*, Res publica res populi, S. 637; *H. Meyer*, Die Stellung der Parlamente, S. 119ff.; *T. Mähner*, Der Europäische Gerichtshof als Gericht, S. 51.

1035 *C. Schmitt*, Legalität und Legitimität, S. 27 f.; siehe auch *ders.*, Verfassungslehre, S. 318 f.

1036 *H. Meyer*, Die Stellung der Parlamante in der Verfassungsordnung des Grundgesetzes, in: Parlamentsrecht und Parlamentspraxis, S. 120; siehe auch *ders.*, Demokratische Wahl und Wahlsystem, HStR, Bd. II, 1. Aufl. 1987, § 37 Rdn. 1–5.

1037 BVerfGE 44, 125 (142).

1038 *H.-J. Papier*, Gewaltentrennung im Rechtsstaat, in: D. Merten (Hrsg.), Gewaltentrennung im Rechtsstaat, S. 99.

Kompetenzverteilung nicht bestünde (Kalkar-[1039] und Raketenentscheidung[1040] des Bundesverfassungsgerichts). Auf Bundesebene wird diskutiert, wie weit der „Kernbereich exekutivistischer Entscheidungsfreiheit"[1041] gehen kann. Schon bei Themen auf mitgliedstaatlicher Ebene wie der Entsendung von Soldaten außerhalb des Bündnisgebietes der NATO hat das Bundesverfassungsgericht mehrfach Stellung beziehen müssen.[1042] Ein Parlament auf europäischer Ebene muss sich – wenn es als Parlament gelten will – bei der Beurteilung seiner Rolle als Vertretung der Bürgerinnen und Bürger an diesem Maßstab messen lassen. In dem Maße, in dem durch Übertragung von Hoheitsrechten gemäß Art. 23 Abs. 1 S. 2 GG der Union und damit dem Europäischen Parlament – insoweit am Gesetzgebungsverfahren beteiligt – Befugnisse gegeben werden, wachsen die Anforderungen an das Europäische Parlament, das in einem als „gewaltenmonistisch"[1043] zu nennenden System wie dem parlamentarischen nun den im mitgliedstaatlichen Parlament nicht mehr stattfindenden Diskurs auffangen müsste. Das deutsche Volk – wie die Völker der anderen Mitgliedstaaten auch – überträgt diese Hoheitsrechte nur im Rahmen einer begrenzten Ermächtigung zur Ausübung an Organe der Europäischen Union wie das Europäische Parlament. Hans-Jürgen Papier fordert, dass „in einer demokratischen Staatsverfassung ... sich ... die Frage der notwendigen Mitwirkung oder Zuständigkeit des Parlaments nicht nur unter dem Aspekt der Freiheitsgewähr, sondern auch unter dem der Teilhabe an der politischen Staatsleitung" stellen müsse.[1044] Weil im Parlamentarismus eine freiheitliche Vertretung des ganzen Volkes Voraussetzung der Rechtlichkeit der Gesetze ist,[1045] sind „Freiheitsgewähr" und „Teilhabe" freilich dasselbe.

Die zentrale Aufgabe, die ein Parlament als Volksvertretung inne hat, nämlich die Wahrnehmung des wesentlichen Anteils an der Staatsleitung, erfordert,

---

1039 BVerfGE 49, 89 (124 f.).

1040 BVerfGE 68, 1 (87).

1041 *Ch. Koch*, Das Parlamentsbeteiligungsgesetz: Riskante Gestaltungsaufträge im Gefüge der Staatsfunktionen, in: Speyrer Vorträge Heft 79, S. 32.

1042 BVerfGE 108, 34 ff.; 90, 286 (382).

1043 *H.-P. Schneider*, Gewaltenverschränkung zwischen Parlament und Regierung, in: D. Merten (Hrsg.), Gewaltentrennung im Rechtsstaat, S. 77; *R. Thoma*, Das Reich als Demokratie, in: G. Anschütz/R. Thoma, Handbuch des Deutschen Staatsrecht I, 1930, S. 196.

1044 *H.-J. Papier*, Gewaltentrennung im Rechtsstaat, in: D. Merten (Hrsg.), Gewaltentrennung im Rechtsstaat, S. 99.

1045 *K. A. Schachtschneider*, Prinzipien des Rechtsstaates, S. 327.

dass alles getan werden muss, damit „die Besten“ das Volk in der Gesetzgebung „vertreten“[1046], denn „die Gesetze verwirklichen … die Freiheit“.[1047]

Für Deutschland stellt das Bundesverfassungsgericht daher bereits in einer frühen Entscheidung fest, dass es nicht hinreiche, wenn „eine Obrigkeit sich bemüht, noch so gut für das Wohl von <Untertanen> zu sorgen; der Einzelne soll vielmehr in möglichst weitem Umfange verantwortlich auch an den Entscheidungen für die Gesellschaft mitwirken.“[1048] Vor diesem Hintergrund sind Formulierungen im Lissaboner Reformvertrag wie folgende als ungenügend abzulehnen: „Die Union achtet in ihrem gesamten Handeln den Grundsatz der Gleichheit der Bürgerinnen und Bürger, denen ein gleiches Maß an Aufmerksamkeit seitens der Organe … zuteil wird.“ (Art. 9 S. 1 EUV) Das paternalistische Verständnis der Union wird auch in Art. 3 Abs. 2 EUV deutlich, in dem diese „ihren Bürgerinnen und Bürgern einen Raum der Freiheit“ bietet.

Bürger einer Republik sind auf solche zugeteilten Reservate der Freiheit nicht angewiesen, weil hier gilt: Alles Zwingende muss auf den allgemeinen Willen der Bürger zurückführen sein.[1049]

Wie ist es nun um diesen Bürger auf Unionsebene bestellt? Der Jurist, Soziologe und Historiker Theodor Mommsen, Nobelpreisträger für Literatur von 1902, äußerte: „Ich wünschte ein Bürger zu sein.“[1050] Dieser offenbar erstrebenswerte Status „Bürger“ ist in der Ausprägung „Unionsbürger“, der nach Art. 10 Abs. 2 EUV unmittelbar im Europäischen Parlament vertreten sein soll, als Grundlage der Beurteilung des Europäischen Parlaments als Parlament zu betrachten.

Im Maastricht-Urteil[1051] hat das Bundesverfassungsgericht den „Bürger“ mit dem „wahlberechtigten Deutschen“ gleichgesetzt. Der Bürger ist also die zentrale Institution[1052], ja gar „die zentrale Gestalt der Republik“[1053], weil auf ihn alle Staatsgewalt zurückzuführen ist. Der Bürger regiert sich zusammen mit seinen Mitbürgern selbst. Aristoteles sagt: „Denn der Staat besteht aus einer bestimmten

---

1046 *K. A. Schachtschneider*, Res publica res populi, S. 669.

1047 *K. A. Schachtschneider*, Res publica res populi, S. 292; i.d.S. auch ebenda, S. 290 ff., 519 ff., 637 ff.; *ders.*, Prinzipien des Rechtsstaats, S. 51.

1048 BVerfGE 5, 85 (205).

1049 *K. A. Schachtschneider*, Demokratiedefizite der Europäischen Union, S. 119.

1050 Testamentsklausel, wiedergegeben in: A. Wucher: Theodor Mommsen. Geschichtsschreibung und Politik, S. 218–219.

1051 BVerfGE 89, 155 (171 f., 182).

1052 *K. A. Schachtschneider*, Res publica res populi, S. 209, 211; *ders.*; Freiheit in der Republik, S. 606 ff.

1053 *K. A. Schachtschneider*, Freiheit in der Republik, S. 612 ff.

Anzahl von Staatsbürgern".[1054] Schon in der Antike wusste Aristoteles, dass allein die Bezeichnung eines Menschen als Bürger noch nichts wert ist, „denn nicht alle bezeichnen denselben als Staatsbürger, und wer in der Demokratie ein solcher ist, ist es oft in der Oligarchie keineswegs."[1055]

Der Bürger ist nach kantianischem Republikverständnis „Mitgesetzgeber", „sein eigener Herr", nicht aber „Untertan".[1056] Er ist ein freier Mensch, denn „der Gehorsam gegen das selbst gegebene Gesetz ist Freiheit".[1057] „Wenn alle Bürger Herren ihrer selbst sind, dann herrscht keiner über andere. Das ist der Zustand der Freiheit, die Republik".[1058] Die Verleihung der Unionsbürgerschaft, die jeweils zur mitgliedstaatlichen Staatsangehörigkeit hinzutritt (Art. 9 S. 2, 3 EUV), ist nicht etwa ein Privileg – auch wenn dies in der paternalistisch formulierten Vorschrift mitschwingt –, denn der Status als Bürger ist in Form der Staatsbürgerschaft zum Beispiel nach dem Wortlaut des Art. 1 Abs. 1 GG Ausfluss der „unbedingte[n] Forderung der Menschenwürde".[1059] Grund hierfür ist nach republikanischem Freiheitsverständnis, dass „eine Person keinen anderen Gesetzen als denen, die sie … sich selbst gibt, unterworfen ist."[1060]

Vor dem Hintergrund der nicht gleichheitlichen Wahl zum Europäischen Parlament ist der in Art. 9 S. 1 EUV angesprochene Grundsatz der demokratischen Gleichheit der unionalen Bürgerinnen und Bürger von besonderem Interesse. „Die Union achtet in ihrem gesamten Handeln den Grundsatz der Gleichheit ihrer Bürgerinnen und Bürger. Den Bürgerinnen und Bürgern wird ein gleiches Maß an Aufmerksamkeit seitens der Organe, Einrichtungen und sonstigen Stellen der Union zuteil." (Art. 9 S. 1 EUV).

Eine entsprechende Regelung gab es bislang im Primärrecht nicht. Dennoch wird damit kein justiziabler Gleichheitsgrundsatz analog Art. 3 Abs. 1 GG geschaffen.[1061]

1054 *Aristoteles,* Politik, S. 103, 1274b 39 ff., siehe auch *K. A. Schachtschneider*, Res publica res populi, S. 210.

1055 *Aristoteles,* Politik, S. 103, 1274b 39 ff.; siehe auch *K. A. Schachtschneider*, Res publica res populi, S. 210.

1056 *Kant*, Über den Gemeinspruch, S. 150, 153; i.d.S. auch *ders.,* Zum ewigen Frieden, S. 204 ff.; *ders*., Metaphysik der Sitten, S. 432 ff.

1057 *Rousseau,* Vom Gesellschaftsvertrag, Reclam, S. 23.

1058 *K. A. Schachtschneider*, Res publica res populi, S. 212.

1059 *W. Henke*, Recht und Staat, S. 611.

1060 *Kant*, Metaphysik der Sitten, S. 329 f.

1061 *M. Ruffert*, in: Calliss/Ruffert (Hrsg.), EUV/AEUV, Kommentar, 4. Aufl. 2011, Art. 9 EUV, Rdn. 26.

In den Artikeln I-10 Abs. 2, II-99 bis II-106 des Verfassungsentwurfs waren die „Bürgerrechte" genannt, die im Grundsatz aus dem Vertrag zur Gründung der Europäischen Gemeinschaft (EGV) her bekannt sind. Sie sollten aber im Verfassungsvertrag wie folgt erweitert werden:

- Recht auf eine gute Verwaltung (Art. II-101 EVV),
- Recht auf Zugang zu Dokumenten (Art. II-102 EVV).

Das Recht auf gute Verwaltung sollte den Charakter der Union als Rechtsgemeinschaft in einem allgemeinen Rechtsgrundsatz festschreiben. Einer anderen Gemeinschaft darf die Bundesrepublik Deutschland nach den nach Art. 23 Abs. 1 S. 3 i.V.m. Art. 79 Abs. 3 GG unabänderlichen Grundprinzipien auch gar nicht angehören.[1062] Das Recht auf freien Zugang zu Dokumenten regelte bisher Art. 255 EGV, der in modifizierter Form zu Art. 15 AEUV geworden ist. Dieses Recht ist als Individualgrundrecht formuliert[1063] und sollte eine Selbstverständlichkeit sein.

Freiheit ist als Freiheit von Fremdbestimmung im Denken und Handeln zu verstehen.[1064] Der Einzelne ist Herr seiner selbst, sein eigener Gesetzgeber, der sein Handeln autonom bestimmt und nicht von einer über ihm stehenden Macht heteronom auferlegt bekommen darf.[1065] Frei ist der Mensch erst dann, wenn er unter dem eigenen Gesetz lebt, also einem Gesetz, das er sich selbst gegeben hat.[1066] Die Bedeutung der Rückführbarkeit der Gesetze auf die Bürger selbst wird besonders deutlich, wenn man die Ansicht teilt, dass die Freiheit das mit jedem Menschen geborene Recht ist.[1067] Aus diesem Grund ist diese stetige

---

1062 *Ch. Hillgruber* in: Schmidt-Bleibtreu/Hofmann/Hopfauf, GG Komm., 11. Aufl. 2008, Art. 23 GG, Rdn. 29.

1063 *H.-P. Folz*, in: Vedder/Heintschel von Heinegg, Handkommentar zum Europäischen Verfassungsvertrag, Art. II-102 EVV, Rdn. 1.

1064 *E.-W. Böckenförde*, Demokratie als Verfassungsprinzip, in: HStR, Bd. 1, 2. Aufl. 1995, § 22, S. 910; zum Begriff der Freiheit: *K. A. Schachtschneider*; Res publica res populi, S. 1 ff., 11 ff., 184 ff., 441 ff.; *ders.*, Freiheit in der Republik, S. 8, 86 ff.; *P. Häberle*, Die Menschenwürde als Grundlage der staatlichen Gemeinschaft, in: HStR, Bd. I, 2. Aufl. 1995, S. 815 ff., Rdn. 46 ff.; *W. Maihofer*, Prinzipien freiheitlicher Demokratie, in: HVerfR, 2. Aufl. 1994, S. 472 ff.; *Aristoteles,* Politik, S. 203, 1317b.

1065 *E.-W. Böckenförde*, Demokratie als Verfassungsprinzip, in: HStR, Bd. I, 2. Aufl. 1995, § 22, S. 910.

1066 *K. A. Schachtschneider*, Freiheit in der Republik, S. 612 ff.

1067 *Kant,* Metaphysik der Sitten, S. 345; *K. A. Schachtschneider*, Freiheit in der Republik, S. 281 ff.; *ders.*, Res publica res populi, 1 ff., 35 ff., 71 ff., 253 ff., 325 ff., 410 ff., 427 ff., 441 ff.

Rückkopplung der Vertreter (Parlamentarier) zu den Vertretenen (Staatsbürgern) z.B. in der parlamentarischen Demokratie des Grundgesetzes entscheidend wichtig, wenn die Bundesrepublik Deutschland, wie grundgesetzlich gefordert, ein Staat des Volkes sein und bleiben soll.[1068] Das Volk muss sich nicht nur in den Handlungen seiner Stellvertreter wiederfinden können[1069], sondern die Gesamtheit der Stellvertreter im Organ des Volkes namens Parlament muss im Namen des Volkes sprechen. Ist dies der Fall, so ist eine derartige Stellvertretung des Volkes das „republikanische Optimum“[1070], weil die von dieser Volksvertretung erlassenen Gesetze die Verwirklichung der Freiheit aller ermöglichen, sind es doch – nicht nur formal – Gesetze im Namen des Volkes.

In diesem Sinne ist Demokratie nach Kelsen von der Idee individueller Selbstbestimmung her als „Form der Identität von Subjekt und Objekt der Herrschaft“, als „Herrschaft des Volkes über das Volk“ zu verstehen[1071]. Aus republikanischer Sicht ist dem zuzustimmen, auch wenn der Begriff Herrschaft hier unglücklich ist, weil er nicht zur kantianischen Definition des Staates als „Vereinigung einer Menge von Menschen unter Rechtsgesetzen“[1072] passt. Die verbreitete Übersetzung von Demokratie als „Volksherrschaft“ beruht auf dem Missverständnis, dass in einem politischen System nicht immer Konsens herzustellen und daher zur Durchsetzung der Mehrheitsentscheidungen „Herrschaft“ nötig sei. Hier wird verkannt, dass auch ein selbst gegebenes Gesetz zwingt. „Die bürgerliche Gesellschaft im Sinne Kants ist durch das Autonomieprinzip charakterisiert... Diese Art der Herrschaft des Menschen über sich selbst ist die Freiheit. Eine so verstandene <Herrschaft des Gesetzes> ist in der Republik die Wirklichkeit der Freiheit.“[1073] Hingegen wäre „(personale) Herrschaft“[1074] „Hochverrat an der Vernunft“ (Johann Gottfried Seume)[1075]. Der Bürger ist Regierender und zugleich Regierter.[1076]

1068 *K. A. Schachtschneider*, Demokratiedefizite in der Europäischen Union, S. 119; *ders.*, Die existentielle Staatlichkeit der Völker Europas und die staatliche Integration der Europäischnen Union, S. 75 ff.

1069 *H. Rausch*, Repräsentation und Repräsentativverfassung, S. 249 ff.

1070 *K. A. Schachtschneider*, Res publica res populi, S. 648.

1071 *H. Kelsen*, Wesen und Wert der Demokratie, S. 14.

1072 *Kant*, Metaphysik der Sitten, S. 431.

1073 *K. A. Schachtschneider*, Freiheit in der Republik, S. 193 f.

1074 Daselbst, S. 194.

1075 Zitiert nach K. H. Ilting, Herrschaft, S. 53.

1076 *H. H. Rupp*, Die Unterscheidung von Staat und Gesellschaft, HStR, Bd. 1, 1. Aufl. 1987, § 8, S. 1199.

Bei der Wahrnehmung der Vertreterfunktion ist entscheidend, dass die Repräsentation des Volkes in demokratischer Weise erfolgt, weil nur die demokratische parlamentarische Repräsentation allgemeine Gesetze des Volkes nach dessen volonté générale hervorbringen kann.[1077] Dazu ist strukturell erforderlich, dass durch vielfältig organisierte politische Kommunikation eine „ständig erneuerte Beziehung der Autorisierung und Anerkennung sowie der Kontrolle und Kritik zwischen dem durch die Wahlberechtigten verkörperten Staatsvolk und der aus den gewählten Abgeordneten als Grundlage und Zentrum des Regierungssystems gebildeten Volksvertretung“ besteht.[1078] Nur so kann sichergestellt werden, dass das Parlament nicht nur Legislative ist und Einfluss auf die Bildung und Ausübung der Regierung hat, sondern letztlich als „Gravitationszentrum des Verfassungsstaats“ fungiert.[1079] Damit ist kein Raum für einen „Gegenpol der demokratischen Repräsentation, für ein andersartiges Gegenüber. Es gibt keine aus eigenem, höherem Recht legitimierte Instanz mehr, der die verschiedenartigen Meinungen bloß präsentiert werden“.[1080] Vielmehr ist die parlamentarische Volksvertretung von der „Peripherie in das Zentrum des Staates“ gerückt[1081], wo es Kant von Anfang an positioniert hat, weil nur das Prinzip der republikanischen Repräsentation als Vertretung des ganzen Volkes die allgemeine Freiheit wahrt.[1082] Ohne ein Parlament aus Vertretern des ganzen Volkes ist die allgemeine Autonomie des Willens, also die Freiheit aller Bürger, nicht realisierbar.[1083]

Das Volk hat also nicht nur am demokratischen Gemeinwesen teil, sondern die Äußerung des Volkswillens fällt mit der Bildung des Staatswillens zusammen.[1084] „Die Materie des guten Lebens aller, Gegenstand aller Politik, bedarf der Erkenntnis. Diese Erkenntnis ist Sache der Vertreter des ganzen Volkes…

1077 *Rousseau,* Vom Gesellschaftsvertrag, Reclam, S. 42 ff.; *K. A. Schachtschneider*, Res publica res populi, S. 643, 718.

1078 *H. Hofmann, H. Dreier,* Repräsentation, Mehrheitsprinzip und Minderheitenschutz, in: H.-P. Schneider, W. Zeh (Hrsg.), Parlamantsrecht und Parlamentspraxis, § 5 II 1., S. 176.

1079 *M. Drath*, Die Entwicklung der Volksrepräsentation 1954, in: H. Rausch (Hrsg.), Zur Theorie und Geschichte der Repräsentation und Repräsentationsverfassung, S. 260 ff.

1080 *H. Hofmann, H. Dreier,* Repräsentation, Mehrheitsprinzip und Minderheitenschutz, in: H.-P. Schneider, W. Zeh (Hrsg.), Parlamantsrecht und Parlamentspraxis, § 5 II 2., S. 177; i.d.S. auch *D. Jesch*, Gesetz und Verwaltung, S.76 ff, auch S. 92 ff.

1081 *W. Mössle*, Regierungsfunktionen des Parlaments, S. 132 ff.

1082 I.d.S. *Kant*, Zum ewigen Frieden, S. 206 ff.; *ders.,* Metaphysik der Sitten, S. 449.

1083 *K. A. Schachtschneider*, Res publica res populi, S. 638.

1084 *H. Hofmann*, in: Schmidt-Bleibtreu/Hofmann/Hopfauf, Komm z. GG, 11. Aufl. 2008, Art. 20 GG, Rdn. 45.

Legalität gründet ausschließlich auf dem Willen der Bürgerschaft … Das für ein Parlament konstitutive und für die allgemeine Freiheit unverzichtbare Prinzip der Repräsentation des Volkes als Volksvertretung … erfüllt das Europäische Parlament keinesfalls."[1085] Für Deutschland hat das Bundesverfassungsgericht im Lissabon-Urteil nämlich klargestellt, dass der Übergang zu einem Europäischen Bundesstaat an deutscher staatsrechtlicher Dogmatik zu messen ist und damit einer neuen Verfassung in Nachfolge des Grundgesetzes nach Art. 146 GG bedarf. Solange dem nicht so ist, ist eine Politik, die das deutsche Volk nicht will, auch nicht mit von Politikern gern vorgeschobenen europarechtlichen Vorgaben zu erzwingen.[1086]

e) Ergebnis der Parlamentstätigkeit: Verwirklichung von Republik und Demokratie

Es wurde bereits festgestellt, dass Rechtsakte der Union mitgliedstaatliches, also auch deutsches staatliches Handeln darstellen[1087], weil rechtens z.B. in Deutschland keine Gesetzgebung verbindlich sein darf, die „ihre Legitimation … nicht vom Deutschen Volk, sondern von einem europäischen Unionsvolk herleitet."[1088] Das Grundgesetz bekennt sich in Art. 20 zur demokratischen Ordnung in einer Republik. Als „demokratischer … Bundesstaat" (Art. 20 Abs. 1 GG) ist die Bundesrepublik Deutschland eine Republik, die demokratisch sein muss. „Die Form des Politischen ist demnach die Republik. … Die deutsche Staatlichkeit ist … nach dem Text des Grundgesetzes vom Volk als solche des Volkes, also demokratisch verfasst."[1089] Dies ist unabänderbar, weil Art. 20 Abs. 2 GG dem Volk die verfassungsgebende Gewalt bewahrt, die „Staatlichkeit des Volkes ist Sache des Volkes. Res publica res populi".[1090] Hieran ändert auch die Übertragung von Befugnissen auf die Europäische Union nichts – das Europäische Parlament muss, will es wahres Parlament sein, diesen Anforderungen genügen.

1085 *K. A. Schachtschneider*, Die Aushöhlung der Demokratie durch Europäische Union und Währungsunion, S. 101–103.

1086 *K. A. Schachtschneider*, Die Aushöhlung der Demokratie durch Europäische Union und Währungsunion, S. 106 f.

1087 *K. A. Schachtschneider*, Die existentielle Staatlichkeit der Völker Europas und die staatliche Integration der Europäischen Union, S. 101; siehe auch BVerfGE 83, 37 (50 ff.); 83, 60 (71 ff.); 89, 155 (189 ff.).

1088 *K. A. Schachtschneider*, Die Aushöhlung der Demokratie durch Europäische Union und Währungsunion, S. 105.

1089 *K. A. Schachtschneider*, Res publica res populi, S. 2 f.

1090 *Ders.*, Res publica res populi, S. 16; i.d.S. auch BVerfGE 123, 267 (343).

Die Bundesrepublik Deutschland ist also, wie schon das Deutsche Reich ab 1919 (Art. 1 S. 1 WRV), eine Republik. Vordergründig ist damit die Staatsform in Ablösung der Monarchie gemeint.[1091] Die Republik ist jedoch viel mehr als ein Gemeinwesen ohne Monarchen. Dieser Ansatz findet sich bereits in der aristotelischen Politie für die Bürger Athens[1092], wird von Cicero in dessen Werk „De re publica“[1093] fortgeschrieben und ist auch Bestandteil der Rechtsprechung des Bundesverfassungsgerichts. „Da Menschenwürde und Freiheit jedem Menschen zukommen, die Menschen insoweit gleich sind, ist das Prinzip der Gleichbehandlung aller für die freiheitliche Demokratie ein selbständiges Postulat.“[1094] Vor allem Kant fordert unmissverständlich: „Die bürgerliche Verfassung in jedem Staate soll republikanisch sein.“[1095] Sie ist das Gegenteil von Despotie und Gruppenherrschaft[1096], die durchaus im Gewand der Demokratie auftreten können. „Die bloße Entgegensetzung von Republik und Monarchie verliert die allgemeine Freiheit und damit die Menschenwürde aus dem Blick und kann darum dem republikanischen Prinzip des Grundgesetzes nicht gerecht werden.“[1097] Eine Republik muss demokratisch sein, weil die republikanische Gleichheit in Freiheit „eine andere Form des Politischen als die demokratische Republik nicht“ zulässt.[1098] Das Stufenverhältnis zwischen Republik und Demokratie ist dergestalt, dass jede Republik eine Demokratie, jedoch nur eine echte freiheitliche Demokratie auch eine Republik ist.[1099] „Eine durch Gleichheit aller in der Freiheit definierte Republik ist demokratisch und ... eine Demokratie, aber eine Demokratie ist nicht notwendig eine Republik, weil sie nicht durch die Gleichheit aller in Freiheit definiert sein muss, sondern auch eine Form von Herrschaft sein kann.“[1100]

Das Gemeinwesen ist nämlich nicht mehr res publica, also Sache aller Bürger, wenn Staatsgewalt nicht ausschließlich durch Organe des Volkes, allen voran durch das Parlament, ausgeübt wird. Die Wahl der Abgeordneten zur Volksvertretung ist

1091 *K. A. Schachtschneider*, Res publica res populi, S. 11; *F. E. Schnapp*, in: von Münch/Kunig, GG Komm. II, 5. Aufl. 2001, Art. 20, Rdn. 7; *M. Sachs*, in: M. Sachs, Grundgesetz, 3. Aufl. 2003, Art. 20, Rdn. 9; *R. Herzog*, in: Maunz/Dürig, Art. 20 III, Rdn. 5 ff.
1092 *K. A. Schachtschneider*, Res publica res populi, S. 4 f.
1093 *Cicero*, De re publica, Vom Gemeinwesen, ed. Büchner, Reclam, S. 140.
1094 BVerfGE 5, 85 (205).
1095 *Kant*, Zum ewigen Frieden, S. 204.
1096 *E.-W. Böckenförde*, Demokratie als Verfassungsprinzip, in: HStR, Bd. I, § 22, Rdn. 96.
1097 *K. A. Schachtschneider*, Res publica res populi, S. 12.
1098 *K. A. Schachtschneider*, Res publica res populi, S. 25.
1099 Daselbst, S. 28.
1100 Daselbst, S. 62.

Grundakt demokratischer Legalität.[1101] Um zumindest einen Schein an Legitimation zu erzeugen, musste z.B. sogar die NSDAP deshalb per Gesetz zur Sicherung der Einheit von Partei und Staat vom 1.12.1933[1102] festlegen, dass „die Nationalsozialistische Deutsche Arbeiterpartei die Trägerin des deutschen Staatsgedankens und mit dem Staate unlöslich verbunden ist" (§ 1 Abs. 1 Satzung NSDAP). Nach Absatz 2 desselben Paragraphen bestimmt freilich nicht etwa ein Parteigremium deren Satzung, sondern „der Führer". Deutlicher kann Despotie nicht beschrieben[1103], deutlicher die Republikwidrigkeit nicht ausgedrückt werden. Entsprechend spielte das Parlament, der Reichstag, im Dritten Reich auch keine Rolle mehr. Er blieb als Einrichtung erhalten, wurde aber funktionslos. „Die Ausschaltung des parteipolitischen Pluralismus geht einher mit der Ausschaltung des Parlaments"[1104], dennoch hat sich das Dritte Reich als Demokratie verstanden. Als Republik konnte es sich nicht bezeichnen. „Bolschewismus und Fascismus … sind wie jede Diktatur zwar antiliberal, aber nicht notwendig antidemokratisch. In der Geschichte der Demokratie gibt es manche Diktaturen…"[1105] Auch Carl Schmitts Äußerungen zeigen, dass ein wahres Parlament nicht durch den bloßen Abbau eines Demokratiedefizits gebildet wird, sondern republikanischen Anforderungen genügen muss. Ohne Republikanismus kann „Demokratie [etwa im] Sozialismus offen zur Diktatur, zur Diktatur des Proletariats, zur revolutionärdemokratischen Diktatur also", werden.[1106]

Aus diesen Erfahrungen heraus hat in Deutschland das Grundgesetz in Art. 20 Abs. 2 S. 2 klargestellt, dass alle Staatsgewalt vom Volk ausgeht und Gesetzgebungsgewalt, mittelbar oder unmittelbar, in Wahlen und Abstimmungen sowie von besonderen Organen des Volkes ausgeübt wird.[1107] „Der grundgesetzliche Verfassungsstaat ist eine Republik."[1108] Einziges direkt vom Volk durch Grundakt demokratischer Legitimation gewähltes Organ im Bund ist der Deutsche Bundestag. Dieser ist also das Parlament des Grundgesetzes.[1109] Er ist nach Art. 38 Abs. 1 S. 2 GG mit Abgeordneten besetzt, die „Vertreter des ganzen Volkes, an Aufträge

---

1101 *H. Hofmann*, in: Schmidt-Bleibtreu/Hofmann/Hopfauf, GG-Kommentar, 11. Aufl. 2008, Art. 20 GG, Rdn. 7.

1102 RGBl. I 1933, S. 1016.

1103 *H. H. Klein*, in: Maunz/Dürig, Komm. z. GG, Art. 21, Rdn. 79.

1104 *R. Grawert*, Die nationalsozialistische Herrschaft, in: HStR, Bd. I, § 4 Rdn. 9.

1105 *C. Schmitt*, Die geistesgeschichtliche Lage des heutigen Parlamentarismus, S. 22.

1106 *W. Eichhorn*, Anmerkungen zum Demokratiebegriff, S. 43.

1107 *K. A. Schachtschneider*, Res publica res populi, S. 709.

1108 Daselbst, S. 25.

1109 *H. H. Klein*, Aufgaben des Bundestages, in: HStR, Bd. II, § 40 Rdn. 1.

und Weisungen nicht gebunden und nur ihrem Gewissen unterworfen" sind. Dies bedeutet jedoch keine Entkopplung der Parlamentarier vom Volk, sondern ist ein Schutz der Abgeordneten vor parteilicher Instrumentalisierung.[1110] Hier wird sichergestellt, dass die Abgeordneten des Bundestags als Organ des Volkes auch selbst Volksvertreter bleiben und nicht, wie in Rätesystemen, einem imperativen Mandat eines nachgeordneten Rates, aus dem sie delegiert worden sind, unterliegen. Habermas spricht von „bürgerlicher Demokratie", deren „politisch folgenreiche Entscheidungsprozesse an die rechtlich verbürgte diskursive Willensbildung des Staatsbürgerpublikums" zurückgebunden werden muss.[1111] „Im Parlament soll dieses Gespräch die Vertreter des ganzen Volkes zur Erkenntnis der richtigen Politik des Volkes führen, die im allgemeinen Gesetz ihre für das ganze Volk verbindliche Form findet."[1112] „Die Meinungsäußerungsfreiheit ist somit Teil der politischen Freiheit als Willensautonomie, nämlich Diskursfreiheit."[1113]

Die Beschlüsse dieses Vertretungsorgans materialisieren den Staatswillen, und der Staatswille ist der allgemein verbindliche Volkswille.[1114] Als „Organ" der „Körperschaft Staat" kann der Deutsche Bundestag nur als Einheit betrachtet werden. Als Gesamtheit aus seinen Abgeordneten hat er die Funktion, die Vertretung des ganzen Volkes wahrzunehmen.[1115]

Nach der Rechtsprechungspraxis des Europäischen Gerichtshofs[1116] haben primäres oder sekundäres Gemeinschaftsrecht auch vor mitgliedstaatlichem Verfassungsrecht Anwendungsvorrang. Dem steht entgegen, dass zu Lasten dieser Verfassungsprinzipien (Republik- und Demokratieprinzip) Hoheitsrechte nicht auf die Europäische Union übertragen werden können, wie Art. 23 Abs. 1 S. 3 GG klarstellt.[1117] Konsequenterweise hat das „Bundesverfassungsgericht ... dafür

1110 *H.-H. Trute*, in: von Münch/Kunig, GG Komm. II, 5. Aufl. 2001, Art. 38 GG, Rdn. 86 ff.

1111 *J. Habermas*, Die Utopie des guten Herrschers, 1972, in: G. Roellecke (Hrsg.) Rechtsphilosophie oder Rechtstheorie, S. 332.

1112 *K. A. Schachtschneider*, Res publica res populi, S. 585 ff.

1113 Daselbst, S. 589.

1114 *K. A. Schachtschneider*, Res publica res populi, S. 28, 714 ff.

1115 Daselbst, S. 27, 714; *H. Meyer*, Die Stellung der Parlamente in der Verfassungsordnung des Grundgesetzes, in: H.-P. Schneider, W. Zeh (Hrsg.), Parlamantsrecht und Parlamentspraxis, § 4 II., S. 120.

1116 EuGH, Rs. 6/64, Costa/ENEL, Slg. 1964, 1251 (1269 f.); EuGH Rs. 26/62 van Gend & Loos/Niederländische Finanzverwaltung, Slg. 1963, 1 (25 f., Rdn. 7 ff.); dazu auch *K. A. Schachtschneider*, Die Souveränität Deutschlands, S. 224; *R. Streinz*, EUV/EGV, Art. 249 EGV, Rdn. 40.

1117 *K. A. Schachtschneider*, Prinzipien des Rechtstaats, S. 72; i.d.S. auch BVerfGE 89, 155 (181, 191 ff.).

zu sorgen, dass durch Gemeinschaftsrecht der durch Art. 23 Abs. 1 S. 3 i.V.m. Art. 79 Abs. 3 GG … gezogene Rahmen eingehalten wird".[1118] „Jeder Rechtsakt der Gemeinschaft ist [auch]… ein Akt deutscher Staatsgewalt [wie auch ein solcher der anderen Mitgliedstaaten], über dessen Rechtmäßigkeit letztlich … deutsche [bzw. jeweils mitgliedstaatliche] Gerichte entscheiden."[1119] In Deutschland beispielsweise wird „der Fortbestand souveräner Staatsgewalt … durch das dem Bundesverfassungsgericht zustehende Letztentscheidungsrecht … geschützt."[1120] In dieser Formulierung zeigt sich, dass das Bundesverfassungsgericht auch aus seiner Sicht grundsätzlich nur in einem Kooperationsverhältnis zum Europäischen Gerichtshof steht und die Kontrolle in materieller Hinsicht auf ersichtliche Grenzdurchbrechungen gegenüber den Mitgliedstaaten beschränkt und sie in formeller Hinsicht unter den Vorrang des Rechtsschutzes auf Unionsebene stellt.[1121] Dennoch: Nur in den Grenzen der deutschen Verfassung hat Unionsrecht daher in Deutschland Anwendungsvorrang vor nationalem Recht. Für Deutschland jedenfalls gilt ganz nach der klassischen Staatslehre: „Keinem Verfassungsorgan ist die Kompetenz eingeräumt, die nach Art. 79 Abs. 3 GG grundlegenden Verfassungsprinzipien zu verändern. Darüber wacht das Bundesverfassungsgericht."[1122] „Das Grundgesetz setzt damit die souveräne Staatlichkeit Deutschlands nicht nur voraus, sondern garantiert sie auch."[1123]

„Die Verletzung der in Art. 79 Abs. 3 GG festgelegten Verfassungsidentität ist aus Sicht des Demokratieprinzips zugleich ein Übergriff in die verfassungsgebende Gewalt des Volkes. Die verfassungsgebende Gewalt hat insofern den Vertretern und Organen des Volkes kein Mandat erteilt, über die Verfassungsidentität zu verfügen."[1124] Ausnahme wäre, der pouvoir constituant, also das deutsche Volk, höbe des Grundgesetz auf, was im Verfahren nach Art. 146 GG grundsätzlich möglich ist, wenn dieser pouvoir constituant ein neues Verfassungsgesetz in Kraft

1118 *R. Streinz*, EUV/EGV, Art. 249 EGV, Rdn. 39; i.d.S. auch: BVerfGE 89, 155 (175); *P. Kirchhof*, Die Gewaltbalance zwischen staatlichen und europäischen Organen, JZ 1998, 973 f.

1119 *K. A. Schachtschneider*, Das Maastricht-Urteil, in: Freiheit – Recht – Staat, S. 414; i.d.S. auch BVerfGE 89, 155 (174 f., 188).

1120 BVerfGE 123, 267 (381).

1121 BVerfGE 123, 267 (353).

1122 BVerfGE 89, 155 (174 f., 188); i.d.S. auch BVerfGE 123, 267 (268); *K. A. Schachtschneider*, Das Maastricht-Urteil, in: Freiheit – Recht – Staat, S. 414.

1123 BVerfGE 123, 267 (343).

1124 BVerfGE 123, 267 (344).

setzen würde.[1125] „Die Legislative hat nicht das Recht, ein neues Verfassungsgesetz vorzuschlagen oder sich an dessen Bearbeitung zu beteiligen … Die Hoheit über das Verfassungsgesetz hat nur das Volk selbst."[1126] In Deutschland also gilt: Die fundamentalen Prinzipien des Art. 1 GG, nämlich das Würdeprinzip und das Menschheitsprinzip, und die des Art. 20 GG, „das demokratische Prinzip, das Rechtstaatsprinzip und auch das Prinzip der kleinen Einheit … zusammengefasst das Republikprinzip", aber auch das Bundesstaatsprinzip sind eine unauflösliche Einheit, welche ein freiheitliches Gemeinwesen fundieren. Sie stehen daher nicht zur Disposition der Politik, dies stellt die Unabänderlichkeitsklausel des Art. 79 Abs. 3 GG klar.[1127]

Während der Geltungsdauer des Grundgesetzes sind also die im Maastricht-Urteil des Bundesverfassungsgerichts gesetzten und im Lissabon-Urteil bestätigten Grenzen[1128] zu beachten: „Entscheidend ist, dass die demokratischen Grundlagen der Union schritthaltend mit der Integration ausgebaut werden und auch im Fortgang der Integration in den Mitgliedstaaten eine lebendige Demokratie erhalten bleibt … Dem Deutschen Bundestag müssen Aufgaben und Befugnisse von substanziellem Gewicht bleiben"[1129]. In den gemeinschaftsrechtlichen Primärverträgen muss sich also widerspiegeln, dass Gemeinschaftsrechtsakte, die das Europäische Parlament als eines der beiden Gesetzgebungsorgane auf Gemeinschaftsebene (Art. 14 Abs. 1 S 1 EUV) – wenn auch nur zusammen mit dem Rat – erlässt, den republikanischen und demokratischen Anforderungen des nach wie vor geltenden Grundgesetzes gerecht werden, weil wegen der unmittelbaren Geltung dieser gemeinschaftsrechtlichen Normen auch sie Gesetze des deutschen Volkes sein müssen. „Der Staat ist weder Mythos noch Selbstzweck, sondern die historisch gewachsene, global anerkannte Organisationsform einer handlungsfähigen politischen Gemeinschaft"[1130], als einer „Vereinigung

---

1125 BVerfGE 123, 267 (347); *K. A. Schachtschneider,* Die Souveränität Deutschlands, S. 164; *P. M. Huber*, in: M. Sachs, Grundgesetz, 3. Aufl. 2002, Art. 146 GG, Rdn. 18 ff.

1126 *K. A. Schachtschneider*, Prinzipien des Rechtsstaates, S. 89.

1127 *K. A. Schachtschneider*, Prinzipien des Rechtsstaates, S. 123; i.d.S. auch *ders.,* Res publica res populi, S. 758 ff.; *ders., (O. Gast),* Sozialistische Schulden nach der Revolution, S. 66 ff.; BVerfGE 84, 90 (121); *C. Schmitt*, Verfassungslehre, S. 22, 24, 87; *P. Kirchhof*, Die Identität der Verfassung in ihren unabänderlichen Inhalten, HStR, Bd. I, 1987, § 19, Rdn. 5, 34 ff., 47 ff.

1128 BVerfGE 89, 155 (172); BVerfGE 123, 267 (344).

1129 BVerfGE 89, 155 (189); i.d.S. auch *G. Leibholz/H.-J. Rinck*, GG, 27. EL, 1/1995, Art. 23, Rdn. 22.

1130 BVerfGE 123, 267 (346).

einer Menge von Menschen unter Rechtsgesetzen".[1131] Diese gibt sich das Volk mittels eines wahren Parlaments selbst. So gilt dies u.a. in Deutschland, und darauf ist in der Europäischen Union angesichts des gegenwärtigen Zustandes hinzuarbeiten.

Es erhebt sich – nach ersten Blicken auf die Europäische Union – nun die Frage, wie sich Staatlichkeit und Parlament in dieser tatsächlich gestalten.

2. Die Realität des Europäischen Parlaments

a) Defizite des Parlaments bei der Volksvertretung

a.a Defizite nach demokratischem Staatsprinzip

Die allgemeine Gesetzlichkeit, die ein voll entwickeltes Parlament als Gesetzgeber herstellt, kann nur durch Freiheit verwirklicht werden. Erst der freie öffentliche Diskurs und eine auf das Volk zurückführbare Beistimmung macht ein Gesetz zu einem Gesetz aller. Diese Feststellung gilt es staatstheoretisch näher zu erläutern – unter Bezug auf die Grundlegung demokratischer und republikanischer Staatlichkeit in der Staatsphilosophie der Aufklärung und des Idealismus. „Praktisch ist alles, was durch Freiheit möglich ist."[1132] Freiheit ist der „höchste Zustand" auf Erden.[1133] Freiheit ist das Vermögen der inneren Gesetzgebung des Willens, der Vernunft[1134], und prägt so nicht nur das innere Feld des Selbstbewusstseins, des Gewissens, sondern auch das äußere Feld der politischen Freiheit.[1135] Freiheit findet also im Staat ihre Wirklichkeit.[1136] Freiheit ist Gesetzgebung in praktischer Vernünftigkeit.[1137] Die Wählerschaft in ihrer Gesamtheit ist Staatsorgan. Wähler

---

1131 *K. A. Schachtschneider*, Res publica res populi, S. 17; i.d.S. auch *W. Maihofer*, Die Legitimation des Staates aus der Funktion des Rechts, S. 22 ff.; *ders.*, in: HVerfR, S. 206; *Kant*, Metaphysik der Sitten, S. 431.

1132 *Kant*, Kritik der reinen Vernunft, S. 673.

1133 *J. G. Fichte*, Die Bestimmung des Menschen, S. 142.

1134 *Kant*, Kritik der Urteilskraft, S. 246, 254, 270; *ders.*, Metaphysik der Sitten, S. 333.

1135 *K. A. Schachtschneider*, Res publica res populi, S. 301; vgl. Art. 18 AllgErklMenschenR.

1136 *Rousseau*, Vom Gesellschaftsvertrag, Reclam, I, 8, S. 22 f.; *Kant*, Metaphysik der Sitten, S. 345, 430 f.; *ders.*, Über den Gemeinspruch, S. 146, 148; *ders.*, Zum ewigen Frieden, S. 203 f.

1137 *Kant*, Kritik der reinen Vernunft, S. 671 ff., *ders.*, Grundlegung zur Metaphysik der Sitten, S. 81 ff.; *ders.*, Kritik der praktischen Vernunft, S. 107 ff., S. 120 ff., 138 ff., 140 ff., 144 ff., 155 ff.

sind Staatswalter.[1138] Das Amt der Wähler ist es, die Besten in die Parlamente zu entsenden, die allein zu gewährleisten vermögen, dass die Parlamente jenes Richtige auf der Grundlage der Wahrheit erkennen und wiederum die Besten in die staatlichen Ämter berufen.[1139] Nur in der Freiheit ist der einzelne Herr seiner selbst, sein eigener Gesetzgeber.[1140] All diese Feststellungen des deutschen Idealismus um 1800 unterstreichen den Zusammenhang von freiem Individuum, Wähler und Parlament als Gesetzgeber.

Das Bundesverfassungsgericht sieht „in der Sache" nach wie vor die in der Nizza-Fassung des Art. 189 EGV (zuvor schon Art. 20 EGKS, Art. 137 EGV a.F., Art. 107 EAGV) enthaltene Definition „Das Europäische Parlament besteht aus Vertretern der Völker der in der Gemeinschaft zusammengeschlossenen Staaten" als treffend an.[1141] Es ist also keine Vertretung eines Europäischen Volkes, sondern eine der Völker der Mitgliedstaaten.

Nach dieser Ansicht ist das Europäische Parlament also kein freiheitliches Organ eines Volkes, dessen Willen es bilden und mobilisieren könnte. Die in Teil B der vorliegenden Arbeit erfolgte Analyse der Zuständigkeiten des Europäischen Parlaments hat ergeben, dass zwar das ordentliche Gesetzgebungsverfahren mit dem Parlament als Mitgesetzgeber neben dem Rat auch in Folge der Ausweitung der Zuständigkeiten der Europäischen Union verstärkt zur Anwendung kommt. Die Wahl der Abgeordneten auf unterschiedlich geregelter nationaler Ebene mit festen mitgliedstaatlichen Abgeordnetenkontingenten[1142] unter degressiv proportionaler Vertretung (Art. 14 Abs. 2 UA 1 S. 3 EUV) ist aber völlig unangetastet geblieben. So vertreten derzeit Deutschland 96 Abgeordnete und Malta sechs. Der maltesische Abgeordnete vertritt nach diesem System nur etwa 1/12 der Bürger, die ein deutscher Abgeordneter vertritt. Das Stimmgewicht des maltesischen Bürgers wiegt also zwölfmal so viel wie das des deutschen. Dem Bundesverfassungsgericht ist deshalb beizupflichten, dass Art. 10 Abs. 2 EUV mit seiner Behauptung, „Die Bürgerinnen und Bürger sind auf Unionsebene unmittelbar

---

1138 *K. A. Schachtschneider*, Freiheit in der Republik, S. 166; i.d.S. *R. Redslob*, Die Staatstheorien der französischen Nationalversammlung von 1789. Ihre Grundlagen in der Staatslehre der Aufklärungszeit und in den englischen und amerikanischen Verfassungsgedanken, S. 143; *C. Schmitt*, Verfassungslehre, S. 207.

1139 *C. Schmitt*, Verfassungslehre, S. 219; *H. Krüger*, Allgemeine Staatslehre, S. 251 f.; *G. Leibholz*, Der moderne Parteienstaat, S. 82 f.; *K. A. Schachtschneider*, Freiheit in der Republik, S. 166 f.

1140 *K. A. Schachschneider*, Freiheit in der Republik, S. 179.

1141 BVerfGE 123, 267 (368, 373).

1142 BVerfGE 123, 267 (373).

im Europäischen Parlament vertreten" schlicht entgegen dessen Wortlaut richtiggestellt werden muss. Primärvertraglich hat sich in den Strukturen des Europäischen Parlaments nichts getan, was eine solch elementare Wandlung des Europäischen Parlaments vom Ort der Vertretung der Völker hin zur unmittelbaren Vertretung der Bürgerinnen und Bürger Europas begründen könnte.

Diese Einschätzung entspricht im Übrigen der herrschenden Auffassung, dass es (noch) kein „europäisches Volk" als gemeinsame willensbildende und Legitimation stiftende politische Größe und Wurzel der Unionsbildung gibt[1143], auf das die Formulierung einer unmittelbaren Vertretung der Bürgerinnen und Bürger (Art. 10 Abs. 2 EUV) als homogener Einheit aber hindeutet. Nun übt nach der Definition des Parlamentsbegriffs ein Parlament eine Kollektivrepräsentation aus, vertritt also das Volk als Ganzes, nicht etwa nur Teile von ihm.[1144] Nach Art. 38 Abs. 1 S. 2 GG z. B. sind die Abgeordneten „Vertreter des ganzen Volkes", sie haben „nur gemeinsam Vertretungsmacht".[1145] Diese Rolle üben die Parlamentarier als Ganzes aus, weil nur sie insgesamt das Parlament – auch Volksvertretung genannt – darstellen. Das Parlament ist laut Grundgesetz neben den Richtern, die ebenfalls „im Namen des Volkes" sprechen, und allen Organen und Behörden dazu auserkoren, das Volk zu vertreten. Das Parlament repräsentiert das Volk in seiner Gesamtheit (Kollektivrepräsentation)[1146], weil die Abgeordneten „Organwalter einer Körperschaft" und als solche von Amts wegen zur Verfolgung der gemeinsamen Interessen der Träger verpflichtet sind.[1147]

Abgeordnete sind „Vertreter des ganzen Volkes". Das Bundesverfassungsgericht weist deshalb darauf hin, dass „der durch Art. 38 Abs. 1 S. 2 GG gewährleistete repräsentative Status der Abgeordneten ... zugleich die Grundlage für die repräsentative Stellung des Bundestages" ist.[1148] Kommt das Parlament durch Wahlen nach den Wahlrechtsgrundsätzen des Art. 38 Abs. 1 S. 1 GG zustande, ist es also unmittelbar durch Volkswahlen legitimiert, so kann es als demokratisch

1143 BVerfGE 89, 155 (155 f.); BVerfGE 123, 267 (371); *K. A. Schachtschneider*, Die Aushöhlung der Demokratie durch Europäische Union und Währungsunion, S. 142; *H. P. Ipsen*, Zehn Glossen zum Maastricht-Urteil, in: Europarecht 1994, S. 6 f.; *Ch. Tomuschat*, Die Europäische Union unter Aufsicht des BVerfG, in: EuGRZ 1993, S. 493 f.

1144 *S. Magiera*, in: Sachs, Grundgesetz, 3. Aufl. 2002, Art. 38, Rdn. 5.

1145 *K. A. Schachtschneider*, Res publica res populi, S. 714.

1146 *S. Magiera*, in: M. Sachs, Grundgesetz, 3. Aufl. 2002, Art. 38, Rdn. 45.

1147 *K. A. Schachtschneider*, Res publica res populi, S. 715.

1148 BVerfGE 104, 310 (329 f.).

legitimiertes Staatsorgan selbst Staatsgewalt ausüben.[1149] Auf dieser Basis stehend, kann das Parlament diese Legitimation auch durch parlamentarische Wahlen in „ununterbrochener Legitimationskette“[1150] weitervermitteln. „Die Ausübung von Staatsgewalt ist dann demokratisch legitimiert, wenn sich die Bestellung der Amtsträger auf das Staatsvolk zurückführen lässt und das Handeln der Amtsträger selbst eine ausreichende sachlich-inhaltliche Legitimation erfährt.“[1151]

Diesen Anspruch erhebt die Europäische Union, weil sie mit der im Vertrag von Lissabon erstmalig gebrauchten Formulierung von „Bürgerinnen und Bürgern“ sowie deren unmittelbarer Vertretung im Europäischen Parlament, verbunden mit der Schaffung eines Raums der Freiheit, der Sicherheit und des Rechts (Art. 4 Abs. 2 lit. j, Art. 67 ff AEUV), die beiden kantianischen Merkmale einer civitas nennt – Freiheit und Recht. „Eine jede Handlung ist recht, die oder nach deren Maxime die Freiheit der Willkür eines jeden mit jedermanns Freiheit nach einem allgemeinen Gesetz zusammen bestehen kann etc.“[1152] In Verbindung mit dem Anspruch, ein Parlament zu sein, ist diese textliche Anpassung durchaus stringent, denn eine bloße Vertretung der Völker ist eben – so auch das Bundesverfassungsgericht – kein Parlament. Dieses formulierte Idealbild muss freilich mit Inhalt gefüllt werden.

Ursprünglich war der Unionsvertrag als Gründungsvertrag ein Vertrag auf der Grundlage des allgemeinen Völkerrechts.[1153] Im Gegensatz zum Grundgesetz, das in Art. 20 Abs. 1 die Bundesrepublik als Bundesstaat bezeichnet, ist der in Art. 1 EUV verwendete Begriff „Union“ weder völker- noch staatsrechtlich vorbelegt. Damit soll eine Entwicklungsoffenheit, ja sogar Entwicklungsbedürftigkeit signalisiert werden.[1154] Dies kommt auch in der Präambel des Unionsvertrags zum Ausdruck, die als Leitgedanken formuliert: „Entschlossen, den mit der Gründung der Europäischen Gemeinschaften eingeleiteten

---

1149 *G. Kretschmer*, in: Schmidt-Bleibtreu/Hofmann/Hopfauf, GG Komm., 11. Aufl. 2008, Art. 38 GG, Rdn. 4.

1150 BVerfGE 77, 1 (40); 106, 51 (60); 107, 59 (87 f.).

1151 BVerfGE 93, 37 (67 f.); 107, 59 (87 ff.).

1152 *Kant*, Metaphysik der Sitten, S. 337.

1153 *M. Pechstein*, in: Streinz (Hrsg), Komm. z. EUV/EGV, Art. 1 EUV, Rdn. 5.

1154 Daselbst, Art. 1 EUV, Rdn. 5; *F. Ossenbühl*, Maastricht und das Grundgesetz, in: DVBl. 1993, S. 628 (629); *Ch. Tomuschat*, Maastricht ad infinitum, in: DVBl. 1996, S. 1073 (1076).

- Prozess der europäischen Integration auf eine neue Stufe zu heben …
- in dem Wunsch, Demokratie … in der Arbeit der Organe weiter zu stärken, damit diese … die ihnen übertragenen Aufgaben in einem einheitlichen institutionellen Rahmen … wahrnehmen …
- entschlossen, eine gemeinsame Unionsbürgerschaft … einzuführen …
- entschlossen, den Prozess der Schaffung einer immer engeren Union der Völker Europas … weiterzuführen …
- im Hinblick auf weitere Schritte, die getan werden müssen, um die europäische Union voranzutreiben".

Diese dynamische Konstruktion der Union zeigt, dass eine Beurteilung von deren Rechtsnatur immer wieder aktualisiert werden muss, weil aus den Primärverträgen neben dem Drang zu einer immer stärkeren Integration kein Fixpunkt in diesem Prozess zu erkennen ist und die Schwelle zur existenziellen Staatlichkeit bereits überschritten sein kann. Bereits „der Maastricht-Vertrag 1991 zielt auf einen Staat Europa".[1155] Unter der „Chiffre der Europäischen Union" soll der Integrationsprozess fortgesetzt werden.[1156]

Die von den Vertragsstaaten gewählte Abhebung der Europäischen Union von den bisherigen Kategorien des Völker- und Staatsrechts entbindet deshalb nicht vom Erfordernis, die Einordnungsfrage zu beantworten, um Klarheit darüber zu gewinnen, welche Anforderungen an die Versammlung mit dem Namen Europäisches Parlament zu stellen sind. Hierzu ist die Staatsrechtslehre auch in der Lage, weil der Rechtsgedanke der „falsa demonstratio non nocet" bereits auf viele andere Rechtssubjekte anzuwenden war. Als Beispiel sei die „Deutsche Demokratische Republik" genannt – ein Staatswesen, das trotz seiner expliziten Namensgebung weder demokratisch noch Republik war. Das Bundesverfassungsgericht hat in seiner Maastricht-Entscheidung die Europäische Union als „Staatenverbund"[1157] bezeichnet – ein Begriff, der ebenfalls neben den beiden eingeführten Formulierungen „Bundesstaat" und „Staatenbund" steht. Nachdem die selbst gewählte Bezeichnung in der Nomenklatur staatsbezogener Namensgebung mithin bei der Einordnung nicht hilft, wird hier vor der

---

1155 *K. A. Schachtschneider*, Die Republik der Völker Europas, in: Freiheit – Recht – Staat, S. 424; i.d.S. auch *ders./A. Emmerich-Fritsche/Th. C. W. Beyer*, Der Vertrag über die Europäische Union und das Grundgesetz, JZ 1993, 751 ff.

1156 BVerfGE 89, 155 (189).

1157 BVerfGE 89, 155 (194 ff.); *P. Kirchhof*, Der europäische Staatenverbund, in: v. Bogdandy/Bast (Hrsg), Europäisches Verfassungsrecht, 2. Aufl. 2009, S. 1009 (1019 f.); dazu: *Th. C. W. Beyer*, Die Ermächtigung der Europäischen Union und ihrer Gemeinschaften, in: Der Staat 35 (1996), S. 189 (208 ff.).

Bildung eines neuen Begriffs untersucht, ob die Europäische Union nicht den bisherigen Typen Bundesstaat, Staatenbund oder internationale Organisation zuzuordnen ist.

Gemeinsam ist Staatenbund und Bundesstaat, dass die (Mit-)Gliedstaaten ihre Staatlichkeit behalten. Allerdings fehlt dem Staatenbund meist die überwölbende eigene Staatlichkeit, auch wenn er gemeinsame Anliegen der Mitgliedstaaten mit eigenen Organen verfolgt. Dem Staatenbund fehlt typischerweise die Durchgriffsbefugnis auf die Bürger der Mitgliedstaaten.[1158] Die Europäische Union hat jedoch auf Grund vielfach unmittelbar wirkender Rechtsnormen (z.B. Verordnungen Art. 288 UA 2 AEUV) diese Durchgriffbefugnis. Teilweise wird sogar angenommen, dass das Primärrecht und das europäische Sekundärrecht und die Verfassungen der Mitgliedstaaten zu einem einzigen Verfassungsverbund verschmolzen sind.[1159] Auch ansonsten „übersteigt der durch die Gemeinschaften als Grundlage der Union erreichte Integrationsstand deutlich denjenigen eines Staatenbundes".[1160] Letzterer ist völkerrechtlich geprägt und beschreibt dort „klassisch-diplomatische Staatenzusammenarbeit bar weiterer politischer Finalitäten".[1161] Schon die Präambel des Unionsvertrages macht deutlich, dass die Union eine Finalität hat. Sie sei „ENTSCHLOSSEN, den Prozess der Schaffung einer immer engeren Union der Völker Europas … weiterzuführen", um die „europäische Integration auf eine neue Stufe zu heben". Die Präambel nennt also Ziele, die z.B. durch „Demokratie und Effizienz in der Arbeit der Organe" erreicht werden sollen.[1162] Der Staatenbund wird daher der Intensität des EU-Zusammenschlusses nicht gerecht[1163], weil er regelmäßig lediglich sogenannte „high politics" wie Außen- und Verteidigungspolitik gemeinsam regelt.[1164] Über diese Stufe ist die Europäische Union weit hinaus, wenn oben genannte im Primärvertragsrecht eingeräumte Zuständigkeiten betrachtet werden. Dies gilt umso mehr für die Einordnung als internationale Organisation.

1158 *M. Pechstein*, in: Streinz (Hrsg), Komm. z. EUV/EGV, Art. 1 EUV, Rdn. 11.

1159 *F. Pernice*, Bestandssicherung der Verfassungen: Verfassungsgerichtliche Mechanismen zur Wahrung der Verfassungsordnung, in: Biber/Widmer (Hrsg.), Der europäische Verfassungsraum, 1995, S. 225 (261 ff.), *ders.*, Die Dritte Gewalt im europäischen Verfassungsverbund, in: Europarecht 1996, S. 27 ff.

1160 *M. Pechstein*, in: Streinz (Hrsg), Komm. z. EUV/EGV, Art. 1 EUV, Rdn. 11.

1161 *Th. Oppermann*, Europarecht, 3. Aufl. 2005, § 12, S. 278, Rdn. 23.

1162 *R. Geiger*, EUV/EGV, 4. Aufl. 2004, Präambel EUV, Rdn. 1.

1163 *Th. Oppermann*, Europarecht, 3. Aufl. 2005, § 12, S. 278, Rdn. 23.

1164 *M. Pechstein/Ch. Koenig*, Die Europäische Union, 3. Aufl. 2000, S. 49, Rdn. 91.

Mithin wird kaum noch bestritten, dass die Europäische Union sich zum Bundesstaat entwickelt. Dabei leistet die Währungsunion einen wesentlichen Beitrag zum Aufbau des „existenziellen Staat[s] Europa“[1165], ja sie ist ein „Integrationshebel“[1166]. Entsprechend ist das Europäische Parlament „bis an die Grenze dessen mit Befugnissen ausgestattet [worden]... was mit der existenziellen Staatlichkeit der Völker noch vereinbar ist.“[1167] Daher ist zu Recht zu fragen, ob die bloße weitere Übertragung legislativer Rechte auf das Europäische Parlament ein „adäquater Weg wäre“[1168], die Legitimationsbasis der Europäischen Union zu stärken. Ohne europäisches Volk fehlt die Parlamentseigenschaft der republikanischen Repräsentation. Die parlamentarische Willensbildungsfunktion für ein vertretenes Volk kann es nicht ausüben, Gesetze des Volkes kann es nicht erlassen.

Selbst ein Parlament, das bei Unterstellung eines europäischen Volkes dieses republikanisch repräsentiert, ist nur dann ein voll entwickeltes Parlament, wenn es selbstbewusst - durchaus neben einer Art Bundesrat - Aufgaben von Gewicht ausübt, nämlich mindestens das Gesetzgebungs- und das Budgetrecht[1169]. Das Europäische Parlament ist lediglich stützender, schwächerer Mitgesetzgeber neben dem Rat, wenn es auch gemäß Vertragswerk von Lissabon den Haushaltsentwurf der Union verhindern kann. Trotz zunehmender funktionaler und institutioneller Staatlichkeit kann die Europäische Union mangels Existenz eines europäischen Staatsvolkes keinen Staat im existenziellen Sinne rechtens hervorbringen.[1170] „Zu Recht wird derzeit dem Europäischen Parlament die eigentliche Befugnis eines Parlaments, nämlich die, verbindliche Gesetze zu beschließen, vorenthalten, weil dessen Gesetzgebung nicht demokratisch, nämlich von den Völkern legitimiert wäre.“[1171] Für den Begriff Parlament wird in der Staatslehre synonym der Terminus Volksvertretung genannt. Ein Parlament ist „die Vertretung des ganzen Volkes durch das gesamte Vertretungsorgan“[1172] – „die

1165 *K. A. Schachtschneider*, Die Aushöhlung der demokratie durch Europäische Union und Währungsunion, S. 136 ff.

1166 *K. A. Schachtschneider*, Demokratiedefizite in der Europäischen Union, in: Freiheit – Recht – Staat, S. 493.

1167 Daselbst, S. 493.

1168 *R. Streinz*, Europarecht, S. 104, Rdn. 281.

1169 Der neue Brockhaus, Wiesbaden 1975, Bd. 4, S. 140.

1170 BVerfGE 89, 155 (184 ff., 188); *K. A. Schachtschneider*, Die Republik der Völker Europas, in: Freiheit – Recht – Staat, S. 438.

1171 *K. A. Schachtschneider*, Die Republik der Völker Europas, in: Freiheit – Recht – Staat, S. 428.

1172 *K. A. Schachtschneider*, Res publica res populi, S. 714.

Erkenntnis der Rechtsmaterie durch Vertreter des Volkes ... ermöglicht die allgemeine Autonomie des Willens".[1173] Eine Versammlung von Bürgerinnen und Bürgern nach mitgliedstaatlichen Kontingenten bleibt hinter diesen Anforderungen zurück.

„Die Homogenität ist Voraussetzung der Republik, weil deren Grundentscheidung die für die Freiheit, Gleichheit und Brüderlichkeit ist."[1174] „Die Einwanderer in die USA waren als Einwanderer homogen. Sie haben den Willen zum Staat verwirklicht. ... Die deutsche Homogenität ist durch einheitliche Sprache, die einheitliche Geschichte, die einheitlichen Grundwerte ... zusammengefasst"[1175]. „Das deutsche Volk ist als Kulturgemeinschaft vom Verfassungsgeber vorgefunden."[1176] Das gemeinsame bürgerliche Bekenntnis zu einer Verfassungsordnung, der Wille zur staatlichen Einheit, bringt die Nation hervor (Verfassungspatriotismus).[1177]

Es ist festzuhalten, dass es derzeit kein Europäisches Volk gibt, dessen Willensbildungs- und Mobilisierungsorgan das Europäische Parlament sein könnte. Weiterhin verfügt das Parlament als bloßer Mitgesetzgeber nicht über die Befugnisse eines vollwertigen Parlaments als Legislativorgan. Vielmehr findet die Rechtsetzung auf Unionsebene maßgeblich exekutivistisch durch den Rat statt, ein weiterer Grund für die Schwäche des Europäischen Parlaments bei Willensbildung und Mobilisierung Europas.

Die Europäische Union hält sich für eine verfasste Rechtsgemeinschaft (Raum der Freiheit, der Sicherheit und des Rechts – Art. 67 Abs. 1 AEUV). Sie ist mehr als ein Staatenbund und will auch in einem dynamischen Prozess immer mehr über diesen hinauswachsen. „Schon die EG hatte in den Verträgen von Maastricht, Amsterdam und Nizza den Anspruch erhoben, nicht mehr nur als reine Wirtschaftsgemeinschaft, sondern auch als ein politisches Gemeinwesen mit eigener Identität und damit als Wertegemeinschaft wahrgenommen zu werden."[1178] Doch trotz der Vergemeinschaftung zahlreicher Politiken gewinnt das Europäische Parlament kein Gewicht, das es über die Schwelle zum echten

---

1173 *K. A. Schachtschneider*, Res publica res populi, S. 718.

1174 *K. A. Schachtschneider*, Res publica res populi, S. 1177.

1175 *K. A. Schachtschneider*, Res publica res populi, S. 1186.

1176 *P. Kirchhof*, Die Identität der Verfassung in ihren unabänderlichen Inhalten, HStR, Bd. I, S. 799, S. 1186.

1177 *K. A. Schachtschneider*, Res publica res populi, S. 1190; *D. Sternberger*, Verfassungspatriotismus, in: *ders.*, Schriften Bd. X, 1990, S. 13 ff, 17 ff.; *J. Habermas*, Faktizität und Geltung, S. 632 ff.

1178 *Ch. Calliess*, in: Calliess/Ruffert (Hrsg.), EUV/EGV, 3. Aufl. 2007, Art. 1 EUV, Rdn. 28.

Parlament hin heben würde. Auch ein europäischer Superstaat mit Befugnissen existenzieller Staatlichkeit vermag ohne Volk und ohne Organ des Volkes mit vollständiger legislativer Kompetenz kein Europäisches Parlament als wahres Parlament hervorzubringen.

b.b Defizite nach republikanischem Staatsprinzip

Diese Entkopplung von Staat (hier: Union) und Volk zeigt ein Vergleich von Weimarer Reichsverfassung (WRV) und Grundgesetz einerseits und dem Europäischen Verfassungsvertrag (EVV) sowie dem Reformvertrag von Lissabon andererseits. Die beiden deutschen Verfassungen formulieren:

Art. 1 Abs. 2 WRV:	„Die Staatsgewalt geht vom Volke aus."
Art. 20 Abs. 2 S. 1 GG:	„Alle Staatsgewalt geht vom Volke aus."

Im Europäischen Verfassungsvertrag steht, dass

Art. I-19 EVV:	„die Union über einen institutionellen Rahmen verfügt, der den Zweck hat, ihren Werten Geltung zu verschaffen, ihre Ziele zu verfolgen, ihren Interessen, denen ihrer Bürgerinnen und Bürger und deren Mitgliedstaaten zu dienen..."

Im Reformvertrag wird formuliert:

Art. 3 Abs. 1 EUV:	„1. Ziel der Union ist es, den Frieden, ihre Werte und das Wohlergehen ihrer Völker zu fördern."

Hier zeigt sich, dass es neben den Interessen der Bürgerinnen und Bürger dem Wortlaut nach offenbar eigene Unionsinteressen gibt. Wenn diese, so der Verfassungstext, wesensverschieden von den Interessen der Bürger und den von den Staatsvölkern legitimierten Interessen der Mitgliedstaaten sind, dann sind Unionsinteressen solche der Union als solcher, also existenzielle Staatlichkeit, getrennt von den Bürgern. Den Bürgern wird damit ihre Gemeinschaft genommen. Selbst für Carl Schmitt ist der Staat „die Selbstorganisation der Gesellschaft".[1179] Hier liegt dem Lissabon-Vertrag zufolge eine Herrschaft aus eigenem Recht vor, was einen eklatanten Verstoß gegen das Demokratieprinzip darstellt.[1180] Der

---

1179 *C. Schmitt*, Der Hüter der Verfassung, S. 78 f.; vgl. auch *K. A. Schachtschneider*, Freiheit in der Republik, S. 214.

1180 *K. A. Schachtschneider*, Res publica res populi, S. 38.

Umstand, dass solche Formulierungen möglich waren, zeigt, wie weit sich die politische Klasse vom Volk entfernt hat.[1181]

Das aktuelle Europäische Primärvertragsrecht setzt sich sogar in Widerspruch zur Präambel der Einheitlichen Europäischen Akte vom 28.2.1986 sowie zur Charta von Paris für ein neues Europa vom 21.11.1990, weil in diesen Dokumenten davon gesprochen wird, dass keine Staatsform mehr legitimierbar ist, von der die „Staatsgewalt nicht vom Volke ausgeht".[1182] Wenn dieser gegenwärtige Vertrag über die Europäische Union (EUV) neben den Interessen ihrer Bürgerinnen und Bürger noch weitere Interessen regelt („ihre" und die ihrer Mitgliedstaaten), dann ist es keine Verfassung, wie sie Kant fordert, denn: „Die bürgerliche Verfassung in jedem Staat soll republikanisch sein".[1183]

Diesen Rückschritt in vorrepublikanische Zeit bringt auch Art. 13 Abs. 2 EUV zum Ausdruck: „Jedes Organ handelt nach Maßgabe der ihm in den Verträgen zugewiesenen Befugnisse nach den Verfahren, Bedingungen und Zielen, die in den Verträgen festgelegt sind." Laut Bundesverfassungsgericht[1184] ist Kennzeichen der Republik, dass das Volk Gewalt durch Organe ausübt. „Keinesfalls üben Organe Staatsgewalt für das Volk aus"[1185], also obrigkeitlich. Der Vertrag von Lissabon bleibt hinter diesem Niveau zurück, weil er erkennen lässt, dass neben dem Willen des Volkes bzw. der Völker der Mitgliedstaaten auch eigene Interessen der EU-Bürokratie oder der Union selbst verfolgt werden. Hier zeigt sich, dass die Union ein unvollkommener Staat ohne Volk ist, die stets Gefahr läuft, Sonderinteressen zu vertreten, weil nur Republiken, in denen die Völker die Staatsgewalt innehaben, Staaten im existenziellen Sinne sind. Diese „entrepublikanisierte Herrschaftsordnung" lässt auch die Mitgliedstaaten als „staatsähnliche Hülse(n)" zurück, die nicht mehr in der Lage sind, den Verlust an Freiheit, Recht und Staat zu kaschieren.[1186]

Nach Art. I-45 EVV/ Art. 2 EUV achtet die Union die „Gleichheit ihrer Bürgerinnen und Bürger" – das GG spricht unmissverständlich in Art. 3 davon, dass alle vor dem Gesetz gleich seien. Diese obrigkeitliche Gesinnung des europäischen Primärrechts wird beim Weiterlesen von Art. I-45 EVV/ Art. 2 EUV noch

1181 *K. A. Schachtschneider,* Die Aushöhlung der Demokratie durch Europäische Union und Währungsunion, S. 150.

1182 *K. A. Schachtschneider*, Res publica res populi, S. 68.

1183 *Kant,* Zum ewigen Frieden, S. 204.

1184 BVerfGE 83, 60 (71 ff.).

1185 *K. A Schachtschneider*, Res publica res populi, S. 27.

1186 *K. A. Schachtschneider,* Die Aushöhlung der Demokratie durch Europäische Union und Währungsunion, S. 149 ff.

deutlicher, widmet die Union doch jedem Bürger „ein gleiches Maß an Aufmerksamkeit seitens der Organe, Einrichtungen und sonstigen Stellen der Union". Dies ist freiheits- und damit republikwidrig, weil die Organe der Republik eine Vertretung des Volkes sind[1187] und der Staat dem Bürger nicht wie ein sorgender Patriarch gegenüber stehen soll.

Deshalb kann, auch wenn diese Formulierung bereits in Art. I-46 (1) EVV auftaucht, auch nicht von einer repräsentativen Demokratie als „Staatsform" der Europäischen Union gesprochen werden, sondern „die Arbeitsweise der Union beruht [lediglich] auf der repräsentativen Demokratie" (Art. 10 Abs. 1 EUV). Auch im Reformvertrag von Lissabon kommt dies in Art. 9 EUV zum Ausdruck. „Die Union achtet in ihrem gesamten Handeln den Grundsatz der Gleichheit ihrer Bürgerinnen und Bürger, denen ein gleiches Maß an Aufmerksamkeit seitens der Organe, Einrichtungen und sonstigen Stellen der Union zuteil wird."

Nachdem mangels Unionsvolk das Europäische Parlament keine Volksvertretung im demokratischen Staatsverständnis darstellt, ist die Prüfung der Parlamentseigenschaft nach republikanischem Staatsverständnis, das auf dem demokratischen aufbaut, nur noch „hilfsweise" vorzunehmen. Ohne eine „Vereinigung von Menschen" (Volk) fehlt der Republik die Basis, republikanischen Anforderungen könnte das Europäische Parlament nur genügen, wenn es eine gleichheitliche Volksvertretung wäre. Kant weist den „Rechtsgesetzen" eine wesentliche Rolle bei der Definition eines Staates zu, unter denen sich die Menschen als Volk vereinigen. Selbst wenn ein europäisches Volk angenommen wird, das in einem Bundesstaat Europa verfasst sei, so sind nicht ungeprüft Legislativakte, an denen das Europäische Parlament beteiligt ist, „Rechtsgesetze" im kantianischen Sinn. Diese müssen nämlich auch gleichheitlich zustande gekommen sein, wenn sie als Gesetze des Volkes verbindlichen Charakter entfalten sollen. Auf die Art der Gesetzgebung der Union ist wegen deren Befugnisumfangs und wegen deren Fähigkeit zum Zwang besonderes Augenmerk zu legen. „Gerade die unter anderem hierin zum Ausdruck kommende Ausgestaltung der Europäischen Union als Rechtsgemeinschaft, der hohe Grad an Normativität, die ihr – von den Mitgliedstaaten autonomes – Rechtssystem kennzeichnet"[1188], belegt die bundesstaatlichen Ambitionen, die die Herren der Verträge verfolgen. Schon jetzt nehmen die Verträge die höchste Stellung in der Normenhierarchie auch gegenüber mitgliedstaatlichem Recht für sich in Anspruch, was deutlich macht, dass sie einen prägenden Maßstab für das nachfolgende Recht weitgehend einschließlich des

---

1187 *K. A Schachtschneider*, Res publica res populi, S. 18.
1188 *Ch. Calliess*, in: Calliess/Ruffert (Hrsg.), EUV/EGV, 3. Aufl. 2007, Art. 1 EUV, Rdn. 33.

mitgliedstaatlichen Verfassungsrechts darstellen. Artikel 67 Abs. 1 AEUV spricht daher auch von „einem“ Raum der Freiheit, der Sicherheit und des Rechts.

Der Reformvertrag von Lissabon spricht in der Tradition des Verfassungsentwurfs die Sprache des Staatsrechts und nicht die des Völkerrechts[1189], dennoch: Die Unionsverträge sind ein solches Verfassungsgesetz nicht.[1190] „Die Sprache des Staates soll der Union das Verfassungsgesetz geben, das aber nur ein Verfassungsvertrag ist. Eine Verfassung ... hat ein Verfassungsstaat ... nur ein existenzieller Staat.“[1191]

In Art. 189 EGV-Nizza stand noch, dass sich „das Europäische Parlament ... aus Vertretern der Völker der in der Gemeinschaft zusammengeschlossenen Staaten“ zusammensetze. Im Reformvertrag von Lissabon heißt es hingegen unter Art. 10 Abs. 2 UA 1 EUV, dass die „Bürgerinnen und Bürger ... auf Unionsebene unmittelbar im Europäischen Parlament vertreten“ seien, das dann seinerseits nach Art. 14 Abs. 1 S. 1 EUV „gemeinsam mit dem Rat als Gesetzgeber“ fungiere. Diese Formulierung ergänzt der Reformvertrag hinsichtlich der Vertretung dahingehend, dass diese „degressiv proportional“ erfolge und nach unten auf mindestens sechs Vertreter (Estland, Luxemburg, Zypern, Malta) und nach oben auf maximal 96 Vertreter (Deutschland) je Mitgliedsstaat begrenzt sei (Art. 14 Abs. 2 S. 3, 4 EUV). Der Reformvertrag von Lissabon „konzipiert ... ein erstes Element eines Unionsvolkes und damit eines existenziellen Unionsstaates, die unmittelbare Vertretung der <Bürgerinnen und Bürger> durch das Europäische Parlament“.[1192] Freilich vertritt ein deutscher Abgeordneter etwa 857.000 Bürger, ein maltesischer Abgeordneter lediglich 67.000 Das Stimmgewicht eines maltesischen Bürgers ist damit fast 13-mal größer als das eines deutschen.[1193] Interessanterweise wird im deutschen Wahlgebiet bei der Wahl der deutschen Abgeordneten zum Europäischen Parlament der Grundsatz der Gleichheit der Wahl beachtet, wohingegen im europäischen Gesamtwahlgebiet dieser Grundsatz

---

1189 *K. A. Schachtschneider*, Deutschland nach dem Konventsentwurf einer „Verfassung für Europa“, in: Freiheit – Recht – Staat, S. 600.

1190 A.A. EuGH – Rs. 224/83 (Les Verts/Parlamant), Slg. 1986, 1365.

1191 *K. A. Schachtschneider*, Deutschland nach dem Konventsentwurf einer „Verfassung für Europa“, in: Freiheit – Recht – Staat, S. 600; auch: *P. Kirchhof*, Die rechtliche Struktur der Europäischen Union als Staatenverbund, S. 895 ff.

1192 *K. A. Schachtschneider*, Deutschland nach dem Konventsentwurf einer „Verfassung für Europa“, in: Freiheit – Recht – Staat, S. 592.

1193 *P. Huber*, in: Calliess/Ruffert (Hrsg.), EUV/AEUV, 4. Aufl. 2011, Art. 14 EUV, Rdn. 48.

wegen der degressiv-proportionalen Repräsentation eben nicht gilt.[1194] Bei gleicher Stimmengewichtung von deutschen und maltesischen Wählern hätte Deutschland über 1.200 Abgeordnete.

Hand in Hand damit geht die Unionsbürgerschaft. Schon und selbst Carl Schmitt sieht „das Volk als die in einem geregelten Verfahren wählenden oder abstimmenden Staatsbürger" an.[1195] Auch wenn dieses Merkmal eines Volkes verwirklicht ist, kommen noch weitere Kriterien hinzu, die die Unionsbürger erfüllen müssen, um als Unionsvolk eingestuft zu werden. „Die Bürgerschaft als das Volk ist die meist gewachsene, wesentlich aber willentliche, also durch Verfassungsgesetz verfasste Lebens-, Friedens- und Schicksalsgemeinschaft."[1196]

Durch die Formulierung des Art. 10 Abs. 2 UA 1 EUV, dass die „Bürgerinnen und Bürger ... auf Unionsebene unmittelbar im Europäischen Parlament vertreten" seien, soll dem Europäischen Parlament und den von ihm (mit)erlassenen Gesetzen eine „demokratische Legitimationskraft"[1197] zugesprochen werden. Hierbei verkennt der Gesetzeswortlaut des Reformvertrages von Lissabon, dass die Gebiets- und Rechtshoheit (Anwendungsvorrang des Gemeinschaftsrechts) des Gemeinschaftsstaates der Trägerschaft durch ein verfasstes Gemeinschaftsvolk zur demokratischen Legitimation ihrer Rechtsakte bedarf.[1198] „Die Europäische Union entwickelt sich in ihren Institutionen, Organen, Aufgaben und Befugnissen, sowie in ihren Instrumenten und Handlungsweisen vom Staatenverbund der Europäischen Völker ... mehr und mehr zum unitarischen unechten Bundesstaat, als wären die Unionsbürger ein Volk."[1199] Hier zeigt sich ein Europa der zwei Geschwindigkeiten – allerdings in anderer Hinsicht als gemeinhin verstanden: Die Zuständigkeiten der Union eilen der Republikanisierung der Union voraus. Damit ist die politische Willensbildung der Europäischen Union

---

1194 BVerfGE 123, 267 (375); auch: *R. Geiger*, EUV/EGV, 4. Aufl. 2004, Komm. zu Art. 190 EGV, Rdn. 2.

1195 *C. Schmitt*, Verfassungslehre, S. 277.

1196 *K. A. Schachtschneider*, Deutschland nach dem Konventsentwurf einer „Verfassung für Europa", in: Freiheit – Recht – Staat, S. 579.

1197 *K. A. Schachtschneider*, Die Aushöhlung der Demokratie durch Europäische Union und Währungsunion, S. 105.

1198 *K. A. Schachtschneider*, Deutschland nach dem Konventsentwurf einer „Verfassung für Europa", in: Freiheit – Recht – Staat, S. 582.

1199 *K. A. Schachtschneider*, Deutschland nach dem Konventsentwurf einer „Verfassung für Europa", in: Freiheit – Recht – Staat, S. 592; siehe auch BVerfGE 89, 155 (184, 186, 188 ff., 190).

entdemokratisiert, weil sich an der degressiv proportionalen, also nicht gleichheitlichen Wahl des Europäischen Parlaments nichts geändert hat.[1200]

Typischerweise erfolgt die Auswahl der Vertreter der Bürgerinnen und Bürger durch wiederkehrende Wahlen (z.B. Art. 20 Abs. 2 S. 2, Art. 38 Abs. 1 S. 1 GG), die „der Kern der demokratischen Legitimation" sind.[1201] Von „Kern" ist hier zu sprechen, weil alle übrigen Staatsorgane um diesen Kern gruppiert sind, also von ihm wiederum ihre Legitimation ableiten, sind sie doch in „organisatorischer, budgetmäßiger Art" und durch „rechtliche und politische Kontrolle" sowie „durch die Gesetzmäßigkeit der Verwaltung" von Parlamentsentscheidungen abhängig.[1202] Wegen des legitimierenden Charakters sind durch verfassungsmäßig abgesicherte Wahlgrundsätze die Anforderungen an Wahlen definiert (Art. 38 Abs. 1 GG).

Auf europäischer Ebene legt Art. 14 Abs. 3 EUV die Wahlgrundsätze zum Europäischen Parlament fest. Von denen des Grundgesetzes weichen diese beim Punkt „gleiche" Wahlen ab, weil dieser Wahlgrundsatz auf Unionsebene nicht gilt. Vielmehr sind degressiv proportional die Abgeordnetenkontingente im Europäischen Parlament in Art. 14 Abs. 2 UA 1 S. 3, 4 EUV festgeschrieben. Art. 14 Abs. 2 UA 2 EUV ermöglicht dem Europäischen Rat unter Zustimmung des Parlaments einen Beschluss über seine genaue Zusammensetzung innerhalb der Grenzen von Unterabsatz 1. Im Unterschied zur Regelung im Grundgesetz (Art. 38 Abs. 1 GG) gewährt der Unionsvertrag keinen rechtlichen Anspruch auf gleichheitliche Vertretung der Bürger im Parlament. Es bestand durch den unbestimmten Rechtsbegriff „angemessen" (Art. 190 Abs. 2 S. 2 EGV a. F.) lediglich ein politischer Anspruch auf eine entsprechende Vertragsänderung. Art. 14 Abs. 2 UA 2 EUV enthält nicht einmal mehr das Adjektiv „angemessen", sondern schreibt durch den Verweis auf Art. 14 Abs. 2 UA 1 EUV sogar die degressiv-proportionale Ungleichgewichtung der Stimmen der Unionsbürger aus verschiedenen Mitgliedstaaten fest.[1203]

1200 *K. A. Schachtschneider*, Die Aushöhlung der Demokratie durch Europäische Union und Währungsunion, S. 103.

1201 *M. Kriele*, Das demokratische Prinzip im Grundgesetz, in: VVDStRL 29, 1971, S. 82.

1202 *M. Kriele*, Das demokratische Prinzip im Grundgesetz, in: VVDStRL 29, 1971, S. 82; siehe auch *R. Thoma*, Das Reich als Demokratie, in: Handbuch des Deutschen Staatsrechts, Bd. 1, 1930, S. 188, 195; *R. Herzog*, Demokratie und Gleichheit heute, in: DVBl. 1970, S. 713; *ders.*, in: Maunz/Dürig, GG, Art. 20, Abschn. II, Rdn. 46 ff.; *N. Luhmann*, Grundrechte als Institution, 1965, S. 136 ff.; *K. Stern*, Staatsrecht I, S. 454 ff.; *T. Mähner*, Der Europäische Gerichtshof als Gericht, S. 49.

1203 *V. Epping*, in: Vedder/Heintschel von Heinegg, EVV, Art. I-20 EVV, Rdn. 5; *K. A. Schachtschneider*, Die Souveränität Deutschlands, S. 206 f.

Im Rahmen dieser politischen Entscheidung zur Zusammensetzung des Europäischen Parlaments spielt neben dem demokratischen Prinzip der Gleichheit der Wahl auch noch das dem Völkerrecht entstammende Prinzip der Egalität der Völker eine Rolle. An dem Charakter des Europäischen Parlaments als Staatenversammlung, als Versammlung der „Vertreter der Völker“, hat sich also auch im Vertrag von Lissabon (Art. 14 Abs. 2 UA 1 S. 3 EUV) nichts geändert.[1204] Entscheidend für das demokratische Prinzip ist, dass bei der Weiterentwicklung der Europäischen Union durch weitere Integration – verbunden mit weiteren Gesetzgebungsbefugnissen des Parlaments – die Vertretung im Parlament dem staatsrechtlichen Prinzip der Egalität der Bürger folgen muss, weil „die demokratierechtlich widersprüchliche Konzeption [nur] … tolerierbar [wäre], wenn die im Wesentlichen exekutive Unionsrechtsetzung sich in engen Grenzen“ hielte.[1205]

In Art. 38 Abs. 1 S. 1 GG heißt es: „Die Abgeordneten des Deutschen Bundestages werden in allgemeiner, unmittelbarer, freier, gleicher und geheimer Wahl gewählt.“ Damit wird ein Kanon als „demokratisches Essentiale“[1206] festgelegt, dessen zentraler Ausgangspunkt die jedem Menschen angeborene Freiheit ist. Die Freiheit ist das „einzige, ursprüngliche Recht“, das „jedem Menschen kraft seiner Menschheit zusteht“.[1207] Aus ihr folgt logisch die Gleichheit in der Freiheit (politische Freiheit)[1208], weil Ungleichheit unter den Menschen die Herrschaft des einen über den anderen herbeiführt und so der Freiheit eines Teils der Menschheit ein Ende bereiten würde. Eine Republik, die nach den Grundsätzen Freiheit, Gleichheit, Brüderlichkeit gestaltet ist, ist eine Freiheitsform.[1209] Demokratie ist ein System, in dem der „die Bürger in voller Freiheit einige ihresgleichen in die Ämter wählen“.[1210]

Nach den in den in Art. 14 Abs. 3 EUV normierten Wahlgrundsätzen zum Europäischen Parlament werden – sogar in gleicher Reihenfolge wie in Art. 38

1204 BVerfGE 123, 267 (373); *K. A. Schachtschneider*, Die Aushöhlung der Demokratie durch Europäische Union und Währungsunion, S. 103; *H. Dreier*, in: H. Dreier (Hrsg.), Grundgesetz-Kommentar, Bd. 2, 2. Aufl. 2006, Art. 20 GG, Rdn. 42 ff.

1205 *K. A. Schachtschneider*, Die Souveränität Deutschlands, S. 220; i.d.S. auch BVerfGE 89, 155 (181 ff., 191 ff.); 123, 267 (369 ff.).

1206 *K. A. Schachtschneider*, Res publica res populi, S. 788.

1207 *Kant*, Metaphysik der Sitten, S. 345.

1208 BVerfGE 5, 85 (205); *G. Dürig*, in: Maunz/Dürig, GG, 1958, Rdn. 18, 134 zu Art. 1 Abs. 1; *W. Maihofer*, Prinzipien freiheitlicher Demokratie, in: HVerfR, S. 427 ff.; *K. A. Schachtschneider*, Freiheit in der Republik, S. 405.

1209 *K. A. Schachtschneider*, Res publica res populi, S. 410.

1210 *W. Henke*, Recht und Staat, S. 610.

Abs. 1 S. 1 GG – vier der fünf grundgesetzlichen Wahlgrundsätze aufgegriffen. Die Gleichheit der Wahl hingegen muss hinter der degressiv-proportionalen Stimmenverteilung (Art. 14 Abs. 2 Unterabsatz 1 S. 3 EUV), wie gesehen, zurücktreten.

Die Abwesenheit dieses jedem Menschen kraft seiner Menschheit zustehenden ursprünglichen Rechts auf der Unionsebene ist ein schwerer Mangel des Europäischen Parlaments als Parlament. Die Vertretung der Unionsbürgerinnen und Unionsbürger erfolgt nach dem europäischen Primärrecht (Art. 14 Abs. 2 UA 1 S. 1 EUV) durch ein Organ, das bei der Bestimmung seiner Angehörigen den Gleichheitsgrundsatz des Zähl- und Erfolgswertes der Stimme des Unionsbürgers nicht berücksichtigt, obwohl auf mitgliedstaatlicher Ebene „mit der Durchsetzung des allgemeinen und gleichen Wahlrechts … allen Theorien elitärer Repräsentation die Grundlage entzogen" ist.[1211]

„Der ständige Wechsel der Vertreter des Volkes jedenfalls ist für die Republik unverzichtbar."[1212] „Nichts würde die Unabhängigkeit der Abgeordneten so fördern, wie eine rechtlich gesicherte Begrenzung der Amtszeit."[1213] Weil der Vertreter zwar eine eigene Willenserklärung, diese jedoch im Namen der Vertretenen (hier: des Volkes), abgibt und entsprechend nach § 164 Abs. 1 S. 1 BGB deren Rechtswirkung unmittelbar für und gegen den Vertretenen wirkt, müssen die Vertreter stets daran erinnert werden, „dass sie ihre Macht von der Nation erhalten haben". Periodische Neuwahlen sind ein Mittel neben weiteren, um diesen Erinnerungseffekt sicherzustellen.[1214]

Periodische Neuwahlen sind erforderlich, weil durch sie die demokratische Legitimation der Volksvertreter, also die Ableitung ihres Amtes vom Volk, erneuert werden muss. Die Dauer einer Legislaturperiode muss dabei vorher feststehen, weil nur für diesen Zeitraum die Wähler die Abgeordneten legitimiert haben. Aus dem Demokratieprinzip ergibt sich das Gebot zur Einrichtung einer Wahlprüfung.[1215] Die Grenze dieses Zeitraums wird weithin bei fünf Jahren

---

1211 *H. Hofmann, H. Dreier*, Repräsentation, Mehrheitsprinzip und Minderheitenschutz, in: H.-P. Schneider, W. Zeh (Hrsg.), Parlamantsrecht und Parlamentspraxis, § 5 II 4 b, S. 181.

1212 *K. A. Schachtschneider*, Res publica res populi, S. 664.

1213 Daselbst, S. 808.

1214 *H. Hofmann, H. Dreier*, Repräsentation, Mehrheitsprinzip und Minderheitenschutz, in: H.-P. Schneider, W. Zeh (Hrsg.), Parlamantsrecht und Parlamentspraxis, § 5 II 3., S. 178 f.

1215 BVerfGE 85, 148 (158); *M. Sachs*, in: Sachs, Grundgesetz, 3. Aufl. 2002, Art. 20 GG, Rdn. 34.

gesehen[1216], auch sechs Jahre kommen vor. Das demokratische Prinzip der Volkssouveränität erfordert eine Verknüpfung der parlamentarischen Repräsentation mit regelmäßigen Neuwahlen[1217], um sicherzustellen, dass die Staatsgewalt vom Volk ausgeht, was sich in Wahlen und Abstimmungen ausdrückt (Art. 20 Abs. 2 S. 2 GG). Die Legislaturperiode des Europäischen Parlaments reizt diesen Zeitraum nahezu voll aus, indem sie in Art. 14 Abs. 3 EUV auf fünf Jahre festgelegt wird. Die reine Einrichtung von Wahlen genügt also noch nicht dem Demokratieprinzip und schon gar nicht dem Republikprinzip. Sie müssen periodisch sein und gewissen Wahlmodalitäten genügen[1218], wie im Folgenden zusammenfassend zu beurteilen sein wird.

Art. 38 Abs. 1 S. 1 GG schreibt für Deutschland – ähnlich ist es in anderen Mitgliedstaaten – ausdrücklich den Grundsatz der gleichen Wahl vor. Hierunter sind sowohl Anforderungen an das aktive als auch an das passive Wahlrecht zu fassen. Das aktive Wahlrecht muss die wahlberechtigten Bürger sowohl hinsichtlich des Zählwertes („one man, one vote") als auch bezüglich des Erfolgswertes der Stimme gleichstellen. Die Wahlen müssen gewährleisten, dass die Gleichheit der Bürger in der Freiheit gewährleistet ist. Sie müssen also egalitär sein.[1219] Vice versa hat dieses grundgesetzliche Gebot auch Auswirkung auf das passive Wahlrecht, also die Möglichkeit, selbst gewählt zu werden. Nur bei Erfüllung dieser Anforderungen an das aktive Wahlrecht kann die Egalität auch der Wahlbewerber gewahrt bleiben.[1220]

Der Grundsatz der Gleichheit der Wahl ist als Anwendungsfall des allgemeinen Gleichheitssatzes von zentraler verfassungsrechtlicher Bedeutung. „Der Freiheit Zweck ist jedermanns Entfaltung der eigenen Persönlichkeit (Art. 2 Abs. 1 GG) in den vielfältigen Möglichkeiten seines Lebens inmitten der anderen Menschen mit der gleichen Freiheit."[1221] Die Gleichbewertung aller Staatsbürger bei der Ausübung des Wahlrechts ist eine der wesentlichen Grundlagen der deutschen

---

1216 *H. Dreier*, in: H. Dreier (Hrsg.), Grundgesetz-Kommentar, Bd. 2, 1. Aufl. 1998, Art. 20 GG, Rdn. 69.

1217 BayVerfGHE NF 11 II 1 (6); BVerfGE 18, 151 (154); *J. Isensee*, Grundrechte und Demokratie, in: Der Staat 20 (1981), S. 161 ff., 170.

1218 *F. E. Schnapp*, in: Münch/Kunig, GG Komm. II, 5. Aufl. 2001, Art. 20 GG, Rdn. 15.

1219 BVerfGE 1, 208 (247, 249); 4, 31 (39 f.); 4, 375 (383 ff.); 11, 266 (272); 11, 351 (360 f.); *K. A. Schachtschneider*, Das Nominationsmonopol der Parteien in Berlin, JR 1975, 89 f.

1220 *B. Pieroth/B. Schlink*, Grundrechte Staatsrecht II, S. 110; *S. Magiera*, in: M. Sachs, Grundgesetz, 3. Aufl. 2002, Art. 38, Rdn. 80.

1221 *K. A. Schachtschneider*, Prinzipien des Rechtsstaats, S. 35; i.d.S. auch *W. Maihofer*, Prinzipien freiheitlicher Demokratie, HVerfR, S. 490 ff., 519 ff.

Verfassungsordnung.[1222] Gleiches gilt für die Verfassungsordnungen der weiteren Mitgliedstaaten der Europäischen Union, weil dieses Postulat spätestens seit der Französischen Revolution zum europäischen Verfassungserbe gehört. Daher bestätigt Abs. 4 der Präambel des EUV auch das „Bekenntnis zu den Grundsätzen der Freiheit, der Demokratie…", also einer pluralistischen „westlichen politischen Tradition", zu der insbesondere auch die Demokratie gehört.[1223]

Über das allgemeine Gleichheitsgebot hinaus genießt der Grundsatz der Gleichheit der Wahl nach Art. 38 Abs. 1 S.1 GG „formalen Charakter"[1224]. An anderer Stelle präzisiert das Bundesverfassungsgericht, was hierunter zu verstehen ist: Durch das verfassungsmäßige Gebot rechnerisch formaler Gleichbehandlung verbleibt dem Gesetzgeber „nur ein eng bemessener Spielraum für Differenzierungen … Diese bedürfen stets zu ihrer Rechtfertigung eines zwingenden Grundes".[1225] Ein Verstoß gegen das Prinzip der Gleichheit der Wahl tangiert auch den Grundsatz der Allgemeinheit der Wahl, weil so nicht sichergestellt ist, dass alle Grundrechtsträger die gleiche Chance haben, zu wählen und gewählt zu werden.

Sowohl der Grundsatz der Allgemeinheit als auch der Grundsatz der Gleichheit der Wahl sind „spezifische Ausprägungen des allgemeinen Gleichheitssatzes (Art. 3 Abs. 1 GG)"[1226], der durch die nicht gleichheitliche Wahl zum Europäischen Parlament verletzt ist.

Auf Unionsebene hat das Wahlverfahren zum Europäischen Parlament den schweren Mangel der Ungleichheit der Wahl, weil es, wie am Beispiel Maltas gesehen, Stimmenungleichheiten bis zum Faktor 12 akzeptiert. Die Beurteilung der Wahl zum Europäischen Parlament erfordert zusätzlich eine Prüfung der Wahl auf mitgliedstaatlicher Ebene, weil es kein europaweit einheitliches Wahlrecht gibt. Nach den in der Bundesrepublik Deutschland geltenden Grundsätzen für die Wahlen zum Europäischen Parlament, die sich im Europawahlgesetz (EuWG) finden, haben die Wähler eine Stimme, mit der sie einen Listenwahlvorschlag annehmen können (§ 2 Abs. 1 EuWG). Die Wahl findet als Verhältniswahl (§ 2 Abs. 1 EuWG) statt und folgt – lediglich auf Ebene der deutschen Teilwahl zur Verteilung der nationalen 96 Sitze (Art. 14 Abs. 2 UA 1 S. 4 EUV) – den Grundsätzen der allgemeinen, unmittelbaren, freien, gleichen und geheimen Wahl auf fünf Jahre (§ 1 Abs. 1 EuWG).

1222 *A. Katz,* Staatsrecht, § 14, S. 152, Rdn. 313.

1223 *R. Geiger*, EUV/EGV, Kommentar, Präambel EUV, Rdn. 14.

1224 BVerfGE 41, 399 (413); 57, 43 (56).

1225 BVerfGE 85, 148 (158 f.).

1226 *S. Magiera*, in: M. Sachs, Grundgesetz, 3. Aufl. 2002, Art. 38 GG, Rdn. 79.

Das deutsche Europawahlgesetz enthält für den deutschen Abstimmungsraum bei den Wahlen zum Europäischen Parlament die allgemeinen Wahlgrundsätze Deutschlands nach Art. 28 Abs. 1 S. 2, Art. 38 Abs. 1 S. 1 GG, nämlich die Prinzipien der Allgemeinheit, der Unmittelbarkeit, der Freiheit und der Gleichheit der geheim auszuübenden Wahl. Als Wahlsystem ist nach § 2 EuWG die Verhältniswahl mit Landeslisten oder einer Bundesliste bestimmt. § 2 Abs. 6 EuWG hatte eine 5 %-Sperrklausel vorgesehen[1227], die inzwischen durch das Bundesverfassungsgericht für nichtig erklärt worden ist[1228], wenngleich nun eine 3 % -Sperrklausel auf den Weg gebracht wird. Damit gilt bei der Wahl der deutschen Abgeordneten zum Europäischen Parlament wie bei den Wahlen zum Deutschen Bundestag das Verhältniswahlrecht, das allerdings nicht „personalisiert" ist, weil es keine Direktkandidaten gibt. „Das Verhältniswahlsystem, insbesondere das mit starren Listen, ist politikwissenschaftlich als wesentliche Stütze des Parteienstaates unbestritten."[1229] „Ein Mehrheitswahlsystem im Sinne einer direkten Wahl der verschiedenen Vertreter des ganzen Volkes gäbe den Bürgern immerhin die Chance, die Verantwortung für die moralische Kompetenz der Persönlichkeiten zu übernehmen, die sie zu ihren staatlichen Vertretern machen wollen."[1230] „Nach Art. 38 Abs. 1 GG sollen Abgeordnete, nicht Parteien gewählt werden. ... In einem Wahlkreis kann nur einem Kandidaten die Vertretung des ganzen Volkes überantwortet werden. Das soll der ... Beste sein."[1231] Bei den Wahlen zum Europäischen Parlament kommen diese Vorzüge des Mehrheitswahlrechts nicht zur Anwendung, vielmehr haben Parteien durch das Verhältniswahlrecht neben ihrem faktischen Nominierungsmonopol durch die Vergabe vorderer Listenplätze maßgeblichen Einfluss darauf, wer „sicher" in das Parlament einzieht. „Nur im Rechtssinne werden Kandidaten gewählt, faktisch werden sie von den gewählten Parteien entsandt. ... Die Zahl derer, die

1227 *K. A. Schachtschneider*, Beschwerde gegen die Zurückweisung des Wahleinspruches gegen die Gültigkeit der Europawahl vom 7. Juni 2009 – EuWP 43/09 vom 2.9.2010, S. 2.

1228 Mit Art. 3 Abs. 1 u. Art. 21 Abs. 1 GG unvereinbar u. nichtig mit Wirkung vom 21.3.2008 gem. BVerfG v. 9.11.2011, I 2252 – 2 BvC 4/10, 2 BvC 6/10, 2 BvC 8/10

1229 *C. Schnmitt*, Der Hüter der Verfassung, S. 83 ff.; i.d.S. auch *G. Radbruch*, HbdDStR, 1. Bd., S. 290; *G. Leibholz*, Das Wesen der Repräsentation, S. 114 ff.; *K. A. Schachtschneider*, Res publica res populi, S. 1148.

1230 *K. A. Schachtschneider*, Res publica res populi, S. 1149 f.; i.d.S. auch *F. A. Hermens*, Verfassungslehre, S. 214 ff., 387 ff.

1231 *K. A. Schachtschneider*, Res publica res populi, S. 1150.

das Volk beherrschen, ist nicht größer, eher kleiner als in Zeiten absoluter und konstitutioneller Monarchie."[1232]

Das Wahlvorschlagsrecht genießen lediglich Parteien und sonstige politische Vereinigungen (§ 8 Abs. 1 EuWG), womit der Bürger im Gegensatz zur Bundestagswahl keine Kandidaten unabhängig von der Entscheidung für eine Parteiliste wählen kann, so dass es von entscheidender Bedeutung für den Bewerber ist, welchen Listenplatz er auf der Parteiliste erhalten hat – der Wähler kann ja einem Vorschlag nur unverändert zustimmen. Das zwingt selbst Kritiker des Parteienstaates, sich als Partei zu organisieren, um an der politischen Willensbildung auf europäischer Ebene teilnehmen zu können, „solange parteiliche Parteien ein faktisches Politikmonopol behaupten".[1233]

Eine Partei oder eine sonstige politische Vereinigungen kann dann zur Europawahl ohne weitere Anforderungen antreten, wenn sie bereits im Europäischen Parlament, im Deutschen Bundestag oder einem Landtag im Wahlgebiet ununterbrochen seit der letzten Wahl mit mindestens fünf Abgeordneten vertreten war. Sonst müssen von 1/1.000 der Wahlberechtigten des betreffenden Bundeslandes zum Stichtag der letzten Wahl zum Europäischen Parlament, höchstens jedoch von 2.000 Wahlberechtigten, eigenhändige Unterschriften auf dem Wahlvorschlag nachgewiesen werden. Bei bundesweiten Listen sind 4.000 Unterschriften erforderlich (§ 9 Abs. 5 EuWG).

Die für Parteien in § 18 Abs. 2 Parteiengesetz vorgesehene staatliche Finanzierung (0,70 € pro abgegebener Stimme, sofern 0,5 % der abgegebenen Stimmen erreicht worden sind) wird durch § 28 Abs. 1 EuWG auch auf sonstige politische Vereinigungen angewandt.

Das Gesetz über die Wahl der Abgeordneten des Europäischen Parlaments aus der Bundesrepublik Deutschland (EuWG) bleibt aus demokratischer Sicht hinter dem Bundeswahlgesetz zurück, beispielsweise lässt es nur eine starre Listenwahl auf 5 Jahre zu. Es stellt einen Mindeststandard dar, der bei demokratischen Wahlen zu erreichen ist. Das Bundesverfassungsgericht hält die starren Listen noch für verfassungsgemäß. „Die im Europawahlgesetz vorgesehene Verhältniswahl nach <starren> Listen ist verfassungsrechtlich nicht zu beanstanden. Entsprechendes hat das Bundesverfassungsgericht für nationale Wahlen wiederholt festgestellt."[1234] Dieses Mindestniveau wird auf Unionsebene etwa durch Entfall der Wahlgleichheit bei den Wahlen zum Europäischen Parlament noch unterschritten.

1232 *K. A. Schachtschneider*, Res publica res populi, S. 1153 f.

1233 *K. A. Schachtschneider*, Res publica res populi, S. 1064.

1234 BVerfG v. 9.11.2011, 2 BvC 4/10, 2 BvC 6/10, 2 BvC 8/10, Abs. 133; vgl. auch BVerfGE 3, 45 (50 f.); 7, 63 (67 ff.); 21, 355 (355 f.); 47, 253 (283); 122, 304 (314).

Das Europäische Parlament „ist anders als das Parlament einer Republik nicht Vertretung des ganzen Volkes der Union, der Unionsbürgerschaft also". „Weil es mangels eines Unionsvolkes kein Volk vertritt" und „weil dessen Wahl nicht gleichheitlich ist"[1235], ist es keine Volksvertretung nach republikanischem Staatsverständnis.

Nur die Tatsache, dass das „Europäische Parlament" in Wirklichkeit gar keines ist, sondern, wie oben gesehen, eine „Völker- oder Staatenversammlung", erklärt ansatzweise, dass dieser „Verstoß gegen elementare Grundregeln der Demokratie so einfach in Kauf genommen" wird.[1236] Zum Missverhältnis[1237] bezüglich der Stimmengleichheit bei der Wahl zum Europäischen Parlament ist festzustellen, dass dieses Missverhältnis bei Fortdauer – und danach sieht alles aus – mit dem Grundsatz der Einheitlichkeit der Wahl kollidieren könnte, weil so dauerhaft Unterschiede im Erfolgswert zu Lasten des Grundsatzes der Wahlgleichheit gehen.[1238] Kritiklos wird die undogmatische, politische Begründung wiederholt, dass Rücksicht auf das Prinzip der Staatengleichheit genommen werden müsse.[1239] Der „Verstoß gegen elementare Grundregeln der Demokratie" ist eine „unerhörte Zumutung für die Bürger großer Staaten wie Deutschland".[1240] Selbst für dem Demokratie- und dem Republikprinzip verpflichtete Bürger kleinerer Staaten ist es eine ethische Zumutung, wenn statt 1.200 zu 6 ein Sitzverhältnis von 96 zu 6 (Deutschland – Malta) ausgezählt wird.

Auch wenn in der Rechtspraxis nie eine idealtypische Umsetzung des Republikprinzips erreicht werden wird, so ist jedoch alles zu tun, um Umstände zu schaffen, die den „Weg zur bestmöglichen Verwirklichung der Freiheit durch Gesetzlichkeit ebnen".[1241] Ein „demokratisches Minimum" darf dabei nicht unterschritten werden.[1242]

Bedenken gegenüber der republikanischen Ausgestaltung der Europäischen Union wird in der Lehre teils auch mit dem Argument begegnet, dass das supranationale Gebilde der Europäischen Union nicht an hergekommenen Maßstäben zu

---

1235 *K.A. Schachtschneider*, Die Aushöhlung der Demokratie durch Europäische Union und Währungsunion, S. 103.

1236 *H.-H. v. Arnim*, Das Europa-Komplott, S. 64.

1237 *Th. Oppermann*, Europarecht, 2. Aufl. 1999, S. 106 ff.

1238 *W. Kluth*, in: Calliess/Ruffert (Hrsg.), EUV/EGV, 3. Aufl. 2007, Art. 190 EGV, Rdn. 10.

1239 *Th. Oppermann*, Europarecht, 2. Aufl. 1999, S. 108, Rdn. 252.

1240 *H. H. v. Arnim*, Das Europa-Komplott, S. 63 f.

1241 *K. A. Schachtschneider*, Res publica res populi, S. 638.

1242 *T. Mähner*, Der Europäische Gerichtshof als Gericht, S. 238.

messen sei.[1243] Das ist so lange akzeptabel, wie der demokratierechtlich zwingende „Grundsatz der begrenzten Einzelermächtigung" gilt.[1244] „Die Unionspolitik ist aber in der Sache fast unbegrenzte Integrationspolitik, zumal die als Rechtsprechung konzipierte (funktionale) Rechtsetzung des Europäischen Gerichtshofs"[1245] „kein Gericht im demokratischen Sinne" darstellt.[1246]

Schon 1988 hat die Delors-Kommission als Nahziel definiert, dass 80 % aller wirtschaftlichen und sozialen Entscheidungen nicht mehr von den – bei allen Schwächen demokratisch gewählten – nationalen Parlamenten liegen, sondern von den damaligen Europäischen Gemeinschaften getroffen werden sollten.[1247] Dieses Ziel wurde inzwischen erreicht, etwa 80% der deutschen Gesetz- und Verordnungsgebung auf dem Gebiet des Wirtschafts-, Sozial- und Steuerrechts sind lediglich noch Umsetzung europarechtlicher Normen. Im Jahre 1998 wurden von der Europäischen Union 2854 Verordnungen, 109 Richtlinien, 460 sonstige Entscheidungen und 130 sonstige Beschlüsse erlassen. Im Schnitt der letzten Jahre kamen jedes Jahr 3000 Normsetzungsakte hinzu. Derzeit gehören damit etwa 130.000 Rechtsakte zum gemeinschaftlichen Besitzstand.[1248] Hinter diesen Zahlen steht eine zusätzliche Ebene des Rechts, das sich über das nationale Recht wölbt und an dessen Entstehung ein Parlament bestenfalls mitwirkt, das diesen Namen mangels republikanischer Konstruktion nicht verdient.

Das Amtsblatt der Europäischen Union erscheint nahezu täglich. Im Jahre 2004 hat es zum Beispiel 800.000 Seiten enthalten. Eine wirksame Kontrolle dieses Bürokratenfleißes durch Vertreter des Deutschen Volkes, also die Abgeordneten des Bundestages, ist bei einer wöchentlichen Papiermenge von etwa einem halben Meter Dicke nicht mehr zu bewältigen.[1249] Schlicht Propaganda ist daher das Postulat des Art. 10 Abs. 3 EUV nach Bürgernähe – ein Scheinparlament wirkt lediglich in ausdrücklich genannten Fällen an der Gesetzgebung mit.

1243 *Th. Oppermann*, Europarecht, 2. Aufl. 1999, S. 111, Rdn. 263.

1244 BVerfGE 89, 155 (181 ff, 191 ff.); *K. A. Schachtschneider*, Die Aushöhlung der Demokratie durch Europäische Union und Währungsunion, S. 113.

1245 *K. A. Schachtschneider*, Die Aushöhlung der Demokratie durch Europäische Union und Währungsunion, S 114; siehe auch *ders.*, Prinzipien des Rechtssaates, S. 207 ff.; *ders.*, Verfassungsbeschwerde Lissabon-Vertrag, 3. Teil F.; BVerfGE 89, 155 (181 ff., 191 ff.).

1246 *T. Mähner*, Der Europäische Gerichtshof als Gericht, S. 239.

1247 *J. Delors*, BullEG Nr. 7/8–1988, EA 1988, D 454; zitiert in BVerfGE 89, 155 (173).

1248 *H.-H. v. Arnim*, Das Europa-Komplott, S. 40.

1249 *H.-H. v. Arnim*, Das Europa-Komplott, S. 41.

Ist ohne Gleichheit der Wahl zum Europäischen Parlament schon der grundgesetzliche Bogen des Art. 23 GG überdehnt[1250], so macht die nun erreichte Befugnisfülle der Union trotz der im Lissabon-Vertrag gestärkten Rolle des Europäischen Parlaments ein Nachziehen der demokratischen und republikanischen Legitimation zwingend erforderlich. Das Bundesverfassungsgericht fordert dies ausdrücklich im Maastricht-Urteil[1251]: Entscheidend sei, „dass die demokratischen Grundlagen der Union schritthaltend mit der Integration ausgebaut werden und auch im Fortgang der Integration in den Mitgliedstaaten eine lebendige Demokratie erhalten bleibt." Nach diesem Urteil genügt ein „Nachziehen" der demokratischen Legitimation nicht – wegen des schon eingetretenen Schadens ist unverzüglich zumindest das vom Bundesverfassungsgericht geforderte Niveau herzustellen. Einen wichtigen Umstand gilt es dabei zu beachten, der in der veröffentlichten Diskussion über „Aufgaben" der Europäischen Union meist unterschlagen wird: Aufgaben schaffen nicht schon Befugnisse. „Befugnisse ... bedürfen einer Grundlage im Wortlaut."[1252] An diesen republikanischen Grundsatz muss bei zu viel Integrationseifer erinnert werden.

Primärvertraglich normiert tragen die politischen Parteien „zur Herausbildung eines europäischen Bewusstseins und zum Ausdruck des Willens der Bürgerinnen und Bürger der Union bei" (Art. 10 Abs. 4 EUV). Entgegen der freiheitlichen Ausrichtung des Grundgesetzes, demzufolge nach Art. 21 Abs. 1 GG die politischen Parteien an der Willensbildung mitwirken, wird hier konstruktiv die Parteienebene zwischen den Bürger und die Vertretung seines Willens im dafür vorgesehenen Organ „Europäisches Parlament" zwischengeschaltet (Art. 10 Abs. 1 EUV). Auch sind die Parteien freiheitswidrig zur „Europafreundlichkeit" verpflichtet.

Bereits auf der Ebene Deutschlands ist trotz der freiheitlichen Ausrichtung im Grundgesetz die Gefahr gegeben, dass „das Parlament zu einem bloßen Hilfsorgan der Parteien verkümmere".[1253] Ein wahres Parlament besteht daher aus Abgeordneten, denen „nur sehr begrenzt die Wahrnehmung partikularer ... Interessen" zugestanden werden kann.[1254] „Wenn sich Abgeordnete ... immer häufiger genötigt sehen, aus bloßer Partei- [oder] Fraktions- ... raison gegen ihre Überzeugung ... zu stimmen, ist diese verfassungsrechtliche Grenze bereits

1250 *R. Streinz*, Europarecht, 2. Aufl. 1995, S.104, Rdn. 282.
1251 BVerGE 89, 155 (213).
1252 *K. A. Schachtschneider*, Verfassungsrecht der Europäischen Union, Teil 2, S. 462.
1253 *H.-P. Schneider*, Das parlamentarische System, in: HVerfR, Bd. 1, 1983, S. 253.
1254 *H.-P. Schneider*, Das parlamentarische System, in: HVerfR, Bd. 1, 1983, S. 254.

überschritten."[1255] So wie Deutschland ein Parteienstaat ist, muss dieses Phänomen allgemein bedacht werden, wenn das Demokratiedefizit der Europäischen Union erörtert wird; „denn alle Staatsgewalt soll vom Volke ausgehen. Was nutzen jedoch Befugnisse der gesetzgebenden Häuser, insbesondere des Parlaments, im Parteienstaat?"[1256] „Die ernsthafte auch öffentliche Befassung des Bundestages wie auch des Bundesrates mit der Politik der Union … findet nicht statt … Das demokratische Defizit der Unionspolitik ist wesentlich ein Verantwortungsdefizit des Bundesgesetzgebers [also in erster Linie des Bundestags als Parlament], ganz abgesehen von der Bundesregierung."[1257]

Zu dieser Entwicklung tritt hinzu, dass diese schon auf deutscher Bundesebene vorhandenen Gefahren für den Parlamentarismus auf Europäischer Ebene dadurch verschärft werden, dass die Europäische Verfassungswirklichkeit nicht Art. 28 Abs. 1 GG entspricht, demzufolge die verfassungsmäßige Ordnung in den Ländern, ja selbst in den Kreisen und Gemeinden eine Volksvertretung vorsieht, „die aus allgemeinen, unmittelbaren, freien, gleichen und geheimen Wahlen" hervorgegangen ist. Das Grundgesetz stellt also selbst für die Gemeindeebene Anforderungen an den „republikanischen … Rechtsstaat" (Art. 28 Abs. 1 GG), die auch in einem Europa nach Inkrafttreten des Reformvertrags von Lissabon immer noch nicht gelten. Was nützen die erweiterten Befugnisse des Europäischen Parlaments in einem primärvertraglich ausgebauten Anwendungsspektrum des ordentlichen Gesetzgebungsverfahrens – vergleiche Teil B der vorliegenden Arbeit – , wenn neben dem – scharf formuliert – „nahezu absolutistischen Caesarismus … der Parteiführer"[1258] nicht einmal die gleichheitliche Chance besteht, in der nächsten Wahl zum Europäischen Parlament Einfluss auf dessen Zusammensetzung zu nehmen? Was nützen diese erweiterten Befugnisse zudem, wenn die Anonymität der Eurokratie vor einer kritischen europäischen Öffentlichkeit schützt? „Der Großstaat Europa wird nicht nur unter Mißachtung des demokratischen Prinzips von der politischen Klasse ertrotzt. Er wird auch dem demokratischen Prinzip keine Entfaltungschance lassen, weil dieses mit

1255 *H.-P. Schneider*, ebenda, S. 255.

1256 *K. A. Schachtschneider*, Demokratiedefizit in der Europäischen Union, in: Freiheit – Recht – Staat, S. 482 f.

1257 K. A. *Schachtschneider*, Die Aushöhlung der Demokratie durch Europäische Union und Währungsunion, S. 107.

1258 *K. A. Schachtschneider*, Demokratiedefizit in der Europäischen Union, in: Freiheit – Recht – Staat, S. 483.

dem Prinzip der kleinen Einheit verbunden ist."[1259] Eine Republik muss nämlich „bottom up" gedacht werden: „Es gibt keinen Staat ohne Menschen"[1260] keine Demokratie ohne Volk und keine Republik ohne unbegrenzte Willensbildung vom Volk zu den Staatsorganen hin – bei letzterer spielt das Parlament die zen trale Rolle.

c.c *Paternalismus statt Demokratie, Gleichheit und Freiheit*

Obwohl in der Sache die Befugnisse der Europäischen Union inzwischen auch nach Auffassung des Bundesverfassungsgerichts in seiner Lissabon-Entscheidung bereits das Prinzip der begrenzten Ermächtigung bis an seine Grenzen strapaziert haben[1261], „ist die Politik der Europäischen Union nicht demokratisch legitimiert, sondern selbstermächtigt".[1262] Der Europäischen Union fehlen Merkmale der Demokratie, die von den Bürgern in den Mitgliedstaaten als selbstverständlich vorausgesetzt werden, gerade die Gleichheit aller in Freiheit als „uralter Naturrechtsgrundsatz".[1263] Die Kompensation dieser Defizite durch Ausweitung der Befugnisse sowie durch Bildung einer EU-Agentur für Grundrechte im Jahre 2007 verschärfen diesen „Verstoß gegen elementare Grundregeln der Demokratie"[1264] sogar weiter. „Das Ziel der Agentur besteht darin, den Organen und Einrichtungen der Gemeinschaft sowie den Mitgliedstaaten der Europäischen Union (EU) bei der Durchführung des Gemeinschaftsrechts in Bezug auf die Grundrechte Unterstützung zu gewähren und ihnen Fachkenntnisse bereitzustellen. Die Agentur soll Institutionen, Organen und Mitgliedstaaten die uneingeschränkte Achtung der Grundrechte erleichtern."[1265] Hinsichtlich der Verfassung, von der Kant sagt, sie sei mit dem Menschen geboren[1266], arbeitet eine Behörde, deren thematische Tätigkeitsbereiche durch einen Mehrjahresrahmen bestimmt

---

1259 *K. A. Schachtschneider*, Demokratiedefizit in der Europäischen Union, in: Freiheit – Recht – Staat, S. 487.

1260 *K. A. Schachtschneider*, Die Republik der Völker Europas, in: Freiheit – Recht – Staat, S. 438.

1261 BVerfGE 123, 267 (394).

1262 *K. A. Schachtschneider*, Prinzipien des Rechtsstaates, S. 196.

1263 *K. A. Schachtschneider*, Freiheit in der Republik, S. 405 ff.; i.d.S. auch BVerfGE 5, 85 (205); *G. Dürig*, in: Maunz/Dürig, GG, Rdn. 18, 134 zu Art. 1 Abs. 1; *P. Kirchhof*, FS W. Geiger, S. 99 ff.

1264 *H. H. v. Arnim*, Das Europa-Komplott, S. 64.

1265 http://europa.eu/legislation_summaries/human_rights/fundamental_rights_within_european_union/l14169_de.htm.

1266 *Kant*, Metaphysik der Sitten, S. 345 f., 365 f., 374 ff.

werden, der lediglich nach Anhörung des Europäischen Parlaments durch den Rat auf fünf Jahre festliegt.[1267] Zu den Schwerpunktbereichen der Agentur zählt auch weiterhin die Bekämpfung von Rassismus, Fremdenfeindlichkeit und damit einhergehender Intoleranz. Eine Kreationsfunktion bei der Besetzung des für die Leitung der Behörde maßgeblichen Verwaltungsrats (Planungs- und Überwachungsinstanz der Agentur) kommt dem Europäischen Parlament nicht zu, vielmehr rekrutiert sich der Verwaltungsrat aus je einer von jedem Mitgliedstaat benannten unabhängigen Persönlichkeit, einer vom Europarat benannten unabhängigen Persönlichkeit sowie zwei Vertretern der Kommission. Die Amtszeit der Mitglieder des Verwaltungsrats beträgt fünf Jahre und ist nicht verlängerbar.

Der Direktor der Agentur wird vom Verwaltungsrat ernannt, der die Stellungnahme des Europäischen Parlaments und des Rats der Europäischen Union zu einer von der Kommission erstellten Bewerberliste geeigneter Kandidaten für das Direktorenamt (Art. 15 Abs. 2 Verordnung (EG) Nr. 168/2007) berücksichtigt. Insbesondere ist der Direktor für die laufenden Verwaltungsgeschäfte sowie die Ausführung der Aufgaben und des Haushaltsplans der Agentur verantwortlich.[1268]

Die völlige Abwesenheit einer Legitimationskette zum Volk bei der Bestimmung des Personals dieser mit einem Haushaltsplan von für 2013 geplanten 22 Millionen Euro und 80 Mitarbeitern ausgestatteten Agentur ist republikwidrig. Diese Einrichtung der Europäischen Union bewegt sich im Umfeld der Verwirklichung der aus dem beispielsweise deutschen Verfassungsgesetz kommenden Grundrechte. Dass sie dies ohne nennenswerte Beteiligung des lediglich angehörten Europäischen Parlaments tut, zeigt, dass die Hoheit der Deutschen wie auch die der anderen Völker der Europäischen Union „verfassungswidrigen Versuch(en) eines Umsturzes" ausgesetzt ist.[1269]

Das Volk kann in wesentlichen Politikbereichen seinen Willen nicht mehr frei bilden und dann in Gesetzen formulieren, weil die Exekutive auf Unionsebene in den Bereich vordringt, der eigentlich der Judikative vorbehalten bleiben muss. „Der Rechtsstaat … ist auch Gerichtsstaat."[1270] Demgegenüber gelten bei der Agentur für Menschenrechte „für das Personal die Regelungen für die Beamten und sonstigen Bediensteten der Europäischen Gemeinschaften. Die Agentur muss gute Verwaltungspraktiken entwickeln, um für das größtmögliche Maß an

1267 Beschluss 2008/203/EG.

1268 Art. 15 Abs. 4 Verordnung (EG) Nr. 168/2007; http://europa.eu/legislation_summaries/human_rights/fundamental_rights_ within_european_union/l14169_de.htm.

1269 *K. A. Schachtschneider*, Prinzipien des Rechtsstaates, S. 89.

1270 *K. A. Schachtschneider*, Prinzipien des Rechtsstaates, S. 118.

Transparenz in Bezug auf ihre Tätigkeit zu sorgen."[1271] Damit setzt sich der mit der in Nizza im Jahre 2000 verkündeten Grundrechtscharta der Europäischen Union begonnene Prozess der Verlagerung der Grundrechtsverantwortung auf nicht demokratisch legitimierte Einrichtungen der Europäischen Union fort. „Der Verlust des Rechts ist Kennzeichen der Deregulierung und Liberalisierung der Lebensverhältnisse"[1272], obwohl nur das Recht Freiheit und Gleichheit aller verwirklichen kann. „Der Rechtsstaat muss Rechtsschutz bieten"[1273], nicht eine „in völliger Unabhängigkeit" – von wem auch immer – tätige Agentur mit „Beamten", die keinerlei Verbindung zum Amtsgedanken[1274] haben, ist doch das Volk an deren Auswahl weder direkt noch indirekt beteiligt. Diese Amtsinhaber üben keine Staatsgewalt in Vertretung des Volkes aus – wie beispielsweise nach Art. 20 Abs. 2 S. 1 GG erforderlich.

Die Ausübung von öffentlicher Gewalt durch Agenturen statt durch Organe des Volkes führt zu einer Aushöhlung des Grundsatzes der Gleichheit aller Bürger, für dessen Verwirklichung in den letzten Jahrhunderten viel Blut geflossen ist – „eine Zumutung [zumal] für Bürger großer Staaten wie Deutschland …"[1275], die eine eigene Rechtstradition entwickelt haben.

Nach dem bislang Festgestellten nicht überraschend, aber dennoch befremdlich republikwidrig wirkt die Großzügigkeit von Art. 10 Abs. 3 EUV: „Alle Bürgerinnen und Bürger haben das Recht, am demokratischen Leben der Union teilzunehmen." Ohne dieses Recht kann schwerlich überhaupt von Demokratie gesprochen werden. In der Republik kantianischen Zuschnitts, in der die Bürger sich selbst regieren, sind alle Bürger, unabhängig davon, welches Amt sie wahrnehmen, Politiker[1276], denn nur unter Gleichen kann es Gesetze geben.[1277] In der Rechtsprechung des Bundesverfassungsgerichts ist Freiheit immerhin eine

1271 http://europa.eu/legislation_summaries/human_rights/fundamental_rights_within_european_ union/l14169_de.htm.

1272 *K. A. Schachtschneider*, Prinzipien des Rechtsstaates, S. 133.

1273 Daselbst, S. 118.

1274 *Ders.*, Freiheit in der Republik, S. 69 ff., 318 ff., 422 ff.; *R. Balzer*, Republikprinzip und Berufsbeamtentum, S. 101.

1275 *H. H. v. Arnim*, Das Europa-Komplott, S. 63 f.

1276 Daselbst, S. 161.

1277 *Aristoteles*, Politik, S. 125; *ders.*, Nikomachische Ethik, S. 169; *K. A. Schachtschneider*, Freiheit in der Republik, S. 619.

vom Staat gewährte, aber grundrechtlich geschützte Vielheit materieller Handlungsfreiheiten.[1278]

Im Gegensatz zum Grundgesetz mit seiner freiheitlichen, demokratischen Grundordnung geht das europäische primäre Vertragsrecht nicht über liberale Bürgerlichkeit mit seiner Interpretation der Grundrechte als Abwehrrechte hinaus. Im Gegensatz zum Liberalismus sieht der Republikanismus auch das Staatliche als Verwirklichung der Freiheit. „Die Unterscheidung von Staat und Gesellschaft widerspricht daher dem Begriff der Republik."[1279] „Die Raffinesse der neuen Lehre von der Unterscheidung zwischen Staat und Gesellschaft ist ihre freiheitsdogmatische Grundlegung. Diese Lehre scheint die Freiheit zu verteidigen, stabilisiert aber die Herrschaft."[1280]

„Der Bürger ist die zentrale Gestalt der Republik."[1281] Im Vertragstext hingegen wird die Unionsbürgerschaft gem. Art. 20 AEUV über die Inhaberschaft einer mitgliedstaatlichen Staatsbürgerschaft vermittelt (Art. 9 S. 3 EUV). Der Bürger einer Republik ist Herr seiner selbst, der sein Handeln an einem idealiter selbstgegebenen Gesetz ausrichtet.[1282] Im scharfen Kontrast dazu gibt der Vertrag über eine Verfassung für Europa seinem Wortlaut nach in Art. 20 Abs. 2 AEUV einen numerus clausus der Rechte vor: „Die Unionsbürgerinnen und Unionsbürger haben die in den Verträgen vorgesehenen Rechte und Pflichten." Diese stehen dann noch unter Vorbehalt/Schranke des Absatzes 2 UA 2: „Diese Rechte werden unter den Bedingungen und innerhalb der Grenzen ausgeübt, die in den Verträgen und durch die in Anwendung der Verträge erlassenen Maßnahmen festgelegt sind." Hier klingt im Gegensatz zum Grundgesetz statt eines Gesetzesvorbehalts in Grundrechten ein „Erlaubnisvorbehalt" an, der freiheitswidrig ist. Kant erkennt in der Freiheit einen Naturrechtscharakter, weshalb sich jede Einschränkung der Freiheit am „angeborenen Recht der Freiheit" messen lassen müsse. Kant: „Die Freiheit ist nicht ein Recht, welches der Staat durch eine Verfassung oder Gesetze gewährt, sondern … die Idee des Vermögens des Menschen zum Guten."[1283] Sie

1278 BVerfGE 44, 125 (139); *K. A. Schachtschneider*, Res publica res populi, S. 181; *M. Sachs*, Gundgesetz, 6. Aufl. 2011, Art. 20, Rdn. 16 f.

1279 *K. A. Schachtschneider*, Res publica res populi, S. 186.

1280 Daselbst, S. 190.

1281 *K. A. Schachtschneider*, Res publica res populi, S. 211.

1282 Daselbst, S. 212.

1283 *K. A. Schachtschneider*, Freiheit in der Republik, S. 27; i.d.S. auch: *Kant*, Metaphysik der Sitten, S. 345 f.

ist „angeborene(s) Recht“.[1284] Dieser Staatsaufbau von unten ist organisiert vom Bürger her (Art. 2 Abs. 1 Bayerische Verfassung: Bayern ist ein Volksstaat. Träger der Staatsgewalt ist das Volk). Weitestmögliche Privatheit ist praktische Notwendigkeit des gemeinsamen Lebens.[1285]

Kritikwürdig ist die Aussage, dass die Union den Bürgerinnen und Bürgern ein gleiches Maß an Aufmerksamkeit widmen will (Art. I-45 EVV, Art. 9 EUV). Das Prinzip der Republik als „res publica res populi“, also eines Gemeinwesens, das „freiheitlich, volksstaatlich, antidiktatorisch“[1286] verfasst ist und in dem die Willensbildung vom Volk zu den Staatsorganen stattzufinden habe[1287], kontrastiert mit der wohlfahrtstaatlich und freiheitsfeindlich klingenden Aussage einer von oben auf das Volk gerichteten Herrschaftsausübung. Das Volk, dessen Sache notwendig der Staat ist,[1288] von dem z. B. nach Art. 20 Abs. 2 S. 1 GG alle Staatsgewalt ausgeht, ist nicht auf einen derartigen Schutz angewiesen, den sowohl der Verfassungstext als auch der EU-Reformvertrag vermeintlich großzügig gewähren. Freilich gibt es dieses Unionsvolk nicht. Da aber die Europäische Union in ihren Primärverträgen sich durch Benutzung von Begriffen wie „Bürger“ den Anschein von Staatlichkeit bewusst gibt, muss sie sich auch an diesem Maßstab messen lassen. Eine freiheitliche und demokratische Verfassungsordnung wird gekennzeichnet vom tragenden Willen des Staatsvolkes, gemäß der sich selbst gegebenen Verfassung zusammen zu leben.

Der Widerspruch zwischen Anspruch und Wirklichkeit der Primärverträge wird auch in Art. 10 EUV deutlich, der das Europäische Parlament als unmittelbare Vertretung aller Unionsbürger bezeichnet und die Union an die Grundsätze der repräsentativen Demokratie bindet. Wenn dem Europäischen Parlament solch zentrale Aufgaben wie die Vertretung der Bürgerinnen und Bürger nach Vertragstext zustehen, muss kritisiert werden, dass Standards, die z. B. seit 1871 in Deutschland gelten (wie die egalitäre Wahl zum Parlament), nun keine Wirksamkeit mehr auf der ohnehin schwach kontrollierten europäischen

---

1284 *Kant,* Metaphysik der Sitten, S. 346; i.d.S. *K. A. Schachtschneider*, Res publica res populi, S. 253; *ders.*, Freiheit in der Republik, S. 281 ff.

1285 *K. A. Schachtschneider*, Res publica res populi, S. 84.

1286 *H. Hofmann,* in: Schmidt-Bleibtreu/Hofmann/Hopfauf, Komm z. GG, 11. Aufl. 2008, Art. 20 GG, Rdn. 5; i.d.S. *Th. Maunz/R. Zippelius*, Staatsrecht, § 11 II; *K. Stern*, Staatsrecht, Bd. 1, § 17 II 2b.

1287 *H. Hofmann*, in: Schmidt-Bleibtreu/Hofmann/Hopfauf, Komm z. GG, Art. 20 GG, Rdn. 45.

1288 *K. A.Schachtschneider*, Freiheit in der Republik, S. 452; *W. Kersting*, Kant über Recht, S. 53.

Ebene entfalten sollen. Auch in Art. 22 WRV hatte sich der Wahlgrundsatz der Gleichheit der Wahl gefunden, auf deutscher Bundesebene ist er heute Teil des Art. 38 GG. Der parlamentarische Rat auf Herrenchiemsee hatte im Rahmen der Arbeiten am Grundgesetz festgestellt, dass nur ein allen Wahlgrundsätzen entsprechendes Wahlrecht dem Prinzip der Selbstbestimmung entspräche.[1289] „Demgemäß sind um der allgemeinen Freiheit willen Wahlen der Vertreter des ganzen Volkes unverzichtbar. Diese Wahlen müssen gewährleisten, dass die Gleichheit der Bürger in Freiheit gewährleistet ist. Sie müssen egalitär sein."[1290] Paternalistische Formulierungen im europäischen Primärvertragsrecht können gelebte republikanische Demokratie in Gleichheit und Freiheit – die eines echten Parlaments bedarf – nicht ersetzen.

b) Mitwirken des Parlaments am Ausbau existenzieller Staatlichkeit der Europäischen Union

Eine Bürgerschaft hat sich auf Europäischer Ebene noch nicht konstituiert, sieht sich aber zur Befolgung von Gesetzen aufgerufen, die das Europäische Parlament miterlässt, und das ungeachtet dieser Tatsach im Namen der „Bürgerinnen und Bürger".

„Der Staat (civitas) ist die Vereinigung einer Menge von Menschen unter Rechtsgesetzen."[1291] Die staatlich verfasste Menge nennt Kant das Volk.[1292] Auf die Ebene der Europäischen Union übertragen, würde dies voraussetzen, dass sich die Bürger Europas freiwillig unter dem Dach der Europäischen Rechtsgemeinschaft zusammenfinden. Jedes Volk eines Mitgliedstaates müsste diese Entscheidung separat treffen, weil die bisherige alleinige Staatlichkeit des Mitgliedstaates aufgegeben werden würde – „die Hoheit über das Verfassungsgesetz hat nur das Volk selbst".[1293] In Europa ist das demokratische Prinzip nach wie vor national definiert.[1294] Nur die höchste Gewalt einer europäischen Republik, das sind die Bürger Europas, könnte durch Verfassungsakt europäische Staatlichkeit herbeiführen. Solange dieser Verfassungsakt nicht erfolgt ist, ist ein europäischer Staat mit dem fundamentalen demokratischen Prinzip, dass alle Staatsgewalt

1289 *G. Kretschmer*, in: Schmidt-Bleibtreu/Hofmann/Hopfauf, Komm z. GG, 11. Aufl. 2008, Art. 38 GG, Rdn. 2.

1290 *K. A. Schachtschneider*, Die Aushöhlung der Demokratie durch Europäische Union und Währungsunion, S. 101.

1291 *Kant*, Metaphysik der Sitten, S. 431.

1292 Daselbst, S. 429.

1293 *K. A. Schachtschneider*, Prinzipien des Rechtsstaates, S. 89.

1294 *Ders.*, Die Republik der Völker Europas, in: Freiheit – Recht – Staat, S. 448.

vom Volke ausgeht, nicht vereinbar, weil sich dieses Volk noch nicht konstituiert hat. Vielmehr besteht die Staatlichkeit der Mitgliedstaaten fort.

„Das Bundesverfassungsgericht hat im Lissabon-Urteil zugestanden, dass der Schritt zu einem Unionsbundesstaat ein neues Verfassungsgesetz, welches das Deutsche Volk sich gemäß Art. 146 GG geben muss, voraussetzt."[1295] Weil eine solch weittragende Entscheidung in absehbarer Zeit die Unionsvölker nicht treffen werden, ist es konsequent, nicht von einem europäischen Staat zu reden – jedenfalls nicht im existenziellen und legitimatorischen Sinn. Dies ändert aber nichts an der Tatsache, dass existenzielle Staatlichkeit mit allen Notwendigkeiten demokratischer Legitimation auf europäischer Ebene anzutreffen ist.

Die Frage der existenziellen Staatlichkeit der Europäischen Union ist nicht vorschnell zu verneinen, weil der nationale Charakter der Völker zunehmend verblasst und zunehmend der Bürger an Stelle des Volkes tritt.[1296] Dieser Wandel spiegelt sich auch in der Formulierung des Art. 10 Abs. 2 EUV wider, der nicht mehr von Völkern, sondern von Bürgern spricht. „Alle wahre Republik aber ist und kann nichts anderes sein als ein repräsentatives System des Volkes, um im Namen desselben, durch alle Staatsbürger vereinigt, vermittelst ihrer Abgeordneten (Deputierten) ihre Rechte zu besorgen."[1297]

An dieser Stelle zeigt sich erneut, dass jenseits des Grundgesetzes[1298] staatliche Strukturen und damit europäische Staatlichkeit faktisch geschaffen werden können, die von ihrer Machtfülle weit über das hinausgehen, was bislang in Europa bekannt ist. Diese Aktivitäten „...laufen im Wesentlichen auf die Bemühungen einer besonders artistischen Schicht hinaus, die alten Rezepte auf eine Art von Weltanschauungskunst zu übertragen, deren Kennzeichen im Ersatz der Substanz durch Gesinnung besteht."[1299] Demokratisch legitimiert wäre dieses Gebilde freilich nicht, denn „die Europäische Union ist eine Vertragsgemeinschaft, und die Völker sind in ihrer Nationalität jedenfalls aus Sicht des Grundgesetzes die Herren der Verträge."[1300]

1295 *K. A. Schachtschneider*, Die Aushöhlung der Demokratie durch Europäische Union und Währungsunion, S. 142; i.d.S. BVerfGE 123, 267 (311).

1296 *K. A. Schachtschneider*, Die Republik der Völker Europas, in: Freiheit – Recht – Staat, S. 449.

1297 *Kant*, Metaphysik der Sitten, S. 464.

1298 Art. 23 GG, Art. 79 Abs. 3 GG, BVerfGE 89, 155 (207).

1299 *E. Jünger*, Der Arbeiter, 3. Aufl. 2007, S. 213.

1300 BVerfGE 89, 155 (190); i.d.S. auch *K. A. Schachtschneider*, Die Republik der Völker Europas, in: Freiheit – Recht – Staat, S. 439.

Die Staatlichkeit der Europäischen Union, sich als „Staat“ zu gerieren, ohne Staat zu sein, korrespondiert mit dem Scheinparlamentarismus des Europäischen Parlaments, sich wie ein Parlament zu verhalten, ohne ein solches zu sein. Diese „Fiktion des Lissabon-Vertrags wirft demokratierechtliche Verfassungsprobleme auf“[1301], weil es zum Beispiel mit dem „demokratischen Fundamentalgesetz“ des Art. 20 Abs. 2 S. 1 GG kollidiert, demzufolge alle Staatsgewalt vom deutschen Volke ausgehe.[1302] Dies gilt gleichermaßen für die Staatsgewalt der übrigen Mitgliedstaaten.

Die Rolle des Europäischen Parlaments ergibt sich aus den Primärverträgen, die nach dem Scheitern des Verfassungsentwurfs als „verfassungsrechtliche Modifikationen“ in die beiden bestehenden Primärverträge eingearbeitet wurden.[1303]

Mit der Erweiterung der Befugnisse der Union einher geht eine stärkere Rolle des Europäischen Parlaments, verbunden mit einem Zuständigkeitsverlust nationaler Parlamente wie des Bundestags. Nach den Vertragstexten des aktuellen Primärrechts kann die Europäische Union sich auf Grundlage von effet utile, implied powers, Evolutivklauseln (Änderung des Primärrechts im vereinfachten Vertragsänderungsverfahren)[1304] und Flexibilitätsklausel (Art. 352 AEUV) so gut wie jede Befugnis verschaffen, ohne dass die Mitgliedstaaten dem zustimmen müssen – einfacher Ratsbeschluss und Anhörung/Zustimmung des Europäischen Parlaments genügen nach dem Europäischen Primärrecht.[1305] Im Lissabon-Urteil jedoch hat das Bundesverfassungsgericht in Deutschland autonome Vertragsänderungen „unter Art. 23 Abs. 1 S. 2 und 3 subsumiert und damit von der Zustimmung des Deutschen Bundestags und auch des Bundesrats abhängig“[1306] gemacht – es „zwingt dazu, das vereinfachte Änderungsverfahren generell wie eine Übertragung von Hoheitsrechten im Sinne Art. 23 Abs. 1 S. 2 GG zu behandeln“.[1307] Für den Reformvertrag von Lissabon gilt nach dem Willen seiner Verfasser, was schon für den weitgehend inhaltsgleichen Verfassungsvertrag richtig war: Die Union sollte nach dem Verfassungsvertrag zwar

---

1301 *K. A. Schachtschneider*, Die Souveränität Deutschlands, S. 208.

1302 BVerfGE 83, 37 (50 ff.); 83, 60 (71 f.); 89, 155 (184 ff.); *K. A. Schachtschneider*, Die Souveränität Deutschlands, S. 208 f.

1303 *Th. Oppermann*, Euoparecht, 3. Aufl. 2005, S. 186, Rdn. 121.

1304 *M. Kuschnick*, Integration von Staatenverbindungen: vom 19. Jahrhundert bis zur EU nach dem Vertrag von Amsterdam , S. 188.

1305 *K. A. Schachtschneider*, Verfassungsbeschwerde vom 25.5.2008, S. 267; *ders.*, Verfassungsrecht der Europäischen Union, Teil 2, S. 137.

1306 *K. A. Schachtschneider*, Die Souveränität Deutschlands, S. 222.

1307 BVerfGE 123, 267 (384 ff.).

nicht formell, aber faktisch über eine weitgehende Kompetenz-Kompetenz verfügen, welche die Unionsorgane, „insbesondere den Europäischen Rat ... zu autonomen Vertragsänderungen ermächtigt haben".[1308] Das Bundesverfassungsgericht ist im Lissabon-Urteil dieser integrationistischen Interpretation entgegengetreten, wenn es feststellt, dass die Union noch kein Bundesstaat sei. „Die <Verfassung Europas>, das Völkervertrags- oder Primärrecht, bleibt eine abgeleitete Grundordnung."[1309] „Auch in der Ausgestaltung des Vertrags von Lissabon erwächst aus der Zuständigkeit der Europäischen Union keine eigenständige Volkssouveränität der Gesamtheit der Unionsbürger"[1310], Existenzielle Staatlichkeit[1311] kann der Europäischen Union mangels Staatsvolk als Träger der Verfassungshoheit nicht zugestanden werden. Das hindert die Europäische Union nicht, „politische Herrschaft" auszuüben.[1312] Die Schwelle zur funktionalen Staatlichkeit, zum funktionalen, nicht jedoch existenziellen Bundesstaat hat sie spätestens mit dem Vertrag von Lissabon überschritten, wenn die Zuständigkeiten der Union betrachtet werden.[1313] Mit dem Reformvertrag von Lissabon wird ein europäischer Bundesstaat nicht erst geschaffen, sondern vielmehr bereits weiterentwickelt und vertieft.[1314] In diesem europäischen Großstaat haben über den Rat die mitgliedstaatlichen Regierungsvertreter als Teil der Exekutive zentralen Einfluss auf die Legislative der Union gewonnen. „Jedenfalls ist die wesentliche Rechtsetzung in der Europäischen Union Sache der Exekutiven geworden, zu der der Rat fraglos gehört."[1315]

Das Bundesverfassungsgericht formuliert zur Eindämmung einer solchen Entwicklung in seinem Lissabon-Urteil, dass das bisher nur in einzelnen Bestimmungen anwendbare vereinfachte Vertragsänderungsverfahren (Evolutivklausel)

1308 *K. A. Schachtschneider*, Die Aushöhlung der Demokratie durch Europäische Union und Währungsunion, S. 115.

1309 BVerfGE 123, 267 (349).

1310 BVerfGE 123, 267 (372).

1311 *K. A. Schachtschneider*, Die Souveränität Deutschlands, S. 45.

1312 BVerfGE 123, 267 (348).

1313 *K. A. Schachtschneider*, Die Souveränität Deutschlands, S. 46; siehe auch: *ders.*, Argumente gegen die Zustimmung zum Vertrag über eine Verfassung für Europa, S. 2 ff.; *ders.*, Die Aushöhlung der Demokratie durch Europäische Union und Währungsunion, S. 142.

1314 *K. A. Schachtschneider*, Deutschland nach dem Konventsentwurf einer „Verfassung für Europa", in: W. Hankel/K. A. Schachtschneider/J. Starbatty (Hrsg.), Der Ökonom als Politiker – Europa, Geld und die soziale Frage, FS für Wilhelm Nölling, 2003, S. 279 ff.

1315 *K. A. Schachtschneider*, Die Aushöhlung der Demokratie durch Europäische Union und Währungsunion, S. 111.

nunmehr „für die Änderung von Bestimmungen über die internen Politikbereiche in Teil III des Vertrags über die Arbeitsweise der Europäischen Union (Art. 48 Abs. 6 UAbs. 2 Satz 1 EUV-Lissabon)“ anwendbar sei. Weil „die Tragweite der Ermächtigung zur Änderung von Bestimmungen des Teils III … nur eingeschränkt bestimmbar … und für den deutschen Gesetzgeber kaum vorhersehbar“ sei, ist „stets ein Gesetz im Sinne des Art. 23 Abs. 1 Satz 2 GG“ erforderlich.[1316]

Im Handbuch des Verfassungsrechts ist, das macht die Notwendigkeit solch verfassungsgerichtlicher Entscheidungen deutlich, von einem Funktionsverlust der Parlamente in der Gegenwart allgemein zu lesen.[1317] Auf Unionsebene wird hingegen der Versuch unternommen, das Europäische Parlament zu stärken, um dem chronischen Legitimitätsdefizit[1318] der Union zu entkommen – was freilich voraussetzt, dass das Europäische Parlament ein richtiges Parlament ist. Daran zweifelt das Bundesverfassungsgericht, wenn es, wie zuletzt im Lissabon-Urteil, daran festhält, dass die Rechtsakte der Union wesentlich von den nationalen Parlamenten legitimiert werden.[1319]

Ein lebendiger Parlamentarismus ist mit zunehmender Dringlichkeit zu fordern, weil sich der Integrationsprozess, verbunden mit der Ausweitung der Befugnisse der Europäischen Union, weiterentwickelt. Das Bundesverfassungsgericht formuliert es so: „Die verfassungsrechtlichen Anforderungen des Demokratieprinzips an die Organisationsstruktur … der Europäischen Union hängen davon ab, in welchem Umfang hoheitliche Aufgaben auf die Union übertragen werden… Eine Verstärkung der Integration kann verfassungswidrig sein, wenn das demokratische Legitimationsniveau mit dem Umfang … supranationaler Herrschaftsmacht nicht Schritt hält.“[1320]

Die Grenzen der „begrenzten Ermächtigung“ nach Art. 5 Abs. 1 S. 1 EUV sind nach Maßgabe des Maastricht-Urteils des Bundesverfassungsgerichts zu beachten, denn die Menge der Ermächtigungen kann ein solches Maß annehmen, dass nicht mehr von „Einzelermächtigung“ gesprochen werden kann. „Indem die Gründungsverträge den Europäischen Gemeinschaften einerseits in

---

1316 BVerfGE 123, 267 (384 ff.).

1317 *H.-P. Schneider*, Das parlamentarische System, in: Handbuch des Verfassungsrechts, Bd. 1, 1. Aufl. 1983, S. 260.

1318 *K. A. Schachtschneider*, Der Vertrag über die EU und das Grundgesetz, in: Freiheit – Recht – Staat, S. 405.

1319 BVerfGE 89, 155 (184, 186, 188 ff.); BVerfGE 123, 267 (355); i.d.S. auch *K. A. Schachtschneider*, Die Aushöhlung der Demokratie durch Europäische Union und Währungsunion, S. 106.

1320 BVerfGE 123, 267 (364).

unbegrenzten Tatbeständen Hoheitsrechte einräumen … wird in Zukunft bei der Auslegung von Befugnisnormen durch …Organe der Gemeinschaften zu beachten sein, dass … seine Auslegung deshalb in ihrem Ergebnis nicht einer Vertragserweiterung gleichkommen darf; eine solche Auslegung von Befugnisnormen würde für Deutschland keine Bindungswirkung entfalten."[1321] Im Lissabon-Urteil formuliert das höchste deutsche Gericht wie folgt: „Zur Wahrung demokratischer Grundsätze kann es geboten sein, das Prinzip der begrenzten Einzelermächtigung in den Verträgen und bei ihrer Auslegung deutlich hervorzuheben."[1322]

Mag auch von einer doppelten Legitimität[1323] durch die Mitgliedstaaten (vertreten im Rat) und das Europäische Parlament gesprochen werden oder von „stützender Funktion"[1324] des Europäischen Parlaments, die demokratische Legitimation der gemeinschaftsrechtlichen Rechtsetzung ist von den nationalen Parlamenten abgeleitet, die den Gemeinschaftsverträgen durch Gesetze zugestimmt haben (Zustimmungsgesetze, Art. 59 Abs. 2 GG).[1325] Sie ist damit auch Teil der „deutschen öffentlichen Gewalt".[1326] Sie unterliegt folglich auch den Anforderungen der elementaren Prinzipien des deutschen Grundgesetzes, die nach Art. 79 Abs. 3 GG für die Gesetzgebung nicht zur Disposition stehen. Nach Art. 20 Abs. 2 S. 1 GG gilt: „Alle Staatsgewalt geht vom Volke aus." Angehörige des Volkes sind Deutsche in Sinne von Art. 116 GG.[1327] „Die Rechtsakte der Gemeinschaften müssen nach diesem nationalen wie demokratischen Staatsprinzip von den nationalen Parlamenten dadurch legitimiert worden sein, dass die Gemeinschaftspolitik aufgrund der Gemeinschaftsverträge voraussehbar und dadurch verantwortbar ist."[1328]

1321 BVerfGE 89, 155 (210).

1322 BVerfGE 123, 267 (365).

1323 *J.-P. Jacqué*, Statement zum Vortrag Froweins „Verfassungsperspektiven der Europäischen Gemeinschaft", in: J. Schwarze, Europa 1992 –Markt, Staat, Gemeinschaft, S. 81.

1324 BVerfGE 89, 155 (184 f.); vgl. auch BVerfGE 123, 267 (364).

1325 *K. A. Schachtschneider*, Prinzipien des Rechtsstaates, S. 195.

1326 *Ders.*, Die existentielle Staatlichkeit der Völker Europas und die staatliche Intgration der Europäischen Union, S. 100.

1327 *K. A. Schachtschneider*, Die existentielle Staatlichkeit der Völker Europas und die staatliche Intgration der Europäischen Union, S. 101; siehe auch BVerfGE 83, 37 (50 ff.); 83, 60 (71 ff.); 89, 155 (189 ff.).

1328 *K. A. Schachtschneider*, Prinzipien des Rechtsstaates, S. 195; i.d.S. auch *ders.*, Demokratiedefizite in der Europäischen Union, in: D. I. Siebold, A. Emmerich-Fritsche (Hrsg.), Freiheit – Recht – Staat, S. 475; BVerfGE 89, 155 (187 ff., 191 ff.).

Ist das Gemeinschaftsrecht nun auch Akt deutscher öffentlicher Gewalt und ist das Europäische Parlament am Zustandekommen dieses Rechts neben dem Rat entscheidend beteiligt, so muss das Europäische Parlament den Anforderungen genügen, die die elementaren Prinzipien des Grundgesetzes, geschützt durch Art. 79 Abs. 3 GG, an ein Parlament der Bundesrepublik Deutschland stellen, denn „ohne ein Parlament aus Vertretern des ganzen Volkes ... ist die Freiheit aller Bürger nicht realisierbar."[1329] „Die verfassungsrechtlichen Anforderungen des Demokratieprinzips ... an die Entscheidungsverfahren der Europäischen Union hängen davon ab, in welchem Umfang hoheitliche Aufgaben auf die Union übertragen werden."[1330] Das Bundesverfassungsgericht[1331] ging bis zum Maastricht-Urteil von einer autonomen „Gemeinschaftsrechtsordnung"[1332] aus. Die Gemeinschaftsverträge hätten demnach eine eigene Rechtsordnung begründet.[1333]

Nachdem durch Art. I-6 EVV versucht wurde, den in der Rechtsprechung des Europäischen Gerichtshofs bereits seit der Costa/ENEL-Entscheidung[1334] aus den 1960er Jahren praktizierten Anwendungsvorrang von Gemeinschaftsrecht zu Lasten des mitgliedstaatlichen Rechts zu kodifizieren, muss verfassungsrechtlich der umfassende Vorrang des Gemeinschaftsrechts[1335] vor dem Recht des Mitgliedstaates einschließlich dessen Verfassungsrechts hinterfragt werden.

Die Frage der Parlamentseigenschaft des Europäischen Parlaments hat auch mit der Zunahme der Aufgaben der Europäischen Union an Bedeutung gewonnen, unabhängig davon, ob Rechtsakte der Gemeinschaft als „Akte der deutschen

---

1329 *K. A. Schachtschneider*, Res publica res populi, S. 638.

1330 BVerfGE 123, 267 (364).

1331 BVerfGE 22, 293 (296); 37, 339 (367); anders BVerfGE 89, 155 (179); krit. *K. A. Schachtschneider*, Die existentielle Staatlichkeit der Völker Europas, S. 97 f., 100 f.; vgl. auch *R. Streinz*, Europarecht, S. 48 ff., Rdn. 107 ff; vgl. auch *A. Emmerich-Fritsche*, Der Grundsatz der Verhältnismäßigkeit, S. 121 ff.

1332 BVerfGE 89, 155 (193).

1333 Vgl. *P. Badura*, Bewahrung und Veränderung rechtsstaatlicher Verfassungsstruktur in den internationalen Gemeinschaften, VVDStRL 23 (1966), S. 60; *H. P. Ipsen*, Europäisches Gemeinschaftsrecht, 1972, S. 70 ff., 262, 194 f.; *L.-J. Constantinesco*, Das Recht der Europäischen Gemeinschaften I, 1977, S. 551 f.; *Th. Maunz/R. Zippelius*, Deutsches Staatsrecht, 28. Aufl. 1991, S. 135 f.; *G. Nicolaysen*, Europarecht I, 1991, S. 3.; *Th. Oppermann*, Europarecht, S. 230 ff., Rdn. 617 ff.; *R. Streinz*, Europarecht, S. 44 ff., Rdn. 107 ff; S. 71 ff., Rdn. 180 ff.

1334 EuGH Rs. 6/64, Slg. 1964, 1251 (1269), Rdn. 8.

1335 *Ch. Vedder*, in: Vedder/Heintschel von Heinegg, EVV Kommentar, Art. I-6 EVV.

öffentlichen Gewalt"[1336] oder als Teil „vom Vertrag geschaffenen, somit aus einer autonomen Rechtsquelle fließendem Recht[s]"[1337] gesehen werden. Die in jedem Fall im europäischen Primärrecht, also den Verträgen, und in der Rechtsprechung des Europäischen Gerichtshofs als Konstante zu beobachtende Annahme eines Anwendungsvorrangs[1338] (Gemeinschaftsrecht verdrängt im Kollisionsfall entgegenstehendes mitgliedstaatliches Recht, ohne dessen Nichtigkeit herbeizuführen) oder gar Geltungsvorrangs[1339] von Gemeinschaftsrecht (Gemeinschaftsrecht macht entgegenstehendes mitgliedstaatliches Recht nichtig – so in der Vergangenheit Grabitz) war von untergeordneter Bedeutung, solange die Befugnisse der Europäischen Gemeinschaften noch hinreichend begrenzt waren. Dies ist nicht mehr der Fall: Die Union hat einen umfassenden Befugniskatalog, erweitert um das „ordentliche ... und vereinfachte Vertragsänderungsverfahren ... [sowie um die] sogenannte[n] Brückenklauseln ... oder die Flexibilitätsklausel"[1340], an dessen rechtlicher Umsetzung das Europäische Parlament zwar nicht umfassend, aber zunehmend beteiligt ist.

In den ersten Jahrzehnten war es aus dem Blickwinkel der staatsrechtlichen Terminologie unschädlich, dass sich die Versammlung mit dem Titel Parlament schmückte. Spätestens seit Bildung der Union mit dem Maastrichtvertrag, der in Art. 1 Abs. 2 EUV eine „immer engere Union" proklamiert, hat die Befugnismenge der Europäischen Union eine „neue Stufe"[1341] erreicht – nach Auffassung des Bundesverfassungsgerichts die eines Staatenverbunds.[1342] Wenn mitgliedstaatliche Gerichte und Behörden verpflichtet sind, mit Gemeinschaftsrecht unvereinbares nationales Recht unangewendet zu lassen, billigt ihnen die Rechtsordnung der Europäischen Union eine gemeinschaftsrechtliche Befugnis zu, Gesetze nicht anzuwenden, die – so in Deutschland – laut Bundesverfassungsgericht ihre Grenze in Art. 79 Abs. 3 GG findet, weil Gemeinschaftsrecht seiner Auffassung zufolge auf den Rechtsanwendungsbefehl des Zustimmungsgesetzes

---

1336 *K. A. Schachtschneider*, Die existentielle Staatlichkeit der Völker Europas und die staatliche Intgration der Europäischen Union, S. 100; *T. Mähner*, Der Europäische Gerichtshof als Gericht, S. 14.

1337 EuGH Rs. 6/64, Slg. 1964, 1251 (1269), Rdn. 12.

1338 EuGH, Rs 6 64, Costa v. ENEL, Slg. 1964, 1251, 1270f; EuGH, Rs 106/77, Simmenthal, Slg. 1978, 629 Rdn. 17/18; BverfG 22.10.1986, 2 BvR 197/83, Solange II; E 73, 339 (375)

1339 Dazu: R. *Streinz*, Grundrechtsschutz, S. 99, Fn 71.

1340 BVerfGE 123, 267 (384 ff.).

1341 *R. Geiger*, EUV/ EGV, Kommentar, 4. Aufl. 2004, Art. 1 EUV, Rdn. 13.

1342 BVerfGE 89, 155 (184, 186, 188 ff.).

fuße.[1343] „Ausbrechende Rechtsakte" der Europäischen Union und sonstige unionale Rechtshandlungen, die mit der „generelle[n] Gewährleistung des unabdingbaren Grundrechtsstandards" und mit Strukturprinzipien des Grundgesetzes nicht mehr vereinbar sind, unterwirft das Bundesverfassungsgericht nach wie vor seiner Kontrolle.[1344] Denn: Ein Parlament, das als Organ der Bürger für sie allgemeine Gesetze erlässt, ist eine „Einrichtung der Freiheit".[1345] Der Entmachtung des deutschen Parlaments Bundestag zu Gunsten auch des Europäischen Parlaments sind also grundgesetzliche Grenzen gesetzt.

II. Das Europäische Parlament gemessen an klassischen Parlamentsfunktionen

1. Mängel bei der Wahrnehmung der Artikulations- und Willensbildungsfunktion

Ein Parlament ist der Sache nach das willensbildende Organ der Bürgerschaft, das zum Abschluss des Willensbildungsprozesses die allgemeinen Gesetze erlässt. „Immer muss der öffentliche Diskurs um das Richtige auf der Grundlage der Wahrheit … möglich sein, immer muss das Gesetz zur Disposition stehen."[1346] Daher ist ein wahres Parlament als Volksvertretung nicht nur gesetzgebendes Organ, es ist auch „Zentralort politischer Öffentlichkeit".[1347] Weil aber weder richtige europäische Parteien – nicht nur Zusammenschlüsse nationaler Parteien – noch entsprechend eine europäische Öffentlichkeit existieren, „vermag … der bloße Wahlakt keine materielle Legitimation [für irgendwelche Fraktionen im Europäischen Parlament] zu übertragen." Der Wahlakt stiftet ebensowenig die Artikulation europäischer Interessen in diesem nach Nationalitäten gewählten und zusammengesetzten Parlament. Zu Recht würden, wie Evers darlegt, kein Bürger und keine Bürgerin der Union sich von den Beschlüssen eines so abgehobenen Parlaments vertreten und gebunden fühlen.[1348]

1343 *W. Schroeder*, in: Streinz, EUV/EGV, Art. 249 EGV, Rdn. 45 ff.

1344 BVerfGE 89, 155 (174 f., 188); BVerfGE 123, 267 (268).

1345 *K. A. Schachtschneider*, Res publica res populi, S. 637.

1346 *K. A. Schachtschneider*, Freiheit in der Republik, S. 655; i.d.S. auch: BVerfGE 5, 85 (198 ff., 204 ff.); BVerfGE 59, 231 (263).

1347 *T. Evers*, Supranationale Staatlichkeit am Beispiel der Europäischen Union: Civitas Civitatium oder Monstrum?, Leviatan 1994, S. 115 (127).

1348 *T. Evers*, Supranationale Staatlichkeit am Beispiel der Europäischen Union: Civitas Civitatium oder Monstrum?, Leviatan 1994, S. 115 (127).

Zwar ist es praktisch unmöglich, dass die Allgemeinheit der Gesetzgebung einen Vertrag aller mit allen voraussetzen kann[1349], aber „demokratische Legitimation erfordert mehr als die Anwendung parlamentarischer Mehrheitsregeln. Sie verlangt, dass es der jeweils unterlegenen Minderheit mit guten Gründen zugemutet werden kann, die Mehrheitsentscheidung ohne Widerstand als für sie gültig zu akzeptieren."[1350] Wie soll dies geschehen, wenn national geprägte Interessen über national gewählte Parlamentarier mitgliedstaatlicher Parteien artikuliert werden – in verschiedenen Sprachen, die trotz Simultanübersetzung im Parlament Sachverhalte nicht immer deckungsgleich ausdrücken? Auch wenn das strenge Rousseausche Maß, dass jede Vertretung bereits die Freiheit vernichte[1351], in Reinkultur in der Praxis nicht verwirklicht werden kann, ist das Procedere der Gesetzgebung jedoch so zu gestalten, „dass die bestmögliche (diskursive, deliberative) Erkenntnis des Rechts gefördert wird."[1352] Das demokratische Prinzip erfordert eine freiheitliche Willensbildung des Staates, weshalb der „Staat gebietlich derart begrenzt sein" muss, „dass eine Mitwirkung des Volkes an der Willensbildung des Staates Wirklichkeit hat. Sonst geht die Staatsgewalt nicht wirklich (substanziell) im Sinne von Art. 20 Abs. 1 GG vom Volke aus."[1353] Die weiträumige, vielsprachige und multikulturelle Europäische Union ist strukturell nicht in der Lage, die „tragfähige Nähe zwischen den Bürgern und den Amtswaltern" zu gewährleisten, womit letztere nicht freiheitlich (demokratisch) legitimiert sind.[1354] Das Prinzip der kleinen Einheit ermöglicht erst die Freiheit, und wenn schon Großstaaten keine Republiken sind, dann erst recht nicht die Europäische Union[1355], deren einheitliche Volkswirtschaft nur funktioniert, wenn eine hinreichende wirtschaftliche und soziale Homogenität

1349 *K. A. Schachtscheider*, Prinzipien des Rechtsstaates, S. 52.

1350 *F. Schapf*, Europäisches Demokratiedefizit und deutscher Föderalismus, Staatswissenschaften und Staatspraxis, 1992, S. 293 (296).

1351 *Rousseau*, Vom Gesellschaftsvertrag, Reclam, III, 15, S. 103 ff.; dazu: *K. A. Schachtschneider*, Res publica res populi, S. 723 f.

1352 *K. A. Schachtschneider*, Prinzipien des Rechtsstaates, S. 52 f.; i.d.S. *ders.*, Res publica res populi, S. 584 ff., *ders.*, Freiheit in der Republik, 7. Kap. , II, 2, c.; *J. Habermas*, Faktizität und Geltung, S. 109 ff., 349 ff., 541 ff.; *ders.*, Die Einbeziehung des Anderen, S. 241 ff., 277 ff., 293 ff.

1353 *K. A. Schachtschneider*, Prinzipien des Rechtsstaates, S. 57; vgl. auch *ders.*, Res publica res populi, S. 14 ff., 637 ff.

1354 *K. A. Schachtschneider*, Prinzipien des Rechtsstaates, S. 57 f.; vgl. auch *ders.*, Demokratiedefizite in der Europäischen Union, FS Hankel, S. 132 ff.

1355 *K. A. Schachtschneider*, Prinzipien des Rechtsstaates, S. 58; *ders.*, Die Republik der Völker Europas, ARSP-Beiheft 71 (1997), S. 173.

gegeben ist, auf deren Grundlage Solidarität der Menschen der verschiedenen Völker ohne Zwang wachsen kann.[1356] Homogene Bürgerschaften, also „gewachsene Völker, Nationen im deutschen Begriffssinne, erleichtern das gemeinsame Leben unter einem Verfassungsgesetz".[1357] Der säkularisierte Staat kann nur bestehen, wenn „sich die Freiheit, die er seinen Bürgern gewährt, von innen her, aus der moralischen Substanz des einzelnen und der Homogenität der Gesellschaft, reguliert."[1358] Bisher haben die Staatsangehörigen der Mitgliedstaaten zwar ein „bestehende[s] Maß existenzieller Gemeinsamkeit"[1359], wie es z. B. das Bundesverfassungsgericht ausdrückt, aber den Willen, in einem durch verfasste Gebietshoheit definierten Staat zu leben, dessen Staatlichkeit die (rechtliche) Gesetzlichkeit ist[1360], haben die Menschen in der Europäischen Union noch nicht einmal informell geäußert.

Das Fehlen einer gemeinsamen Identität und einer gemeinsamen europäischen Öffentlichkeit führt zu einer Parzellierung der Probleme der Europäischen Union. Es ist gelebte Realität, dass europarechtliche Fragen jeweils aus Sicht des Mitgliedstaates behandelt werden – die Euro- und die Schuldenkrise zeigen dies deutlich. „Symptomatisch und besonders drastisch spiegelt sich das Vorherrschen nationaler Egoismen in den verschiedenen Sitzorten des Europäischen Parlaments wider."[1361] Ein aufwändiger „Wanderzirkus" wird veranstaltet: Monatliche Plenarsitzungen finden in Straßburg statt, Sondersitzungen des Plenums sowie Ausschusssitzungen werden in Brüssel abgehalten, und das Generalsekretariat sitzt in Luxemburg. Eine Einrichtung eines Europa der 28, das nicht „e pluribus unum" (USA), sondern – wie seit 2000 die Europäische Union – „in varietate concordia" als Motto führt[1362], kann bei Hinzutreten der oben erarbeiteten strukturellen Schwächen, verbunden mit der eben erkannten organisatorischen Zersplitterung, einen Willen nicht kraftvoll bilden, weil schon die Artikulation zuvor diskrepant erfolgt.

Als einziges Organ der Europäischen Union tagt das Europäische Parlament generell öffentlich (Art. 15 Abs. 1 AEUV), der Rat nur dann, wenn er über Gesetzgebungsvorschläge berät oder beschließt (Art. 15 Abs. 2 AEUV). Diese Schwäche

---

1356 *K. A. Schachtschneider,* Die Souveränität Deutschlands, S. 266.

1357 *K. A. Schachtschneider,* Prinzipien des Rechtsstaates, S. 65.

1358 *E. W. Böckenförde,* Staat, Gesellschaft, Freiheit. Studien zur Staatstheorie und zum Verfassungsrecht, S. 60.

1359 BVerfGE 89, 155 (184).

1360 *P. Kirchhof,* Europäische Einigung und Verfassungsstaat, S. 64, 79, 88.

1361 *H. H. v. Arnim,* Das Europa-Komplott, S. 68.

1362 http://europa.eu/about-eu/basic-information/symbols/motto/index_de.htm.

bei Ausübung der Willensbildung der Bürger kann nicht durch Selbstverständlichkeiten dergestalt kompensiert werden, dass Unionsbürger Zugang zu Dokumenten der diversen Organe und Ämter der Union haben. Details bleiben zumal einer Europäischen Verordnung vorbehalten, die im ordentlichen Gesetzgebungsverfahren erlassen werden wird (Art. 15 Abs. 3 UA 2 AEUV). Der EU-Reformvertrag übernimmt damit die Regelung des Verfassungsvertragsentwurfs unter Beibehaltung der bisherigen Formen der Rechtsakte (hier: der Verordnungen)[1363], ohne einen entscheidenden Durchbruch zu mehr Transparenz zu erzielen[1364] – es bleiben ja die maßgeblich an der Gesetzgebung beteiligten Organe Kommission und Rat von dieser Vorschrift unberührt. Dies ist nicht zuletzt vor dem Hintergrund des fortschreitenden Ausbaus der Zuständigkeiten der Union ein andauernder Gefahrenherd für Republik und Demokratie, denn „Transparenz ist für die demokratische Legitimation und Kontrollierbarkeit unabdingbar."[1365] Dennoch zeigt die Formulierung des Reformvertrags, dass das Transparenzanliegen nur ein „Grundsatz" ist, dessen „weitestgehende Beachtung" (Art. 15 Abs. 1 AEUV) letztlich im Belieben der Organe der Union steht, weil sie unter Verweis auf gegenläufige Rechtspositionen den Zugang beschränken können. Einschränkung findet der Zugang zu Dokumenten durch datenschutzrechtliche Regelungen, die im ordentlichen Gesetzgebungsverfahren unter Zustimmung des Europäischen Parlaments erlassen werden (Art. 16 Abs. 2 AEUV).

Dieser Informationskanal wird jedoch nur von einer kleinen Minderheit genutzt werden. Erst eine breite Diskussion in einer europäischen Öffentlichkeit, die dann von der Volksvertretung artikuliert wird, macht eine Einrichtung namens Parlament zu einem „Zentralort politischer Öffentlichkeit".[1366] Ohne diese Voraussetzung vermag auch der Wahlakt – zumal mit den dargestellten Mängeln hinsichtlich seines Gleichheitsdefizits – keine materielle Legitimation zu übertragen.[1367] Eine Artikulation des Willens der Bürger im Parlament sowie eine Erweiterung des Diskurses aus dem Parlament hinaus in eine Öffentlichkeit können so nicht nachhaltig erfolgen. Das Europäische Parlament ist kein Ort eines von der europäischen Öffentlichkeit wahrgenommenen öffentlichen

1363 *R. Geiger*, EUV/EGV, 4. Aufl. 2004, Art. 256 EGV, Rdn. 5.

1364 *V. Epping*, in: Vedder/Heintschel von Heinegg, Komm. EVV, Art. I-50 EVV, Rdn. 1; *B. Wegener*, in: Calliess/Ruffert (Hrsg.), EUV/AEUV, 4. Aufl. 2011, Art. 15 AEUV, Rdn. 2.

1365 *V. Epping*, in: Vedder/Heintschel von Heinegg, Komm. EVV, Art. I-50 EVV, Rdn. 1.

1366 *T. Evers*, Supranationale Staatlichkeit am Beispiel der Europäischen Union, Civitas Civitatium oder Monstrum? S. 115 (117).

1367 Daselbst, S. 115 (117).

Diskurses. Schon diese schlichte, aber grundlegende der klassischen Parlamentsfunktionen des auch nach Bagehot entwickelten Funktionenkatalogs kann dieses Parlament nur unzureichend wahrnehmen.

2. Defizite bei der Gesetzgebungsfunktion

In der Republik ist die Gesetzgebung von essentieller Wichtigkeit für die Freiheit, weil die Gesetzlichkeit die Freiheit erst zu verwirklichen vermag. Die Verfassungsordnung des Grundgesetzes zum Beispiel anerkennt daher auch die Allzuständigkeit des Gesetzgebers.[1368] Daher ist das Organ des Volkes, das die Freiheit durch eine allgemeine Gesetzgebung ermöglicht, also das Parlament, eine Einrichtung der Freiheit.[1369]

Diese Rolle kann das Parlament freilich nur ausfüllen, wenn es über alle wesentlichen Fragen entscheiden kann. Das Bundesverfassungsgericht etwa formuliert, dass „die Entscheidung aller grundsätzlichen Fragen, die den Bürger unmittelbar betreffen, durch Gesetz erfolgen muss“.[1370] Damit ist über den Gesetzesvorbehalt der Eingriffsverwaltung hinaus ein Allgemeinvorbehalt zu konstatieren, der als zentrales Element des Rechtsstaatsprinzips sowie als Ausfluss des Demokratieprinzips einzustufen ist.[1371] Es ist gerade Aufgabe des Gesetzgebers zu entscheiden, welche Belange schutzwürdig sind. Übt der Gesetzgeber Zurückhaltung bei der Verwirklichung des Rechts auf Recht aus, überantwortet er „ratlosen Gerichten“ die Entscheidung.[1372]

Das Bundesverfassungsgericht folgert aus dem Rechtsstaatsprinzip, dass der Gesetzgeber die wesentlichen Regelungen treffen müsse, um einen Lebensbereich zu ordnen (Wesentlichkeitslehre).[1373] Die parlamentarische Zuständigkeit ist vor diesem Hintergrund weit auszulegen, weil auch begünstigende Handlungen der Exekutive an anderer Stelle Lasten mit sich bringen, z.B. bei der Mittelaufbringung für den Etat des Staates. So bedingt etwa eine Geldleistung an einen oft

---

1368 *R. Herzog*, in: Maunz/Dürig, Komm. z. GG, Art. 20, II. Abschn., V, Rdn. 79.

1369 *K. A. Schachtschneider*, Res publica res populi, S. 637.

1370 *H.-J. Papier*, Gewaltentrennung im Rechtsstaat, in: Gewaltentrennung im Rechtstaat, hrsg. von D. Merten, S. 96; i.d.S. auch BVerfGE 40, 237 (249).

1371 *H. Schulze-Fielitz*, in: H. Dreier (Hrsg.), Grundgesetz-Kommentar, Bd. 2, 2. Aufl. 2006, Art. 20 GG, Rdn. 105 ff.

1372 *K. A. Schachtschneider*, Res publica res populi, S. 892.

1373 BVerfGE 33, 1 (10 f.); 47, 46 (78 ff.); 49, 89 (126 ff.); 57, 295 (320 f.); 58, 257 (268 ff.); 84, 212 (226); *K. A. Schachtschneider*, Res publica res populi, S. 891 f.; *Ph. Kunig*, Das Rechtsstaatsprinzip, S. 178 f., 321 ff.; *K. Hesse*, Grundzüge des Verfassungsrechts, Rdn. 260 ff.; S. 77 f., Rdn. 508 ff., S. 197.

die Zurücksetzung des anderen, der nicht nur den Vorteil nicht erhält, sondern über Steuern den finanziellen Vorteil des andern aufbringen muss. Von daher ist es konsequent, über die Eingriffskonstellation hinaus den Gesetzesvorbehalt in grundsätzlich allen Rechtsgebieten anzuwenden.[1374] Dieses Vorbehaltsprinzip ist im Übrigen von zentraler Wichtigkeit bei der Abgrenzung von erster (Legislative) und zweiter Gewalt (Exekutive), weshalb das Bundesverfassungsgericht in seiner Wesentlichkeitsdoktrin fordert, dass der parlamentarische Gesetzgeber „in grundlegenden Bereichen, zumal im Bereich der Grundrechtsausübung, soweit diese staatlicher Regelung zugänglich ist, alle wesentlichen Entscheidungen selbst zu treffen“ hat.[1375] Eine gesetzliche Grundlage erfordern staatliche Maßnahmen jedenfalls immer dann, wenn sie im „grundrechtsrelevanten Bereich“ oder „im Bereich der Grundrechtsausübung“ ergehen beziehungsweise „wesentlich für die Verwirklichung der Grundrechte“ sind.[1376]

Einwänden gegen diese weite Auslegung des Erfordernisses einer gesetzlichen Grundlage für staatliches Handeln ist entgegenzuhalten: „Rechtlichkeit bedingt Gesetzlichkeit.“[1377] Die Rechtsprechung des Bundesverfassungsgerichts zur Reichweite des Gesetzes- bzw. Parlamentsvorbehalts wird als zwiespältig bezeichnet.[1378] In der Kalkar- (1978) und der Raketen-Entscheidung (1984) z.B. lehnt das Gericht zwar einen „Gewaltenmonismus in Form eines allumfassenden Parlamentsvorbehalts“ ab[1379], bleibt aber bei seiner Wesentlichkeitstheorie.

Weil Rechtsnormen auch von der Verwaltung erlassen werden können, solange sie auf ein Parlamentsgesetz zurückzuführen sind, muss in einer freiheitlichen Republik gefordert werden, dass „ohne die Rechtsgesetze … legale äußere Handlungen nicht möglich“ sind. „Äußere Handlungen unterliegen dem Recht“.[1380] In diesem Zusammenhang ist die Wesentlichkeitstheorie so zu verstehen, dass Wesentliches unmittelbar vom Parlament selbst entschieden werden muss, wobei diese Entscheidungen dann der parlamentsgesetzlichen Regelungskompetenz

---

1374 *H. Schulze-Fielitz*, in: H. Dreier (Hrsg.), Grundgesetz-Kommentar, Bd. 2, 2. Aufl. 2006, Art. 20 GG, Rdn. 108 ff.

1375 BVerfGE 49, 89 (126); 61, 260 (275); ähnlich E77, 170 (230 f.); 84, 212 (226); 88, 103 (116); 95, 267 (307); 98, 218 (251); 108, 282 (312).

1376 *H.-J. Papier*, Gewaltentrennung im Rechtsstaat, in: D. Merten (Hrsg.), Gewaltentrennung im Rechtstaat, S. 97; i.d.S. auch: BVerfGE 47, 46 (79); 58, 257 (268 f.); 57, 295 (321).

1377 *K. A. Schachtschneider*, Res publica res populi, S. 561.

1378 *H.-J. Papier*, Gewaltentrennung im Rechtsstaat, in: D. Merten (Hrsg.), Gewaltentrennung im Rechtstaat, S. 99.

1379 BVerfGE 49, 89 (125); 68, 1 (87).

1380 *K. A. Schachtschneider*, Res publica res populi, S. 563.

unterfallen. Auch bei vermeintlich „Unwesentlichem“ ist die freiheits- und gleichheitssichernde Funktion der materiellen Rechtsetzung zu beachten. „Staatlichkeit ist allgemeine Gesetzlichkeit. Diese Gesetzlichkeit verwirklicht die Freiheit.“[1381] Jenseits der Parlamentsgesetze können äußere Handlungen durch Rechtsverordnungen und Satzungen legitimiert werden, ein Bedürfnis nach einer „gesetzesfreien exekutivistischen Tätigkeit durch Erlass von Richtlinien oder Einzelakten andererseits“ besteht nicht.[1382]

Damit ist auch eine „vorbehaltsfreie“ Leistungsverwaltung nicht denkbar.[1383] Neben den freiheitssichernden und legitimatorischen Gründen für allumfassende Gesetzlichkeit sprechen auch Gründe der praktischen Umsetzbarkeit dafür. Erstens ist nach Kant auf Grundlage des Sittengesetzes das Richtige für das gute Leben in Freiheit zum Gesetz zu machen[1384], denn alles ist „praktisch … was durch Freiheit möglich ist.“[1385] Zweitens kann jeder Gesetze erkennen, wenn er „nur Verstand hat“, „selbst für ein Volk von Teufeln“.[1386] Freilich ist diese Erkenntnis der Möglichkeit des Irrtums unterworfen. Dieser Irrtum ist nach § 119 des Bürgerlichen Gesetzbuchs (BGB) ein Willensmangel. Solange der Irrtum jedoch nicht geklärt ist, kann dieses allgemeine Gesetz aller niemandem Unrecht tun[1387], die Verbindlichkeit des Gesetzes muss respektiert werden.[1388] Dem Irrtum muss durch geeignete staatsrechtliche Strukturen weitestgehend vorgebeugt werden. „Die bestmöglichen Institutionen der Gesetzgebung sind noch immer die Parlamente, wenn in ihnen die Besten eines Volkes das Volk in der Erkenntnis des Richtigen für das gute Leben aller in allgemeiner Freiheit vertreten und sich um diese Erkenntnis in geeigneten Verfahren, nämlich in öffentlicher Diskussion der Sachprobleme, bemühen.“[1389]

1381 *K. A. Schachtschneider*, Res publica res populi, S. 637; siehe auch 124 ff., 145 ff., 153 ff., 519 ff., 562 ff., 858 ff., 978 ff., 990 ff., 1027 ff.

1382 *H.-J. Papier*, Gewaltentrennung im Rechtsstaat, in: D. Merten (Hrsg.), Gewaltentrennung im Rechtstaat, S. 100 f.

1383 *H.-J. Papier*, Gewaltentrennung im Rechtsstaat, in: D. Merten (Hrsg.), Gewaltentrennung im Rechtstaat, S. 99 f.

1384 *K. A. Schachtschneider*, Res publica res populi, S. 570.

1385 *Kant,* Kritik der reinen Vernunft, S. 673; i.d.S. *ders.,* Grundlegung zur Metaphysik der Sitten, S. 83; *ders.,* Kritik der praktischen Vernunft, S. 155 ff.

1386 *Kant,* Zum ewigen Frieden, S. 224; siehe auch *K. A. Schachtschneider*, Res publica res populi, S. 568.

1387 *Kant,* Zum ewigen Frieden, S. 204.

1388 *K. A. Schachtschneider,* Res publica res populi, S. 569.

1389 Daselbst, S. 643; dort Verweis auf: *H. Krüger*, Allgemeine Staatslehre, S. 251 f.

Von der Möglichkeit, auch nur alles Wesentliche selbst regeln zu können, ist das Europäische Parlament als bloßer Mitgesetzgeber ohne Initiativrecht mit einem abgeschlossenen Zuständigkeitenkatalog weit entfernt. Dies hat die Analyse in Teil B ergeben. Die europäischen Primärverträge sehen diese Beteiligungsform in 85 Fällen vor.[1390] Zentrale Politikfelder wie die Wirtschafts- (Wettbewerbsregeln, siehe B II 3. a, a.a. (a)) und Steuerpolitik (Umsatz-/ Verbrauchssteuern, siehe B II 3. a, a.a. (c)), die Außen- und Sicherheitspolitik (siehe B II 3. a, c.c.) sehen keine Beteiligung im ordentlichen Gesetzgebungsverfahren vor. Auch der Raum der Freiheit, der Sicherheit und des Rechts ist dem Einfluss des Europäischen Parlaments weitgehend entzogen (siehe B II 3. b, b.b. (f)).

Eine maßgebliche Mitbestimmungsmöglichkeit des Europäischen Parlaments bei der allgemeinen Rechtsetzung ist nicht gegeben. Ein Initiativrecht ist nicht vorhanden, die Budgethoheit begrenzt.[1391] Damit wird der Parlamentarismus sowohl auf mitgliedstaatlicher als auch auf Unionsebene geschwächt.

Der Vertrag von Lissabon, der unter Verwendung der strukturell bestehen bleibenden Primärverträge EGV und EUV sich auf die zu ändernden Vorschriften beschränkt, umfasst dennoch 152 Seiten. Die Zuständigkeiten des Europäischen Parlaments sind nach dem Prinzip der begrenzten Ermächtigung über den ganzen Vertragstext verteilt – dies kontrastiert z. B. mit den Generalklauseln im entsprechend knapp gehaltenen deutschen Grundgesetz.

Im Grundgesetz sind im Wesentlichen in den Artikeln 70–82 (Abschnitt VII) sowohl die Verteilung der Gesetzgebungszuständigkeiten zwischen Bund und Ländern als auch Weg und Verfahren der Bundesgesetzgebung geregelt.[1392]

Die bislang vor allem auf die Art. 189, 190 Abs. 1 u. 2, 192, 197 S. 1, 214 Abs. 2 EGV (vor Lissabon) verteilten Regelungen zur Funktion und Zusammensetzung des Europäischen Parlaments sollten im letztlich gescheiterten Verfassungsvertrag in Art. I-20 zusammengeführt werden. Art. 14 EUV-Lissabon knüpft inhaltsgleich an die Vorschrift des Verfassungsvertrages an.

Eine massive Beschränkung der Gesetzgebungsbefugnis erfährt das Europäische Parlament nach wie vor durch Art. 289 Abs. 1 S. 1, Art. 294 Abs. 2 AEUV, denen zufolge – soweit nichts anderes festgelegt ist – „ein Gesetzgebungsakt der Union nur auf Vorschlag der Kommission erlassen werden" kann. Ein Initiativrecht, in Deutschland gem. Art. 76 Abs. 1 GG und in jedem echten Parlamentarismus selbstverständlich, hat das Europäische Parlament also mit wenigen

1390 *J. Schoo*, in: Schwarze, EU-Kommentar, 3. Aufl. 2012, Art. 289 AEUV, Rdn. 6.

1391 *K. A. Schachtschneider*, Prinzipien des Rechtsstaates, S. 195.

1392 *R. Sannwald*, in: Schmidt-Bleibtreu/Hofmann/Hopfauf, Komm. GG, Vorb. V. Art. 70 GG.

Ausnahmen vor allem im Bereich seiner Selbstorganisation (Art. 223 Abs. 2 AEUV) nicht. Zur Passivität verpflichtet, fällt es schwer, „das Europäische Parlament als … eigentliche[n] Gewinner des EVV" zu bezeichnen[1393], ganz zu schweigen davon, „das EP [Europäische Parlament habe] … weitreichende neue Befugnisse erhalten".[1394]

Die Gesetze im materiellen Sinn, die von der Union erlassen werden können, wurden im letztlich gescheiterten Art. I-33 EVV enumerativ, aber dennoch nicht abschließend[1395], als Rechtsakte der Union mit folgenden Bezeichnungen aufgezählt:

- Europäisches Gesetz: verbindlich, gilt unmittelbar (Art. I-33 Abs. 1 UA 2 EVV);
- Europäisches Rahmengesetz: hinsichtlich des Ziels verbindlich, freie Wahl der Form und Mittel durch betroffenen Mitgliedstaat (Art. I-33 Abs. 1 UA 3 EVV);
- Europäische Verordnung: Rechtsakt allgemeiner Geltung ohne formellen Gesetzescharakter, dient der Durchführung der Gesetzesakte und bestimmter Einzelvorschriften der Verfassung; kann entweder in allen Teilen verbindlich sein und unmittelbar in jedem Mitgliedstaat gelten oder für jeden Mitgliedstaat, an den sie gerichtet ist, hinsichtlich des zu erreichenden Ziels verbindlich sein, muss jedoch den innerstaatlichen Stellen die Wahl der Form und der Mittel überlassen (Art. I-33 Abs. 1 UA 4 EVV);
- Europäischer Beschluss: Rechtsakt ohne Gesetzescharakter, der in allen Teilen verbindlich ist. Ist er an bestimmte Adressaten gerichtet, ist er nur für diese verbindlich (Art. I-33 Abs. 1 UA 5 EVV);
- Empfehlung: nicht bindend (Art. I-33 Abs. 1 UA 6 EVV);
- Stellungnahme: nicht bindend (Art. I-33 Abs. 1 UA 6 EVV).

Hintergrund dieser versuchten Änderung der Nomenklatur der Rechtsakte der Union war der Auftrag der Regierungskonferenz von Nizza und des Rates von Laecken an den damaligen Verfassungskonvent, die Primärverträge verständlicher zu machen und in diesem Zusammenhang eine neue staatsgleiche Typologie der Rechtsakte der Union einzuführen. Der Konvent schuf dennoch gegenüber den bisher üblichen drei Rechtsaktarten Richtlinie, Verordnung und Entscheidung ein

1393 *V. Epping* in: Vedder/ Heintschel von Heinegg, Komm. EVV, Art. I-20 EVV, Rdn. 1.
1394 *M. Ruffert*, in: Calliess/Ruffert (Hrsg.), EUV/AEUV, 4. Aufl. 2011, Art. 10 EUV Rdn. 9.
1395 *Ch. Vedder*, in: Vedder/Heintschel von Heinegg, Komm. EVV, Art. I-33 EVV, Rdn. 4.

sehr viel ausdifferenzierteres System mit neun Rechtsaktformen, die aber wegen des Scheiterns des Verfassungsvertrages nicht zur Geltung gekommen sind.[1396]

Der Reformvertrag von Lissabon übernimmt die an Staatlichkeit erinnernde Bezeichnung „Gesetz“[1397] nicht und begnügt sich mit der Umbenennung der Art. 249 EGV vorausgehenden Überschrift von „Gemeinsame Vorschriften für mehrere Organe“ in „Rechtsakte der Union, Annahmeverfahren und sonstige Vorschriften“. Inhaltlich wird im neuen Art. 288 AEUV der Rechtsakt „Entscheidung“ durch den „Beschluss“ ersetzt[1398], der auch im Verfassungsvertrag vorgesehen war. Er wird vom Rat oder von Rat und Kommission erlassen und trägt als adressierter Beschluss die Züge eines deutschen Verwaltungsaktes.[1399]

Im nun die Regel darstellenden ordentlichen Gesetzgebungsverfahren (Art. 289 AEUV)[1400] werden Vorschriften vom Europäischen Parlament und vom Ministerrat gemeinsam erlassen. Gegen den Willen des Europäischen Parlaments kommen Gesetze bei Anwendbarkeit des ordentlichen Gesetzgebungsverfahrens nicht zustande – freilich kommt dieses Verfahren nur bei ausdrücklicher Anordnung zur Anwendung.

Die Ausstattung der Europäischen Union mit Befugnissen ist so umfassend, dass bereits nach den gegenwärtig gültigen Primärverträgen (EUV, AEUV) nicht mehr von „begrenzter Ermächtigung“ – schon gar nicht von Einzelermächtigung – gesprochen werden kann, auch wenn das Bundesverfassungsgericht die Aufgabenfülle der Europäischen Union Anfang der 1990er Jahre noch so eingestuft hatte, dass die Rechte der Vertretung des Deutschen Volkes, des Bundestages, „noch nicht in einer Weise entleert“ sind, die das unantastbare Demokratieprinzip (Art. 79 Abs. 3 GG) verletzen würden.[1401] Die wesentliche Legitimation des Unionsrechts erfolgt, so das Bundesverfassungsgericht in

---

1396 *Ch. Vedder*, in: Vedder/Heintschel von Heinegg, Komm. EVV, Art. I-33 EVV, Rdn. 1.

1397 Daselbst, Art. I-33, Rdn. 1; *M. Ruffert*, in: Calliess/Ruffert (Hrsg.), EUV/AEUV, 4. Aufl. 2011, Art. 288 AEUV, Rdn. 3.

1398 *M. Ruffert*, in: Calliess/Ruffert (Hrsg.), EUV/AEUV, 4. Aufl. 2011, Art. 288 AEUV, Rdn. 86.

1399 *Ch. Vedder*, in: Vedder/Heintschel von Heinegg, Komm. EVV, Art. I-19 EVV, Rdn. 1 f.; *M. Ruffert*, in: Calliess/Ruffert (Hrsg.), EUV/AEUV, 4. Aufl. 2011, Art. 288 AEUV, Rdn. 91.

1400 *V. Epping* in: Vedder/Heintschel von Heinegg, Komm. EVV, Art. I-19 EVV, Rdn. 1 f.; *M. Ruffert*, in: Calliess/Ruffert (Hrsg.), EUV/AEUV, 4. Aufl. 2011, Art. 289 AEUV, Rdn. 1 f.

1401 BVerfGE 89, 155 (181, 207).

seiner Lissabon-Entscheidung vom 30.06.2009, weiterhin durch die nationalen Parlamente und damit durch die Völker der Mitgliedstaaten.[1402]

In der Zwischenzeit ist allerdings die Währungsunion in Kraft getreten, die eine deutsche Geldpolitik seither unmöglich macht. Das mächtigste Instrument deutscher Politik ist auf die Unionsebene verlagert worden. Schon vor dem Bekanntwerden des Entwurfs eines Verfassungsvertrages für Europa galt: „Wenn die Union eine Währungsunion mit einer unabhängigen Zentralbank wird, ist sie ein Staat und nicht mehr ein Staatenverbund. Das Grundgesetz steht diesem Schritt angesichts aller weiteren Institutionen, Aufgaben und Befugnisse der Union … entgegen."[1403] Wie schon bei der Bezeichnung „Europäisches Parlament" beobachtet, so wird auch beim europarechtlichen Postulat der „begrenzten Einzelermächtigung" (principe de compétance d´attributation, Art. 5 EUV, Art. 7 AEUV) dem Normadressaten (Bürger der Mitgliedstaaten der Europäischen Union) nach wie vor mit der Aussage Sand in die Augen gestreut, die Mitgliedstaaten, und damit die Völker, seien nach wie vor „Herren der Verträge".[1404] Trotz der massiven Machtfülle wird nach wie vor weithin dieser „doppelt begrenzte" Begriff der „begrenzten Einzelzuständigkeit" benutzt, demzufolge die Europäische Union nicht nur „begrenzt", sondern auch nur „einzeln" – also quasi „von Fall zu Fall" – ermächtigt ist.[1405] Aus republikanischer Sicht muss einer solche Aufgabenfülle eine entsprechend starke Bürgervertretung gegenüber stehen.

Eine Ermächtigung des Europäischen Parlaments – gerade eine Einzelermächtigung – läuft dem grundgesetzlichen Prinzip der „Willensbildung vom Volk zu den Staatsorganen" zuwider. Weil der Deutsche Bundestag als Zentralort der Demokratie konstruiert ist, als Organ des Volkes, kann er Legitimation verschaffen, so dass keines der deutschen Verfassungsorgane ein legitimatorisches Defizit aufweist, entsprechend der grundgesetzlichen Entscheidung für die

---

1402 BVerfGE 123, 267 (369 ff.); auch schon: BVerfGE 89, 155 (185); vgl. *K. A. Schachtschneider*, Die Aushöhlung der Demokratie durch Europäische Union und Währungsunion, S 113 f.

1403 *K. A. Schachtschneider*, Das Maastricht-Urteil, in: Freiheit – Recht – Staat, S. 421.

1404 BVerfGE 89, 155 (190, 199); auch BVerfGE 75, 223 (242); *K. A. Schachtschneider*, Prinzipien des Rechtsstaates, S. 82; *Th. Oppermann*, Europarecht, 3. Aufl. 2005, S. 277, Rdn. 19.

1405 *R. Streinz*, Europarecht, 5. Aufl. 1995, S. 59, Rdn. 145; *Th. Oppermann*, Europarecht, 3. Aufl. 2005, S. 157 ff., Rdn. 62 ff.; *M. Schweitzer/W. Hummer*, Europarecht, 5. Aufl. 1996, S. 98, Rdn. 335.

Demokratie (Art. 20 Abs. 1 und 2 GG).[1406] „Demokratie ist der Staat des Volkes ... Herrschaft wird immer nur von wenigen ausgeübt", daher müssen wahre „Repräsentanten des Volkes ... die Abgeordneten... Vertreter des ganzen Volkes in dessen Sittlichkeit" sein.[1407]

Demokratische Gleichheit ihrer Bürgerinnen und Bürger ist die in Art. 9 EUV angesprochene Grundsatzbestimmung, der keine bislang gültige primärvertragliche Norm entspricht.[1408] Ein subjektives öffentliches Recht lässt sich aus diesem Artikel nicht herleiten, er ist nicht unmittelbar anwendbar und nicht justiziabel.[1409]

In einer hinter Grundgesetz und Weimarer Reichsverfassung stehenden Staatslehre hingegen herrscht darüber Einigkeit, dass Demokratie wesentlich auf der Gleichheit aller Staatsangehörigen in der Freiheit aufbaut und es aller Staatsgewalt damit verboten sei, Willkür als Recht zu setzen.[1410] „Das als Willkürverbot praktizierte Prinzip der Gesetzgebungsgleichheit erfasst ... alle denkbaren Politiken."[1411]

Die demokratische Gleichheit ist auf Unionsebene auch nach Umsetzung des Reformvertrags unterentwickelt. Laut Art. I-45 EVV, dessen Regelungsgehalt der Art. 9 EUV aufgegriffen hat, achtet die Union in ihrem gesamten Handeln den Grundsatz der Gleichheit ihrer Bürgerinnen und Bürger. Diese genießen ein gleiches Maß an Aufmerksamkeit seitens der Organe der Union. Ohne Ausgestaltung als subjektiv-öffentliches Recht sind die Unionsbürger untertanengleich auf die Beachtung dieses Grundsatzes durch die Unions-Obrigkeit angewiesen. Dieser Umstand wiegt schwer, weil das zentrale Konstitutionsprinzip der Republik, die demokratisch sein muss, die „Identität der Allgemeinheit der Freiheit und der Gleichheit" ist.[1412] Es gibt keine Privilegien bei der Teilhabe an der demokratischen Willensbildung. Jeder einzelne hat die gleiche Stimme und die gleiche Partizipationschance. „Frei ist nur, wer sich selbst die Gesetze gibt", so

---

1406 *H. Hofmann*, in: Schmidt-Bleibtreu/Hofmann/Hopfauf, GG Komm., 11. Aufl. 2008, Art. 20 GG, Rdn. 41 ff.

1407 *K. A. Schachtschneider*, Demokratiedefizite in der Europäischen Union, in: Freiheit – Recht – Staat, S. 473 f.

1408 *H.-P. Folz,* in: Vedder/Heintschel von Heinegg, Komm. EVV, Art. I-45 EVV, Rdn. 1; *M. Ruffert*, in: Calliess/Ruffert (Hrsg.), EUV/AEUV, 4. Aufl. 2011, Art. 9 EUV, Rdn. 26.

1409 *H.-P. Folz,* in: Vedder/Heintschel von Heinegg, Komm. EVV, Art. I-45 EVV, Rdn. 2.

1410 *Ch. Kannengießer*, in: Schmidt-Bleibtreu/Hofmann/Hopfauf, Komm z. GG, 11. Aufl. 2008, Art. 3 GG, Rdn. 2.

1411 *K. A. Schachtschneider*, Freiheit in der Republik, S. 412 f.

1412 Daselbst, S. 405 f.

das Autonomieprinzip Kants.[1413] „Dieses fundamentale und zum unaufgebbaren Kern der Demokratie gehörende Prinzip wird auf der Ebene der Europäischen Union nicht verwirklicht."[1414]

Selbst verfassungsrechtlich starke Parlamente wie beispielsweise der Deutsche Bundestag, der gem. Art. 76 Abs. 1 GG über ein eigenes Initiativrecht verfügt, bringen nur die Minderheit der Gesetzesinitiativen ein (Bundestag: ca. 5 %), wohingegen die Regierung als Exekutive für die bei weitem meisten verantwortlich zeichnet (Bundesregierung ca. 80 %).[1415] Dies erklärt sich auch damit, dass die Regierung von der Parlamentsmehrheit getragen wird und daher über den Umweg der Regierung Gesetzeswünsche aus den Reihen der Parlamentarier eingebracht werden können. Die personale Verknüpfung von Parlament und Exekutive auf Unionsebene ist nicht von dieser Qualität und Enge. Daher wäre es besonders wichtig für das Europäische Parlament, ein eigenes Initiativrecht zu haben, nicht nur die unverbindliche Möglichkeit, die Kommission zu einer Initiative zu veranlassen.

Auch in Bezug auf die weitere Behandlung eingebrachter Gesetzesinitiativen ist das Europäische Parlament nach dem Reformvertrag von Lissabon verstärkt am „ordentlichen Gesetzgebungsverfahren" beteiligt, aber an der Wahl des Parlaments hat sich nichts geändert – mangels egalitärer Wahl fehlt die demokratische Legitimation.[1416] Eine freiheitlich-demokratische Legitimation der Rechtsakte der Union ist durch die Umwidmung des Europäischen Parlaments von einer Versammlung der Vertreter der Völker (Art. 137 EGV) zu einer Versammlung der Gemeinschaftsbürger (Art. 10 Abs. 2 UA 1, 14 Abs. 2 UA 1 S. 1 EUV) nicht eingetreten[1417], weil neben dem republikwidrigen Mangel in der Wahl der Abgeordneten auch eine Bindung der im Rat versammelten Regierungsvertreter der Mitgliedstaaten an die „Beschlüsse ihrer mitgliedstaatlichen Parlamente" nicht gegeben ist.[1418]

1413 Zitiert nach *K. A. Schachtschneider*, Freiheit – Recht – Staat, S. 394.

1414 *D. Murswiek*, Der Vertrag von Lissabon und das Grundgesetz – Rechtsgutachten, 2008, S. 88.

1415 *H.-P. Schneider*, Das parlamentariche System, in: Handbuch des Verfassungsrechts, Bd. 1, 1. Aufl. 1983, S. 261.

1416 *K. A. Schachtschneider*, Der Vertrag über die EU und das Grundgesetz, in: Freiheit – Recht – Staat, S. 396.

1417 BVerfGE 123, 267 (373).

1418 *K. A. Schachtschneider*, Der Vertrag über die EU und das Grundgesetz, in: Freiheit – Recht – Staat, S. 406.

Damit ist trotz wohlklingender Präambel die ernüchternde Feststellung zu treffen: „Eine eigenständige demokratische Legitimation hat die Europäische Gemeinschaft nicht“.[1419] Von daher ist es konsequent, dass das Europäische Parlament nicht allein befugt ist, die „eigentliche Befugnis eines Parlaments, nämlich die, verbindliche Gesetze zu beschließen“[1420], auszuüben.

„Jedes Gesetz, das das Volk nicht selbst beschlossen hat, ist nichtig; es ist überhaupt kein Gesetz.“[1421] Parteiliche Interessen widersprechen der konsensual-repräsentativen Verfassungslehre.[1422] Die Qualität des von Kant skizzierten Staatsbürgers als eines Rechtssubjekts, das „sein eigener Herr (sui juris) sei“[1423], ist also im Europa des beginnenden 21. Jahrhunderts noch nicht erreicht.

Das Europäische Parlament ist – mehr noch als der Deutsche Bundestag – von Parteien beherrscht. Die reine Verhältniswahl mit starren Listen verdeutlicht bei der Europawahl die Entmachtung der Bürger besonders krass.[1424] Von den seinerzeit 99 Abgeordneten, die Deutschland bei der Europawahl am 13. Juni 2004 ins Europäische Parlament entsandte, standen etwa 75 auf „sicheren“ Listenplätzen[1425], von denen sie nur eine erdrutschartige Verschiebung des Parteiengefüges hätte verdrängen können. Wahl und Wiederwahl hängen also nicht allein vom Souverän, dem Volk (Art. 20 GG) ab, sondern von „innerparteilichen Verbindungen“[1426]. Es wird sich also auf europäischer Ebene das wiederholen, was es auch in Deutschland dem Bürger – trotz personalisierten Verhältniswahlrechts – unmöglich gemacht hat, den Besten für das Parlament auszuwählen[1427]. Wegen der starren Listen formuliert der Staatsrechtler von Arnim pointiert: Die Europawahlen „spotten ... allen demokratischen Regeln“.[1428]

Es mutet an wie ein Paradoxon, dass sich Kant zu seinen Lebzeiten selbst innerhalb monarchischer Herrschaft eine Umsetzung des republikanischen Prinzips vorstellen konnte – dann, wenn der Monarch die Freiheitsgesetze achtete, auch wenn das Volk seine Einwilligung nicht explizit erklärt hatte. Die europäischen

---

1419 *K. A. Schachtschneider,* Die Republik der Völker Europas, in: Freiheit – Recht – Staat, S. 428.

1420 Daselbst.

1421 *Rousseau,* Vom Gesellschaftsvertrag, III 15, Reclam, S. 102 f., siehe auch S. 27, 104, 105.

1422 *K. A. Schachtschneider,* Res publica res populi, S. 641.

1423 *Kant,* Über den Gemeinspruch, S. 151.

1424 *H. H. v. Arnim,* Das Europa-Komplott, S. 252.

1425 Daselbst, S. 252.

1426 Daselbst, S. 253.

1427 *K. A. Schachtschneider,* Res publica res populi, S. 123.

1428 *H. H. v. Arnim,* Das Europa-Komplott, S. 243.

Primärverträge hingegen berufen sich zwar sogar ausdrücklich auf die repräsentative (Art 10 Abs. 1 EUV) und partizipative Demokratie (Art. 10 Abs. 3 EUV), ohne allerdings Republik zu sein. Entscheidend für die Qualifizierung eines Staats als Republik ist damit nicht das Vorhandensein einer oder mehrerer Parteien oder die Führung des Staats durch Kanzler, Präsident oder König, sondern vielmehr die Freiheit von Herrschaft von Menschen über Menschen – also die durch Kant vorgenommene Unterscheidung zwischen Herrschen und Regieren.[1429] „Der Staat ist das einzige Gebilde, das seinem Wesen nach von der Sünde der Herrschaft frei ist“[1430] – freilich nur dann, wenn er als Republik konstruiert ist.

Mit Inkrafttreten des Reformvertrags von Lissabon wurde – wie mehrfach festgestellt – das „ordentliche Gesetzgebungsverfahren“ nach Art. 289 AEUV als Regelfall eingeführt, wenn auch die Analyse der Zuständigkeiten im Arbeitsvertrag (AEUV) in Teil B gezeigt hat, dass das besondere Gesetzgebungsverfahren, das in der Regel einen Gesetzeserlass ohne Beteiligung des Europäischen Parlaments ermöglicht, nach wie vor in der Mehrheit der politisch gewichtigen Fälle zur Anwendung kommt. Entscheidend ist, dass das Europäische Parlament mangels Initiativrecht keine eigenen Gesetzesentwürfe auf den Weg bringen und selbst im ordentlichen Gesetzgebungsverfahren, das vergleichsweise noch seine intensivste Beteiligung vorsieht, auch nie allein legislativ tätig werden kann, womit Kommission und Rat die Rechtsetzung auf Unionsebene dominieren.[1431]

Dieser Mangel wiegt besonders schwer, weil gilt – und so hält es auch das Bundesverfassungsgericht für erforderlich –, dass „die Entscheidung aller grundsätzlichen Fragen, die den Bürger unmittelbar betreffen, durch Gesetz erfolgen muss“.[1432]

Ein Gesetz ist ja nicht eine bloße Beschränkung der Freiheit, sondern selbst ein Produkt der Freiheit.[1433] Der Rat bleibt eigentlicher Gesetzgeber der Union – dem Europäischen Parlament fehlen also zentrale Befugnisse.[1434]

1429 *K. A. Schachtschneider*, Res publica res populi, S. 141.

1430 *D. Sternberger*, Der alte Streit um den Ursprung der Herrschaft, S. 26.

1431 *K. A. Schachtschneider*, Freiheit in der Republik, S. 220 f.; *ders.*, Demokratiedefizite in der Europäischen Union, in: W. Nölling/K. A. Schachtschneider/J. Starbatty (Hrsg.), Währungsunion und Weltwirtschaft, FS Hankel (70.), 1999, S. 139 ff.; *ders.*, Prinzipien des Rechtsstaats, S. 195 ff.

1432 BVerfGE 40, 237 (249); i.d.S. auch *H.-J. Papier*, Gewaltenteilung im Rechtsstaat, in: D. Merten (Hrsg.), Gewaltenteilung im Rechtsstaat, S. 96.

1433 Daselbst, S. 313.

1434 *K. A. Schachtschneider*, Der Vertrag über die EU und das Grundgesetz, in: Freiheit – Recht – Staat, S. 396.

3. Mängel bei der Wahrnehmung der Kreations- und Legitimationsfunktion

Die Gewährung von Legitimation hat nicht nur einen legislatorischen Aspekt bei der Verabschiedung von allgemeinen Gesetzen, sondern auch einen personalen bei der Bestellung von Amtsträgern, allen voran der Kreation einer Regierung. Der Grundsatz der französischen Republik nach Art. 2 Abs. 5 in deren Verfassung vom 4. Oktober 1958 lautet in Anlehnung an ein Zitat Abraham Lincolns: „Regierung des Volkes, durch das Volk und für das Volk".[1435] Kant definiert: „Alle wahre Republik aber ist und kann nichts anderes sein, als ein repräsentatives System des Volkes, um im Namen desselben, durch alle Staatsbürger vereint, vermittelst ihrer Abgeordneten (Deputierten) ihre Rechte zu besorgen."[1436]

Eine der klassischen Funktionen des Parlaments (siehe Einleitung) – von denen einige sachlich sehr nahe beieinander liegen – ist, abgesehen von Präsidialsystemen, die Wahl der Regierung oder zumindest des Regierungschefs. Eine klassische Regierung gibt es in der Europäischen Union mangels Existenz eines Bundesstaats Europa nicht. Jedoch hat die Kommission als exekutiver Bestandteil der Organe der Europäischen Union einen bedeutsamen Anteil an der „Governance" der Union[1437], weshalb der Anteil des Europäischen Parlaments an deren Wahl betrachtenswert ist.

Nach Art. 17 Abs. 7 EUV schlägt der Europäische Rat dem Europäischen Parlament einen Kandidaten für das Amt des Präsidenten der Kommission vor, der vom Europäischen Parlament dann mit der Mehrheit seiner Mitglieder gewählt sein muss.[1438] Aus der Mitte des Parlaments kann dieses wichtige Amt nicht besetzt werden. Der Präsident, der Hohe Vertreter der Union für Außen- und Sicherheitspolitik und die übrigen Mitglieder der Kommission stellen sich gemäß Art. 17 Abs. 7 UA 3 EUV als Kollegium einem Zustimmungsvotum des Europäischen Parlaments. Das Parlament kann also, das sei noch einmal betont, einzelne Kommissare nicht ablehnen (vgl. B II 1b, b.b). Ist der Einfluss des Europäischen Parlaments bei der Bestimmung der Zusammensetzung der Kommission gering, so bleibt er auch nach deren Wahl ihr gegenüber beschränkt, weil diese dem Europäischen Parlament auch während ihrer Amtszeit nur als Kollegium verantwortlich ist. Sie kann nach einem an hohe Hürden geknüpften erfolgreichen Misstrauensvotum, das das Europäische Parlament in offener

---

1435 *K. A. Schachtschneider*, Freiheit in der Republik, S. 193.

1436 *Kant*, Metaphysik der Sitten, S. 464; i.d.S. *ders.*, Zum ewigen Frieden, S. 206.

1437 *Th. Oppermann*, Europarecht, 3. Aufl. 2005, S. 105, Rdn. 91.

1438 *V. Epping*, in: Vedder/Heintschel von Heinegg, Komm. EVV, Art. I-27, Rdn. 1.

Abstimmung mit zwei Dritteln der abgegebenen Stimmen annehmen muss, nur geschlossen ihr Amt niederlegen (Art. 234 UA 2 AEUV)[1439]. Einzelne Kommissare können nur durch Druck auf die gesamte Kommission indirekt gedrängt werden, auf ihr Amt zu verzichten.

„Regieren ist nicht Herrschen."[1440] „Im <Gesetzgebungsstaat> herrschen nicht Menschen und Personen ... Der letzte, eigentliche Sinn des fundamentalen Prinzips der Gesetzmäßigkeit allen staatlichen Lebens liege darin, dass schließlich überhaupt nicht geherrscht und befohlen wird, weil nur unpersönlich geltende Normen geltend gemacht werden ... Spezifische Erscheinungsform des Rechts ist hier das Gesetz, spezifische Rechtfertigung des staatlichen Zwangs die Legalität."[1441]

Von den hier als Maßstab herangezogenen klassischen parlamentarischen Funktionen Bagehots von 1867[1442], die die grundlegenden Aufgaben eines Parlaments umreißen, ist – in der parlamentarischen Demokratie, wie gesagt – eine die der Wahl der Regierung oder zumindest des Regierungschefs (elective function), wie beispielsweise mitgliedstaatlich in Art. 63 Abs. 1 GG hinsichtlich der Wahl des Bundeskanzlers geregelt. Wichtiges Motiv dieser Kreationskompetenz ist die Vermittlung personaler demokratischer Legitimation[1443], denn das Parlament ist als oft einziges unmittelbar vom Volk gewähltes Organ – so in der Bundesrepublik Deutschland – allein hierzu in der Lage.[1444] Auch nach der Bestimmung einer Regierung durch das Parlament ist diese von der fortdauernden Zustimmung des Parlaments abhängig. Bereits Art. 54 WRV hatte geregelt: „Der Reichskanzler und die Reichsminister bedürfen zu ihrer Amtsführung des Vertrauens des Reichstags. Jeder von ihnen muss zurücktreten, wenn ihm der Reichstag durch ausdrücklichen Beschluss sein Vertrauen entzieht." Dieser „feste Zusammenhang zwischen Parlament und Regierung"[1445] zeigt sich heute auf mitgliedstaatlicher Ebene in der Europäischen Union z.B. am Beispiel des Deutschen Bundestags, der nach Art. 67 Abs. 1 S. 1 GG in Beschränkung der Regelung in der Weimarer Reichsverfassung immerhin noch dem Regierungschef in Person des Bundeskanzlers das Misstrauen aussprechen kann.

1439 *W. Kluth*, in: Calliss/Ruffert (Hrsg.), EUV/EGV, 3. Aufl. 2007, Art. 201 EGV, Rdn. 5.

1440 *D. Sternberger*, Der alte Streit um den Ursprung der Herrschaft, S. 20, 25 f.; i.d.S. auch *K. A. Schachtschneider*, Res publica res populi, S. 139.

1441 *C. Schmitt*, Legalität und Legitimität, S. 8; vgl. auch *ders.*, Verfassungslehre, S. 138 ff.

1442 *W. Bagehot*, The English Constitution, S. 136–167.

1443 *H.-H. Trute*, in: von Münch/Kunig, GG Komm. II, 5. Aufl. 2001, Art. 38 GG, Rdn. 9.

1444 *A. Katz*, Staatsrecht, S. 163.

1445 *C. Schmitt*, Verfassungslehre, S. 340 f.

In der parlamentarischen Demokratie hängen also das Zustandekommen, der Bestand sowie der Fortbestand der Regierung vom Vertrauen der Mehrheit des Parlaments ab. Für die Vertretung des Volkes ist dieser gewichtige Einfluss auch legitimiert. Die Staatsleitung steht organisatorisch „Regierung und Parlament gewissermaßen zur gesamten Hand zu“[1446], auch wenn z. B. nur der Regierungschef in Person des Bundeskanzlers nach Art. 63 Abs. 1 GG vom Parlament, dem Deutschen Bundestag, gewählt wird.

„Das parlamentarische Regierungssystem stellt einen verfassungsdogmatischen Widerspruch zum reinen Prinzip der Gewaltenteilung … dar, als es … voraussetzt, dass die Mehrheit im Parlament und die von ihr getragene Regierung gemeinsam die Gesetzgebung bestimmen.“[1447]

Wiewohl die Europäische Union dieses System nicht zur Gänze nachbildet, wirkt ihr Parlament an der Einsetzung und Entlassung der Kommission mit. Insofern ist die Beurteilung des Europäischen Parlaments auch hinsichtlich der Wahrnehmung der Kreationsfunktion erforderlich. Die idealtypisch – wie gesagt – regierungsstützende Funktion der Mehrheitsfraktion, also der zur gleichen Partei wie die Mitglieder der Regierung gehörenden Gruppe des Parlaments[1448] – so jedenfalls in nationalen Parlamenten –, kann die Distanz zwischen Regierung und Abgeordneten in dem gleichen Maße schwinden lassen, wie es die Entfernung des Abgeordneten vom Volk wachsen lässt. Vom Ideal der Volksvertretung entfernt sich diese Realität so weit, dass von einer „Pervertierung der eigentlichen Vertreterfunktion des Parlaments“ gesprochen wird.[1449] Das Abstimmverhalten der Abgeordneten bei zentralen Fragen, die im Volk auf Ablehnung gestoßen sind (laut Demoskopie etwa Euro-Einführung, Europäische Verfassung, Euro-Rettung u.a.) zeigt einen republikwidrigen Zustand: „Im Parteienstaat herrschen die Parteien.“[1450] So hat sich der Deutsche Bundestag den „Diktaten des Kanzlers gefügt … Eine öffentliche Diskussion hat das Parlament nicht veranstaltet.“[1451]

1446 *E. Friesenhahn*, Parlament und Regierung im modernen Staat, VVDStRL 16 (1958), 9, 37/38; *K.-U. Meyn*, in: von Münch/Kunig, GG Komm. II, 5. Aufl. 2001, Art. 62 GG, Rdn. 2.

1447 *K.-U. Meyn*, in: von Münch/Kunig, GG Komm. II, 5. Aufl. 2001, Art. 62 GG, Rdn. 5.

1448 *Th. Oppermann*, Europarecht, 3. Aufl. 2005, S. 84, Rdn. 19.

1449 *H. Meyer*, Die Stellung der Parlamente in der Verfassungsordnung des Grundgesetzes, in: H.-P. Schneider, W. Zeh (Hrsg.), Parlamantsrecht und Parlamentspraxis, § 4 II 2, S. 126.

1450 *K. A. Schachtschneider*, Der republikwidrige Parteienstaat, in: Freiheit – Recht – Staat, S. 223.

1451 *K. A. Schachtschneider*, Res publica res populi, S. 799 f.

Durch das konstruktive Misstrauensvotum ist der Bundeskanzler, im Parteienstaat der parlamentarischen Demokratie regelmäßig Vorsitzender der stärksten Partei, vor dem Sturz durch das Parlament weitgehend geschützt, weil dieses sich gleichzeitig auf die Wahl eines Nachfolgers einigen muss.[1452]

In der Europäischen Union jedoch werden die Mitglieder der Kommission unabhängig von den Mehrheitsverhältnissen im Europäischen Parlament durch die Mitgliedstaaten benannt und vom Europäischen Parlament im Kollektiv bestätigt. Das Europäische Parlament hat somit einen noch weit geringeren Anteil an der Kreation der Exekutiven als ein nationales Parlament.

In einem wahren Parlament als Organ des Volkes ist es für die Abgeordneten selbstverständlich, dass sie das Allgemeininteresse nicht unberücksichtigt lassen dürfen.[1453] Die Bürger sind „beteiligt am Diskurs um das Richtige für das gute Leben aller in allgemeiner Freiheit auf der Grundlage der Wahrheit".[1454]

Wenn schon in der kleinen Einheit Bundesrepublik Deutschland solche antirepublikanischen Strukturen existieren, dann ist dieser Effekt auf Unionsebene strukturell noch ausgeprägter, weil das Europäische Parlament viel weiter von den Wählern der Mitgliedstaaten entfernt ist. So können Deutsche im Gegensatz zur Wahl zum Deutschen Bundestag nicht alle Abgeordneten bestimmen, sondern lediglich die 96 Vertreter aus ihrem Mitgliedstaat (Art. 14 Abs. 2 UA 1 S. 4 EUV). Damit verschärfen sich erheblich die – herrschaftstheoretisch ausgedrückt – Legitimationsdefizite, die aus mangelhafter Bindung an den eigentlichen Träger der Staatsgewalt (Art. 20 Abs. 2 S. 1 GG), das Staatsvolk, erwachsen können. „Das Europäische Parlament ist nicht demokratisch legitimiert … weil es mangels eines Unionsvolkes kein Volk vertritt."[1455] Vertritt es kein Volk, kann es nicht einmal Legitimation für die Exekutive kreieren.

Verschärfend kommt hinzu, dass, unter dem Aspekt der Freiheit formuliert, eine „demokratische Legitimation des Staatlichen … nicht republikgemäß, weil Freiheit, die sich staatlich verwirklicht, kein Legitimationsprinzip für Herrschaft von wem auch immer ist. Nur Herrschaft bedarf der Legitimation."[1456] Denn: Das Volk selbst übt Staatsgewalt durch Organe aus, keinesfalls üben Organe Staatsgewalt für das Volk aus.[1457] Handelt das Volk selbst, bedarf es auch

---

1452 *K. A. Schachtschneider*, Prinzipien des Rechtsstaates, S. 223.

1453 *S. Magiera*, in: M. Sachs, Grundgesetz, 3. Aufl. 2003, Art. 38 GG, Rdn. 45.

1454 *K. A. Schachtschneider*, Res publica res populi, S. 655.

1455 *K. A. Schachtschneider*, Die Aushöhlung der Demokratie durch Europäische Union und Währungsunion, S. 103.

1456 *K. A. Schachtschneider*, Res publica res populi, S. 19.

1457 Daselbst, S. 26, 27.

keiner Rechtfertigung. Der Staatsbürger ist als „Glied des Souveräns Teilhaber staatlicher Gewalt“, als „Autor und Mitinhaber staatlicher Gewalt“ ist er Regierender, aber auch zugleich Regierter.[1458] Jedenfalls führen „Legitimationsdefizite“ im Sinne nicht ausreichender personeller Legitimation dazu, dass mit dem Europäischen Parlament erst recht kein republikanisch gefordertes Organ des Volkes vorhanden ist. Von daher erfüllt der an sich herrschaftliche Begriff der personellen und sachlichen Legitimation[1459] als notwendiges, wenn auch nicht hinreichendes Merkmal eines wahren Parlaments seinen Zweck. Mit dem Zusatz „republikanische“ Legitimation[1460] kann dieser terminus technicus wie auch der der „republikanischen“ Repräsentation republikgemäß verwendet werden.

Eine wahre Kreationsfunktion übt das Europäische Parlament selbständig nicht aus (siehe B II 1 b) b.b). Zusammen mit dem Rat wirkt das Europäische Parlament lediglich bei der Einsetzung der Kommission mit (Art. 17 Abs. 7 EUV), die deshalb im Schnittpunkt zweier Legitimationsstränge liegt. Dieser wird daher eine doppelte Legitimität zugesprochen.[1461] Dies klingt zwar eindrucksvoll, wenngleich eine „doppelte“ Legitimität von derartiger Konstruktion nicht republikgemäß ist und schon gar nicht eine legitimationsverstärkende Funktion entfaltet. Der Rat als Teil der Exekutive spielt nämlich neben dem Parlament eine entscheidende Rolle bei der „Kreation“ der Kommission. Je länger die Legitimationskette ist, desto weniger ist davon auszugehen, dass die ausgeübte Staatsgewalt noch vom Volk ausgeht, dass das Volk noch durch das legitimierte Organ regiert.[1462]

Eine angemessene, republikanische Legitimation vermittelnde Beteiligung des Parlaments ist z. B. auch – einem erweiterten Begriff der Kreationsfunktion zufolge – bei Vorgängen wie der Richterwahl erforderlich. Richter können nur dann im Namen des Volkes urteilen, wenn sie sich bei ihrer Amtsausübung streng an die Gesetze des Volkes halten und wie Parlamentarier durch Wahlen in ihr Amt des Volkes gekommen sind. Letzterer Grundsatz gilt z. B. in Deutschland für die Richter des Bundesverfassungsgerichts (Art. 94 Abs. 1 S. 2 GG), das über einfache Gesetze eine Verwerfungskompetenz ausüben darf und Gesetze allein an dem Verfassungsgesetz messen kann. Die Machtfülle der Verfassungsrichter rechtfertigt dies, denn „je bedeutsamer der jeweilige pouvoir ist, umso mehr ist

1458 *H. Rupp*, Die Unterscheidung von Staat und Gesellschaft, in: HStR, Bd. I, 1. Aufl. 1987, § 28, S. 1199.

1459 *K. A. Schachtschneider*, Res publica res populi, S. 18 f.

1460 Daselbst, S. 970.

1461 *B. Suski*, Das Europäische Parlament – Volksvertretung ohne Volk und Macht?, S. 171.

1462 *K. A. Schachtschneider*, Res publica res populi, S. 18 f.

es gerechtfertigt, ihn aus vom Volk unmittelbar gewählten Organen hervorgehen zu lassen."[1463] Bei anderen Richtern vermittelt die Exekutive, wenn auch demokratisch defizitär[1464], die Legitimation, weil diese Richter beispielsweise von den Fachministerien (Justizministerien) der Länder ernannt werden, wenn auf Landesebene keine Richterwahlausschüsse eingerichtet werden.[1465]

Für Deutschland begrenzt das in Art. 20 Abs. 2 GG verankerte demokratische Prinzip[1466] die Länge der Legitimationskette. Insbesondere darf diese nicht unterbrochen sein. Ein hinreichend enger Zusammenhang zwischen Wahlakt zum Parlament und Ernennung der Richter muss sichergestellt sein. Auch vermag allein die hinreichend demokratisch legitimierte Auswahl der Richter der Rechtsprechung die demokratische Legitimation nicht zu geben, sondern „erst die Unterwerfung der Richter unter bindende, also unterwerfende Gesetze, die eigentlich eine republikanische Legitimation begründen".[1467]

Letztlich verfügt das Volk über jegliche Staatsgewalt, deren Ausübung lediglich auf seine verschiedenen Organe verteilt wird. Kant formulierte es so: „Das Volk richtet sich selbst durch diejenigen seiner Mitbürger, welche durch freie Wahl als Repräsentanten desselben, und zwar für jeden Akt besonders, dazu ernannt werden ... Also kann nur das Volk durch seine von ihm selbst abgeordneten Stellvertreter (die Jury) über jeden in demselben, obwohl nur mittelbar, richten."[1468] Alle diese Organe des Volkes müssen bei der Ausübung ihrer Vertretungskompetenz dem Sittengesetz zufolge sittlich, praktisch und vernünftig entscheiden, also keinesfalls von parteipolitischen Opportunitätsüberlegungen getrieben.[1469]

Die Herleitung der Staatsgewalt vom Volk muss nicht nur theoretisch-konstruktiv, sondern tatsächlich nachweisbar sein. „Staatliche Amtswalter, gleichgültig wo sie im einzelnen tätig sein mögen, (müssen) erstens individuell ausgewählt werden und zweitens ihren Auftrag (ihre „Berufung") entweder unmittelbar vom Volk (in einer Wahl) erhalten oder doch zumindest in einer ununterbrochenen Legitimationskette auf einen Auftrag des Volkes zurückführen können",

1463 *K. Stern*, Staatsrecht II, S. 359.

1464 *K. A. Schachtschneider*, Res publica res populi, S. 970.

1465 *T. Mähner*, Der Europäische Gerichtshof als Gericht, S. 143; *G. Schmidt-Räntsch*, Deutsches Richtergesetz, vor § 8, Rdn. 4 ff., 7 ff.

1466 *R. Herzog*, in: Maunz/Dürig, Komm. z. GG, Art. 20, II. Abschn., II, Rdn. 46 ff.

1467 *K. A. Schachtschneider*, Res publica res populi, S. 971; vgl. BVerfGE 83, 60 (72); *G. Roellecke*, Die Bindung des Richters an Gesetz und Verfassung, VVDStRL 34, (1976), S. 32; *Ch. Gusy*, Parlamentarischer Gesetzgeber und Bundesverfassungsgericht, S. 135 f.

1468 *Kant*, Die Metaphysik der Sitten, S. 436 f.

1469 *T. Mähner*, Der Europäische Gerichtshof als Gericht, S. 150.

denn „geborener Organwalter und geborenes Staatsorgan ist im Staat der demokratischen Volkssouveränität das Staatsvolk".[1470]

Ein Ablaufschema dieser Legitimationskette entwirft beispielsweise das Grundgesetz. In individueller Personalentscheidung wird vom Parlament erst der Bundeskanzler berufen (Art. 63 GG), der dann die Bundesminister individuell vorschlägt (Art. 64 Abs. 1 GG). Als Ressortverantwortliche (s.o.) ernennen diese wiederum die Bundesbeamten oder lassen sie durch ebenfalls individuell berufene Funktionsträger berufen.[1471] Die ununterbrochene Kette individueller Berufungsakte muss für jeden einzelnen Amtswalter bis auf das Volk als Träger der Staatsgewalt zurückzuführen sein. „Der einzelne Amtswalter erfährt die hoheitlichen Befugnisse des Staates als Dienstpflicht für das Volk. Er vertritt das Volk."[1472]

Unter die Amtswalter fallen in einer Republik auch Berufssoldaten, Richter (s.o.) und mutatis mutandis ebenfalls alle Amtswalter in den Ländern, Gemeinden, Körperschaften und Anstalten des öffentlichen Rechts. „Nur wenn diese Kette in allen Fällen vollständig ist, kann davon gesprochen werden, dass die demokratische Legitimität der staatlichen Ordnung gewährleistet und das Prinzip der demokratischen Volkssouveränität daher lückenlos durchgeführt ist, wie es Art. 20 Abs. 2 S. 1 GG verlangt."[1473] Auch hier ist der Begriff Volkssouveränität – aus der die Befugnis zur Kreation hervorgeht – als Synonym für den Fundamentalsatz aller Demokratie zu verstehen, nämlich den, dass „die Staatsgewalt … vom Volke aus[geht]".[1474]

Das Europäische Parlament vermag diese personale Legitimation nicht zu vermitteln. Es vertritt kein Unionsvolk, und seine Wahl ist nicht gleichheitlich, sondern degressiv-proportional.[1475] Es hat auch kein Initiativrecht hinsichtlich des Präsidenten der Kommission, sondern erhält einen Kandidaten vom Europäischen Rat vorgeschlagen (Art. 17 Abs. 7 EUV). Nach dessen Wahl durch das Europäische Parlament schlägt erneut der Rat im Einvernehmen mit dem Präsidenten der Kommission die weiteren Mitglieder der Kommission vor. Das Europäische Parlament kann dann nur über das gesamte Kollegium abstimmen, was seinen Einfluss auf die Spitze der europäischen Exekutive weiter schwächt.

1470 *R. Herzog*, in: Maunz/Dürig, Komm. z. GG, Art. 20, II. Abschn., II, Rdn. 52 f.

1471 Daselbst, Rdn. 53.

1472 *R. Balzer*, Republikprinzip und Berufsbeamtentum, S. 101.

1473 *R. Herzog*, in: Maunz/Dürig, Komm. z. GG, Art. 20, II. Abschn., II, Rdn. 53.

1474 *K. A. Schachtschneider*, Res publica res populi, S. 23.

1475 *K. A. Schachtschneider*, Die Aushöhlung der Demokratie durch Europäische Union und Währungsunion, S. 103.

Eine republikanische Legitimationskraft des Europäischen Parlaments gegenüber den Amtsträgern vermag daher nicht vermittelt zu werden.[1476] Konsequenterweise ist das Europäische Parlament an der Besetzung des Europäischen Gerichtshofs erst gar nicht beteiligt (Art. 19 Abs. 2 EUV – vgl. oben B II 1. b, c.c).

Das Bundesverfassungsgericht sieht ein Erfordernis demokratischer Legitimation hingegen immer dann als notwendig an, wenn „ ... Ausübung von Staatsgewalt ... amtliches Handeln mit Entscheidungscharakter" darstellt.[1477] Damit ist alles relevante Handeln des Staates unter den Legitimationsvorbehalt gestellt. Diese enge Verbindung von Volk und Vertretern des Volkes in staatlichen Einrichtungen (Parlamenten, Ämtern, Gerichten) führt zu einer „Willens-, Erkenntnis- und Entscheidungseinheit" von Vertretern und Vertretenen.[1478]

Auf Ebene der Europäischen Union steht das Parlament – wird es denn überhaupt beteiligt – lediglich neben dem Rat und der Kommission (Art. 14 Abs. 1 S. 1 EUV). Die Betrachtung dieser Konstruktion von der Grundlage der dargestellten demokratischen Legitimationsvermittlung eines echten Parlaments durch Kreationsakte wird darauf abstellen, inwieweit die Willens-, Erkenntnis- und Entscheidungseinheit durch Hinzunahme weiterer – nicht unmittelbar von Bürger legitimierter – Organe gewahrt bleiben kann.

Um die Vertretung als Grundfunktion des Parlaments wahrnehmen zu können, muss das Parlament mehr tun, als „vermittels der in ihm sitzenden Abgeordneten eine dauernde Verbindung mit dem Volk [zu] pflegen".[1479] Die Kreationsfunktion wird vom Volke aus „nach oben" ausgeübt, nicht etwa von oben nach unten hin zum Bürger „gewährt". In Formulierungen wie „Volks- und Bürgernähe" kommt hingegen ein „republikwidriger Paternalismus"[1480] zum Ausdruck. Abgeordnete sind vielmehr als Vertreter des ganzen Volkes und von Amts wegen zur Verfolgung der gemeinsamen Interessen verpflichtet.[1481]

Da es derzeit kein Unionsvolk gibt, sondern nur „die in ihren Staaten organisierten Völker Europas"[1482], kann das Europäische Parlament Organen der

1476 *K. A. Schachtschneider*, Die Aushöhlung der Demokratie durch Europäische Union und Währungsunion, S. 109 f.

1477 BVerfGE 83, 60 (73).

1478 *K. A. Schachtschneider*, Res publica res populi, S. 720.

1479 *H. Meyer*, Die Stellung des Parlamants in der Verfassungsordnung des Grundgesetzes, in: H.-P. Schneider, W. Zeh (Hrsg.), Parlamentsrecht und Parlamentspraxis, S. 121.

1480 *K. A. Schachtschneider*, Res publica res populi, S. 709.

1481 *K. A. Schachtschneider*, Res publica res populi, S. 715.

1482 BVerfGE 123, 267 (375) = BVerfG 2 BvE 2/08; 2 BvE 5/08; 2 BvR1010/08; 2 BvR1022/08; 2 BvR1259/08; 2 BvR 182/09 Rz 286.

Europäischen Union nicht, wie eigentlich parlamentstypisch, Legitimation vermitteln. Dies ist ein Merkmal, dessen Fehlen gegen die Parlamentseigenschaft des Europäischen Parlaments spricht.

„Das parlamentarische Prinzip bleibt mangels Einsetzung einer europäischen Regierung durch das Europäische Parlament entscheidend verkürzt.“[1483] Aufgrund der vorrangigen Beteiligung des Rates an der Regierungsbildung in Form seines Vorschlagsrechts sowie der hohen Hürden an ein – noch niemals erfolgreiches – Misstrauensvotum nach Art. 234 AEUV ist die Kreationsfunktion des Europäischen Parlaments „unterentwickelt“.[1484]

Die Frage stellt sich damit, ob das Europäische Parlament in seiner gegenwärtigen Konstruktion überhaupt legitimiert ist, im Bereich der Kreation und damit Legitimation exekutiver Strukturen auf Unionsebene zu wirken. Gegenwärtig stützt das Europäische Parlament lediglich ergänzend die demokratische Legitimation der Union, so das Bundesverfassungsgericht im Maastricht-Urteil.[1485] Ein Ausbau der Legitimationskraft ist denkbar, wenn nach der bislang ungenutzt im Primärvertragsrecht enthaltenen Ermächtigung (Art. 223 Abs. 1 AEUV) zur Schaffung eines einheitlichen Verfahrens bei der Wahl seiner Abgeordneten in der Form Gebrauch gemacht werden würde, dass diese gleichheitlich, allgemein und unmittelbar erfolgen würde. Solange das nicht gilt, ist das Europäische Parlament weder Organ eines Volkes, noch vermag es mangels Legitimationskraft eine parlamentstypische Kreationsfunktion europäischer exekutiver Strukturen (Kommission) zu entfalten.

4. Defizite bei der Kontrollfunktion

a) Unzureichende Kontrollbefugnisse

Klassische Aufgabe des Parlaments ist – vom Prinzip der Gewaltenteilung her – die Kontrolle der Regierung, gleichgültig, ob in präsidentiellen oder parlamentarischen Systemen. Für Deutschland gilt: „Das parlamentarische Regierungssystem wird grundlegend durch die Kontrollfunktion des Parlaments geprägt“. So hat es das Bundesverfassungsgericht festgestellt.[1486] Diese Funktion ist deshalb so wichtig, weil – ebenso wie in der Bundesrepublik Deutschland – auch auf Unionsebene das Parlament das einzige Organ ist, das unmittelbar von den Bürgern gewählt wird, verfasst im Falle des Bundestages als Volk (Art. 38 Abs. 2

1483 *Th. Oppermann*, Europarecht, 3. Aufl. 2005, S. 89, Rdn. 39.

1484 Daselbst, S. 89, Rdn. 39.

1485 BVerfGE 89, 155 (185 f.); i.d.S. auch BVerfGE 123, 267 (369 ff.).

1486 BVerfGE 67, 100 (130).

GG), im Falle des Europäischen Parlaments – trotz aller Defizite – als Gesamtheit der Unionsbürgerinnen und Unionsbürger (Art. 9 S. 2, Art. 14 Abs. 2 UA 1 S. 1, S. 3 EUV), nach Völkern getrennt. Obwohl das Grundgesetz wie auch das europäische Primärrecht mit Unionsvertrag (EUV) und Vertrag über die Arbeitsweise der Europäischen Union (AEUV) keine Rangfolge ihrer Verfassungsorgane festlegen, wird weithin zurecht angenommen, dass das Europäische Parlament, wenn es denn Befugnisse wie der Deutsche Bundestag hätte, mit der direkten Wahl durch Bürgerinnen und Bürger über eine besondere Legitimationshöhe verfügte und damit den höchsten Rang unter den Verfassungsorganen einnähme.[1487] Denn: „Das Volk sind die Bürger, die Bürger sind Herren ihrer selbst."[1488] Und: „Regieren ist nicht Herrschen."[1489] „Demokratie ist Identität von … Regierenden und Regierten…"[1490] Nach dem oben Dargestellten (siehe Teil B) ist allerdings deutlich geworden, dass das Europäische Parlament keinesfalls diese hervorgehobene Position unter den Organen der Europäischen Union einnimmt. Dieses Gefälle in der Kontrollbefugnis zwischen den nationalen Parlamenten wie dem Deutschen Bundestag und dem Europäischen Parlament gegenüber der Exekutiven wird etwa in Art. 36 Abs. 2 S. 1 EUV deutlich: „Das Europäische Parlament kann Anfragen oder Empfehlungen an den Rat und den Hohen Vertreter richten".[1491] Schon ein Begriff wie „Hoher Vertreter" zeigt deutlich: „Diese obrigkeitliche Vergünstigung verhöhnt die politische Freiheit."[1492]

Rousseau: „Ich behaupte deshalb, dass die Souveränität, da sie nichts anderes ist als die Ausübung des Gemeinwillens, niemals veräußert werden kann und dass der Souverän, der nichts anderes ist als ein Gesamtwesen, nur durch sich selbst vertreten werden kann; die Macht kann wohl übertragen werden, nicht aber der Wille. … In dem Augenblick, in dem es einen Herrn gibt, gibt es keinen Souverän mehr, und von da an ist der politische Körper zerstört."[1493] Entsprechend belässt das Grundgesetz die Staatsgewalt beim Volk (Art. 20 Abs. 2 S. 2 GG). Denn: Das Volk selbst übt Staatsgewalt durch Organe aus, keinesfalls üben Organe

---

1487 *R. Herzog*, in: Maunz/Dürig, Komm. z. GG, Art. 20, II. Abschn., II, Rdn. 76 ff.

1488 *K. A. Schachtschneider*, Res publica res populi, S. 174.

1489 *D. Sternberger*, Der alter Streit um den Ursprung der Herrschaft, S. 20, 25 f.; i.d.S. auch *ders.*, Herrschaft und Vereinbarung, S. 130 f.; *K. A. Schachtschneider,* Res publica res populi, S. 139.

1490 *C. Schmitt*, Verfassungslehre, S. 234.

1491 *K. A. Schachtschneider*, Die Aushöhlung der Demokratie durch Europäische Union und Währungsunion, S. 104.

1492 Daselbst, S. 110.

1493 *Rousseau,* Vom Gesellschaftsvertrag, Reclam, S. 27 f.

Staatsgewalt für das Volk aus.[1494] Organe des Volkes bedürfen keiner Legitimation, denn die „freiheitliche, also republikanische Staatsgewalt eines Volkes ist eine Einheit."[1495] Legitimation braucht nur der, der „für" einen anderen tätig wird, ist also im Grunde obrigkeitlich. Legitimation vermag diese Herrschaft nur zu mildern, ist aber nicht republikanisch, weil hier der Staat nicht das Volk ist, sondern im Sinne des „alten Dualismus" ein Gegensatz zwischen beiden besteht.[1496]

So lange dieses Ideal nicht verwirklicht ist, was insbesondere auf Ebene der Europäischen Union festzustellen war, gilt: Eine wirksame parlamentarische Kontrolle der Exekutive ist erforderlich, denn allein die Abgeordneten sind Vertreter des Volkes. Kant hat die „Absonderung der ausführenden Gewalt (der Regierung) von der gesetzgebenden" zum „Staatsprinzip" des „Republikanism" erklärt.[1497] Diese Kontrolle findet in vielschichtiger Weise durchaus statt. Weil in parlamentarischen Regierungssystemen allerdings eine enge Verbindung zwischen Regierung und sie tragender Parlamentsmehrheit gegeben ist[1498], findet weniger eine reaktive Kontrolle des Regierungshandelns statt als vielmehr eine mitwirkende Kontrolle durch permanenten Meinungs- und Informationsaustausch auch zwischen (Regierungs-) Mehrheit und oppositioneller Minderheit.[1499] Als Vertreter des Volkes müssen die Abgeordneten freilich, „wenn sie ihr Handeln als Vertreter verantworten wollen, auch die Möglichkeit haben, Rechenschaft von denen zu verlangen, die sie zum Regieren über das Volk eingesetzt haben".[1500]

Hierzu dienen vor allem die Informationsrechte des Parlaments, im Falle des Bundestages sind dies die unterschiedlichen Formen der Großen und der Kleinen Anfrage, die Fragen zur mündlichen oder schriftlichen Beantwortung (§§100–105 GOBT), denen die Bundesregierung Folge zu leisten hat.[1501] Weil die Fragen und Antworten in den Bundestagsmitteilungen veröffentlicht werden,

---

1494 Daselbst, S. 26 f.

1495 *K. A. Schachtschneider*, Prinzipien des Rechtsstaates, S. 167.

1496 *K. A. Schachtschneider*, Prinzipien des Rechtsstaates, S. 178; *ders.*, Res publica res populi, S. 175, 802 ff., 1139 f.

1497 *Kant*, Zum ewigen Frieden, S. 206 f.; i.d.S. auch *ders.*, Metaphysik der Sitten, S. 431 ff.

1498 *H. H. Klein*, Aufgaben des Bundestages, in: HStR, Bd. II, 1. Aufl. 1987, § 40, Rdn. 31.

1499 Daselbst, § 40, Rdn. 31 f.

1500 *H. Meyer*, Die Stellung der Parlamente in der Verfassungsordnung des Grundgesetzes, in: H.-P. Schneider, W. Zeh (Hrsg.), Parlamantsrecht und Parlamentspraxis, § 4 II 5, S. 144.

1501 Strittig; wie hier *T. Maunz*, in: Maunz/Dürig, Komm. z. GG, Art. 43 GG, Rdn. 8; *H. H. Klein*, Aufgaben des Bundestages, in: HStR, Bd. II, 1. Aufl. 1987, § 40 Rdn. 33 ff.

stehen sie den Staatsbürgern als Informationsquelle zur Verfügung. „Repräsentative Demokratie muss kommunikative Demokratie sein.“[1502] Der allgemeine Diskurs um das Richtige für das gute Leben aller in allgemeiner Freiheit auf Grundlage der Wahrheit gehört zur politischen Willensbildung des Volkes.[1503] Auch dies ist ein Punkt, der auf Unionsebene ganz neuen Herausforderungen begegnet. Eine europäische Öffentlichkeit wird es in absehbarer Zeit nicht geben.[1504] Dies wirft – quasi als Vorbedingung einer wirksamen Kontrollfunktion – auch im gerade zu behandelnden Zusammenhang die Frage nach der Legitimität des Europäischen Parlaments auf, denn die politische Willensbildung vom Volk zu den Staatsorganen muss sich einerseits „von unten nach oben“ vollziehen, andererseits müssen die Bürger laut Bundesverfassungsgericht mit den für ihre Meinungsbildung notwendigen Informationen versorgt werden.[1505] Das Bundesverfassungsgericht verlangt einen „hinreichenden Gehalt an demokratischer Legitimation“, „ein bestimmtes Legitimitätsniveau“.[1506] Republikanisch ist diese Konzeption nicht, denn eine republikanische Repräsentation, eine Vertretung des Volkes im Parlament, stellt die höchste denkbare Stufe der „Legitimation“ dar. Die Verfassung der Republik sieht vor, dass die Staatsgewalt nicht nur personell, sondern auch sachlich, soweit als möglich, vom Volk ausgeht.[1507] Nicht einmal den vom Bundesverfassungsgericht in den eben genannten Urteilen formulierten Mindeststandard, hinter dem ein Parlament nicht zurückbleiben darf, erreicht das Europäische Parlament. Neben den Mängeln in der Legitimation (Wahlgrundsätze) sind auch die Kontrollrechte stark eingeschränkt.

Die parlamentarische Kontrolle muss die ganze Exekutive umfassen. Neben der Regierung übt nämlich auch die Verwaltung einen entscheidenden Teil der exekutiven Staatsgewalt aus – für den Bürger in der Regel sogar den unmittelbar fühlbaren Teil. Damit ist für die Wahrung des Grundsatzes, dass alle Staatsgewalt vom Volke ausgeht, entscheidend, dass auch sie Kontrollobjekt des von den Bürgern gewählten Parlaments ist. Auf bundesdeutscher Ebene dient der Verwirklichung dieses Grundsatzes, dass das Parlament Bundestag nach Art. 43 Abs. 1 GG über das sogenannte Zitierrecht gegenüber allen Mitgliedern der (Bundes-) Regierung verfügt. Es kann also die Anwesenheit eines Mitgliedes der

1502 *H. Oberreuther*, Abgesang auf einen Verfassungstyp?, in: Aus Politik und Zeitgeschichte, B2/1983, S. 19, 29.
1503 *K. A. Schachtschneider*, Freiheit in der Republik, S. 145.
1504 *B. Suski*, Das Europäische Parlament – Volksvertretung ohne Volk und Macht?, S. 186.
1505 BVerfGE 20, 56 (97 ff.); 44, 125 (147 f.).
1506 BVerfGE 83, 60 (72); i.d.S. auch *K. A. Schachtschneider*, Freiheit in der Republik, S. 144.
1507 *K. A. Schachtschneider*, Res publica res populi, S. 18.

Bundesregierung vor seinem Plenum oder einem Ausschuss verlangen. Das Mitglied der Bundesregierung muss nicht nur erscheinen, sondern auch Rede und Antwort stehen.[1508] Ein Durchgriff auf die den Ministern nachgelagerte Verwaltung ist durch diese Einflussmöglichkeit möglich, da die Ressortminister wiederum nach Art. 65 S. 2 GG selbständig ihren Geschäftsbereich inklusive der nachgeordneten Verwaltung leiten.[1509] Damit ist eine parlamentarische Kontrolle der gesamten bundesdeutschen Exekutiven gewährleistet.[1510] Auf europäischer Ebene stellt die Kommission die Exekutive dar. An Kommissionsakten ist eine Mitwirkung des Europäischen Parlaments nicht vorgesehen. Seine Kontrollfunktion kann das Europäische Parlament lediglich in Form von Anfragen[1511] und Untersuchungsausschüssen (Art. 226 AEUV) ausüben.

Auch der Rat, der als Mitgesetzgeber des Europäischen Parlaments tätig ist, unterliegt keiner förmlichen allgemeinen Kontrolle und verhandelt erst seit dem Vertrag von Lissabon öffentlich, wenn er über Entwürfe zu Gesetzgebungsakten berät und abstimmt – ansonsten nach wie vor nicht öffentlich (Art. 16 Abs. 8 EUV). Die Fragestunde steht dem Europäischen Parlament zur Ausübung einer „gewissen faktischen Kontrolle" zur Verfügung.[1512]

Weil es nur einen Träger von Staatsgewalt gibt, nämlich das Volk, ist die Beschreibung der Kontrollfunktion als „Kind der Vertretungsfunktion"[1513] besonders treffend. Somit kann das Europäische Parlament bei der Ausübung seiner schwachen Kontrollrechte seine Vertretungsfunktion der Unionsbürgerinnen und Unionsbürger ebenso nur begrenzt wahrnehmen.

Der Einfluss des Europäischen Parlaments auf die Kommission ist mit dem Lissabon-Vertrag weiterhin beschränkt, weil diese lediglich als Kollegium dem Europäischen Parlament verantwortlich ist.[1514] Die Kommission kann nur geschlossen ihr Amt niederlegen (Art. 234 UA 2 AEUV)[1515] und ist damit – weil

1508 *L.-A. Versteyl*, in: v. Münch/Kunig, GG Komm. II, 5. Aufl. 2001, Art. 43 GG, Rdn. 22; *G. Anschütz*, WRV, Art. 33 Anm. 1.

1509 *H. Meyer*, Die Stellung der Parlamente in der Verfassungsordnung des Grundgesetzes, in: H.-P. Schneider, W. Zeh (Hrsg.), Parlamantsrecht und Parlamentspraxis, § 4 II 5, S. 145.

1510 *R. Herzog*, in: Maunz/Dürig, Komm. z. GG, Art. 65 GG, Rdn. 91.

1511 *B. Suski*, Das Europäische Parlament – Volksvertretung ohne Volk und Macht?, S. 133.

1512 Daselbst.

1513 *H. Meyer*, Die Stellung der Parlamente in der Verfassungsordnung des Grundgesetzes, in: H.-P. Schneider, W. Zeh (Hrsg.), Parlamantsrecht und Parlamentspraxis, § 4 II 5, S. 147.

1514 *V. Epping* in: Vedder/Heintschel von Heinegg, Komm. EVV, Art. I-27 EVV, Rdn. 17, *W. Kluth*, in: Calliess/Ruffert (Hrsg.), EUV/AEUV, 4. Aufl. 2011, Art. 234 AEUV, Rdn. 1 f.

1515 *W. Kluth*, in: Calliess/Ruffert (Hrsg.), EUV/EGV, 3. Aufl. 2007, Art. 201 EGV, Rdn. 5.

meist erst nach schwierigen Kompromissverhandlungen besetzt – weitgehend geschützt. Im Ergebnis war daher von den bislang neun vorgelegten Misstrauensanträgen noch keiner erfolgreich.[1516] Der Europäische Rat ist es auch, der dem Europäischen Parlament einen Kandidaten für das Amt des Präsidenten der Kommission vorschlägt.[1517] Aus der Mitte des Parlaments kann dieses wichtige Amt nicht besetzt werden.

Diese Kontrolle der Exekutive durch das Volk, nach demokratischer Verfassungstradition eine der vornehmsten Aufgaben der Volksvertreter im Parlament[1518], wird auf einen „Europäischen Bürgerbeauftragten" ausgelagert (Art. 228 AEUV), der sein Amt – primärvertraglich idealisiert „in völliger Unabhängigkeit" – und damit losgelöst von jeglichem organisatorischen Unterbau führt. Dennoch hat das Europäische Parlament die Hoffnung, dass die aus der engen Beziehung (Wahl durch das Europäische Parlament, Art. 228 Abs. 1 AEUV) sich ergebenden Einflussmöglichkeiten eine Verbesserung der parlamentarischen Kontrolle insbesondere der Kommission ermöglichen werden.[1519] Solche Beauftragte können eine wirkungsvolle Volksvertretung nur ergänzen, deren Defizite aber nicht ausgleichen. Ein Parlament, das die Kontrollfunktion gegenüber der Exekutiven als „Kind der Vertretungsfunktion"[1520] der Bürger wahrzunehmen hat, zweifelt zu Recht an der Daseinsberechtigung eines mit dem Vertrag von Maastricht[1521] ins Primärrecht gekommenen Bürgerbeauftragten[1522], der nicht einmal über ein eigenes Klagerecht[1523] verfügt. Die den Abgeordneten des Europäischen Parlaments primärvertraglich zugedachte Rolle als Vertreter der Unionsbürgerinnen und Unionsbürger (Art. 14 Abs. 2 EUV) wird so zusätzlich relativiert.

Dies wiegt schwer, denn wie in Deutschland „[d]as parlamentarische System … grundlegend von der Kontrollfunktion geprägt [wird]"[1524], so sind die

---

1516 Daselbst, Art. 201 EGV, Rdn. 6.

1517 *V. Epping*, in: Vedder/Heintschel von Heinegg, Komm. EVV, Art. I-27 EVV, Rdn. 1; *M. Ruffert*, in: Calliess/Ruffert (Hrsg.), EUV/AEUV, 4. Aufl. 2011, Art. 17 EUV, Rdn. 45.

1518 BVerfGE 67, 100 (130).

1519 *V. Epping*, in: Vedder/Heintschel von Heinegg, Komm. EVV, Art. III-335 EVV, Rdn. 1; *W. Kluth*, in: Calliess/Ruffert (Hrsg.), EUV/EGV, 3. Aufl. 2007, Art. 195 EGV, Rdn. 1.

1520 *H. Meyer*, Die Stellung der Parlamente in der Verfassungsordnung des Grundgesetzes, in: H.-P. Schneider, W. Zeh (Hrsg.), Parlamentsrecht und Parlamentspraxis, § 4 II 5, S. 147.

1521 *P. Huber*, in: Streinz, EGV/EUV, Art. 195 EGV, Rdn. 1.

1522 *W. Kluth*, in: Calliess/Ruffert (Hrsg.), EUV/EGV, 3. Aufl. 2007, Art. 195 EGV, Rdn. 1.

1523 Daselbst, Art. 195 EGV, Rdn. 11.

1524 BVerfGE 67, 100 (130).

Kontrollbefugnisse des Europäischen Parlaments aber vorrangig auf die Kommission gerichtet, obwohl der Rat als Inhaber zentraler Entscheidungsbefugnisse Hauptadressat sein sollte. Die Kontrollbefugnisse des Europäischen Parlaments gehen kaum über Interpellationsrechte und Erörterungen der Jahresberichte anderer Organe hinaus – mit Ausnahme der Entlastung der Kommission in der Ausführung des Haushaltsplanes. Äußerstes Mittel der Kontrolle gegenüber Rat und Kommission ist die Nichtigkeitsklage beim Europäischen Gerichtshof, soweit es um die Wahrung seiner eigenen Rechte geht. Das Europäische Parlament muss sich zur Wahrung seiner Rechte anderer Organe bedienen.

Fundament seiner Kontrollrechte ist das Misstrauensvotum gegen die Kommission[1525], deren hohe Hürden oben dargestellt worden sind. Die Kontrollarbeit des Europäischen Parlaments kann sich in indirekter Weise durch Einsetzung von Ausschüssen erschöpfen, unter denen beispielsweise der 60-köpfige Ausschuss zum Klimawandel zu nennen ist.[1526]

Eine effektive Kontrolle des Rats als entscheidenden Teils der Legislative und der Exekutive[1527] ist im Übrigen durch das Parlament nur möglich, wenn die politischen Verantwortlichkeiten für die die Parlamentarier bestimmenden Wähler und die Abgeordneten selbst erkennbar sind. Sowohl die Gewaltenverschränkung der parlamentarischen Gesetzgebungsfunktion mit dem exekutivistisch geprägten Rat als auch die Anonymität, in der Entscheidungen der Europäischen Union ohne eine europäische Öffentlichkeit getroffen werden, schwächt die Kontrollfunktion des Europäischen Parlaments. Müssten die für den Bürger handelnden Akteure auf politischer Ebene mit dem Unwillen des Wählers bei der nächsten Wahl rechnen, hätte das bereits vorbeugenden Charakter. Dem steht entgegen, dass es keine europäische Öffentlichkeit gibt, die die demokratische Funktion eines Parlaments wie z. B. die, die Kontrollfunktion auszuüben, stützen kann. Vielmehr steht dieser „Obrigkeit … eine riesige Menge isolierter Untertanen" gegenüber.[1528] Damit ist das Europäische Parlament selbst dann, wenn es nach dem Vorbild eines nationalen Parlaments gebildet werden würde, zu „gemeinwohlorientiertem Handeln" nicht in der Lage.[1529]

1525 *Th. Oppermann*, Europarecht, 3. Aufl. 2005, S. 90, Rdn. 41.

1526 *A. Maurer*, Das Europäische Parlament, in: W. Weidenfeld, u.a., Jahrbuch der Europäischen Integration 2007, S. 52.

1527 *K. A. Schachtschneider*, Die Aushöhlung der Demokratie durch Europäische Union und Währungsunion, S 111.

1528 *K. A. Schachtschneider*, Deutschland nach dem Konventsentwurf einer „Verfassung für Europa", in: Freiheit – Recht – Staat, S. 613.

1529 *H.-H. v. Arnim*, Das Europa-Komplott, S. 65.

Ein Parlament ist idealerweise „politisches Forum der Nation“[1530]. Seine Entstehungsgeschichte ist eng mit der Ablösung der Feudalstaaten in ihrer absolutistischen Ausprägung durch die Nationalstaaten ab Anfang des 19. Jahrhunderts verbunden. Nation und Freiheit sind also zwei Seiten derselben Medaille. Entsprechend müssen Republiken überschaubare kleine Einheiten sein.[1531]

Weil das so ist, starren die Bürgerinnen und Bürger der Union auf mitgliedstaatliche Parlamente wie den Bundestag, obwohl diese durch die Primärverträge in der Lissabon-Fassung – Beispiel Deutschland – „weitgehend entparlamentarisiert“[1532] sind, ohne im Europäischen Parlament einen nennenswerten Ersatz zu erhalten. Fatalerweise kann so die Öffentlichkeitsfunktion des Europäischen Parlaments nicht richtig funktionieren. Weder wird das Parlament durch die Wahlbürger effektiv kontrolliert, noch kann es eine effektive Kontrolle der Kommission vornehmen.

Der Wahlbürger kennt kaum Parlamentarier des Europäischen Parlaments, geschweige denn deren Positionen und Abstimmverhalten, weil eine mediale Berichterstattung – anders als über die Arbeit der mitgliedstaatlichen Parlamente – kaum stattfindet. Öffentlichkeitswirksam ist allenfalls eine Zusammenkunft des Rates der europäischen Regierungschefs oder punktuell die Arbeit der Kommission.

Ohne diesen Rückhalt in der Wahlbevölkerung hat das strukturell sowieso schwache Europäische Parlament nur eine stumpfe Waffe im Kampf um die Durchsetzung der – trotz aller Mängel in seiner Wahl – geäußerten Meinung der europäischen Bürgerinnen und Bürger. Ein substanzielles Gewicht könnte das Europäische Parlament freilich nur gewinnen, wenn es aus gleichheitlicher Wahl hervorginge. Die Europawahlen und die in der Legislaturperiode folgende Parlamentsarbeit würden dann eine ganz andere Aufmerksamkeit in der Öffentlichkeit erhalten.

Die im Rat vertretenen Staats- und Regierungschefs sowie die sich aus den politischen Eliten rekrutierende Europäische Kommission wollen diesen Schritt freilich nicht gehen. Sie nutzen – allerdings ohne das Einverständnis der unaufgeklärten europäischen Öffentlichkeit – die Gelegenheit, die „freiheitliche Rechtlichkeit“ gewährende Staatlichkeit der Mitgliedstaaten zu einer „staatsähnlichen

---

1530 *A. Morkel*, Das Parlament als öffentliches Forum, in: Aus Politik und Zeitgeschichte B40/66, S. 21 ff.

1531 *K. A. Schachtschneider*, Freiheit in der Republik, S. 605.

1532 *K. A. Schachtschneider*, Der Vertrag über die Europäische Union und das Grundgesetz, in: Freiheit – Recht – Staat, S. 385.

Hülle“[1533] auszuhöhlen, ohne wirksame Kontrollinstanzen entstehen zu lassen. Die wirksamste Kontrolle, die ein wahres Parlament ausüben kann, ist seine legislative Allzuständigkeit – auf europäischer Ebene wäre dies eine durchgängige Beteiligung im Wege des ordentlichen Gesetzgebungsverfahrens. In der Rechtswirklichkeit des europäischen Primärvertragsrechts wird das Europäische Parlament allerdings in lediglich 85 Fällen so intensiv beteiligt und gerade in zentralen Politikfeldern konsequent außen vor gelassen. Von einem allgemeinen Parlamentsvorbehalt weit entfernt, wird das Parlament lediglich von Fall zu Fall je nach Rechtsgebiet – wie in Teil B gesehen – paternalistisch beteiligt.

b) *Mangelnde Gewaltenteilung*

Um der Exekutiven weitgehend freie Hand zu gewähren, ist die exekutivistisch geprägte Union nicht an einer wahren Gewaltenteilung interessiert. Ursprünglich als Reaktion der Völker auf die Erfahrung des Missbrauchs von Ämtern hatte sich die Lehre von der Teilung der Gewaltausübung als „anerkannter Grundsatz abendländischer Rechtsstaatlichkeit“ herausgebildet.[1534] Die Gewalt wurde unter besonderen Organen geteilt, weil die Möglichkeit, Gewalt ungeteilt auszuüben, „also das Volk in allen Funktionen der Gesetzlichkeit zu vertreten“, die Gefahr von Despotie und Tyrannei verstärkt.[1535] Art. 16 der Erklärung der Rechte des Menschen von 1789 formuliert: „Jede Gesellschaft, in der weder die Gewährleistung der Rechte zugesichert noch die Trennung der Gewalten festgelegt ist, hat keine Verfassung.“[1536] Für Kant enthält jeder Staat drei Gewalten in sich, d. h. den „allgemeinen vereinigten Willen in dreifacher Person (trias politica): als Herrschergewalt (Souveränität) in der des Gesetzgebers, die vollziehende Gewalt in der des Regierers (zu Folge dem Gesetz) und die rechtsprechende Gewalt ...“[1537] Nur ein Staat mit „Absonderung der ausführenden Gewalt ... von der gesetzgebenden“ hat die einzig rechtmäßige Verfassung, ist ein „Republikanism“, weil nur durch die Trennung des Gesetzgebers von der Gesetzesanwendung und von der Justiz die Herrschaft des Gesetzes durchgeführt werden kann. Jede Aufhebung dieser Unterscheidung bedeutet Despotie.[1538]

1533 *K. A. Schachtschneider*, Deutschland nach dem Konventsentwurf einer „Verfassung für Europa“, in: Freiheit – Recht – Staat, S. 613.

1534 *K. A. Schachtschneider*, Prinzipien des Rechtsstaats, S. 168.

1535 *K. A. Schachtschneider*, Res publica res populi, S. 168 f.

1536 Dazu: *J. Isensee*, Staat und Verfassung, in: HStR, Bd. I, 2. Aufl. 1995, S. 638; *K. A. Schachtschneider*, Res publica res populi, S. 560.

1537 *Kant*, Metaphysik der Sitten, S. 431.

1538 *Kant*, Zum ewigen Frieden, S. 206.

Das Parlament spielt als Verfassungsorgan der Legislativen eine wichtige Rolle bei der Verwirklichung des Prinzips der Gewaltenteilung, es ist eine „Organsäule".[1539] Gewaltenteilung im engeren Sinn bedeutet, dass die Ausübung der Staatsgewalt auf mehrere Staatsorgane zu verteilen ist, also nicht bei einer Person oder einem Staatsorgan allein liegen darf.[1540] Genau betrachtet vollzieht sich die Gewaltenteilung, auch beispielsweise in ihrer im Grundgesetz verwirklichten Form, in drei Stufen[1541]: Funktional wird seit Montesquieu die Gewaltenteilung in Form einer Dreiteilung in gesetzgebende, vollziehende und rechtsprechende Gewalt vorgenommen (horizontale Gewaltenteilung).

Auf der zweiten Stufe wird jede der drei Teilgewalten im Sinne einer organisatorischen Gewaltenteilung einem anderen Träger zugeordnet, die Gesetzgebung in Deutschland zum Beispiel dem Bundestag als „besonderem Organ" gemäß Art. 20 Abs. 2 S. 2 GG oder – in der Europäischen Union zusammen mit dem Rat eben dem Europäischen Parlament nach Art. 14 Abs. 1 EUV. Auch eine Gewaltenteilung belässt aber die Staatsgewalt republikanisch beim Volk (Art. 20 Abs. 2 S. 1 GG).[1542]

Letztlich wird durch Inkompatibilitätsvorschriften eine personelle Gewaltenteilung[1543] dahingehend sichergestellt, dass diese Teilung der Staatsgewalt grundsätzlich nicht durch Personenidentität umgangen wird.[1544]

Diese Teilung der Staatsgewalt funktioniert also nur dann, wenn die Personen und Personengruppen, denen die jeweiligen Organsäulen anvertraut sind, zueinander in einem Spannungsverhältnis stehen. Dies lässt sich gerade in der modernen parlamentarischen Demokratie nur bedingt staatsorganisatorisch herbeiführen, weil die Klammer der gemeinsamen Parteizugehörigkeit von Regierungs- und Parlamentsmitgliedern das „Problem der Kollaboration von Machtträgern im Parteienstaat" herbeiführen kann.[1545] Die „Gewaltenteilung in Deutschland [leidet] Not, vor allem … wegen des Gegensatzes der parteienstaatlichen Oligarchie … zur Bürgerschaft/dem Volk".[1546] Dies gilt erst recht für die Ebene der Europäischen Union, auf der es keine funktionierende Öffentlichkeit gibt, die dem Einhalt gebieten könnte.

1539 *R. Herzog*, in: Maunz/Dürig, Komm. z. GG, Art. 20, II. Abschn., V, Rdn. 8.

1540 *R. Herzog*, in: Maunz/Dürig, Komm. z. GG, Art. 20, II. Abschn., V, Rdn. 4.

1541 *C. Schmitt*, Verfassungslehre, S. 186; *Th. Maunz*, Staatsrecht, 22. Aufl. 1978, S. 194.

1542 *K. A. Schachtschneider*, Res publica res populi, S. 18.

1543 *K. A. Schachtschneider*, Prinzipien des Rechtstaates, S. 174.

1544 *R. Herzog*, in: Maunz/Dürig, Komm. z. GG, Art. 20, II. Abschn., V, Rdn. 14 ff.

1545 *R. Herzog*, in: Maunz/Dürig, Komm. z. GG, Art. 20, II. Abschn., V, Rdn. 16 ff.

1546 *K. A. Schachtschneider*, Prinzipien des Rechtsstaates, S. 222; dazu *H. H. v. Arnim*, Fetter Bauch regiert nicht gern, S. 21 ff. passim.

Wegen der Möglichkeit zur Akklamation durch das Volk kann der Verzicht auf Gewaltenteilung zu einer „totalitären Demokratie" führen, in der analog der Jakobinerherrschaft – die jakobinische Verfassung von 1793 kennt keine Gewaltenteilung[1547] – im revolutionären Frankreich und später in der Organisation marxistischer Staaten kein öffentlicher Diskurs über den besten Weg zur Verwirklichung des Gemeinwohls stattfindet, sondern dieser Weg bereits vorgegeben ist und nur der Verwirklichung harrt.[1548] „Das Volk kann akklamieren … einem Führer".[1549]

Solche republikwidrigen Entwicklungen sind auszuschließen: „Die Absonderung der ausführenden Gewalt (der Regierung) von der gesetzgebenden" ist – wie gesagt – nach Kant „Staatsprinzip" des „Republikanism".[1550] Während in parlamentarischen Regierungssystemen eine nachgelagerte Administrativkontrolle bereits eingetretenen Regierungshandelns wegen der personellen Verbindung von Regierung und Parlament nicht die Regel ist, sondern als „dirigierende Kontrolle" bereits im Rahmen des Entscheidungsprozesses der Regierung stattfindet, existiert sie auf Ebene der Europäischen Union übehaupt nicht.[1551]

Zwar ist auf Ebene der Europäischen Union die Gewaltausübung „durch die Vielheit der Mitgliedstaaten, also territorial und föderal, recht wirksam geteilt".[1552] Im Bereich der Gesetzgebung aber ist nach Art. 14 Abs. 1 EUV das Europäische Parlament bestenfalls zusammen mit dem der Exekutive zuzuordnenden Rat als Gesetzgeber tätig,[1553] hat aber, wie wiederholt dargestellt, nur begrenzten Einfluss. Nach dem Verfassungsentwurf, der im Wesentlichen inhaltsgleich in den Reformvertrag von Lissabon überführt worden ist, gibt es im Übrigen 22 Fälle, und zwar, wie in Teil B dargestellt, gerade die mit hohem politischen Gewicht wie etwa Wirtschaftspolitik, Sicherheits- und Außenpolitik sowie Binnenorganisation, in denen der Rat ohne nennenswerte Parlamentsbeteiligung gesetzgeberisch tätig wird.[1554] Mehr noch: Lediglich in ausdrücklich angeordneten Fällen (Art. 294 Abs. 1 AEUV) wird das Europäische Parlament überhaupt

---

1547 *C. Schmitt*, Verfassungslehre, S. 127.

1548 *R. Herzog*, in: Maunz/Dürig, Komm. z. GG, Art. 20, II. Abschn., I, Rdn. 41 f.

1549 *C. Schmitt*, Verfassungslehre, S. 243, 246.

1550 *Kant*, Zum ewigen Frieden, S. 206 f.

1551 *H. H. Klein*, Aufgaben des Bundestags, in: HStR II, 1. Aufl. 1987, § 40 Rdn. 30 f.

1552 *K. A. Schachtschneider*, Prinzipien des Rechtsstaates, S. 170.

1553 *V. Epping*, in: Komm. EVV, 1. Aufl. 2007, Art. I-20 EVV, Rdn. 2.

1554 *V. Epping*, in: Komm. EVV, 1. Aufl. 2007, Art. I-20 EVV, Rdn. 2; *D. Nickel*, Das Europäische Parlament als Legislativorgan, S. 501 f.

im ordentlichen Gesetzgebungsverfahren (wie dargestellt 85 Fälle) beteiligt: Eine Kontrollbefugnis ist ihm damit von vornherein weitgehend entzogen.

Das Europäische Parlament kann sich so nicht mit allen Problemen des – ohnehin noch nicht konstituierten – Unionsvolkes auseinandersetzen und Lösungen für diese finden bzw. vom Rat oder der Kommission gefundene Lösungen kritisieren und damit kontrollieren. Ihm werden vielmehr ausgewählte Themen paternalistisch zugewiesen, die zuvor ein Konvent ohne jegliche demokratische Legitimation in den Verfassungsentwurf, Vorlage des Vertrags von Lissabon, geschrieben hat und der größtenteils ohne Volksabstimmung in den Mitgliedstaaten von den politisch Herrschenden „durchgewinkt" wurde.

Eine weitere entscheidende Einschränkung erfährt das Europäische Parlament in der Ausübung der Kontrollfunktion nicht nur quantitativ in der Begrenzung seiner Mitentscheidung auf bestimmte Politikfelder, sondern auch qualitativ durch die Verweigerung des Initiativrechts. Man lässt es ihm – unter Verletzung des Prinzips der Gewaltenteilung – nur zur Eigenorganisation. Gesetzesinitiativen gehen von der europäischen Exekutive aus (Art. 17 Abs. 1 S. 1, Abs. 2 EUV), der Europäischen Kommission, die das von nur wenigen Ausnahmen durchbrochene Initiativmonopol innehat.[1555] Damit nimmt die Kommission als Teil der Exekutive mit ihrem Vorschlagsrecht eine zentrale Rolle auch bei der Gesetzgebung ein[1556], und sie ist nach Art. 17 Abs. 1 S. 3 EUV unter der Kontrolle des Europäischen Gerichtshofs in einem Kooperationsverhältnis mit der Judikative tätig, indem sie als „Hüterin der Verträge"[1557] die Anwendung des Gemeinschaftsrechts überwacht. Auf Unionsebene nimmt das Europäische Parlament im Ergebnis einen nur sehr „begrenzten Einfluss"[1558] auf die Rechtsetzung und damit auf die Verwirklichung der Gewaltenteilung. Derart schwach aufgestellt, kann keine wirksame Kontrolle ausgeübt werden, weil schon gar keine gesetzlichen Grundlagen als Basis einer Kontrolle eigeninitiativ geschaffen werden können. Auch hier fehlt eine zentrale Parlamentseigenschaft, womit ein nicht behebbares demokratisches Defizit einhergeht.[1559]

„Die ungeteilte Möglichkeit, Gewalt auszuüben, also das Volk in allen Funktionen der Gesetzlichkeit zu vertreten, verstärkt die Gefahr der Despotie und

1555 *V. Epping*, in: Komm. EVV, 1. Aufl. 2007, Art. I-26 EVV, Rdn. 7.

1556 Daselbst, Art. I-26 EVV, Rdn. 1.

1557 Daselbst, Art. I-26 EVV, Rdn. 4.

1558 *K. A. Schachtschneider*, Prinzipien des Rechtsstaates, S. 170.

1559 *K. A. Schachtschneider*, Prinzipien des Rechtsstaates, S. 170; *ders.*, Demokratiedefizite in der Europäischen Union, FS W. Hankel, S. 119 ff., 139 ff.

Tyrannei."[1560] Deshalb ist die Republik der Gegenbegriff zur Gewaltenkonzentration.[1561]

In der Demokratie, gerade in einer republikanisch verfassten wie der grundgesetzlichen, ist das Parlament „Organsäule"[1562], weil es mit alleiniger institutioneller Gesetzgebungsbefugnis eine zentrale Rolle bei der Verwirklichung der Gewaltenteilung spielt. Kant zum Beispiel hat – wie gesagt – die „Absonderung der ausführenden Gewalt (der Regierung) von der gesetzgebenden" zum „Staatsprinzip" des „Republikanism" erklärt.[1563]

Die legislatorisch lediglich „stützende Funktion" des Europäischen Parlaments führt dazu, dass es deutlich weniger als der Deutsche Bundestag nicht nur an der Willensbildung, sondern auch an der Kontrolle der Exekutiven beteiligt ist. Diese Schwäche wird gar noch verstärkt durch das Fehlen einer europäischen Öffentlichkeit – im Detail dazu Teil C II 1. Seine republikanische Rolle als Element der Gewaltenteilung kann es daher kaum wahrnehmen. Erklärungen von Entscheidungsträgern in Frankreich werden schon beim direkten Nachbarn Deutschland nicht wahrgenommen – und umgekehrt. „Die politische Kommunikation in fremden Sprachen schließt das Volk von der Politik aus."[1564] Dies sind schlechte Rahmenbedingungen für die Wahrnehmung der Kontrolle anderer Unionsorgane, denn „Diskussion und Öffentlichkeit sind die Prinzipien, welche es erlauben, das politisch Richtige zu erkennen."[1565]

Durch den Exekutivismus der Unionsgesetzgebung mit der nur begrenzten Einflussmöglichkeit des Europäischen Parlaments unter Dominanz der Kommission (Inhaberin des Initiativrechts) und des Rats (entscheidet ohne Verhinderungsmöglichkeit des Parlaments im Rahmen des Anhörungsverfahrens – siehe Teil B II 3 a) kann das demokratische und rechtsstaatliche Defizit der Unionsrechtssetzung nicht gemildert werden. Eine „Organsäule" der Europäischen

---

1560 *K. A. Schachtschneider*, Freiheit in der Republik, S. 218.

1561 *M. Kriele*, Die demokratische Weltrevolution, S. 33 ff.; *ders.*, Einführung in die Staatslehre, 6. Aufl. 2003, S. 189 f.

1562 *R. Herzog*, in: Maunz/Dürig, Kommentar z. GG, Art. 20, II. Abschn., V, Rdn. 8.

1563 *Kant*, Zum ewigen Frieden, S. 206 f.; i.d.S. *ders.*, Metaphysik der Sitten, S. 431 ff.; *W. Kersting*, Wohlgeordnete Freiheit, S. 279 ff., *ders.*, Kant über Recht, S. 134 ff.; *K. A. Schachtschneider*, Res publica res populi, S. 169 ff.

1564 *K. A. Schachtschneider*, Die Aushöhlung der Demokratie durch Europäische Union und Währungsunion, S 128.

1565 *K. A. Schachtschneider*, Prinzipien des Rechtsstaates, S. 317; i.d.S. *ders.*, Res publica res populi, S. 560 ff., 584 ff.; vgl. *C. Schmitt*, Die geistesgeschichtliche Lage des heutigen Parlamentarismus, S. 7 ff., 41 ff., 61 ff.; *ders.*, Legalität und Legitimität, S. 7 ff., 20 ff., 88 ff.; *ders.*, Verfassungslehre, S. 315.

Union im Rahmen der Gewaltenteilung ist das Parlament damit nicht, denn: Ein Spannungsverhältnis zwischen denjenigen, denen die unterschiedlichen Organsäulen anvertraut sind, existiert nur bedingt.[1566] Dieses Prinzip ist dadurch deutlich eingeschränkt, dass einerseits das Parlament sich die Legislativbefugnis bestenfalls mit dem Rat teilen muss. Andererseits steht ihm kein Initiativrecht zu, es ist also auf die Aktivität der Europäischen Kommission angewiesen. Mit der lediglich im Rahmen des ordentlichen Gesetzgebungsverfahrens (Art. 289 Abs. 1, 294 AEUV) vorhandenen möglichen Verhinderung von Rechtsakten, die auf Vorschlag der Kommission unter Zustimmung des Rates dem Parlament vorgelegt werden, ist es zwar Teil eines Systems, das den Erlass von Gesetzen auf mehrere Schultern arbeitsteilig verteilt, aber es kann als Gesetzgeber im Konzert der drei Gewalten Exekutive, Judikative und Legislative nicht gleichberechtigt mitspielen. Dies kann es, wie gesehen, selbst im ureigensten parlamentarischen Bereich der Legislative nicht auf Augenhöhe mit Rat und Kommission. Weil es im Übrigen kein Organ „des" – eines sich europäisch empfindenden und entsprechend verfassten – Volkes ist, die zu teilende Staatsgewalt aber gänzlich vom Volk ausgehen muss (so z. B. Art. 20 Abs. 2 S. 1 GG), kann es auch keine wahre parlamentarische Funktion im Rahmen der Gewaltenteilung übernehmen – und damit keinerlei wirksame Kontrollfiunktion.

III. Zusammenfassung: Nichterfüllen des im Namen Parlament zum Ausdruck gebrachten Anspruchs

Zum Abschluss der Bewertung der Qualität des Europäischen Parlaments muss noch einmal an die Erkenntnis aus Teil A erinnert werden, daran, wie sich dieses „Parlament" entwickelt hat. Obwohl in den Verträgen erstmalig in der Einheitlichen Europäischen Akte von 1986 „Parlament" genannt, hatte sich die gemeinte Institution aus eigenem Antrieb – manche sagen daher: usurpiert – bereits in ihrer zweiten Sitzung am 20.03.1958 den Namen „Europäisches Parlament" gegeben.[1567] Dies hatte sie getan, obwohl für weitere 21 Jahre bis 1979 keine Wahl ihrer Abgeordneten stattfinden sollte. Diese wurden vielmehr weiterhin von den nationalen Parlamenten aus ihrer Mitte entsandt. Das Europäische Parlament hat mit diesem Schritt im Jahre 1958 so selbst das Stichwort für einen Sachverhalt geliefert, der Anlass zur Nachprüfung gab.

Der Zeit vorauseilend, hatte die in den Primärverträgen eigentlich viel treffender „Versammlung" genannte Einrichtung der „Vertreter der Völker der

---

1566 *R. Herzog*, in: Maunz/Dürig, Kommentar z. GG, Art. 20, II. Abschn., V, Rdn. 17.
1567 *H. H. v. Arnim*, Das Europa-Komplott, S. 231, 260.

Gemeinschaft“ ein politisches Zeichen setzen wollen. Sie hatte ganz in dem Sinne gehandelt, der sich auch in der Präambel des aktuellen Vertrags über die Europäische Union findet: „Im Hinblick auf weitere Schritte, die getan werden müssen, um die europäische Integration voranzutreiben“, sollten vollendete Tatsachen geschaffen werden, ohne es mit der Rechtlichkeit genau zu nehmen. Die Materialisierung der Rechtlichkeit erfolgt nämlich in Form von Gesetzen, die der zuständige Gesetzgeber erlässt. Aus eigener Machtvollkommenheit, also herrschaftlich, kann man sich nicht über das Gesetz erheben, denn nur die in Gesetzen öffentlich formulierten verbindlichen Erkenntnisse haben Anspruch auf Vollzug durch Bürger und staatliche Vertreter.[1568]

Dieser Verstoß gegen die Rechtlichkeit, also gegen das Recht auf Recht der Bürger, die zu vertreten das Europäische Parlament vorgibt (Art. 14 Abs. 2 EUV), muss insbesondere die Juristen unter diesen Bürgern zur Beschäftigung mit bezeichnetem Geburtsfehler des Europäischen Parlaments herausfordern. Dies gilt für Deutschland umso mehr, als das Bundesverfassungsgericht in seiner Maastricht-Entscheidung ausgeurteilt hat, dass „Bürger … an der Legitimation der Staatsgewalt … mitwirken und auf ihre Ausübung Einfluß nehmen“.[1569] Seit dem Vertrag von Lissabon zieht das europäische Primärrecht verbal nach, indem es die Beschreibung des Parlaments ändert. Nunmehr steht auch im Vertrag über die Europäische Union, dass das Europäische Parlament eine „Vertretung der Bürgerinnen und Bürger“ der Union sei.

Die Unionsbürgerschaft wird durch diesen Akt „gewissermaßen als Unionsvolk“ konstituiert[1570], das damit einen Anspruch auf eine Vertretung in einem wahren Parlament hat. Was als Europäisches Parlament gilt, war hinsichtlich seiner Befugnisse daher wesentlich an den klassischen Parlamentsfunktionen nach Bagehot[1571] zu messen, hinsichtlich seiner Stellung im System der Europäischen Union aber auch an Strukturen, wie sie das neuzeitliche Staatsrecht – insbesondere in seiner grundgesetzlich-kantianischen Ausprägung – fordert. Als Vertretung eines Volkes muss dieses Parlament gleichheitlich gewählt zu dessen Willensbildung beitragen, um dann der Exekutiven personale Legitimation zu vermitteln, allgemeine Gesetze zu erlassen, deren Ausübung durch die Exekutive überwachen und all dies in einem öffentlichen Diskurs vornehmen. Würde dieses Idealbild umgesetzt, wie es in Teil C I aufgerissen wurde, wäre der Zustand erreicht, den der Jurist, Soziologe und Historiker Theodor Mommsen, Nobelpreisträger

1568 *K. A. Schachtschneider,* Res publica res populi, S. 980.
1569 BVerfGE 89, 155 (171 f., 182).
1570 *K. A. Schachtschneider,* Die Souveränität Deutschlands, S. 208.
1571 *W. Bagehot,* The English Constitution, S. 136–167.

für Literatur von 1902, als erstrebenswert bezeichnet: „Ich wünschte ein Bürger zu sein."[1572]

Der Status eines Bürgers in der Europäischen Union weicht allerdings in der Realität von diesem klassischen Ideal erheblich ab. Die Entstehung der Europäischen Union aus einer Besatzungsbehörde (Teil A II 1) ist noch immer erkennbar. Das europäische Primärvertragsrecht spricht darüber hinaus die Sprache des Paternalismus, erkennbar auch an der Präambel des Vertrags über die Europäische Union in der aktuellen Lissabon-Fassung: Diese beginnt mit den Worten in Großbuchstaben „SEINE MAJESTÄT DER KÖNIG DER BELGIER" und schließt – wie auch der Vertrag über die Arbeitsweise der Union – mit: „ZU URKUND DESSEN haben die unterzeichneten Bevollmächtigten ihre Unterschrift unter diesen Vertrag gesetzt". Die obrigkeitsstaatliche Anmutung „Oboedientia facit imperantem" (Der Gehorsam macht den Befehlshaber)[1573] signalisiert schon: Das Europäische Parlament wird einer entwickelten parlamentarischen Willensbildungsfunktion nicht gerecht.

Der Bürger ist zwar in größeren Gemeinwesen auf die Repräsentation in der Volksvertretung namens Parlament angewiesen. Die Einbindung der Organs Europäisches Parlament in ein „legislatives Dreieck" zusammen mit dem Rat und dem Europäischen Gerichtshof enthält diesem „Parlament" allerdings die Exklusivität einer echten Volksvertretung vor, nämlich „Zentralort der politischen Willensbildung" zu sein. „Die Gesetzgebung muss Sache des Parlaments sein, in dem Abgeordnete, frei gewählt und nur ihrem Gewissen verpflichtet, das Recht zu erkennen bemüht sind."[1574] Festgestellt worden ist aber nach eingehender Analyse, dass die Europäische Union auch nach Lissabon eines „echten Parlamentarismus" entbehrt.[1575]

Der bundesdeutsche Gesetzgeber hat durch die Umwidmung des „Einheitsartikels" 23 GG zu einem „Vereinten-Europa-Artikel" in dessen Absatz 3 Satz 2 den Niedergang auch des nationalstaatlichen Parlaments – in dieser letzten Konsequenz mehrheitlich wohl unbewusst – dokumentiert. Ganz in der paternalistischen Diktion der europäischen Primärverträge gibt die Bundesregierung dem Bundestag Gelegenheit, sich zu Rechtsetzungsakten der Europäischen Union zu

1572 Testamentsklausel, wiedergegeben in: *A. Wucher*, Theodor Mommsen. Geschichtsschreibung und Politik, S. 218–219.

1573 *K. A. Schachtschneider*, Die Souveränität Deutschlands, S. 27.

1574 *K. A. Schachtschneider*, Der republikwidrige Parteienstaat, in: Freiheit – Recht – Staat, S. 217.

1575 *K. A. Schachtschneider*, Der Vertrag über die EU und das Grundgesetz, in: Freiheit – Recht – Staat, S. 394.

äußern. „Die Bundesregierung berücksichtigt die Stellungnahmen des Bundestages bei den Verhandlungen.“ Vor dem Hintergrund, dass nach Art. 20 Abs. 2 S. 1 GG „alle Staatsgewalt … vom Volke“ ausgeht und der Bundestag nach Art. 38 Abs. 1 S. 2 GG „Vertreter des ganzen Volkes“ versammelt, ist dies ein paternalistisches Auf-den-Kopf-Stellen republikanischer Staatlichkeit. In Sachen „Europa“ ohne Initiativrecht[1576], sind die Parlamente in den Mitgliedstaaten, wie der Deutsche Bundestag und das Europäische Parlament in Passivität verharrend, demnach kein Ort, um eine Willensbildungs- und Mobilisierungsfunktion für die Bürgerinnen und Bürger Europas wahrzunehmen.

An der Wahl des Europäischen Parlaments hat sich in dieser Hinsicht konsequenterweise nichts geändert – mangels egalitärer Wahl fehlt die demokratische Legitimation, so auch das Bundesverfassungsgericht in seiner Lissabon-Entscheidung.[1577] „Die demokratische Grundregel der wahlrechtlichen Erfolgsklausel („one man, one vote“) gilt nur innerhalb eines Volkes, nicht in einem supranationalem Vertretungsorgan, das … eine Vertretung der miteinander vertraglich verbundenen Völker bleibt.“[1578]

Die Passivität des Europäischen Parlaments setzt sich auch bei einer weiteren der Bagehotschen Parlamentsfunktionen fort – der der Kreation. Bei der Auswahl der Mitglieder der europäischen Exekutiven, der Kommission, kommt ihm kein Vorschlagsrecht zu. Es darf ein „Zustimmungsvotum“ (Art. 17 Abs. 7 EUV) abgeben. Dabei ist es nicht nur der Personalauswahl des Europäischen Rats ausgeliefert, sondern kann sein Zustimmungsvotum nur gegenüber dem „Kollegium“ als Ganzem äußern. Derart geschwächt, bestimmt im Gezerre der Mitgliedstaaten um die Besetzung der Kommission – jedes Land stellt derzeit noch je einen Kommissar (Art. 17 Abs. 4 EUV) – letztlich der Rat über deren Zusammensetzung. Einen Einfluss auf die Besetzung weiterer Ämter wie etwa der der Richter des Europäischen Gerichtshofs hat das Europäische Parlament nicht. Neben der untergeordneten Rolle bei der Kreation der Kommission hat es keinerlei Befugnis, personale Legitimation an weitere Amtsträger zu vermitteln.

Gesetzgebungsorgan des Volkes zu sein ist die nächste klassische Funktion eines Parlaments. In der Europäischen Union ist dagegen überhaupt erst seit dem Vertrag von Maastricht 1992 das M i t entscheidungsverfahren bei Legislativakten eingeführt worden. Dieses lässt dem Europäischen Parlament immer noch

---

1576 *K. A. Schachtschneider*, Die Aushöhlung der Demokratie durch Europäische Union und Währungsunion, S. 103; *ders.*, Die Souveränität Deutschlands, S. 207.

1577 BVerfGE 123, 267 (371); *K. A. Schachtschneider*, Der Vertrag über die EU und das Grundgesetz, in: Freiheit – Recht – Staat, S. 396.

1578 BVerfGE 123, 267 (371).

eine nur „stützende Funktion“ im Gesetzgebungsverfahren zukommen.[1579] Dazu passt, dass selbst nach dem Reformvertrag von Lissabon das Europäische Parlament nur „gemeinsam mit dem Rat als Gesetzgeber tätig“ werden darf – wie gesehen überdies ohne Initiativrecht. Mit der starken Rolle des Europäischen Gerichtshofs, der über die Auslegung des Rechts hinaus auch „Rechtsfortbildung“ betreibt („Motor der Integration“[1580]), deren Abgrenzung zur Rechtssetzung nicht zuletzt wegen der Doktrin des „effet utile“ „nicht fassbar“ ist[1581], kommt ein dritter Beteiligter hinzu, mit dem sich das Europäische Parlament die Legislative teilt.

Nicht auf Initiative von Abgeordneten des Europäischen Parlaments als Angehörigen des klassischen Legislativorgans Parlament werden Gesetze auf den Weg gebracht, sondern auf Veranlassung von nationalen Regierungsvertretern über den Rat, also durch die Exekutive. Diese schwache Rolle als Gesetzgeber hatte sich bislang auch im Primärvertragsrecht ausgedrückt. Nach Art. 137 EGV war das Europäische Parlament bis zum Vertragswerk von Lissabon eine Versammlung der Völker, erst nach Art. 14 Abs. 2 UA 1 S. 1 EUV berühmt es sich, die Vertretung der europäischen Bürgerinnen und Bürger zu sein, auch wenn sich dieser entscheidende Wandel im Wortlaut in keiner Weise in seiner demokratischen Legitimierung widerspiegelt. Zwar ist das Europäische Parlament nach dem Vertrag von Lissabon verstärkt an Legislativakten im Wege des „ordentlichen Gesetzgebungsverfahrens“ (Art. 289, 294 AEUV) beteiligt. Dennoch ist es, so die hier vorgenommene Auswertung in Teil B, in besonders „sensitive[n] Materien wie soziale[r] Sicherheit, Steuerrecht, Familienrecht oder Kapitalverkehr mit Drittstaaten“[1582] nur im Wege des Anhörungsverfahrens beteiligt (siehe Teil B II 3 a). An dessen abgegebene Stellungnahmen ist der Rat als eigentlicher europäischer Gesetzgeber aber nicht gebunden. Das Europäische Parlament kann in den 32 Politikfeldern, in denen das besondere Gesetzgebungsverfahren, also meist das Anhörungsverfahren, zur Anwendung kommt, nicht nur keine Gesetze initiieren, sondern es kann sie auf diesen Gebieten auch nicht verhindern. Auch 50 Jahre nach der erstmaligen Verwendung der „vertragswidrigen Selbstbeschreibung“[1583] „darf alle (primärvertragliche) Symbolik nicht darüber

1579 BVerfGE 89, 155 (186); BVerfGE 123, 267 (373).

1580 *H. P. Ipsen*, Die Verfassungsrolle des Europäischen Gerichtshofs für die Integration, in: Schwarze, Der Europäische Gerichtshof, S. 29 ff; *R. Streinz*, Europarecht, S. 59, Rdn. 144.

1581 *T. Mähner*, Der Europäische Gerichtshof als Gericht, S. 181.

1582 *R. Geiger*, in: Geiger/Khan/Kotzur, EUV/AEUV, 5. Aufl. 2010, Komm. zu Art. 14 EUV, Rdn. 5 ff.

1583 *M. Huber*, in: Streinz, EUV/AEUV, 2. Aufl. 2012, Komm. zu Art. 14 EUV, Rdn. 1.

hinweg täuschen, dass der (Europäische) Rat auch unter dem Vertrag von Lissabon das politische und rechtliche Gravitätszentrum der EU bleibt."[1584] Von der Erfüllung einer Mit-Entscheidungs-Quote von 95 % der Rechtsakte, die perspektivisch im ordentlichen Gesetzgebungsverfahren erlassen werden sollen[1585], ist das Europäische Parlament – so die Auswertung in Teil B vorliegender Arbeit – weit entfernt. Dort hatte sich zwar gezeigt, dass das Europäische Parlament auf 32 Politikfeldern im besonderen Gesetzgebungsverfahren beteiligt ist, in 85 Fällen hingegen im ordentlichen Gesetzgebungsverfahren mitentscheiden darf.[1586] Aus diesen Zahlen darf aber nicht etwa geschlossen werden, dass das Europäische Parlament bei etwa 3/4 der Gesetzesvorhaben im ordentlichen Gesetzgebungsverfahren beteiligt ist. Vielmehr gibt es gewichtige Politiken der Union, in denen das Europäische Parlament nicht einmal im Wege des schwachen Anhörungsverfahrens beteiligt ist, wie die Lektüre des Vertrags über die Arbeitsweise der Europäischen Union, in dem die Befugnisse der Union aufgezählt werden, zeigt. „In existenziellen Politikbereichen wie ... in der Wirtschaftspolitik nach Art. 121 Abs. 2 AEUV soll das Parlament lediglich unterrichtet werden ... In die Gemeinsame Außen- und Sicherheitspolitik ist das Parlament nur marginal eingebunden" – der Rat bleibt in jedem Fall Mitgesetzgeber. Deshalb avanciert das Europäische Parlament auch mit dem Vertrag von Lissabon „nicht zum alleinigen Gesetzgeber nach Vorbild des demokratischen Verfassungsstaats".[1587]

Diese „exekutive Gesetzgebung"[1588] durch Kommission und Rat, an der die bereits dargestellte Beteiligung des Europäischen Parlaments nichts ändert, ist ein klarer Verstoß gegen das Prinzip der Gewaltenteilung, das wiederum ein echtes und damit durchsetzungsstarkes Parlament erfordert. Die eben dargestellte strukturelle Schwäche des Europäischen Parlaments bei Willensbildung, Mobilisierung, Kreation und Vermittlung von Legitimation sowie bei der Gesetzgebung lässt es keine parlamentswürdige Rolle bei der Wahrnehmung einer weiteren klassischen Parlamentsfunktion, nämlich der parlamentarischen Kontrolle, spielen. Wer nur in explizit erwähnten Fällen des Art. 294 Abs. 1 AEUV überhaupt um ein Zustimmungsvotum gebeten wird, kann in der Mehrheit der Fälle keine

---

1584 Daselbst, Rdn. 5.

1585 *S. Hölscheidt*, in: Grabitz/Hilf/Nettersheim, Das Recht der Europäischen Union, Bd. I, Komm. zu Art. 14 EUV, Rdn. 24, 48. EL 2012.

1586 *J. Schoo*, in: Schwarze, EU-Kommentar, 3. Aufl. 2012, Komm. zu Art. 289 AEUV, Rdn. 7 f.

1587 *K. A. Schachtschneider*, Die Souveränität Deutschlands, S. 206 ff.

1588 *K. A. Schachtschneider*, Der Vertrag über die EU und das Grundgesetz, in: Freiheit – Recht – Staat, S. 397; i.d.S. auch *H. P. Ipsen*, Zur Exekutiv-Rechtsetzung in der Europäischen Gemeinschaft, in: FS für Lerche, 1993, S. 425 ff.

ernstzunehmende Kontrolle ausüben. Selbst wenn die Primärverträge paternalistisch die Beistimmung des Europäischen Parlaments vorsehen, geht es immer nur um Beistimmung zu einem von der Kommission unterbreiteten Vorschlag (Art. 294 Abs. 2 AEUV).

Wirkliche Abgeordnete sind hingegen zur eigenständigen Gestaltung des Gemeinwohls verpflichtet. Dieses können und müssen sie in einem „öffentlichen und parlamentarischen Diskurs"[1589] erkennen. „Im Parlament soll dieses Gespräch die Vertreter … zur Erkenntnis der richtigen Politik … führen, die im allgemeinen Gesetz verbindliche Form findet".[1590] Mit seinen 750 Abgeordneten (Art. 14 Abs. 2 S. 2 EUV) ist eine Diskursfähigkeit des Europäischen Parlaments nicht gegeben. Die Aufblähung des Parlaments führt dazu, dass viele gar nicht zu Wort kommen und wenn, dann mit radikal begrenzten Redezeiten. „Die meisten müssen … ihren Redeschwall in Statements von einer Minute pressen".[1591] Im Ergebnis kommt das Europäische Parlament ohnehin nur in Verlegenheit, über Gesetzesinitiativen der Kommission zu debattieren, wenn es ausdrücklich primärvertraglich am Gesetzgebungsverfahren beteiligt ist. Wirklich zielführend ist die Debatte, die sich ohnehin vor keiner – weil nicht existenten – europäischen Öffentlichkeit abspielt, nur in den 85 Fällen der Beteiligung des Europäischen Parlaments beim ordentlichen Gesetzgebungsverfahren. Damit wird das Europäische Parlament auch dieser klassischen Parlamentsfunktion keinesfalls gerecht. Es ist weit davon entfernt, ein „Zentralort politischer Öffentlichkeit"[1592] zu sein.

So ist trotz schallender Präambel – darin zeitweise ein Thukydides-Zitat – und trotz einer gewissen Aufwertung des Europäischen Parlaments die ernüchternde Feststellung zu treffen: „Eine eigenständige demokratische Legitimation hat die Europäische Gemeinschaft nicht"[1593] – ein solches Parlament kann sie auch nicht vermitteln. Die nominale Umwidmung des Europäischen Parlaments von einer Versammlung der Völker hin zu einer Vertretung der europäischen Bürgerinnen und Bürger, verbunden zwar mit einem gewissen Ausbau der Entscheidungskompetenz, aber ohne die Etablierung allgemeiner und gleicher Wahlen, ändert an der negativen Einschätzung der Parlamentseigenschaft nichts. Deutlich wird, dass das Europäische Parlament auch nach dem Lissabon-Vertrag nicht als ganz

1589 *K. A. Schachtschneider*, Res publica res populi, S. 815.

1590 *K. A. Schachtschneider*, Res publica res populi, S. 585.

1591 *H. H. v. Arnim*, Das Europa-Komplott, S. 241.

1592 *T. Evers*, Supranationale Staatlichkeit am Beispiel der Europäischen Union, Civitas Civitatium oder Monstrum? S. 115.

1593 *K. A. Schachtschneider*, Die Republik der Völker Europas, in: Freiheit – Recht – Staat, S. 428.

allein zuständig die „eigentliche Befugnis eines Parlaments [ausüben darf, nämlich diejenige,] verbindliche Gesetze zu beschließen“[1594]. Von daher wird auch die folgende Feststellung verständlich: „In existenziellen Politikbereichen, wie insbesondere der Bestimmung der Grundzüge der Wirtschaftspolitik … und im Haushaltsdisziplinierungsverfahren nach Art. 126 AEUV soll das Parlament lediglich von den Beschlüssen über Sanktionsmaßnahmen unterrichtet werden.“[1595]

Und schließlich gilt: Das Europäische Parlament ist mangels europäischen Volkes kein Organ des Volkes.[1596] Ein europäisches Volk aber kann sich nur konstituieren, wenn die Völker die dieser potenziellen Entwicklung entgegenstehende mitgliedstaatliche Staatlichkeit in freier Willensäußerung aufgeben. „Ein auf Staatsgründung [Europas] zielender Wille ist [jedoch] nicht feststellbar.“[1597] Und wenn das Europäische Parlament kein Organ des Volkes ist, dann ist es auch kein repräsentatives Organ eines ohnehin erst zu bildenden Volkes – bloße Mitgesetzgeberschaft ohne Initiativrecht zeigt dies –, und damit ist es auch – siehe mangelnde Egalität bei der Wahl seiner Abgeordneten (Art. 14 Abs. 2 S. 3 EUV) – nicht freiheitlich.

Der Entparlamentarisierung Deutschlands und der übrigen Mitgliedstaaten steht also keine Parlamentarisierung auf Unionsebene gegenüber. Nahezu unbemerkt von weiten Teilen der Öffentlichkeit sind die Völker der Europäischen Union, darunter die Deutschen, ihrer jeweils wirksamen Volksvertretung verlustig gegangen, ohne eine vergleichbare neue gemeinsame zu erhalten.

Ralph Dahrendorf hat bereits am 8. September 1999 in einem „Traurige Parlamente“ genannten Beitrag in der Frankfurter Allgemeinen Zeitung festgestellt: „Es gibt kein Europäisches Parlament, das den Namen verdient.“ Und so gilt der vom Staatsrechtler Schachtschneider vor dem Bundesverfassungsgericht erstrittene Satz forthin: „Das Europäische Parlament bleibt … eine Vertretung der Völker der Mitgliedstaaten“.[1598]

Das Bundesverfassungsgericht formuliert in seiner Lissabon-Entscheidung weiterhin so: „Die Europäische Union entspricht demokratischen Grundsätzen, weil sie bei qualifizierter Betrachtung ihrer Aufgaben- und Herrschaftsorganisation gerade nicht staatsanalog aufgebaut ist… Gemessen an verfassungsstaatlichen

---

1594 *K. A. Schachtschneider*, Die Republik der Völker Europas, in: Freiheit – Recht – Staat, S. 428.

1595 *K. A. Schachtschneider*, Die Aushöhlung der Demokratie durch Europäische Union und Währungsunion, S. 104.

1596 Daselbst, S. 103.

1597 BVerfGE 123, 267 (371).

1598 BVerfGE 123, 267 (373).

Erfordernissen fehlt es der Europäischen Union auch nach Inkrafttreten des Vertrags von Lissabon an einem durch gleiche Wahl aller Unionsbürger zustande gekommenen politischen Entscheidungsorgan mit der Fähigkeit zur einheitlichen Repräsentation des Volkswillens." Es besteht keine Gewähr dafür, dass die Mehrheit der abgegebenen Stimmen im Europäischen Parlament „auch eine Mehrheit der Unionsbürger repräsentiert". „Der Vertrag von Lissabon ändert nichts daran, dass der Bundestag als Repräsentationsorgan des Deutschen Volkes im Mittelpunkt eines verflochtenen demokratischen Systems steht."[1599] „In einer Demokratie muss das Volk Regierung und Gesetzgebung in freier und gleicher Wahl bestimmen können".[1600] Solange das für die Europäische Union nicht der Fall ist, bleibt es dabei: Das Europäische Parlament ist kein Parlament.

1599 BVerfGE 123, 267 (371 f.).
1600 BVerfGE 123, 267 (367).

Literaturverzeichnis

Ahlt, Michael: Europarecht. Examenskurs für Rechtsreferendare, 2. Aufl. 1996.

Anastassopoulos, Georgios: Bericht, Dok.EP A4–0212/98, 1998.

Anschütz, Gerhard: Die Verfassung des Deutschen Reiches vom 11. August 1919. Ein Kommentar für Wissenschaft und Praxis, 14. Aufl. 1933.

Aristoteles: Politik, übers. u. hrsg. v. O. Gigon, 6. Aufl. 1986.

— Nikomachische Ethik, übers. u. hrsg. v. O. Gigon, 6. Aufl. 1986.

Arndt, Hans-Wolfgang: Europarecht, 5. Aufl. 2001.

Arnim, Hans Herbert von: Fetter Bauch regiert nicht gern. Die politische Klasse - selbstbezogen und abgehoben, 1997.

— Diätenwildwuchs im Europäischen Parlament - Verschleierte Einkommen und Doppelversorgungen: unangemessen und rechtswidrig, NJW 2004, 1422 ff.

— Das Europa-Komplott, 2006.

Augustinus, Aurelius: Der Gottesstaat (De civitate Dei), ed. Fischer, übers. v. W. Thieme, 1961.

Badura, Peter: Die parlamentarische Demokratie, in: J. Isensee/P. Kirchhof (Hrsg.) Handbuch des Staatsrechts der Bundesrepublik Deutschland, Bd. I, 2. Aufl. 1995, S. 954 ff., 968 f., 972 f., 983.

— Bewahrung und Veränderung rechtstaatlicher Verfassungsstruktur in den den internationalen Gemeinschaften, VVDStRL 23 (1966), S. 34 ff.

Bagehot, Walter: The English Constitution, 1867.

Balzer, Ralph: Republikprinzip und Berufsbeamtentum, 2009.

Basedow, Jürgen (Hrsg.): Europäische Verkehrspolitik, 1987.

Berg, Werner: Kommentierung zu Art. 168 AEUV, in: J, Schwarze, EU-Kommentar, 3. Aufl. 2012.

Beutel, Jochen: Kommentierung zu Art. III-129, III-134 EVV, in: Ch. Vedder/W. Heintschel von Heinegg (Hrsg.), Europäischer Verfassungsvertrag, 2007.

Beutler, Bengt/*Bieber,* Roland/*Pipkorn,* Jörn/*Streil,* Jochen: Die Europäische Union, Rechtsordnung und Politik, 4. Aufl. 1993, 5. Aufl. 2001.

Beyer, Thomas C. W.: Die Ermächtigung der Europäischen Union und Ihrer Gemeinschaften, in: Der Staat 35 (1996), S. 189 *(208 ff.).*

Blanke, Hermann-Josef: Kommentierung zu Art. 151 EGV, in: Ch. Calliess/M. Ruffert (Hrsg.), EUV/EGV, Das Verfassungsrecht der Europäischen Union mit Europäischer Grundrechtscharta, 3. Aufl. 2007.

— Kommentierung zu Art. 167 AEUV, in: Ch. Calliess/M. Ruffert, EUV/AEUV, Das Verfassungsrecht der Europäischen Union mit Europäischer Grundrechtscharta, 4. Aufl. 2011.

Bleckmann, Albert: Die Einheit der Europäischen Gemeinschaftsrechtsordnung. Einheit oder Mehrheit der Europäischen Gemeinschaften, EuR 1978, S. 95 ff.

— Der Vertrag über die Europäische Union, DVBl. 1992, 335, 336.

— Europarecht. Das Recht der Europäischen Union und der Europäischen Gemeinschaften, 1997.

Bloch, Ernst: Naturrecht und Menschliche Würde, 2. Aufl. 1978.

Blüm, Norbert: Gerechtigkeit. Eine Kritik des homo oeconomicus, 2006.

Bocklet, Reinhold: Bericht, Dok. EP A-2–1/85.

Böckenförde, Ernst-Wolfgang: Die Bedeutung der Unterscheidung von Staat und Gesellschaft im demokratischen Sozialstaat der Gegenwart, in: ders., Staat und Gesellschaft, 1976, S. 395 ff., 407 ff.

— Staat, Gesellschaft, Freiheit. Studien zur Staatstheorie und zum Verfassungsrecht, 1976.

— Mittelbare/repräsentative Demokratie als eigentliche Form der Demokratie, in: G. Müller (Hrsg.), Staatsorganisation und Staatsfunktion im Wandel, Festschrift K. Eichenberger (60.), 1982, S. 301 ff.

— Demokratie und Repräsentation. Zur Kritik der heutigen Demokratiediskussion, 1983.

— Demokratische Willensbildung und Repräsentation, in: J. Isensee/P. Kirchhof (Hrsg.) Handbuch des Staatsrechts der Bundesrepublik Deutschland, Bd. II, 1987, S. 30ff., 46.

— Demokratie als Verfassungsprinzip, in: J. Isensee/P. Kirchhof (Hrsg.) Handbuch des Staatsrechts der Bundesrepublik Deutschland, Bd. I, 1. Aufl 1987, §22 Rdn. 9, S. 888 ff., 893; 2. Aufl. § 22, S. 910 und Bd. II, 3. Aufl. 2004, S. 30 ff.

Bogdandy, Arnim von: Kommentierung zu Art. 2 EGV, in: E. Grabitz/M. Hilf/M. Nettersheim (Hrsg.), Das Recht der Europäischen Union, 2000.

— Europäische Prinzipienlehre, in: Europäisches Verfassungsrecht, 2003, S. 199 f.

Borchardt, Klaus-Dieter: Kommentierung zu Art. 158 EGV, in: Lenz (Hrsg.), EU- und EG-Vertrag, Kommentar, 2. Aufl. 1999.

— Die rechtlichen Grundlagen der Europäichen Union, 2002.

Borchmann, Michael: Das Europäische Parlament – „Scheinparlament" ohne ausreichende demokratische Legitimation?, Europäische Zeitschrift für Wirtschaftsrecht 1992, S. 97.

Brockhaus, Friedrich Arnold (Hrsg.): Der neue Brockhaus, Bd. 4, 5. Aufl. 1975.

Brockmeyer, Hans Bernhard: Kommentierung zu Art. 110 GG, in: B. Schmidt-Bleibtreu/H. Hofmann/A. Hopfauf, Kommentar zum Grundgesetz, 11. Aufl. 2007.

Bröhmer, Jürgen: Kommentierung zu Art. 50, 53, 64, 65 AEUV, in: Ch. Calliess/M. Ruffert (Hrsg.), EUV/AEUV, Das Verfassungsrecht der Europäischen Union mit Europäischer Grundrechtscharta, 4. Aufl. 2011.

Burtin, Jaquues: Die Gemeinsame Agrarpolitik und ihre Reform. Europäische Dokumentation. Amt für amtliche Veröffentlichungen der Europäischen Gemeinschaften, 1987.

Calliess, Christian: Kommentierung zu Art. 154, 174, 175 EGV, Art. 1 EUV, in: Ch. Calliess/ M. Ruffert (Hrsg.), EUV/EGV, Das Verfassungsrecht der Europäischen Union mit Europäischer Grundrechtscharta, 3. Aufl. 2007.

— Kommentierung zu Art. 1, 5, 50 EUV, Art. 172, 193, 194, 195, 222 AEUV in: Ch. Calliess/M. Ruffert (Hrsg.), EUV/AEUV, Das Verfassungsrecht der Europäischen Union mit Europäischer Grundrechtscharta, 4. Aufl. 2011.

Cicero, Marcus Tullius: De re publica, Vom Gemeinwesen, ed. Büchner, Reclam 2004.

Chen, Yi-Kai: Europäische Verfassung und Europäische Identität: Der EU-Verfassungsentwurf legitimatorisch betrachtet, 2007.

Colin, Jean-Pierre: Le gouvernement des juges dans les Communautés Européennes, 1966.

Constantinesco, Léontin-Jean: Das Recht der Europäischen Gemeinschaften I, Das institutionelle Recht, 1977.

Cremer, Hans-Joachim: Kommentierung zu Art. 21, 28, 46–49 EUV, in: Ch. Calliess/M. Ruffert (Hrsg.), EUV/EGV, Das Verfassungsrecht der Europäischen Union mit Europäischer Grundrechtscharta, 3. Aufl. 2007.

— Kommentierung zu Art. 36, 49 EUV, 215 AEUV, in: Ch. Calliess/M. Ruffert (Hrsg.), EUV/AEUV, Das Verfassungsrecht der Europäischen Union mit Europäischer Grundrechtscharta, 4. Aufl. 2011.

De Gucht, Karel: Bericht, Dok.EP A 3-0381/92, ABl. 1993 C 115/121.

Delores, Jacques: BullEG Nr. 7/8–1988, D 454.

Der Neue Brockhaus, Fünfter Band, 5. Aufl. 1975.

Di Fabio, Udo: Der neue Art. 23 des Grundgesetzes. Positivierung vollzogenen Verfassungswandels oder Verfassungsneuschöpfung?, Der Staat 32 (1993), S. 191 ff.

— Demokratie im System des Grundgesetzes, in: FS Badura 2004, S. 77 ff.

Drath, Martin: Die Entwicklung der Volksrepräsentation 1954, in: H. Rausch (Hrsg.), Zur Theorie und Geschichte der Repräsentation und Repräsentationsverfassung, 1968, S. 260 ff.

Dreier, Horst: Staatliche Legitimität, Grundgesetz und neue soziale Bewegungen, in: J. Marko/A. Stolz (Hrsg.), Demokratie und Wirtschaft, 1987, S. 137 ff.

— Kommentierung zu Art. 20 GG, in: H. Dreier (Hrsg.), Grundgesetz-Kommentar, Bd. 2, 1. Aufl. 1998 und 2. Aufl. 2006.

Dürig, Günter: Kommentierung zu Art. 1 GG, in: Th. Maunz/G. Dürig, Grundgesetz, Kommentar, 1958.

Ehricke, Ulrich: Kommentierung zu Art. 229a, 245 EGV, in: R. Streinz (Hrsg.), EUV/EGV, 2003.

— Kommentierung zu Art. 262, 281, 282 AEUV, in: R. Streinz (Hrsg.), EUV/AEUV, 2. Aufl. 2012.

Eichenhofer, Eberhard: Kommentierung zu Art. 136 EGV, in: R. Streinz (Hrsg.), EUV/EGV, 2003.

Eichhorn, Wolfgang: Anmerkungen zum Demokratiebegriff, in: ders. (Hrsg.), Wörterbuch der marxistisch-leninistischen Soziologie, 1969.

Eilmansberger, Thomas: Kommentierung zu Art. 85 EGV in: R. Streinz (Hrsg.), EUV/EGV, Kommentar, 2003.

Emmerich-Fritsche, Angelika: Der Grundsatz der Verhältnismäßigkeit aus Direktive und Schranke der EG-Rechtsetzung. Mit Beiträgen zu einer gesamteuropäischen Grundrechtslehre sowie zum Lebensmittelrecht, 2000.

— Recht und Zwang im Völkerrecht, insbesondere im Welthandelsrecht, in: K. A. Schachtschneider (Hrsg.), Rechtsfragen der Weltwirtschaft, 2002, S. 123 ff.

— Vom Völkerrecht zum Weltrecht, 2007.

Epiney, Astrid: Kommentierung zu Art. 13 EGV, in: Ch. Calliess/M. Ruffert (Hrsg.), EUV/EGV, Das Verfassungsrecht der Europäischen Union mit Europäischer Grundrechtscharta, 3. Aufl. 2007.

Epping, Volker: Kommentierung zu Art. I-19, I- 20, I-21, I-26 , I-27, I-50, III-332, III-330, III-333–336, III-338, III-340–341 EVV, in: Ch. Vedder/W. Heintschel von Heinegg (Hrsg.), Europäischer Verfassungsvertrag, 2007.

— Kommentierung zu Art. 223, 225, 227, 228, 229, 230, 231, 234, in: Ch. Vedder/W. Heintschel von Heinegg (Hrsg.), Europäisches Unionsrecht, 2011.

— Kommentierung zu Art. 235 AEUV, in: Ch. Calliess/M. Ruffert (Hrsg.), EUV/AEUV, Das Verfassungsrecht der Europäischen Union mit Europäischer Grundrechtscharta, 4. Aufl. 2011.

Erklärung der Staats- und Regierungschefs, Schlußkommuniqué der Pariser Gipfelkonferenz, Ziffer 15, Europäisches Archiv (EA) 1972, S. 502 ff.

Europäischer Gerichtshof; Gutachten 1/76, Stilllegungsfonds für die Binnenschifffahrt, Slg. 1977, S. 741 ff.

Europäische Gemeinschaften, Generaldirektion für Öffentlichkeitsarbeit, Das Europäische Parlament und die Erweiterung der Europäischen Union, 2001.

Europäische Gemeinschaften, Amtsblatt 1958, S. 6 f.

— Amtsblatt 1962, S. 1045.

— Amtsblatt 1976, Nr. L278.

— Amtsblatt 1978, C63/36.

— Amtsblatt 1992, C191/91.

— Amtsblatt 2001, C80/01.

— Amtsblatt 2002, C325/33.

— Amtsblatt 2003, Nr. L54/366 (Bd. 1).

— Amtsblatt 2003, C169/1.

Europäische Kommission, Haushaltsvadedemecum 2000, S. 42 f.

Europäisches Parlament, Homepage www.europarl.europa.eu.

Evers, Tilman: Supranationale Staatlichkeit am Beispiel der Europäischen Union: Civitas Civitatium oder Monstrum?, Leviatan 1994.

Fichte, Johann Gottlieb: Die Bestimmung des Menschen, F. Medicus (Hrsg.) revidiert von Horst D. Brandt, 2000.

Flume, Werner: Das Rechtsgeschäft, 1965.

Folz, Hans-Peter: Kommentierung zu Art. I-45, I-48, II-102, III-127 in: Ch.Vedder/W. Heintschel von Heinegg (Hrsg.), Europäischer Verfassungsvertrag, 2007.

Forschner, Maximilian, Rousseau, 1977.

Fraenkel, Ernst: Deutschland und die westlichen Demokratien, 1964, 4. Aufl. 1968.

Frenz, Walter: Europäische Grundfreiheiten, Handbuch Europarecht 1, 2004.

Friesenhahn, Ernst: Parlament und Regierung im modernen Staat, VVDStRL 16, (1958), S. 9 ff.

Fromme, Friedrich Karl: Der Demokratiebegriff des Grundgesetzes, in: DÖV 1970, S. 518.

Gassner, Ulrich: Kommentierung zu Art. III-203, III-206 – III-208, III-211 – 212, III-216–219 EVV, in: Ch. Vedder/W. Heintschel von Heinegg (Hrsg.), Europäischer Verfassungsvertrag, 2007.

— Kommentierung zu Art. 153, 154, 155, 157, 160, 162, 164 AEUV, in: Ch. Vedder/W. Heintschel von Heinegg (Hrsg.), Europäisches Unionsrecht, 2011.

Geiger, Rudolf: EUV/EGV, Kommentar, 1. Aufl. 1993, 4. Aufl. 2004.

— Kommentierung zu Art. 14 EUV, in: R. Geiger/ D.-E. Khan/ M. Kotzur, EUV/ AEUV, Komm. zu Art. 14 EUV Rdn. 14, 5. Aufl. 2010.

Gellermann, Martin: Kommentierung zu Art. 251, 252 EGV, in: R. Streinz (Hrsg.), EUV/EGV, 2003

— Kommentierung zu Art. 289, 294 AEUV, in: R. Streinz, EUV/AEUV, 2. Aufl. 2012.

Grawert, Rolf: Die nationalsozialistische Herrschaft, in: J. Isensee/P. Kirchhof (Hrsg.) Handbuch des Staatsrechts der Bundesrepublik Deutschland, Bd. I, § 6, Rdn. 9.

Grimm, Dieter: Historische Grundlagen, in: J. Isensee/P. Kirchhof (Hrsg.) Handbuch des Staatsrechts der Bundesrepublik Deutschland, Bd. I, 3. Aufl. 2003.

— Ursprung und Wandel der Verfassung, in: J. Isensee/P. Kirchhof (Hrsg.) Handbuch des Staatsrechts der Bundesrepublik Deutschland, Bd. I, 3. Aufl. 2003, §1, S. 29.

— Parlament und Parteien, in: H. P. Schneider/W. Zeh (Hrsg.), Parlamentsrecht und Parlametspraxis in der Bundesrepublik Deutschland, 1989, S. 199 ff.

Gusy, Christoph: Parlamentarischer Gesetzgeber und Bundesverfassungsgericht, 1985.

Habermas, Jürgen: Die Utopie des guten Herrschers, in: G. Roellecke (Hrsg.), Rechtsphilosophie und Rechtstheorie, 1988, S. 332.

— Treffen Hegels Einwände gegen Kant auch auf die Diskursethik zu? In: Erläuterungen zur Diskursethik, 1991, S. 7 – 9.

— Faktizität und Geltung. Beiträge zur Diskurstheorie des Rechts und des demokratischen Rechtsstaats, 1992.

Häberle, Peter: Verfassungsrechtliche Fragen im Prozeß der europäischen Einigung, in: EuGRZ 1992, S. 429 ff.

— Die Menschenwürde als Grundlage der staatlichen Gemeinschaft in: J. Isensee/P. Kirchhof (Hrsg.), Handbuch des Staatsrechts der Bundesrepublik Deutschland, Bd. I, 1. Aufl. 1987 und 2. Aufl. 1995, S. 815 ff., 839 ff.

— Die Menschenwürde als Grundlage der staatlichen Gemeinschaft, in: J. Isensee/P. Kirchhof (Hrsg.), Handbuch des Staatsrechts der Bundesrepublik Deutschland, Bd. II, 3. Aufl. 2004, § 22 Rdn. 61 ff.

Häde, Ulrich: Kommentierung zu Art. 104, 105, 107, 113 EGV, in: Ch. Calliess/M. Ruffert (Hrsg.), EUV/EGV, Das Verfassungsrecht der Europäischen Union mit Europäischer Grundrechtscharta, 3. Aufl. 2007.

— Kommentierung zu Art. 122, 126, 128, 129, 130, 219 AEUV, in: Ch. Calliess/M. Ruffert (Hrsg.), EUV/AEUV, Das Verfassungsrecht der Europäischen Union mit Europäischer Grundrechtscharta, 4. Aufl. 2011.

Hänsch, Hans-Martin: Gesamtwirtschaftliche Stabilität als Verfassungsprinzip. Die gesamtwirtschaftliche Stabilität der deutschen Wirtschaftsverfassung und die Europäische Währungsunion, 2002.

Hahn, Michael: Kommentierung zu Art. 133 EGV, in: Ch. Calliess/M. Ruffert (Hrsg.), EUV/EGV, Das Verfassungsrecht der Europäischen Union mit Europäischer Grundrechtscharta, 3. Aufl. 2007.

— Kommentierung zu Art. 207 AEUV, in: Ch. Calliess/M. Ruffert (Hrsg.), EUV/AEUV, Das Verfassungsrecht der Europäischen Union mit Europäischer Grundrechtscharta, 4. Aufl. 2011.

Hankel, Wilhelm/*Nölling*, Wilhelm/*Schachtschneider*, Karl Albrecht/*Starbatty*, Joachim: Die Euro-Klage. Warum die Währungsunion scheitern muß, 1998.

Haratsch, Andreas/*Koenig*, Christian/ *Pechstein*, Matthias: Europarecht, 5. Aufl. 2006.

Hatje, Armin: Kommentierung zu Art. 19 EUV, in: Schwarze/ Becker/ Hatje/ Schoo (Hrsg.), EU-Kommentar, 1. Aufl. 2000.

— Wirtschaftsverfassung, in: A. v. Bogdandy (Hrsg.), Europäisches Verfassungsrecht. Theoretische und dogmatische Grundzüge, 2003.

Heinrichs, Helmut: Kommentierung Einf. zu §164 BGB, in: O. Palandt/H. Heinrichs, Bürgerliches Gesetzbuch. Kommentar, 66. Aufl. 2007.

Heintschel von Heinegg, Wolff: Kommentierung zu Präambel, Art. I-58, I-60 in: Ch.Vedder/W. Heintschel von Heinegg (Hrsg.), Europäischer Verfassungsvertrag, 2007.

Hegel, Georg W. F.: Abhandlung zur Politik und Rechtsphilosophie, in: A. Lasson (Hrsg.), 1882, 1967.

Heinrich, Helmut: Kommentierung in Einf. § 164, in: O. Palandt/B. Heinrichs: Bürgerliches Gesetzbuch, 66. Aufl. 2007.

Hellmann, Vanessa: Der Vertrag von Lissabon, 2009.

Henke, Wilhelm: Die politischen Parteien zwischen Staat und Gesellschaft, 1972, in: E.-W. Böckenförde (Hrsg.), Staat und Geselschaft, 1976, S. 367 ff.

— Recht und Staat. Grundlagen der Jurisprudenz, 1988.

— Die Republik, in: J. Isensee/P. Kirchhof (Hrsg.) Handbuch des Staatsrechts der Bundesrepublik Deutschland, Bd. I, 2. Aufl. 1995, S. 846 ff., 865, 867 ff., 877 f., 879 f.

Hermens, Ferdinand A.: Verfassungslehre, 1964.

Herzog, Roman: Kommentierung zu Art. 20, 65 GG, in: Th. Maunz/G. Dürig, Grundgesetz, Kommentar, 1980, 1984.

— Demokratie und Gleichheit heute, in: DVBl. 1970, S. 713 ff.

Hetmeier, Heinz: Kommentierung zu Art. 252 EGV, in: Lenz/Borchard (Hrsg.), EU- und EG-Vertrag Kommentar, 4. Aufl. 2006.

Hesse, Konrad: Grundzüge des Verfassungsrechts der Bundesrepublik Deutschland, 1991, 20. Aufl. 1995.

Hillgruber, Christian: Kommentierung zu Art. 23 GG, in: B. Schmidt-Bleibtreu/H. Hofmann/A. Hopfauf (Hrsg.): GG-Kommentar, 11. Aufl. 2008.

Hobbes, Thomas: Leviathan, 1651, ed. Meyer/Disselhorst, 1970/1980.

Höffe, Ottfried: Eine republikanische Vernunft: Eine republikanische Vernunft. Zur Kritik des Solipsismus-Vorwurfs, in: G. Schönrich/Y. Kato (Hrsg.): Kant in der Diskussion der Moderne, Frankfurt a. M., 1996, S. 396–407.

— Kants Kritik der reinen Vernunft: die Grundlegung der modernen Philosophie, 4. Aufl. 2004.

Hofmann, Hans: Kommentierung zu Art. 14, 20 GG, in: B. Schmidt-Bleibtreu/H. Hofmann/A. Hopfauf (Hrsg.), Kommentar zum Grundgesetz, 11. Aufl. 2008.

Hofmann, Hasso: Grundpflichten als verfassungsrechtliche Dimension, in: VVDStRL 41 (1983), S. 54.

— *ders./Dreier,* Horst: Repräsentation, Mehrheitsprinzip und Minderheitenschutz, in: H.-P. Schneider/ W. Zeh (Hrsg.), Parlamentsrecht und Parlamentspraxis, 1989, §5 I 1, S. 165 ff., S. 178 f., 181.

Hölscheidt, Sven: Kommentierung zu Art. 14 EUV, in: E. Grabitz/M. Hilf/M. Nettersheim, Das Recht der Europäischen Union, Bd. I, 48. EL 2012.

Hübner, Emil/*Oberreuter*, Heinrich: Parlament und Regierung, Ein Vergleich dreier Regierungssysteme, 1982.

Huber, Ernst Rudolf: Das Kaiserreich als Epoche verfassungsstaatlicher Entwicklung, in: J. Isensee/ P. Kirchhof (Hrsg.) Handbuch des Staatsrechts der Bundesrepublik Deutschland, Bd. I, 1987, S. 51 ff.

— Deutsche Verfassungsgeschichte seit 1789, Reform und Restauration 1789 – 1830, Bd. 1, 2. Aufl. 1967/1995.

Huber, Peter M.: Kommentierung zu Art. 146, 189, 190, 191, 192, 194, 195, 196, 197, 198, 201, 214 EGV in: Streinz, EUV/EGV Kommentar, 2003.

— Das institutionelle Gleichgewicht zwischen Rat und Europäischem Parlament in der künftigen Verfassung für Europa, in: Europarecht 38, (2003), S. 574 (589 ff.).

— Kommentierung zu Art. 14 EUV, Art. 223, 228, 230, 231, 234, 253 AEUV, in: R. Streinz, EUV/AEUV Kommentar, 2. Aufl. 2012.

Hummer, Waldemar: Kommentierung zu Art. III-287, III-291, III-292, Art. III-304, III-313, III-321–323 EVV, in: Ch. Vedder/W. Heintschel von Heinegg (Hrsg.), Europäischer Verfassungsvertrag, 2007.

— Kommentierung zu Art. 198, 214, 215, 216 AEUV, in: Ch. Vedder/W. Heintschel von Heinegg (Hrsg.), Europäisches Unionsrecht, 2011.

Ilting, Karl-Heinz: Herrschaft, in: O. Brunner/W. Conze/R. Koselleck (Hrsg.), Geschichtliche Grundbegriffe, Bd. 3, 1982, S. 53.

Ipsen, Hans Peter: Europäisches Gemeinschaftsrecht, 1972.

— Die Verfassungsrolle des europäischen Gerichtshofs für die Integration, in: J. Schwarze (Hrsg.), Der Europäische Gerichtshof als Verfassungsgericht und Rechtsschutzinstanz, 1983, S. 29 ff.

— Die Bundesrepublik Deutschland in der Europäischen Union, in: J. Isensee/ P. Kirchhof (Hrsg.) Handbuch des Staatsrechts der Bundesrepublik Deutschland, Bd. VII, 1992, § 181, Rdn. 11 ff; Rdn. 32 ff.

— Zur Exekutiv-Rechtsetzung in der Europäischen Gemeinschaft, in: P. Badura/R.Scholz (Hrsg.), Wege und Verfahren des Verfassungslebens, FS P. Lerche (65.), 1993, S. 425 ff.

— Zehn Glossen zum Maastricht-Urteil, in: Europarecht 1/94, S. 6 f.

Ipsen, Knut: Regelungsbereich und Geltungsgrund des Völkerrechts, in: ders. Völkerrecht, 4. Aufl. 1999, § 1 Rdn. 15, S. 6 f.

Isensee, Josef: Der Dualismus von Staat und Gesellschaft, in: E. W. Böckenförde (Hrsg.), Staat und Gesellschaft, 1976, S. 321 f.

— Grundrechte und Demokratie, in: Der Staat 20 (1981), S. 161 ff., 170.

— Idee und Gestalt des Föderalismus in Deutschland, in: J. Isensee/P. Kirchhof (Hrsg.) Handbuch des Staatsrechts der Bunderepublik Deutschland, Bd. IV, 1990, § 98 Rdn. 4.

— Staat und Verfassung, in: J. Isensee/P. Kirchhof (Hrsg.) Handbuch des Staatsrechts der Bunderepublik Deutschland, Bd. I, 1. Aufl. 1987, S. 653; 2. Aufl. 1995 S. 638 und 3. Aufl., 2003, S. 638, 651, 653.

Jacqué, Jean-Paul: Statemnent zum Vortrag Froweins "Verfassungsperspektiven der Europäischen Gemeinschaft", in: J. Schwarze: Europa 1992 -Markt, Staat, Gemeinschaft, S. 81, 1992.

Jaspers, Karl: Wohin treibt die Bundesrepublik? Tatsachen und Gefahren, Chancen. 1966, 10. Aufl. 1988.

Jellinek, Georg: Allgemeine Staatslehre, 3. Aufl. 1914, Neudruck 1922 und 1960.

Jesch, Dietrich: Gestz und Verwaltung, Eine Problemstudie zum Wandel des Gesetzmäßigkeitsprinzips, 1961, 2. Aufl. 1968.

Jünger, Ernst: An der Zeitmauer, 3. Aufl. 2003.

— Der Arbeiter, 3. Aufl. 2007.

Jung, Christian: Kommentierung zu Art. 83 EGV, in: Ch. Calliess/M. Ruffert (Hrsg.), EUV/EGV, Das Verfassungsrecht der Europäischen Union mit Europäischer Grundrechtscharta, 2. Aufl. 2002.

— Kommentierung zu Art. 70, 71, 83, 85 EGV, in: Ch. Calliess/M. Ruffert (Hrsg.), EUV/EGV, Das Verfassungsrecht der Europäischen Union mit Europäischer Grundrechtscharta, 3. Aufl. 2007.

— Kommentierung zu Art. 103 AEUV, in: Ch. Calliess/M. Ruffert (Hrsg.), EUV/AEUV, Das Verfassungsrecht der Europäischen Union mit Europäischer Grundrechtscharta, 4. Aufl. 2011.

Kahl, Wolfgang: Kommentierung zu Art. 175 EGV, in: R. Streinz (Hrsg.), EUV/EGV, 2003.

— Kommentierung zu Art. 94, 95 EGV, in: Ch. Calliess/M. Ruffert (Hrsg.), EUV/EGV, Das Verfassungsrecht der Europäischen Union mit Europäischer Grundrechtscharta, 3. Aufl. 2007.

— Kommentierung zu Art. 114 AEUV, in: Ch. Calliess/M. Ruffert (Hrsg.), EUV/AEUV, Das Verfassungsrecht der Europäischen Union mit Europäischer Grundrechtscharta, 4. Aufl. 2011.

Kahn, Daniel-Erasmuns: Kommentierung zu Art. III-138, III-139, III-141, III-144, III-147, III-152, III-157, III-160, III-235 EVV, in: Ch. Vedder/W. Heintschel von Heinegg (Hrsg.), Europäischer Verfassungsvertrag, 2007.

— Kommentierung zu Art. 169 AEUV, in: Ch. Vedder/W. Heintschel von Heinegg (Hrsg.), Europäisches Unionsrecht, 2011.

Käller, Anja : Kommenrierung zu Art. 191, 192 AEUV, in: J. Schwarze/U. Becker/A. Hatje/J. Schoo (Hrsg.), EU-Kommentar, 3. Aufl. 2012.

Kallmayer, Axel: Kommentierung zu Art. 166, 168, 169, 171, 173 EGV, in: Ch. Calliess/M. Ruffert (Hrsg.), EUV/EGV, Das Verfassungsrecht der Europäischen Union mit Europäischer Grundrechtscharta, 3. Aufl. 2007.

Kallmayer, Axel/*Jung*, Christian: Kommentierung zu Art. 16 EGV in: Ch. Calliess/M. Ruffert (Hrsg.), EUV/EGV, Das Verfassungsrecht der Europäischen Union mit Europäischer Grundrechtscharta, 3. Aufl. 2007.

Kamann, Hans-Georg: Kommentierung zu Art. 93 EGV, in: R. Streinz (Hrsg.), EUV/EGV, 2003.

Kannengießer, Christoph: Kommentierung zu Art 3 GG, in: B. Schmidt-Bleibtreu/H. Hofmann/A. Hopfauf (Hrsg.), Kommentar zum Grundgesetz, 11. Aufl. 2008.

Kant, Immanuel: Metaphysik der Sitten, 1797/1798, in: Werke in zehn Bänden, hrsg. v. W. Weischedel, Bd. 7, 1968, S. 303 ff., 437 ff.

— Über den Gemeinspruch: Das mag in der Theorie richtig sein, taugt aber nicht für die Praxis, in: Werke in zehn Bänden, hrsg. v. W. Weischedel, Bd. 9, 1968, S. 125 ff.

— Zum ewigen Frieden. Ein philosophischer Entwurf 1795/1796, in: Werke in zehn Bänden, hrsg. v. W. Weischedel, Bd. 9, 1968, S. 191 ff., auch: Zum ewigen Frieden. Ein philosophischer Entwurf 1795/1796, in: ed. K. Vorländer, 1914, S. 129.

— Grundlegung zur Metaphysik der Sitten, 1785/1786, in: Werke in zehn Bänden, ed. Weischedel, Bd. 6, 1968.

— Kritik der praktischen Vernunft, 1788, in: Werke in zehn Bänden, hrsg. v. W. Weischedel, Bd. 6, 1968, S. 103 ff.

— Kritik der reinen Vernunft, 1781/1787, in: Werke in zehn Bänden, ed. Weischedel, Bd. 3 und 4, 1968.

— Kritik der Urteilskraft, in: Werke in zehn Bänden, ed. Weischedel, Bd. 10, 1968.

— Metaphysische Anfangsgründe der Rechtslehre, O. Höffe (Hrsg.), 1999.

Katz, Alfred: Staatsrecht. Grundkurs im öffentlichen Recht, 10. Aufl. 1991.

Kaufmann-Bühler, Werner: Kommentierung zu Art. 17, 18 EGV, in: C. O. Lenz, K.-D. Borchardt (Hrsg.), Kommentar zu dem Vertrag zur Gründung der Europäischen Gemeinschaften, in der durch den Amsterdamer Vertrag geänderten Fassung, 2. Aufl. 1999.

Kaulbach, Friedrich August von: Studien zur späten rechtsphilosophie Kants, 1982.

Kelsen, Hans: Vom Wesen und Wert der Demokratie, 2. Aufl. 1929.

Kempen, Bernhard: Kommentierung zu Art. 104, 107 EGV, in: R. Streinz (Hrsg.), EUV/EGV, 2003.

Kersting, Wolfgang: Wohlgeordnete Freiheit. Immanuel Kants Rechts- und Staatsphilosophie, 1984.

— Die bürgerliche Verfassung in jedem Staat soll republikanisch sein, in: O. Höffe, Immanuel Kant: Zum ewigen Frieden, 1995.

— Kant über Recht, 2004.

Kimminich, Otto: Der Bundesstaat, in: J. Isensee/P. Kirchhof (Hrsg.) Handbuch des Staatsrechts der Bunderepublik Deutschland, Bd. I, 1987, § 26 Rdn. 5, 14, 19 f.

Kingreen, Thorsten: Kommentierung zu Art. 158 AEUV, in: Ch. Calliess/M. Ruffert (Hrsg.), EUV/AEUV, Das Verfassungsrecht der Europäischen Union mit Europäischer Grundrechtscharta, 4. Aufl. 2011.

Kirchhof, Paul: Die Identität der Verfassung in ihren unabänderlichen Inhalten, in: J. Isensee/P. Kirchhof (Hrsg.), Handbuch des Staatsrechts der Bunderepublik Deutschland, Bd. I, 1987, §19, Rdn. 5, 34 ff., 47 ff.

— Objektivität und Willkür, in: H. J. Faller/P. Kirchhof (Hrsg.), Verantortung und Freiheit, FS W. Geiger (80.), 1989, S. 99 ff.

— Der deutsche Staat im Prozeß der Europäischen Integration, in: J. Isensee/P. Kirchhof (Hrsg.), Handbuch des Staatsrechts der Bunderepublik Deutschland, Bd. VII, 1992, § 183, Rdn. 46, 53.

— Europäische Einigung und Verfassungsstaat, in Isensee, J. (Hrsg.), Europa als politische Idee und als rechtliche Form, 1993.

— Die Gewaltenbalance zwischen staatlichen und europäischen Organen, in: JZ 1998, S. 973 f.

— Die rechtliche Struktur der Europäischen Union als Staatenverbund, in: A. v. Bogdandy (Hrsg.), Europäisches Verfassungsrecht. Theoretische und dogmatische Grundzüge, 2003, S. 895 ff.

— Der allgemeine Gleichheitsgrundsatz, in: J. Isensee/P. Kirchhof (Hrsg.), Handbuch des Staatsrechts der Bunderepublik Deutschland, Bd. V, §124 Rdn.. 44 ff., 103 ff., 1992 und 2007.

— Der europäische Staatenverbund, in: A. v. Bogdandy/J. Bast (Hrsg), Europäisches Verfassungsrecht, 2. Aufl. 2009, S. 1009 (1019 f.).

— Stabilität von Recht und Geldwert in der Europäischen Union, in: NJW 1–2/2013, S. 1 ff.

Klein, Hans-Hugo: Kommentieung zu Art. 21 GG, in: Th. Maunz/G. Dürig, Grundgesetz, Kommentar, 1981 und 1984.

— Aufgaben des Bundestags, in: J. Isensee/P. Kirchhof (Hrsg.), Handbuch des Staatsrechts der Bundesrepublik Deutschland, Bd. II, 1. Aufl. 1987, §40, S. 341 ff. und 2. Aufl. 1998, § 40 Rdn. 1, 30 ff.

Kluth, Winfried: Kommentierung zu Art. 17, 19, 20, 52, 189, 190, 194, 195, 197, 201 EGV, Art. 19 EUV in: Ch. Calliess/M. Ruffert (Hrsg.), EUV/EGV, Das Verfassungsrecht der Europäischen Union mit Europäischer Grundrechtscharta, 3. Aufl. 2007.

— Kommentierung zu Art. 23, 223, 224, 225, 226, 227, 228, 230, 231, 234, AEUV, Art. 14 EUV, in: Ch. Calliess/M. Ruffert (Hrsg.), EUV/AEUV, Das Verfassungsrecht der Europäischen Union mit Europäischer Grundrechtscharta, 4. Aufl. 2011.

Koch, Christian: Das Parlamentsbeteiligungsgesetz: Riskante Gestaltungsaufträge im Gefüge der Staatsfunktionen, in: Speyrer Vorträge, Heft 79, 2004, S. 31.

Koenig, Christian/*Kühling*, Jürgen: Kommentierung zu Art. 89 EGV, in: R. Streinz (Hrsg.), EUV/EGV, 2003.

Konferenz der Vertreter der Regierungen der Mitgliedstaaten zum Thema Entwurf eines Vertrags zur Änderung des Vertrags über die Europäische Union und des Vertrags zur Gründung der Europäischen Gemeinschaft, Dokument CIG 1/1/07.

Krajewski, Markus/*Rösslein*, Ulrich: Kommentierung zu vor Art. 250–252 EGV (EL 32, 4/2007), in: E. Grabitz/M. Hilf (Hrsg.), Das Recht der Europäischen Union, 2007.

Kraußer, Hans-Peter: Das Prinzip der begrenzten Ermächtigung im Gemeinschaftsrecht als Strukturprinzip des EWG-Vertrages, 1991.

Krebber, Sebastian: Kommentierung zu Art. 128, 136, 144 EGV, in: Ch. Calliess/M. Ruffert (Hrsg.), EUV/EGV, Das Verfassungsrecht der Europäischen Union mit Europäischer Grundrechtscharta, 3. Aufl. 2007.

— Kommentierung zu Art. 146, 148, 149, 151, 153, 169 AEUV, in: Ch. Calliess/M. Ruffert (Hrsg.), EUV/AEUV, Das Verfassungsrecht der Europäischen Union mit Europäischer Grundrechtscharta, 4. Aufl. 2011.

Krenzler, Horst Günter: Kommentierung Einleitung zum EG-Außenwirtschaftsrecht, in: Grablitz/Hilf, Das Recht der Europäischen Union II, 2010.

Kreßel, Eckhard: Kommentierung zu Art. 148 AEUV, in: J. Schwarze (Hrsg.), EU-Kommentar, 3. Aufl. 2012.

Kretschmer, Bernhard: Kommentierung zu Art. III-257, III-260, III-262 – III-266, III-269–276 EVV, in: Ch.Vedder/W. Heintschel von Heinegg (Hrsg.), Europäischer Verfassungsvertrag, 2007.

Kretschmer, Gerald: Kommentierung zu Art 38 GG, in: B. Schmidt-Bleibtreu/H. Hofmann/A. Hopfauf (Hrsg.), Kommentar zum Grundgesetz, 11. Aufl. 2008.

Kriele, Martin: Das demokratische Prinzip im Grundgesetz, in: VVDStRL 29 (1971), S. 46 (82).

— Recht und praktische Vernunft, 1998.

— Die demokratische Weltrevolution: Warum sich die Freiheit durchsetzen wird, 1987.

— Einführung in die Staatslehre. Die geschichtliche Legitimationsgrundlage des demokratischen Verfassungsstaats, 1975, 4. Aufl. 1990; 6. Aufl. 2003.

Kröger, Klaus: Einführung in die Verfassungsgeschichte der Bundesrepublik Deutschland, 1993.

Krück, Hans: Kommentierung zu Art. 308 EGV, in: J. Schwarze/U. Becker/A. Hatje/J. Schoo (Hrsg.), EU-Kommentar, 1. Aufl. 2000.

Krüger, Herbert: Allgemeine Staatslehre, 1966.

Kruis, Tobias, Kommentierung zu Art. 209, 212, 214 AEUV, in: R. Streinz, EUV/AEUV Kommentar, 2. Aufl. 2012.

Kugelmann, Dieter, Kommentierung zu Art. 41 EUV, in: R. Streinz, EUV/AEUV Kommentar, 2. Aufl. 2012.

Kunig, Philipp: Das Rechtsstaatsprinzip, Überlegungen zu seiner Bedeutung für das Verfassungsrecht der Bundesrepublik Deutschland, 1986.

Kuschnick, Michael: Integration von Staatenverbindungen: vom 19. Jahrhundert bis zur EU nach dem Vertrag von Amsterdam, 1999.

Leibholz, Gerhard: Das Wesen der Repräsentation und der Gestaltwandel der Demokratie im 20. Jahrhundert, 1929.

— Der moderne Parteienstaat, 1960.

— Der Strukturwandel der modernen Demokratie, in: G. Leibholz (Hrsg.), Strukturprobleme der modernen Demokratie, 3. Aufl. 1967, S. 117.

— Volksvertretung, in: H. Kunst/S. Grundmann, Evangelisches Staatslexikon, 2. Aufl. 1975, Sp. 2836 ff.

— Repräsentation, in: R. Herzog u.a. (Hrsg.) Evangelisches Staatslexikon, 3. Aufl. 1987, Sp. 2986 ff.

— Kommentierung zu Art. 23, 38 GG, in: G. Leibholz/H.-J. Rinck/D. Hesselberger (Hrsg.), Grundgesetz, Kommentar, 2003.

Leyland, Peter: The Constitution of the United Kingdom – A Contextual Analysis, 2007.

Lorenzmeier, Stefan: Kommentierung zu Art. III-227, III-231 EVV, in: Ch. Vedder/W. Heintschel von Heinegg (Hrsg.), Europäischer Verfassungsvertrag, 2007.

— Kommentierung zu Art. 184 AEUV, in: Ch. Vedder/W. Heintschel von Heinegg (Hrsg.), Europäisches Uniosrecht, 2011.

Louis, Jean-Victor: Die Rechtsordnung der Europäischen Gemeinschaften, 3. Aufl. 1993.

Lenz, Christopher: Ein einheitliches Verfahren für die Wahl des Europäischen Parlaments, 1995.

Locke, John: Über die Regierung, 1690, ed. P. C. Meyer-Tasch 1974/1982, Reclam.

Luhmann, Niklas: Grundrechte als Institution, 1965.

Mager, Wolfgang: Republik, in: O. Brunner/W. Conze/R. Koselleck (Hrsg.), Geschichtliche Grundbegriffe. Historisches Lexikon zur politisch-sozialen Sprache in Deutschland, Bd. 5, 1984, S. 549, 580 ff.

Magiera, Siegfried: Finanzverfassung, Die Finanzierungsgrenzen der Europäischen Gemeinschaften und ihre Erweiterung, in: B. Börner/H. Jahrreiss/K.

Stern (Hrsg.), Einigkeit und Recht und Freiheit: Festschrift für Karl Carstens zum 70. Geburtstag am 14. Dezember 1984, 1984, S. 191–194.

— Kompetenzgrenzen und Strukturprinzipien der Europäischen Gemeinschaft, in: K. D. Bracher/P. Mikat/K. Repgen/M. Schumacher/H.-P. Schwarz, Staat und Parteien, Festschrift für Rudolf Morsey (65.), 1992.

— Kommentierung zu Art. 38 GG, in: M. Sachs, Grundgesetz. Kommentar, 3. Aufl. 2003.

Maunz, Theodor: Kommentierung zu Art. 43 GG, in: Th. Maunz/G. Dürig, Grundgesetz, Kommentar, 1971.

— Deutsches Staatsrecht, 22. Aufl. 1978.

— Staatlichkeit und Verfassungshoheit der Länder, in: J. Isensee/P. Kirchhof (Hrsg.) Handbuch des Staatsrechts der Bunderepublik Deutschland, Bd. IV, 2. Aufl.1995, § 94 Rdn. 2 f., 14 ff.

Maunz, Theodor/*Zippelius*, Reinhold: Deutsches Staatsrecht, 28. Aufl. 1991.

Mähner, Tobias: Der Europäische Gerichtshof als Gericht, 2005.

Maihofer, Werner: Die Legitimation des Staates aus der Funktion des Rechts, in: Archiv für Rechts- und Sozialphilosophie (ARSP), Beihefter 15 (1981), S. 15 ff.

— in: E. Benda/W. Maihofer/H.-J. Vogel (Hrsg.), Handbuch des Verfassungsrechts der Bundesrepublik Deutschland, 2. Aufl. 1994, S. 206, 237, 427 ff., 472 ff., 477 ff., 1713 ff.

— Prinzipien freiheitlicher Demokratie, in: E. Benda/W. Maihofer/H.-J. Vogel (Hrsg.), Handbuch des Verfassungsrechts der Bundesrepublik Deutschland, 2. Aufl. 1994, S. 490 ff., 519 ff.

Maurer, Andreas: Europäisches Parlament, in: W. Weidenfeld/W. Wessels (Hrsg.): Jahrbuch der Europäischen Integration 2007, S. 52.

Meese, Jon Marcus: Das Petitionsrecht beim Europäischen Parlament, 2000.

Mellein, Christine: Kommentierung zu Art. 182, 188 AEUV, in: J. Schwarze/U. Becker/A. Hatje/J. Schoo, EU-Kommentar, 3. Aufl. 2012.

Merten, Detlef: Das parlamentarische Regierungssystem der Bundesrepublik Deutschland auf dem Prüfstand, Seminar zum 70. Geburtstag von K. A. Bettemann (1984), zitiert in H. Meyer, Die Stellung des Parlamants in der Verfassungsordnung des Grundgesetzes, in: H.-P. Schneider, W. Zeh (Hrsg.), Parlamentsrecht und Parlamentspraxis, 1989, S. 120.

Meyer, Hans: Demokratische Wahl und Wahlsystem, in: J. Isensee/P. Kirchhof (Hrsg.), Handbuch des Staatsrechts der Bundesrepublik Deutschland, Bd. II, 1. Aufl. 1987, § 37 Rdn. 1-5.

— Die Stellung der Parlamente in der Verfassungsordnung des Grundgesetzes, in: H.-P. Schneider/W. Zeh (Hrsg.): Parlamentsrecht und Parlamentspraxis in der Bundesrepublik Deutschland, 1989, S. 117 ff., 144.

Meyer-Goßner, Lutz: Kommentierung vor §141 GVG, in: ders., Strafprozessordnung: StPO, Gerichtsverfassungsgesetz, Nebengesetze und ergänzende Bestimmungen, 51. Aufl. 2008.

Meyn, Karl-Ulrich: Kommentierung zu Art. 62 GG, in: I. v. Münch/P. Kunig (Hrsg.), Grundgesetz Kommentar, Bd. II, 5. Aufl. 2001.

Morkel, Arnd: Das Parlament als öffentliches Forum, in: Aus Politik und Zeitgeschichte, Beilage zu Das Parlament, B. 40/1966, S. 21 ff.

Mössle, Wilhelm: Regierungsfunktionen des Parlaments, 1986.

Montesquieu, Charles: Vom Geist der Gesetze, ed. Weigand, Reclam 1965.

Müller, Johannes C. W.: Kapitalverkehrsfreiheit in der Europäischen Union, 2000.

Müller-Graff, Peter-Christian: Kommentierung zu Art. 45 EGV, in: R. Streinz (Hrsg.), EUV/EGV, Kommentar, Bd. 1, 6. Aufl. 2006.

— Kommentierung zu Art. III-163, III-169 EVV, in: Ch. Vedder/W. Heintschel von Heinegg (Hrsg.), Europäischer Verfassungsvertrag, 2007.

Murswiek, Dietrich: Der Vertrag von Lissabon und das Grundgesetz – Rechtsgutachten, 2008.

Nettesheim, Martin/*Duvigneau*, Johann Ludwig: Kommentierung zu Art. 133 EGV, in: R. Streinz (Hrsg.), EUV/EGV, Kommentar, 2003.

Nickel, Dietmar: Das Europäische Parlament als Legislativorgan – zum neuen institutionellen Design nach der Europäischen Verfassung, Integration, 2003.

Nicolaysen, Gert: Europarecht I, 1. Aufl. 1991 und 2. Aufl. 2002.

Niedobitek, Matthias: Kommentierung zu Art. 125, 126, 128, 247, 269, 279 EGV, in: R. Streinz (Hrsg.), EUV/EGV, 2003.

— Kommentierung zu Art. 286 AEUV, in: R. Streinz (Hrsg.), EUV/AEUV, 2. Aufl. 2012.

Nowak, Carsten: Grundrechtsdimension des Umweltschutzes, in: F. S. M. Heselhaus/C. Nowal (Hrsg.), Handbuch der Europäischen Grundrechte, 2006, § 60, S. 1647 ff.

Oberreuther, H.: Abgesang auf einen Verfassungstyp?, in: Aus Politik und Zeitgeschichte, B2/1983, S. 19, 29.

Ohler, Christoph: Kommentierung zu Art. 266 EGV Rdn. 9 f., in: R. Streinz (Hrsg.), EUV/EGV, 2003.

— Kommentierung zu Art. 222, 308 AEUV, in: R. Streinz, (Hrsg.), EUV/AEUV, 2. Aufl. 2012.

Oppermann, Thomas: Europarecht, 2. Aufl. 1999, 3. Aufl. 2005, 4. Aufl. 2009.

Oppermann, Thomas/*Classen*, Claus D.: Die EG vor der Europäischen Union, NJW 1993, 5, 12.

Ossenbühl, Fritz: Maastricht und das Grundgesetz – eine verfassungsrechtliche Wende?, DVBl. 1993, 629 ff.

Pache, Eckhard, Kommentierung zu Art. III-355 EVV, in: Ch. Vedder/W. Heintschel von Heinegg (Hrsg.), Europäischer Verfassungsvertrag, 2007.

— Kommentierung zu Art. 253 AEUV, in: Ch. Vedder/W. Heintschel von Heinegg (Hrsg.), Europäisches Unionsrecht, 2011.

Papier, Hans-Jürgen: Gewaltentrennung im Rechtsstaat, in: D. Merten (Hrsg.), Gewaltentrennung im Rechtsstaat, 1989, S. 96 ff.

— Die Neuordnung der Europäischen Union, in: EuGRZ 2004, S. 753.

Pechstein, Matthias; Kommentierung zu Art.1, 7 EUV, Art. 308 EGV, in: R. Streinz (Hrsg.), EUV/EGV, Kommentar, 2003.

— Kommentierung zu Art. 1 EUV, in: Streinz (Hrsg.). EUV/AEUV, Kommentar, 2. Aufl. 2012.

Pechstein, Matthias/*Koenig*, Christian: Die Europäische Union, 3. Aufl. 2000.

Pernice, Ingolf: Deutschland in der Europäischen Union, in: J. Isensee/P. Kirchhof (Hrsg.) Handbuch des Staatsrechts der Bundesrepublik Deutschland, Bd. VIII, 1995, § 191, Rdn. 35 ff., § 4 III.

— Bestandssicherung der Verfassung: Verfassungsrechtliche Mechanismen zur Wahrung der Verfassungsordnung, in: R. Biber/P. Widmer (Hrsg.), Der Europäische Verfassungsraum, 1995, S. 225 (261 ff.).

— Die Dritte Gewalt im europäischen Verfassungsverbund, in: Europarecht, 1996.

Pielow, Johann-Christian: Verbraucherschutz, in: P. J. Tettinger/K. Stern (Hrsg.), Europäische Grundrechte-Charta, 2006, Art. 38, S. 635 ff.

Pieroth, Bodo: Kommentierung zu Art. 70 GG, in: H. Jarras/B. Pieroth, Grundgesetz Kommentar, 5. Aufl. 2000.

— *Pieroth*, Bodo/*Schlink*, Bernhard: Grundrechte, Staatsrecht II, 8. Aufl. 1992.

Popper, Karl: Bemerkungen zu Theorie und Praxis des demokratischen Staates, 1988.

Puttler, Adelheid: Kommentierung zu Art. 175, 176, 177 AEUV, in: Ch. Calliess/M. Ruffert, EUV/AEUV, Das Verfassungsrecht der Europäischen Union mit Europäischer Grundrechtscharta, 4. Aufl. 2011.

Radbruch, Gustav: Die politischen Parteien im System des deutschen Verfassungsrechts, 1930, in: G. Anschütz/R. Thoma (Hrsg.), Handbuch des deutschen Staatsrechts, Bd. 1,1930, S. 285.

Randelzhofer, Albrecht/*Forsthoff*, Ulrich: Kommentierung zu Art. 4, 40 EGV, in: E. Grabitz/M. Hilf, Das Recht der Europäischen Union, 18. EL Mai 2008.

Rausch, Heinz: Repräsentation und Repräsentativverfassung, Anmerkungen zur Problematik, 1979.

Rawls, John: Eine Theorie der Gerechtigkeit, übersetzt von H. Vetter, 1975.

Rebhahn, Robert: Kommentierung zu Art. 151, 153 AEUV, in: J. Schwarze/U. Becker/A. Hatje/J. Schoo (Hrsg.), EU-Kommentar, 3. Aufl. 2012.

Redslob, Robert: Die Staatsthorien der französischen Nationalversammlung von 1789. Ihre Grundlagen in der Staatslehre der Aufklärungszeit und in den englischen und amerikanischen Verfassungsgedanken, 1912.

Regelsberger, Elfriede: Kommentierung zu Art. 41 EUV, in: R. Streinz, EUV/AEUV, 2. Aufl. 2012.

Reidlinger, Axel: Kommentierung zu Art. 83 EGV, in: Streinz (Hrsg.), EUV/EGV, Kommentar, 2003.

Reiner, Michael: Kommentierung zu Art. 151, 153 AEUV, in: J. Schwarze/U. Becker/A. Hatje/J. Schoo (Hrsg.), EU-Kommentar, 3. Aufl. 2012.

Rinck, Hans-Justus: Kommentierung zu Art. 23 GG, in: G. Leibholz/H.-J. Rinck/D. Hesselberger (Hrsg.), Grundgesetz, Kommentar, 2003.

Ringler, Jochen: Die Europäische Sozialunion, 1997.

Rodi, Michael: Kommentierung zu Art. III-178 – III-180, III-183–184, III-186–187, III-191, III-197, III-233, III-234, III-256, III-383 EVV, in: Ch. Vedder/W. Heintschel von Heinegg (Hrsg.), Europäischer Verfassungsvertrag, 2007.

— Kommentierung zu Art. 308 AEUV; in: Ch. Vedder/W. Heintschel von Heinegg (Hrsg.), Europäisches Unionrecht, 2011.

Roellecke, Gerd: Die Bindung des Richters an Gesetz und Verfassung, in: VVDStRL 34 (1976), S. 7 ff.

Röttinger, Moritz: Kommentierung zu Art. 308, 312 EGV, in: C. O. Lenz, Kommentar zu dem Vertrag zur Gründung der Europäischen Gemeinschaften, in der durch den Amsterdamer Vertrag geänderten Fassung, 2. Aufl. 1999.

Ross, Friso: Kommentierung zu Art. 164 AEUV, in: J. Schwarze/U. Becker/A. Hatje/J. Schoo (Hrsg.), EU-Kommentar, 3. Aufl. 2012.

Rossi, Matthias: Kommentierung zu Art. 308 EGV, in: Ch. Calliess/M. Ruffert (Hrsg.), EUV/EGV, Das Verfassungsrecht der Europäischen Union mit Europäischer Grundrechtscharta, 2. Aufl. 2002.

— Kommentierung zu Art. III-170 , III-173, III-176, III-221, III-412 EVV, in: Ch. Vedder/W. Heintschel von Heinegg (Hrsg.), Europäischer Verfassungsvertrag, 2007.

— Kommentierung zu Art. 65, 66, 308 EGV, in: Ch. Calliess/M. Ruffert (Hrsg.), EUV/EGV, Das Verfassungsrecht der Europäischen Union mit Europäischer Grundrechtscharta, 3. Aufl. 2007.

— Kommentierung zu Art. 77, 79, 81 AEUV, in: Ch. Calliess/M. Ruffert (Hrsg.), EUV/AEUV, Das Verfassungsrecht der Europäischen Union mit Europäischer Grundrechtscharta, 4. Aufl. 2011.

— Kommentierung zu Art. 174, 314 AEUV, in: Ch. Vedder/W. Heintschel von Heinegg (Hrsg.), Europäisches Unionsrecht, 2012.

Rousseau, Jean-Jacques: Vom Gesellschaftsvertrag oder Grundsätze des Staatsrechts, ed. Brockhard, Reclam, 1986.

Ruffert, Matthias: Kommentierung zu Art. 149, 151, 213 EGV, Art. 7 EUV, in: Ch. Calliess/M. Ruffert (Hrsg.), EUV/EGV, Das Verfassungsrecht der Europäischen Union mit Europäischer Grundrechtscharta, 3. Aufl. 2007.

— Kommentierung zu Art. Art. 7, 9, 10, 17 EUV, Art. 173, 179, 185, 188, 240, 288, 289, 335 AEUV, in: Ch. Calliess/M. Ruffert (Hrsg.), EUV/AEUV, Das Verfassungsrecht der Europäischen Union mit Europäischer Grundrechtscharta, Kommentar, 4. Aufl. 2011.

Rupp, Hans Heinrich: Die Unterscheidung von Staat und Gesellschaft in: J. Isensee/P. Kirchhof (Hrsg.), Handbuch des Staatsrechts der Bundesrepublik Deutschland, Bd. I, 1. Aufl. 1987, S. 1199.

Maastricht - eine neue Verfassung?, ZRP 1993, 211 ff.

— Die Unterscheidung von Staat und Gesellschaft, in: J. Isensee/P. Kirchhof (Hrsg.), Handbuch des Staatsrechts der Bundesrepublik Deutschland, Bd. II, 3. Aufl. 2004, S. 879 ff.

Rüstow, Alexander: Paläoliberalismus, Kommunismus und Neoliberalismus, in: F. Greiß/F. W. Meyer (Hrsg.), Wirtschaft, Gesellschaft und Kultur, Festgabe A. Müller-Armack, 1961, S. 61 ff.

Sachs, Michael: Kommentierung zu Art. 20 GG, in: ders., Grundgsetz, Kommentar, 3. Aufl. 2003; 6. Aufl. 2011.

Sannwalt, Rüdiger: Kommentierung zu Art. 35, 70 GG, in: B. Schmidt-Bleibtreu/H. Hofmann/A. Hopfauf (Hrsg.), Kommentar zum Grundgesetz, 11. Aufl. 2008.

Schachtschneider, Karl Albrecht: Das Nominationsmonopol der Parteien in Berlin; in: JR 1975, S. 89 f.

— Staatsunternehmen und Privatrecht. Kritik der Fiskustheorie. Exemplifiziet an § 1 UWG, 1986.

— Der Rechtsbegriff „Stand von Wissenschaft und Technik" im Atom- und Immissionsschutzrecht, in: W. Thieme (Hrsg.), Umweltschutz im Recht. 1988, S. 81–144.

— Frei – sozial – fortschrittlich, in: Die Fortentwicklung des Sozialstaats – Verfassungsauftrag und administrative Implementation, wissenschaftl. Kolloquium zu Ehren von Werner Thieme am 24.6.1988, 1988, S. 6–23.

— Keine Europäische Union ohne neue Verfassung Deutschlands, SZ v. 25.11.1992, S. 15.

— Maastricht: Verfallserscheinung der Demokratie, EG Magazin 1 2/1993, 40 ff.

— Die Europäische Union und die Verfassung der Deutschen, Aus Politik und Zeitgeschichte, B 28/93, 3 ff.

— Der Vertrag über die Europäische Union und das Grundgesetz, 1993; auch in: Freiheit – Recht – Staat, hrsg. von D. I. Siebold/A. Emmerich-Fritsche, 2005, S. 385.

— Verfassungsbeschwerde gegen das Zustimmungsgesetz vom 7.2.1992 zum Vertrag über die Europäische Union vom 18.12.1993, in: I. Winkelmann, (Hrsg.): Das Maastricht-Urteil des Bundesverfassungsgerichts vom 12.10.1993, 1994.

— Res publica res populi, Grundlegung einer allgemeinen Republiklehre. Ein Beitrag zur Freiheits-, Rechts- und Staatslehre, 1994.

— Das Maastricht-Urteil, 1994; auch in: Freiheit – Recht – Staat, hrsg. von D. I. Siebold/ A. Emmerich-Fritsche, 2005, S. 414.

— Die existenzielle Staatlichkeit der Völker Europas und die staatliche Integration der Europäischen Union. Ein Beitrag zur Lehre vom Staat nach dem Urteil des Bundesverfassungsgerichts zum Vertrag über die Europäische Union von Maastricht, in: W. Blomeyer/K. A. Schachtschneider (Hrsg.), Die Europäische Union als Rechtsgemeinschaft, 1995, S. 75 ff.

— Die Republik der Völker Europas, 1997; auch in: Freiheit – Recht – Staat, hrsg. von D. I. Siebold/A. Emmerich-Fritsche, 2005, S. 443.

— Die Republik der Völker Europas, ARSP, Beiheft 71 (1997), S. 153 ff., 173 ff.

— Demokratiedefizite in der Europäischen Union, in: W. Nölling/ders./J. Starbatty (Hrsg.), Währungsunion und Weltwirtschaft, FS für W. Hankel, 1999 S. 119, 132 ff., 139 ff.; auch in: in: Freiheit – Recht – Staat, hrsg. von D. I. Siebold/A. Emmerich-Fritsche, 2005, S. 489 ff.

— Der republikwidrige Parteienstaat, 2000; in: Freiheit – Recht – Staat, hrsg. von D. I. Siebold/A. Emmerich-Fritsche, 2005, S. 218.

— Das Recht und die Pflicht zum Ausstieg aus der Währungsunion, in: W. Hankel u.a., Die Euro-Illusion, S. 340 ff, 2001.

— Wirtschaftliche Stabilität als Rechtsprinzip, in: W. Hankel/W. Nölling/ders./J. Starbatty, Die Euro-Illusion. Ist Europa noch zu retten? 2001, S. 314 ff.

— Euro – der Rechtsbruch, in: W. Hankel/W. Nölling/ders./J. Starbatty, Die Euro-Illusion. Ist Europa noch zu retten? 2001, S. 25 ff.

— Grenzen der Kapitalverkehrsfreiheit, in: ders. (Hrsg.), Rechtsfragen der Weltwirtschaft, 2002.

— Das europäisierte Deutschland nach dem Konventsentwurf einer Verfassung für Europa, 2003, www.kaschachtschneider.de.

— Deutschland nach dem Konventsentwurf einer „Verfassung für Europa", in: W. Hankel/ ders./J. Starbatty (Hrsg.), Der Ökonom als Politiker – Europa, Geld und die soziale Frage, FS für Wilhelm Nölling, 2003, S. 269 ff.; auch in: Freiheit – Recht – Staat, hrsg. von D. I. Siebold/A. Emmerich-Fritsche, 2005, S. 602.

— Sittlichkeit und Moralität, 2004; auch in: Freiheit – Recht – Staat, hrsg. von D. I. Siebold/A. Emmerich-Fritsche, 2005, S. 24.

— Argumenten gegen die Zustimmung zum Vertrag über eine Verfassung für Europa, 2005.

— Prinzipien des Rechtsstaates, 2006.

— Marktliche Sozialwirtschaft, in: K. Farmer/W. Harbrecht (Hrsg.), Theorie der Wirtschaftspolitik, Entwicklungspolitik und Wirtschaftsethik, FS W. Lachmann, 2006.

— Freiheit in der Repubilk, 2007.

— Verfassungsbeschwerde gegen den Vertrag von Lissabon vom 13. Dezember 2007 zur Änderung des Vertrages über die Europäische Union und der Vertrages zur Gründung der Europäischen Gemeinschaft, Antrag auf andere Abhilfe, Antrag auf einstweilige Anordnung (Verfassungsklage) vom 25.5.2008.

— Verfassungsrecht in der Europäischen Union, Teil 2, Wirtschaftsverfassung mit Welthandelsordnung, 2010.

— Verfassungsbeschwerde gegen den Euro-Rettungsschirm vom 5.7.2010.

— Beschwerde gegen die Zurückweisung des Wahleinspruches gegen die Gültigkeit der Europawahl vom 7. Juni 2009 – EuWP 43/09 vom 2.9.2010.

— Grenzen der Religionsfreiheit am Beispiel des Islam, 2. Aufl. 2011.

— Die Aushöhlung der Demokratie durch Europäische Union und Währungsunion, in: H. H. v. Arnim (Hrsg.), Systemmängel in Demokratie und Marktwirtschaft, 2011.

— Die Rechtswidrigkeit der Euro-Rettungspolitik: Ein Staatsstreich der politischen Klasse, 2011.

— Die Souveränität Deutschlands, 2012.

Schachtschneider, Karl Albrecht/*Emmerich-Fritsche*, Angelika /*Beyer*, Thomas C. W., Der Vertrag über die Europäische Union und das Grundgesetz, JZ 1993, S. 751 ff.

Schachtschneider, Karl Albrecht/*Blomeyer*, Wolfgang: Die Europäische Union als Rechtsgemeinschaft, 1994.

Scharpf, Fritz W.: Demokratietheorie zwischen Utopie und Anpassung, 1989.

— Europäisches Demokratiedefizit und deutscher Föderalismus, Staatswissenschaften und Staatspraxis, 1992.

Schlochauer, Hans-Jürgen: Der Gerichtshof der EG als Integrationsfaktor, in: E. v. Caemmerer/ H.-J. Schlochauer/E. Steindorff (Hrsg.), FS W. Hallstein, 1966, S. 433 ff.

Schmalenbach, Kirsten: Kommentierung zu Art. 209, 212, 216, 218, 224 AEUV, in: Ch. Calliess/M. Ruffert (Hrsg.), AEUV, 4. Aufl. 2011.

Schmidt-Räntsch, Jürgen: Deutsches Richtergesetz. Kommentar, 6. Aufl. 2009.

Schmitt, Carl: Die geistesgeschichtliche Lage des heutigen Parlamentarismus, 1923, 4. Aufl. 1969.

— Verfassungslehre, 1928, 4. Aufl. 1965.

— Der Hüter der Verfassung, 1931.

— Grundrechte und Grundpflichten, 1932.

— Legalität und Legitimität, 1932.

— Der Begriff des Politischen, 1963.

Schmitt von Sydow, Helmut: Kommentierung zu Art. 7 EUV, in: H. von der Groeben/J. Schwarze, Vertrag über die Europäische Union und Vertrag zur Gründung der Europäischen Gemeinschaft, 2004.

Schmitt-Glaeser, Walter: Die grundrechtliche Freiheit des Bürgers zum Mitwirken an der Willensbildung, in: J. Isensee/P. Kirchhof (Hrsg.) Handbuch des Staatsrechts der Bundesrepublik Deutschland, Bd. II, 1. Aufl. 1987, § 31, S. 61 ff.

Schnapp, Friedrich Eberhard: Kommentierung zu Art. 20 GG; in: I.von Münch/ Ph. Kunig, Grundgesetz Kommentar Bd. II, 5. Aufl. 2001.

Schneider, Hans-Peter: Das parlamentarische System, in: E. Benda/W. Maihofer/H.-J. Vogel (Hrsg.): Handbuch des Verfassungsrechts der Bundesrepublik Deutschland. 1983, S. 240 (253 ff.).

— in: J. Isensee/P. Kirchhof (Hrsg.), Handbuch des Staatsrechts der Bundesrepublik Deutschland, Bd. I, 1. Aufl.1987, S. 260.

— Gewaltenverschränkung zwischen Parlament und Regierung, in: D. Merten (Hrsg.), Gewaltentrennung und Rechtstaat, 2. Aufl. 1997, S. 77.

Schnellenbach, Annette: Kommentierung zu Art. 209, 212, 214, 216 AEUV, in: Ch. Calliess/M. Ruffert (Hrsg.), EUV/AEUV, Das Verfassungsrecht der Europäischen Union mit Europäischer Grundrechtscharta, 4. Aufl. 2011.

Scholz, Rupert: Koalitionsfreiheit, in: J. Isensee/P. Kirchhof (Hrsg.), Handbuch des Staatsrechts der Bundesrepublik Deutschland, Bd. VI, Freiheitsrechte, 1989, § 151, S. 1115 ff.

— Grundgesetz und europäische Einigung, NJW 1992, S. 2593 ff.

— Europäische Union und Verfassungsreform, NJW 1993, S. 1690 ff.

— Europäische Union und deutscher Bundesstaat, NVwZ 1993, S. 817 ff.

Schoo, Johann: Kommentierung zu Art. 189, 190 EGV, in: J. Schwarze/U. Becker/A. Hatje/J. Schoo (Hrsg.), EU-Kommentar, 1. Aufl. 2000.

— Kommentierung zu Art. 289, 322 AEUV, in: J. Schwarze/U. Becker/A. Hatje/J. Schoo (Hrsg.), EU-Kommentar, 3. Aufl. 2012.

Schreiber, Stefanie: Kommentierung zu Art. 308 EGV, in: J. Schwarze/U. Becker/A. Hatje/J. Schoo (Hrsg.), EU-Kommentar, 1. Aufl. 2000.

Schroeder, Werner: Kommentierung der Art. 249 EGV, in: R. Streinz (Hrsg.), EUV/EGV, Vertrag über die Europäische Union und Vertrag zur Gründung der Europäischen Gemeinschaft, 2003.

— Kommerntierung zu Art. 288 AEUV, in: R. Streinz (Hrsg.), EUV/AEUV, Vertrag über die Europäische Union und Vertrag zur Gründung der Europäischen Gemeinschaft, 2. Aufl. 2012.

Schulze-Fielitz, Helmuth: Kommentierung zu Art. 20 GG, in: H. Dreier (Hrsg.), Grundgesetz. Kommentar, Bd. 2, 2. Aufl. 2006.

Schuman, Robert: Rede vom 9.5.1950, in: EA 1950, S. 3091 ff.

Schwartmann, Rolf (Hrsg.): Der Vertrag von Lissabon, EU-Vertrag, Vertrag über die Arbeitsweise der EU – Konsolidierte Fassung, 2. Aufl. 2009.

Schweitzer, Michael: Europarat, WEU, NATO, Europäisches Parlament, in: Parlamentsrecht und Parlamentspraxis, hrsg. H.-P. Schneider, W. Zeh, S.1675.

Schweitzer, Michael/*Hummer,* Waldemar: Europarecht, 5. Aufl. 1996.

Seitlinger, Jean: Bericht, Dok. EP 1–988/81 B.

Siekmann, Helmut: Kommentierung zu Art. 110 GG, in: M. Sachs, Grundgesetz GG, 6. Aufl. 2011.

Siebold, Dagmar Ingeborg: Der Fall Bananenmarktordnung. Die Europäische Gemeinschaft im Streit mit der Welthandelsorganisation, in: K. A. Schachtschneider (Hrsg.), Rechtsfragen der Weltwirtschaft, 2002, S. 211 ff.

— Die Welthandelsorganisation und die Europäische Gemeinschaft. Ein Beitrag zur globalen wirtschaftlichen Integration, 2003.

Sieyès, Emanuel Joseph: Politische Schriften, 1788 bis 1790, in: E. Schmitt/R. Reichardt (Hrsg.), 2. Aufl. 1981.

— Wer ist der dritte Stand? in: Otto Damm (Hrsg.), 1924/88, S. 29 ff.

Simm, Marion: Kommentierung zu Art. 166 AEUV, in: J. Schwarze/U. Becker/A. Hatje/J. Schoo (Hrsg.), EU-Kommentar, 3. Aufl. 2012.

Stender-Vorwachs, Jutta: Kommentierung zu III-246–248, III-251 EVV, in: Ch. Vedder/W. Heintschel von Heinegg (Hrsg.), Europäischer Verfassungsvertrag, 2007.

Stern, Klaus: Das Staatsrecht der Bundesrepublik Deutschland, Bd. 2, Staatsorgane, 1980.

— Das Staatsrecht der Bundesrepublik Deutschland, Bd. 1, Grundbegriffe und Grundlagen des Staatsrechts, Strukturprinzipien der Verfassung, 2. Aufl. 1984.

Sternberger, Dolf: Der alte Streit um den Ursprung der Herrschaft, 1978, in: ders., Herrschaft und Vereinbarung, 1968, S. 20, 25, f., 39 ff.

— Herrschaft und Vereinbarung, Schriften Bd. III, 1980, S. 113 ff.

— Verfassungspatriotismus, in: ders., Schriften Bd. X (hrsg. von P. Haungs u.a.), 1990.

Streinz, Rudolf: Bundesverfassungsgerichtlicher Grundrechtsschutz und europäisches Gemeinschaftsrecht, 1989.

— Kommentierung zu Präambel EUV, Art. 5, 13, 249, 308 EGV, in: R. Streinz (Hrsg.), EUV/EGV, 2003.

— Europarecht, 2. Aufl. 1995; 7. Aufl. 2005.

— Kommentierung zu Art. 209, 212, 214 AEUV, in: R. Streinz, EUV/AEUV, 2. Aufl. 2009.

Stumpf, Cordula: Kommentierung zu Art. 7 EUV, in: J. Schwarze/U. Becker/A. Hatje/J. Schoo (Hrsg.), EU-Kommentar, 1. Aufl. 2000.

Suhr, Dieter: Entfaltung des Menschen durch die Menschen, Zur Grundrechtsdogmatik der Persönlichkeitsentfaltung, der Ausübungsgemeinschaften und des Eigentums, 1976.

Suhr, Oliver: Kommentierung zu Art. 29, 39 EUV, in: Ch. Calliess/M. Ruffert (Hrsg.), EUV/EGV, Das Verfassungsrecht der Europäischen Union mit Europäischer Grundrechtscharta, 3. Aufl. 2007.

— Kommentierung zu Art. 71, 84, 85, 89 AEUV, in: Ch. Calliess/M. Ruffert (Hrsg.), EUV/AEUV, Das Verfassungsrecht der Europäischen Union mit Europäischer Grundrechtscharta, 4. Aufl. 2011.

Suski, Birgit: Das Europäische Parlament – Volksvertretung ohne Macht und Volk? 1996.

Thiele, Gereon: Kommentierung zu Art. 71, 84, 85, 89 AEUV, in: Ch. Calliess/M. Ruffert (Hrsg.), EUV/AEUV, Das Verfassungsrecht der Europäischen Union mit Europäischer Grundrechtscharta, 4. Aufl. 2011.

Thoma, Richard: Das Reich als Demokratie, in: G. Anschütz/ R. Thoma (Hrsg.), Handbuch des Deutschen Staatsrechts, Bd. 1, 1930, S. 188 (195 f.).

Thukydides: Geschichte des Peloponnesischen Krieges. II, 37; V, 89 , übers. v. G. P. Landmann, 2002.

Tomuschat, Christian: Die Rechtsetzungsbefugnisse der EWG in Generalermachtigungen, insbesondere in Art. 235 EWGV, in: Europarecht, Sonderheft 1976, S. 46.

— Das Endziel der europäischen Integration - Maastricht ad infinitum?, in: DVBl. 1996, S. 1073 (1076).

— Die Europäische Union unter der Aufsicht des Bundesverfassungsgerichts, EuGRZ 1993, S. 489, 493.

Trute, Hans-Heinrich: Kommentierung zu Art. 38 GG, in: I. v. Münch/Ph. Kunig (Hrsg.), Grundgesetz Kommentar, Bd. II, 5. Aufl. 2001.

Vedder, Christoph: Kommentierung zu Art. I-6, I-19, I-33, III-280, III-281, III-282, III-284, III-285, III-287, III-291, III-329 EVV, in: Ch. Vedder/W. Heintschel von Heinegg (Hrsg.), Europäischer Verfassungsvertrag, 2007.

— Kommentierung zu Art. 166, 167, 173, 196, 222, 288 AEUV, in: Ch. Vedder/W. Heintschel von Heinegg (Hrsg.), Europäisches Unionsrecht, 2011.

Verdross, Alfred: Völkerrecht, 5. Aufl. 1964.

Versteyl, Ludger Anselm: Kommentierung zu Art. 43 GG, in: I. v. Münch/Ph. Kunig (Hrsg.), Grundgesetz Kommentar, Bd. II, 5. Aufl. 2001.

Waldhoff, Christian: Kommentierung zu Art. 93 EGV, in: Ch. Calliess/M. Ruffert (Hrsg.), EUV/EGV, Das Verfassungsrecht der Europäischen Union mit Europäischer Grundrechtscharta, 2. Aufl. 2002.

— Kommentierung zu Art. 268, 269 EGV, in: Ch. Calliess/M. Ruffert (Hrsg.), EUV/EGV, Das Verfassungsrecht der Europäischen Union mit Europäischer Grundrechtscharta, 3. Aufl. 2007.

— Kommentierung zu Art. 33, 286, 311, 314, 315, 317, 319, 322 AEUV, in: Ch. Calliess/M. Ruffert (Hrsg.), EUV/AEUV, Das Verfassungsrecht der Europäischen Union mit Europäischer Grundrechtscharta, 4. Aufl. 2011.

Wegener, Bernd, Kommentierung zu Art. 254, 281 AEUV, in: Ch. Calliess/M. Ruffert (Hrsg.), EUV/AEUV, Das Verfassungsrecht der Europäischen Union mit Europäischer Grundrechtscharta, 4. Aufl. 2011.

Weiß, Wolfgang: Kommentierung zu Art. 101 AEUV, in: Ch. Calliess/M. Ruffert (Hrsg.), EUV/AEUV, Das Verfassungsrecht der Europäischen Union mit Europäischer Grundrechtscharta, 4. Aufl. 2011.

Wichard, Johannes Christian: Kommentierung zu Art. 152 EGV, in: Ch. Calliess/M. Ruffert (Hrsg.), EUV/EGV, Das Verfassungsrecht der Europäischen Union mit Europäischer Grundrechtscharta, 3. Aufl. 2007.

— Kommentierung zu Art. 118 AEUV, in: Ch. Calliess/M. Ruffert (Hrsg.), EUV/AEUV, Das Verfassungsrecht der Europäischen Union mit Europäischer Grundrechtscharta, 4. Aufl. 2011.

Willoweit, Dietmar: Deutsche Verfassungsgeschichte, 3. Aufl. 1997.

Winkler, Daniela: Kommentierung zu Art. 308 EGV (EL 34, 1/2008), in: E. Grabitz/M. Hilf (Hrsg.), Das Recht der Europäischen Union, 2008.

Wolff, Hans-Julius: Organschaft und juristische Person. Untersuchungen zur Rechtstheorie und zum öffentlichen Recht; Bd. 2, Theorie der Vertretung, 1934.

Wucher, Albert: Theodor Mommsen. Geschichtsschreibung und Politik, Göttingen 1956.

Ziegler, Gottfried: Die Stellung des Europäischen Parlaments, in: I. v. Münch, (Hrsg.) Staatsrecht - Europarecht - Völkerrecht (Festschrift für H. J. Schlochauer), 1981, S. 947.

Zippelius, Reinhold: Kommentierung zu Art. 1 GG, in: H. H. v. Arnim (Hrsg.), Bonner Kommentar zum Grundgesetz, Drittbearbeitung 1989.

— Deutsches Staatsrecht, 29. Aufl. 1994.

— Allgemeine Staatslehre, 16. Aufl. 2010.

Zuleeg, Manfred: Der rechtliche Zusammenhalt der Europäischen Gemeinschaft, in: W. Blomeyer/K. A. Schachtschneider (Hrsg.), Die Europäische Union als Rechtsgemeinschaft, 1994, S. 9 ff.

www.ingramcontent.com/pod-product-compliance
Ingram Content Group UK Ltd.
Pitfield, Milton Keynes, MK11 3LW, UK
UKHW021914290926
8980IPUK00015B/1262

9 783631 670873